杨国庆 著

宅中圖大

朱元璋与南京营造

中华书局

图书在版编目(CIP)数据

宅中图大:朱元璋与南京营造/杨国庆著. —北京:中华书局,
2024.5
ISBN 978-7-101-16557-9

Ⅰ.宅… Ⅱ.杨… Ⅲ.中国历史-明代 Ⅳ.K248

中国国家版本馆 CIP 数据核字(2024)第 030355 号

书 名 宅中图大——朱元璋与南京营造
著 者 杨国庆
责任编辑 李洪超
责任印制 陈丽娜
出版发行 中华书局
　　　　　(北京市丰台区太平桥西里 38 号　100073)
　　　　　http://www.zhbc.com.cn
　　　　　E-mail:zhbc@zhbc.com.cn
印 刷 三河市中晟雅豪印务有限公司
版 次 2024 年 5 月第 1 版
　　　　　2024 年 5 月第 1 次印刷
规 格 开本/920×1250 毫米　1/32
　　　　　印张 13¾　插页 2　字数 310 千字
印 数 1-2500 册
国际书号 ISBN 978-7-101-16557-9
定 价 98.00 元

自　序

　　明初的南京，从城市发展史的角度来看，具有一定的历史意义，它继六朝和南唐7个朝代建都后再次成为都城。其特殊价值表现在几个大的方面：从城市面积来看，较之南唐都城扩大近三分之二，并沿袭了约600年未有大的变化；从中国古代行政地位来看，首次成为中国大一统时期惟一建在江南的京师；从世界城市史来看，当时230平方公里的南京已然成为公元14世纪世界规模最大的都市。综合南京、中国、世界的城市历史比较，元末明初朱元璋与南京确实有许多值得潜心思考和研究的领域。

　　朱元璋在南京42年的时间里，不仅独具匠心地扩建并营造了这座匪夷所思的都城，还与众将及谋士运筹帷幄，指挥千军万马东讨西征，最后平定、统一天下。他曾在这里招募天下贤达英杰谋划新王朝体制的恢弘架构，稽古创新，制定并颁布了一系列法典、章程及制度，从而开创并奠定了大明王朝277年的基业；曾在这里为维护皇权和强化中央集权统治，或惩治贪官污吏，或网织罪名大肆杀戮功臣并累及家人和族人，仅洪武一朝诸狱中耸人听闻的"四大狱"就斩杀了10余万人；也曾在这里利用他手中不断膨胀的皇权话语权，或装神弄鬼、故弄玄虚，或假借儒、释、道的传统文化，为构建空前的中央集权制披上一层惑人的外衣；还篡史改迹掩其真相，甚至延及有明一代的皇子、皇孙和编撰史记的文人……朱元璋在南京创造的业绩和"奇迹"，以及他本人性格和思想的复杂多重性,至今令人叹为观止。

公元 14 世纪中叶,朱元璋在南京举全国之力耗时 30 余年扩建了这座城池。这座由宫城、皇城、京城与外郭四重城墙所组成的京师城池,创造性地将南京自然界的山、水与人造的城、池结合起来,就其形制的独特、规模的恢弘、筑城技术的广泛传播、涉及地域的广袤以及参建人员的众多和影响的深远,在人类城市规划和建城史上都占有重要地位。据此我曾在《符号江苏·南京城墙》里提出明南京城墙为"旷世城垣",其实造就旷世的城垣首先得有"旷世"的思想为基础和前提。这"旷世"的思想,便是本项课题研究的重点,即朱元璋内心谋求的"宅中图大",以实现其大明开国都城传统意义上的"居于中心,谋划四方"。也正因此,南京城墙绝非是孤立的一重重城垣,而是与城市有着密切关联的有机整体,诠释着朱元璋心目中"国之中土"的都城以及所追求的"宅中图大"。这样来看,当年城市(包括城墙)之"卜"与先后两个阶段的营造、洪武年间两京制的设置与废黜、中都的营建与罢建,以及城墙与城市的关系、城市空间与中央集权制度下京城建筑的等级设置,均有了末之本、水之源。撇开当年朱元璋一代人的"旷世"思想,就城墙论城墙、就城市论城市,难免会陷入盲人摸象的"学术"泥潭。

这项课题的完成,得缘于近 30 年对南京城墙进行基础性研究后,仍存学术探求的欲望;得缘于三年全球性新冠疫情暴发、滞留在德国反而有了将南京城墙放在国内外城墙比较研究平台的机会,这就是受邀德国柏林 Max Planck Institute for the History of Science(中文名:马克斯·普朗克科学史研究所)Dagmar Schäfer(中文名:薛凤)教授提供的课题研究项目、学者交流以及查找资料诸多便捷条件,其中得到该所图书馆专员 Cathleen Päthe(中文名：白灵）博士帮助良多。课题主要依据明清的史料（包括正史、文集、笔记、墓志，以及少量野史）、近现代国内外的研究成果、地方志以及近30年本人对南京城墙收集的各类资料。研究的路径有二：其一，朱元璋相关思想与当朝相关制度的起因、缘由、积淀和运用，简单说属于非物质层面；其二，京师城内各类建筑物（当然包括四重城墙）的营造、改建、扩建及相互之间的关系，简单说属于物质层面，结合这两点的考辨为主干，由南京城墙作为切入点，延伸到城市，最后回到城墙作为反证。研究的方法是运用现有的资料，尽可能回归当时的社会环境，探索历史中的个体与群体乃至与社会层面的相互作用。研究的目的是更加关注城墙与城市的关系，究竟谁是明初南京城营造的主导者，以及皇权作用下南京都城营造所体现的中国独有的集权思想与传统文化，以便厘清元末明初在定都、择都和两京制以及南京城先后两个阶段营造的史实。

人的认知，具有时代的局限性和个人经历的阶段性。朱元璋一代人营造南京如此，今人研学亦然。对历史而言，所有的研究，都不可能是重现历史。所谓研究，至多是通过浩瀚的故纸堆与古人的不断"窃语"，从而能接近历史，这便是我的奢望和索求，也是我的乐趣所在。

我是南京人，面壁城垣而神往，心无旁骛数十载恍若旦夕间。云烟尽散，过客无踪，不停、平和、享受。惟善缘所赐，得以再度回眸故乡那座久远的旷世之城。是为序。

杨国庆　记于德国·柏林 Zehlendorf 寓所
2023 年 3 月 18 日初稿
2024 年 1 月 30 日修订

目　录

第一章　朱元璋扩建南京城的时代动因

朱元璋以一个赤贫农民的后代，本无一兵一卒，甚至没有一席栖身之地，自 25 岁投戎义军，[①]29 岁率义军踏进南京[②]这片土地后，经前后 11 年的苦心经营，于 41 岁在南京登极做了皇帝，并以南京作为帝都京师，开创大明一统基业，成为中国古代历史上不多的布衣天子之一。[③]

朱元璋来到南京，是先前就有定都称帝的欲望，还是为了寻找赖以生存的根据地，两者之间虽非矛盾但不可替代。从历史角度来看，即便朱元璋来南京之前就萌生出所谓称帝的欲望，也是当时一个遥远的梦。朱元璋经过应天龙湾保卫战及洪都、鄱阳湖三次战役获捷后，在南京才算站稳了脚跟，建立了吴政权。由此，开始翦除各方势力和公开以推翻元朝政权为目标的一系列举措

---

① （明）朱元璋《皇明祖训·序》1a："朕幼而孤贫，长值兵乱，年二十四委身行伍。"明洪武礼部刻本。按今计算，朱元璋投戎，当为 25 岁。另据（明）高岱《龙飞淮甸》（载高岱《鸿猷录》卷 1，2b，明嘉靖四十四年高思诚刻本），称"帝时年二十五，居皇觉寺"，之后才有投奔义军之举。

② 旧称金陵、建康、建邺、集庆等名，元末朱元璋占领后改称应天，洪武元年因设两京制又称南京。本书如无特指，为便于叙述则以"南京"统称。

③ 《大明太祖高皇帝实录》（以下简称《明太祖实录》）卷 31，洪武元年四月戊申，台北"中央研究院"历史语言研究所据北平图书馆校印红格抄本微卷影印 1962 年版。朱元璋自称："……虽起自布衣，实承古先帝之统。且古人起布衣而称帝者，汉之高祖也。"载（明）吕本等辑《皇明宝训·太祖》卷 2，1b，明万历三十年秣陵周氏大有堂刻本。

并取得成效，朱元璋的建都称帝才会由"梦"转为规划，被纳入到他日常思考范围，并在各个领域加以探讨和逐步实施，其中包括南京的整体城市规划和开始营建。

朱元璋当年在应天府"卜"新宫与建造城墙，究竟是为了建造吴王的一座城池，还是为日后开创的大明都城进行的前期准备，学界尚有一些异议。元末明初南京先后两次大规模城建（包括建造城墙），在前期朱元璋得缘于他欲在南京建都称帝，后期得缘于朱元璋对"国之中土"有了新的认知并对当年的规划做进一步强化和彰显。因此，早年这份城市规划具有鲜明的时代特征和朱元璋个人强烈的政治欲望及主张，这也是南京城扩建、增建的基础和历史动因。正因如此，有必要对朱元璋从军之后至称帝之前的行状作一简略回顾和辨析，以厘清朱元璋在南京扩建城池的历史动因。

朱元璋称帝后称："朕……委身行伍，为人调用者三年。继而收揽英俊，习练兵之方，谋与群雄并驱，劳心焦思，虑患防微近二十载，乃能翦除强敌，统一海宇。"① 这"虑患防微"的近20年，是解读当年"卜"新宫与新城的关键时期。就朱元璋登极之前在南京的时段来看，大致可分为三个阶段，即：寻找并巩固根据地；建立吴政权并实施建国计划；完成开国称帝大业。

朱元璋在南京前后度过了42年（1356～1398）时间，其间不仅推翻了元朝、平息了全国各地常年的兵燹战乱、创建了大明一统王朝的百年基业，还历时数十年扩建南京城并将这座城市作出

---

① （明）朱元璋《皇明祖训·序》1a。另据朱元璋《阅江楼记》（载〔明〕姚士观等编校《太祖文集》卷14,5b/6a,四库全书本）所陈，内容大体一致，表述有异。

了历史性的提升,使之成为14世纪世界规模最大的城市。因此,朱元璋的称帝与建都以及建造四重城墙,都与朱元璋在南京的创业有着千丝万缕的关联。

南京,"造就"了君临天下的朱元璋;反之,朱元璋也将南京的城市建设,推向了一个历史的巅峰。倘若大明王朝之根,为朱元璋一代人所育,那么南京就是朱元璋所育大明王朝之根的沃土良壤,[①]而城东孝陵也是他的安息之地。

一、确立根据地

元末,社会动荡不宁,各种社会矛盾经过长期酝酿,在元至正年间(1341～1368)终于被迅速激化,引发了全国性的打着各自旗号的农民起义,并逐渐形成了多方割据的局面,史称"群雄纷争"。朱元璋正是在这样历史背景下,随着应天府根据地的逐步稳固和军事力量的增强,先自称"吴国公",后又建立了"吴"政权,为大明君主帝国的创建迈出实质性的一步。

自元至正八年(1348),浙江台州方国珍正式举起反元义旗后,元至正十一年,芝麻李(本名李二)又起事徐州,不数年民军遂成燎原之势,这与元末社会的政治、经济等制度以及各级官吏腐

① (明)朱厚照《御制〈大明会典〉·序》:"太祖高皇帝稽古创制,分任六卿,著为诸司职掌,提挈纲领,布列条贯,诚可为亿万年之大法也。"载(明)申时行等奉敕重修《大明会典》"序"1b,明万历内府刻本。另可参阅(明)张卤辑《皇明制书》,明万历七年张卤刻本;(明)宋濂《洪武圣政记》,清借月山房汇抄本。

败密切相关。元顺帝至元、至正年间（1335～1368），几乎年岁凶荒，加之当时公、私地租和高利贷等各种剥削日趋苛重，贪官污吏乘机肆虐鱼肉百姓；而"马上得之，马上治之"①的元统治者们，此时正深陷于各自势力的扩张和权力之争引发的内讧。元末社会呈现出混乱的局面并陷入全面崩溃的绝境，所谓"群雄纷争"正是在这样的社会背景下展开的。关于元末时期的所谓"群雄"，自明、清以降沿袭至今，诸家所列不一。②大致有方国珍、芝麻李、刘福通、韩山童父子、徐寿辉、郭子兴、陈友谅、朱元璋、明玉珍、张士诚等。在这些"群雄"中，惟有朱元璋取得最终胜利，其他诸雄则均以失败而先后告终。朱元璋在这个群雄割据、占地为王的特殊时期，成为顺潮而起、赢得民心的一位杰出历史人物。从元至正二十四年朱元璋在应天建立吴政权的前后来看，不仅反映出这位年仅37岁一代枭雄的才略，也标志着他的反元，已经从农民起义地方割据或明或暗的反元，转向了以重建汉族君主专制新王朝、问鼎天下为目标的公开反元。因此，吴政权的建立，为日后朱元璋的建国称帝，奠定了十分重要的政治、经济、军事、礼制及组织

① （明）宋濂《庚戌京畿乡闱纪录序》："昊天有成命，皇明受之。谓天下可以马上得，不可以马上治。"载《宋学士文集》卷6,3b，明正德刊本。
② （清）张廷玉等《明史》卷122～124《列传》10至《列传》12所列24人，中华书局1974年版。（明）俞本撰，李新峰笺证《纪事录笺证》（中华书局2015年版）元至正十二年，所列诸雄与其它文献所载有异。朱元璋《即位告祭文》（载〔明〕姚士观等编校《明太祖文集》卷17,2a/b，四库全书本）中称被平定的诸雄计21人。（清）钱谦益《国初群雄事略》（民国间乌程张氏刻适园丛书本）载：小明王、郭子兴、徐寿辉、陈友谅、明玉珍、张士诚、方谷真（即方国珍）、李思齐、扩廓帖木儿（即王保保）、纳哈出、陈友定、何真等12人。今人孟森《明史讲义》（上海古籍出版社2002年版）又按"史实之系统"和"史传之系统"两类加以分别细化。

架构的基础。

元天历元年(1328)九月十八日,朱元璋出生在家境贫寒的农家,早年其"勤俭忠厚"的父亲朱五四为谋生路,离开泗州(今江苏盱眙县境内),颠沛流离,辗转于穷乡僻壤,最后定居濠州钟离东乡(今安徽凤阳县境内)。[①]朱元璋,原名重八,后改名兴宗,又改名元璋,字国瑞。[②]元至正四年(1344),"值四方旱蝗,民饥,疾厉大起"。当年四月,17岁的朱元璋家庭突遭不幸,短短16天

[①]《明太祖实录》卷1。另(明)不著撰者《天潢玉牒》1a,"仁祖年五十,迁钟离之东乡",明嘉靖吴郡袁氏嘉趣堂刻金声玉振集本。另据(明)黄光昇《昭代典则》(明万历二十八年周日校万卷楼刻本)卷1,1b称:"……又徙居钟离之东乡,生四子,高皇帝其季也。已而徙居钟离西乡,后迁太平乡之孤庄村。"(明)高岱《鸿猷录》卷1,1a《龙飞淮甸》称:"父仁祖偕陈太后,始迁濠之西乡,复迁太平乡。"关于朱元璋的出生地,学界存有诸多说法:"朱元璋手书《朱氏世德碑》详细论证了本家朱氏出自金陵句容朱家巷通德乡的事实和经过,强调其家世并非显赫望族,而是以'殷勤农业'起家。"引自王熹《真实与虚构:朱元璋家世世与官方私人著述的神话及迷信》,《故宫博物院院刊》2017年第4期。又如:"朱元璋本人出生地既不是江苏句容,也不是安徽凤阳,而是元代的盱眙县太平乡明光山二郎庙附近;朱元璋是在10岁左右才随父母从盱眙迁居到钟离即凤阳。"句容市政协学习和文史委编《句容文史资料》第18辑,第112页,镇江句容文史资料编辑部2002年版。今从《明太祖实录》。

[②](清)查继佐《罪惟录·帝纪》(吴兴刘氏嘉业堂藏手稿本)卷1,3a,称"帝初名兴宗,改元璋。既贵改元龙,字国瑞",不言"重八"的初名。元时,蒙古人规定汉人或按出生时父母年龄相加的数字取名,或按出生时间数字取名,民间无官者多不取名字。"元制:庶民无职者,不许取名,止以行第及父母年齿合计为名。此制于《元史》无征,证以明高皇所称其兄之名,正是如此。"引自(清)俞樾《春在堂随笔》卷5,6a,清光绪刻春在堂全书本。朱元璋出生时父母年龄相加是88岁,故名"重八"。

家中就"连遭三丧",父母和兄长先后暴病身亡。[①] 走投无路的朱元璋,在乡人刘继祖提供一块坟地后,[②] 才得以草草埋葬了亲人尸骨,转而投身佛门——於皇寺。[③] 不料朱元璋居寺"仅五十日,寺僧以食不给",遣散众僧徒,朱元璋也被迫云游"光、固、汝、颍诸州凡三年"。[④] 其间饱受颠沛流离之苦,据朱元璋自己后来的回忆称:"……仰天茫茫。既非可依,侣影相将。突朝烟而急进,暮投古寺以趋跄。仰穹崖崔嵬而依碧,听猿啼夜月而凄凉。魂悠悠而觅父母无,有志落魄而佒佯。西风鹤唳,俄淅沥以飞霜。身如蓬逐风而不止,心滚滚乎沸汤。"[⑤] 野史传说朱元璋曾写过一首《野卧》的诗,也描述了当时的窘迫和不凡:"天为罗帐地为毡,日月星辰伴我眠。鞠躬不敢高伸脚,恐踏山河社稷穿。"[⑥] 当朱元璋再度返回当年於皇寺时,[⑦] 江淮各地义军烽火已越演越烈。

元至正十一年(1351),天下豪杰纷然并起。至次年春二月,

① 《明太祖实录》卷1,吴元年四月辛亥,朱元璋称:"吾父以是月六日亡,兄以九日亡,母以二十二日亡,一月之间三丧相继。人生值此其何以堪!"
② (明)朱元璋《追赠义惠侯刘继祖诰》,载《明太祖文集》卷3,10a。
③ 《明太祖实录》卷156,洪武十六年九月甲子,"建凤阳大龙兴寺成,寺即旧於皇寺也。……去於皇旧址十五里,于是赐名曰大龙兴寺……计工二万五千"。后来改名为皇觉寺。
④ 《明太祖实录》卷1。朱元璋《皇陵碑》:"一浮云乎三载,年方二十而强。"载《明太祖文集》卷14,2b。另据《天潢玉牒》(2b)称朱元璋在外云游仅两年时间,"崎岖二载,仍还于皇觉寺"。
⑤ (明)朱元璋《皇陵碑》,载《明太祖文集》卷14,2a/b。
⑥ (明)张定《在田录》,载(明)陶珽编《说郛续·弓第五》2b/3a,清顺治三年宛委山堂刻本。另(明)王文禄《龙兴慈记》中也有类似记载。
⑦ 据高岱《龙飞淮甸》称"寺已残废不可居"。(明)不著撰者《皇明本纪》(无卷页,明抄本)称"复入皇觉寺,始知立志勤学,方四年",此说有美化朱元璋之嫌。

朱元璋家乡的定远人郭子兴等起兵，并攻占了濠州城。赶来镇压义军的元兵，四处骚扰捕捉乡民枉称"叛民"，朱元璋栖身地的於皇寺此时被乱兵所焚，"寺僧皆逃散"，朱元璋也在其中。数日后，恐惶不安的朱元璋回到破败不堪的寺庙，恰有少时伙伴汤和传信相招迫胁加入义军。[①] 此时的朱元璋不知何从，经过一番思考"乃祷于神"，获得伽蓝菩萨的"从雄而后昌"[②] 的吉兆卦示后，于至正十二年闰三月甲戌投奔濠州郭子兴的反元义军。朱元璋称帝后也曾说过："朕本元民，天下之乱，实非朕始。"[③] 也是客观的陈述。从军不到一年的朱元璋，以其"度量豁达"、"有智略"和勇敢果断的个人品质与能力，很快获得郭子兴的器重，并将其义女马氏许嫁给了朱元璋。而朱元璋也有超出一般人的见识和果敢，"上（朱元璋）每遇敌，智勇奋出，身先士卒，故所向克捷。凡军中有所得，上皆无取，辄令分给群下"，[④] 而得到部众的拥戴。元至正十四年，朱元璋发现郭子兴"无意远略，但欲据滁自王"后，就规劝道：

① 《明太祖实录》卷58，据洪武三年十一月丙申条载："……汤和与朕同里闬，结发相从"，说成汤和依附朱元璋，实为《实录》撰者有美化朱元璋之嫌。（清）潘柽章《国史考异》（清初刻本）卷1"高皇帝上"据《皇明本记》以及《皇陵碑》《纪梦》和俞本《纪事录》《天潢玉牒》等籍考证："先有相招迫胁之事，而后决于神，迫入濠，被收为步卒。"

② 《皇明本纪》。（清）钱谦益在《太祖实录辩证·一》（载钱谦益《牧斋初学集》卷101,1b）中称："壬辰二月，乱兵焚皇觉寺，上无所避难，甚忧之。乃祷于神云云。从《实录》则太祖忧乱避兵祷于伽蓝神。固守旬月，而后有相招迫胁之事。以皇陵碑及御制文集考之，则先有相招迫胁之事，而后祷于神也。"上海涵芬楼影印明崇祯瞿式耜刻本。

③ （朝鲜）郑麟趾等《高丽史》卷42,20b，明景泰二年朝鲜活字本。

④ 《明太祖实录》卷1,癸巳六月丙申朔。

"滁，四面皆山，舟楫商旅不通，非可旦夕安者也"。[①] 朱元璋已意在攻取与采石矶一江之隔的和州，并智取之。

元至正十四年（1354），朱元璋率部占妙山，冯国用、冯胜兄弟投奔朱元璋麾下。在讨论天下大计时，冯国用对朱元璋说："建康龙蟠虎踞，帝王之都会，自古记之。幸而近我其帅懦弱，不任兵。宜急击下其城，踞以号召四方。事仿仁义，勿贪子女玉帛，若群竖子者，天下不难定也。"[②] 这是文献中朱元璋与南京关系的最早记载。而《明史纪事本末》在记述冯国用对朱元璋时却称："金陵龙蟠虎踞，帝王之都。愿先拔金陵，定鼎……"[③] 显然，明代王世贞与清人谷应泰的记述有异，前者论及的是寻找一片耐以立足的根据地，以及如何发展壮大势力，而非直接考虑建都，后者却已论及建都。对于历代史籍中这类强调南京具有所谓龙蟠虎踞"天子气"之说，以及朱元璋为何选择南京为早年根据地，美国学者牟复礼依据 1949 年劳榦《对于南京城市的几点认识》中，在分析长江下游的繁荣与财富并将其与华北政治军事中心相联系，强调其战略重要性的各要素后指出："史籍记载却大谈特谈南京的'天子气'及与此相关的祥瑞之征，而把这个决定中涉及的战略因素反而压低了。"[④] 事实正如此，朱元璋即便对冯国用此时所言金陵帝王之

① （清）张廷玉等《明史》卷 122《列传》10 "郭子兴"。
② （明）王世贞《宋国公冯胜传》，载（明）焦竑《国朝献征录》卷 6，1b，明万历四十四年徐象枟曼山馆刻本。
③ （清）谷应泰撰，河北师范学院历史系点校《明史纪事本末》卷 1 "太祖起兵"，第 3 页，中华书局 2015 年版。
④ （美）牟复礼《元末明初时期南京的变迁》，载（美）施坚雅主编，叶光庭等译，陈桥驿校《中华帝国晚期的城市》，第 137 页，中华书局 2000 年版。

宅有兴趣,也仅仅表明这座城市具备包括政治、经济、军事战略地位等各方面良好基础而已,绝非此时就已有了建都称帝的决定。但朱元璋已经把根据地的目标择于江南应该不妄,次年朱元璋就将这一设想付诸了行动。

元至正十五年(1355)正月戊寅,和州被义军攻占后,郭子兴命朱元璋总管和州防务。由于和州诸将皆为郭子兴旧部,又年长于朱元璋,故难以服众。当时和州城墙仍为土城,为提高城池的防御能力并借机镇服人心,朱元璋遂暗藏郭子兴之令,将城墙分段限期负责改筑成砖墙。诸将均不以为然,期限到时惟朱元璋部将负责地段完工,[①] 其他"诸将多未就"。朱元璋拿出郭子兴之令相要挟:凡未完工诸将均以军法论处。诸将恐慌,"唯由是,不敢有异言"。[②] 这是朱元璋主持改筑的第一座砖城,对于元末明初较大范围土城改筑砖城具有一定的意义和影响。[③] 同年,郭子兴病逝,其子郭天叙及所部投靠韩山童之子韩林儿,[④] 郭天叙被封都元帅,韩林儿部将张天祐为右副元帅,朱元璋为左副元帅。[⑤] 朱元璋

---

① (明)邓球编《皇明泳化类编》卷 1,9a,载《北京图书馆古籍珍本丛刊·史部·政书类》49,据明隆庆刻本影印,书目文献出版社 2010 年版。

② 《明太祖实录》卷 2,乙未正月戊寅。

③ 其一,表明朱元璋重视城池的防御;其二,土城改筑砖城,遂成为有明一代的普遍做法。杨国庆主编《中国古城墙》第 1 卷"绪论"第 38 页,江苏人民出版社 2017 年版。

④ 其父韩山童为白莲教领袖,至正十一年(1351)被元兵捕杀后,其子韩林儿继任义军首领,被称为"小明王"。

⑤ 《明太祖实录》卷 3,乙未四月丁丑记载:此次分封遭到朱元璋反对,并称:"大丈夫宁能受制于人耶!"据钱谦益《国初群雄事略》(卷 1,38b)考证:朱元璋不仅接受了"左副元帅",也承用了龙凤年号,《明太祖实录》为朱元璋"讳言龙凤事"。

这支义军正式为韩宋政权统辖,仍用小明王的龙凤年号。由于北方红巾军势力吸引了元军主力,朱元璋所部得以进一步扩充自己的实力。

从军后的朱元璋从"镇抚"到渡江攻占太平路出任大元帅,仅用了短短的3年时间。尤为重要的是,随着朱元璋在一方义军中权势的提升,他身边也逐步云集了一大批骁将和谋士,诸如徐达、汤和、吴良、吴桢、花云、陈德、顾时、费聚、耿再成、耿炳文、唐胜宗、陆仲亨、华云龙、郑遇春、郭兴、郭英、胡海、张龙、陈桓、谢成、李新材、张赫、张铨、周德兴、冯国用、冯国胜、李善长、吴复、丁德兴、赵德胜、沐英、李文忠、胡大海、孙兴祖、茅成、邓愈、常遇春、廖永忠兄弟、俞廷玉父子等人。①

元至正十五年(1355)春,和州发生粮荒,朱元璋欲离开和州渡江取采石,进而攻取集庆。有部将提出渡江直取集庆的建议时,朱元璋没有采纳,而是采取了迂回战术:"取金陵必自采石始。采石南北喉襟,得采石,金陵可图也。"②同年六月,朱元璋亲率大军渡江一举攻克牛渚,守卫采石重镇的元兵随即溃散。沿江诸堡垒以及太平(今安徽当涂)、溧水、溧阳、句容、芜湖等城池,也先后被占领,为下一步夺取集庆创造了有利势态。攻占太平后,朱元璋被诸将推举为大元帅。③当地耆儒陶安得知朱元璋欲取集庆,便对他说:"金陵古帝王之都,龙蟠虎踞,限以长江之险。若取而

① (明)高岱《鸿猷录》卷2《延揽群英》。
② 《明太祖实录》卷3,乙未五月壬寅。
③ 《明太祖实录》卷3,乙未六月丁巳。

有之,据其形胜,出兵以临四方,则何向不克!"① 这番以集庆为根据地的建言,与冯国用当年所言有异曲同工之妙,正中朱元璋下怀,坚定了其夺取集庆作为根据地的决心,并将陶安留在身边,遇"事多与议焉"。

自元至正十五年(1355)秋七月壬辰始,随后在八月、九月连续3次进攻集庆城池中,② 均屡遭挫折,但这丝毫未能减弱朱元璋占领这座城池的决心。九月间,由郭天叙、张天佑率军攻集庆路时,由于陈埜先叛变,并与元行台御史大夫率领的元兵合部拒战于秦淮河,大败郭天叙、张天佑部,并杀了郭、张二人。而叛将陈埜先在随后追击中,被溧阳葛仙乡的民兵击杀,其子陈兆先领其旧部。朱元璋在夺取集庆路虽屡遭失败,但采石和太平是进军集庆的重要战略要地,因此在元中丞蛮子海牙率舟师进扼采石矶附近江面,以绝朱元璋部退路伺机攻太平的情况下,他积极备战并以谋略于次年二月击溃了元兵,"俘获万计,尽得其舟舰。蛮子海牙以余众走集庆"。③

元至正十六年(1356)三月辛巳朔,朱元璋第4次遣兵由太平水陆并进,挥戈直指集庆城池。同日,朱元璋在江宁镇亲自督阵,"廖永安、冯国用破元将陈兆先之师于方山,擒之",④ 获降士

---

① 《明太祖实录》卷3,乙未六月丁巳。(明)田艺蘅《留青日札》卷11,5a:"太祖建都金陵,启于尚书陶安、和尚金碧峰。"明万历三十七年刻本。另据(明)刘辰《国初事迹》(明秦氏绣石书堂抄本,无卷页)载,陶安称:"即今群雄并起,不过子女玉帛,将军若能反群雄之志,不杀人,不掳掠,不烧房屋,首取金陵,以图王业,愿以身许之。"刘辰所记较《实录》恐更近史实,亦未论及建都。
② (明)郑晓《今言》卷1,19a,明嘉靖四十五年项笃寿刻本。
③ 《明太祖实录》卷4,丙申春二月丙子。
④ (明)佚名《秘阁元龟政要》卷1(无页码),明抄本。

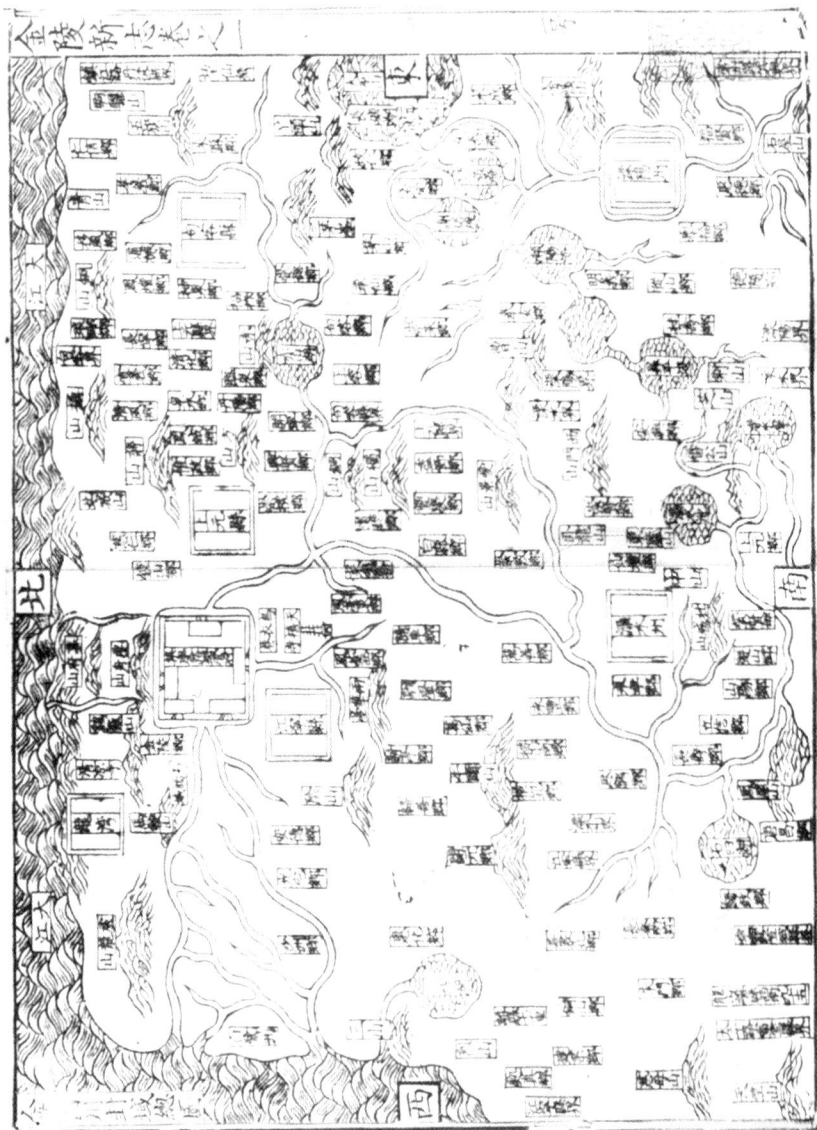

图1：《金陵山川封域总图》。引自（元）张铉纂修《（至正）金陵新志》，元至正四年刊本影印本。

卒 3.6 万人。朱元璋从中挑选了精壮骁勇 500 人"悉入卫屏……
上解甲酣寝达旦,疑惧者始安",[①] 以示诚意。几日后,再破元兵于
蒋山(即钟山)。集庆路城池是在南唐金陵城池基础上经过宋、元
加筑修建而成,[②] 规制虽然属于中国传统都城式样,但毕竟四周皆
环山拥江,于防御全无制高点可言。一旦占领黄泥岗(今鼓楼附
近)、鸡笼山(今北极阁向东)、覆舟山(今小九华山)等周边的山顶
后,南边的集庆城内情景便历历在目了。朱元璋所部越战越勇,
在鼓声中将士冲至城下。行台御史大夫福寿督兵出城迎战,不及
布阵便被朱元璋部下冲垮退回城内,福寿下令关闭城门以坚守。
朱元璋部将见状,令城下将士以云梯登城。据记载:在冯国用
等将帅带领下,率先攀登云梯攻占集庆路城头的敢死队,正是才
收编几天的从陈兆先降部中挑选的 500 人组成的精锐,"多先登
陷阵"。[③]

　　元至正十六年(1356)三月庚寅,朱元璋率部攻占集庆路,元
行台御史大夫福寿"坐伏龟楼前指挥"巷战,最后兵溃并自杀,许
多元将领或战死、或投诚、或别投他处,得军民 50 余万,义军剧增
10 万人。[④] 朱元璋入城安抚民众,"于是,城中军民皆喜悦,更向

---

① 《明太祖实录》卷 4,丙申三月辛巳朔。有学者认为这条记载不见于《明兴
野记》《国初事迹》,且与朱元璋性格不符,是《实录》编撰者刻意"圣化"朱
元璋的结果。参见夏玉润《郭子兴家族覆灭之谜》(下),《紫禁城》2009 年
第 4 期,以及谢贵安《试述〈明太祖实录〉对朱元璋形象的塑造》,《学术研
究》2010 年第 5 期。
② 杨国庆、王志高《南京城墙志》第 3 章,凤凰出版社 2008 年版。
③ 《明太祖实录》卷 4,丙申三月辛巳朔。
④ 参加朱元璋义军的数量是占据金陵后所增,其中包括民兵。而当时民兵之
责并非单纯参战,也包括从事农业或劳役之作。

庆慰"。① 据《明太祖实录》记载：次日，朱元璋亲率徐达等部将登城，"周览城郭，谓徐达等曰：'金陵险固，古所谓长江天堑，真形胜地也；仓廪实、人民足，吾今有之，诸公又能同心协力以相左右，何功不成?！'达曰：'成功立业非偶然。今得此，殆天授也。'"遂下令改集庆路为应天府。②

朱元璋夺取这座城市后，就全国反元局势而言，无疑具有积极的意义，也第一次赢得了他个人的突出地位。因此，有学者把朱元璋的反元历史划分为两个重大差异的阶段：在夺取金陵以前，朱元璋是作为农民起义的一部分进行反元的；夺取金陵和建立初期南京政权以后，则是以重建汉族封建新王朝为目标而进行反元的。③ 而根据当时实际情况，朱元璋占据金陵的早期，只能是有了一方立足之地，以他当时的实力及统辖范围尚不足以公开反元。④ 朱元璋初到应天时，始居城南富民王彩帛的家，10年后才迁居修缮后的"元故御史台为府"。⑤ 元至正二十四年（1364），朱元

① 《明太祖实录》卷 4，丙申三月庚寅。
② 《明太祖实录》卷 4，丙申三月辛卯。关于"应天府"等名称改变时间的辨析，李新峰《明朝建国前的"应天府"与"建康"》（载《明史研究》第 11 辑，黄山书社 2010 年版）一文提出质疑，详见本书第三章。
③ 黄冕堂、刘锋《朱元璋评传》第 83 页，南京大学出版社 1998 年版。
④ 仅据《明太祖实录》载，自元至正十九年八月，元将察罕帖木尔攻占汴梁，刘福通与小明王退守安丰后，朱元璋即遣使与察罕帖木尔"通好"。之后，至正二十一年八月、至正二十四年十二月、至正二十五年七月、至正二十六年七月朱元璋先后 5 次或遣使、或以书信形式表示"通好"。倘若朱元璋此时已公开反元，元廷又怎会有屡次遣使招安之举。这只能说明朱元璋在称帝前，所谓"缓称王"是一种韬光养晦的政治、军事方面的策略。
⑤ 《明太祖实录》卷 18，乙巳十二月："时，上居富民王彩帛家，因邀从龙与同处，朝夕访以时事……既而上即元故御史台为府居，从龙于西华门外。"（明）祝允明《野记》卷 1，30a，则称："时，上居富民陈家，因与陈同（转下页）

璋经过 8 年的苦心经营、实力大增后，遂自封"吴王"、弃用小明王的"龙凤"年号，这才公开竖起了反元大旗。

二、建立吴政权

朱元璋在夺取集庆后，要想依托这座城市作为根据地，进而推翻元朝、建立自己的政权，尚有许多亟待解决问题。其中比较突出的一点：在当时形势和条件下，对内、对外采取何种战略方针，以便尽快稳固根据地，从而得到进一步的发展，这是朱元璋必须思考和需要解决的首要问题。按照《明史》"朱升传"的说法，"太祖下徽州，以邓愈荐，召问时务。对曰：'高筑墙、广积粮、缓称王'"，[1] 即流传甚广的朱升"九字三策"。据今人考证，所谓朱升的"九字三策"最早出自记录洪武朝事迹的《皇明小史》，其疑点颇

────────────

（接上页）处……"明毛文烨刻本。关于"吴王府"的地址和变迁，有不同的说法：其一，（清）陈作霖《上元江宁乡土合志》（清宣统二年江楚编译书局雕版印行）卷 1，7a 称："在锦绣坊东，内有白虎殿（今御街有方矾石，即殿基也）。"朱元璋迁居"新宫"之后，曾将当年"吴王府"赐予中山王徐达。"达不敢居，乃榜以旧内而闭置之。至今居民犹呼王府，府前街为御街云。"其二，顾起元认为："太祖为吴王时居今旧内，而元之御史台《金陵志》在古御街东，青溪之右，正今旧内地。夫既以南台建旧内，则所云以为中书省者，恐未之也。"（明）顾起元《客座赘语》卷 8，13a/b，明万历四十六年刻本。

[1] 《明史》卷 136《列传》24"朱升"。此说《明太祖实录》未载。（明）朱国祯《涌幢小品》（明天启二年刻本）卷 4，1a 提出："国初有'高筑墙，广聚粮，缓称王'之言，一以为朱升，一以为陈碧峰，其说不一。"另一说，朱升的进言，为公元 1359 年 1 月 19 日所言（孙正容《朱元璋系年要录》第 59 页，浙江人民出版社 1983 年版），时间与"胡大海克徽州"不符。

多。①但这"九字三策"却颇能概括朱元璋自立"吴王"之前践行的总体谋略,也可看作是后人对朱元璋在应天府建立根据地前后的历史经验总结。

当时,中国黄河流域和长江流域之间的广大地区,大部已被农民义军所控制。各路义军既有共同的敌人元军,又有义军之间十分激烈的相互吞并斗争。所谓"高筑墙",不单纯是建造高大的城墙,而是指加强自身的防务,巩固已占领的城池或区域。其中重要措施之一就是不滥杀、安抚民众、整肃军纪、训练俘获士卒遵纪守法为己所用,而不是单纯强调建造城墙。元至正十六年(1356)朱元璋攻占集庆入城后,即"悉召官吏父老人民谕之曰:'元失其政,所在纷扰、兵戈并起、生民涂炭,汝等处危城之中,朝夕惴惴不能自保。吾率众至此,为民除乱耳,汝宜各安职业,毋怀疑惧。……居官者,慎毋暴横,以殃吾民;旧政有不便者,吾为汝除之。'"②同年,徐达进攻镇江之前,朱元璋向他提出告诫:"吾自起兵,未尝妄杀。令汝等将兵往,当体吾心,戒戢士卒,城下之日,毋焚掠、毋杀戮。有犯令者,处以军法,纵之者,罚无赦。"徐达部攻占镇江入城后,由于"号令严肃,城中晏然,民不知有兵"。③元

① 朱元璋《免朝谒手诏》称:朱升"首陈三策,朕实嘉行"。载(明)朱升《朱枫林集》卷1,3a,明万历间歙邑朱氏刻本。夏玉润《"高筑墙,广积粮,缓称王"之说疑点重重》,《紫禁城》2010年第8、9期。笔者曾针对南京城墙建造缘于朱升所谓"九字三策"之论的"高筑墙"亦有质疑:"其实,当年朱升向朱元璋提出的九字三策,对后来南京城墙的建造虽然有一定的影响,但没有直接的因果关系。"载杨新华主编《南京明故宫》第40页,南京出版社2009年版。
② 《明太祖实录》卷4,丙申三月庚寅。
③ 《明太祖实录》卷4,丙申三月辛卯、丙申。

至正十九年正月,进攻浙东诸郡时不顺,朱元璋遂召集部将称:"仁义足以得天下,而威武不足以服人心。……吾每闻诸将下一城、得一郡,不妄杀人,辄喜不自胜。"①元至正二十二年正月戊辰,朱元璋告谕洪都(今南昌)父老:"陈氏(友谅)据此,军旅百需之供,尔民甚苦之。今吾悉去其弊,军需供亿俱不以相劳。尔等各事本业……于是,士民皆感悦。"②

　　朱元璋在实施"仁政"的同时,对一些战略要地(包括城池在内),也格外重视,但并非无所忌惮地筑城。至正十九年(1359)五月,朱元璋离开绍兴之前对胡大海称:"宁越(次年正月改称金华府)为浙东重地,必得其人守之。……以尔为才,故特命尔守其衢处,绍兴进取之宜,悉以付尔。"③元至正十八年十二月庚辰,朱元璋由宣城转道徽州,询问当地民情时,问道:"邓愈筑城,百姓怨乎?"有儒士唐仲实回答:"颇怨。"朱元璋问:"筑城以卫民,何怨之有?"又认为"必(邓)愈所为迫促,以失人心",④随即下令停工。这种情况,即便在后来建造南京城墙的早期,城墙也并非高大。当然,朱元璋所部一旦攻取一座城池后,出于防御需要随即修筑城池的例证也有不少。元至正十七年九月,朱元璋部将占据扬州后,由守将张德林"以旧城虚旷,截城西南隅,筑而守之"。⑤"太平,吾新筑垒,壕堑深固。"⑥但由于太平城"西南俯

_____

① 《明太祖实录》卷7,己亥正月乙巳。
② 《明太祖实录》卷10,壬寅正月戊辰。
③ 《明太祖实录》卷7,己亥五月辛亥。
④ 《明太祖实录》卷6,戊戌十二月庚辰。
⑤ (清)谷应泰《明史纪事本末》卷2"平定东南",第17页。
⑥ 《明太祖实录》卷8,庚子五月庚申。

瞰姑溪,故为陈友谅舟师所破",当常遇春收复太平后,于元至正二十年六月,"乃命移筑城西南隅、去姑溪二十余步增筑楼堞,守御遂固"。①元至正二十二年二月辛卯,朱元璋检视洪都城防时发现"旧城西面临水,不利守御。命移入三十步,东南空旷,复展二里余"。②同年三月,"命常遇春修宁江府(后改名安庆府)"城。③元至正二十一年五月,朱元璋考虑到建德(次年二月改称严州)距张士诚所辖的杭州过近,遂下令守御建德的朱文忠"筑城为守备"。④以当时的攻城器械和战术状况,城池的坚固与否,仍具有一定的作用。朱元璋及其部将在实战中对此有深刻的认识,这也为他将来建造南京城墙积累了丰富的经验。元至正十七年四月,徐达、常遇春率部攻宁国时,因"城小而坚,攻之久不下",常遇春还中了流矢受伤。最后,朱元璋亲临城下,"命造飞车,前编竹为重蔽数道,并进攻之",⑤守城者无奈之下开城门以降。

在朱元璋所部筑城过程中,有两起案例值得注意:其一,元至正二十二年(1362)十二月壬辰,"广信守将元帅葛俊擅发民夫筑城浚池"。朱文忠派人制止,不听。⑥所谓"擅发民夫",说明参与筑城人员原则上是以军士为主,如果动用民夫筑城则需要"上报"。其二,吴元年(1367)四月,因徐达"檄各府验民田,征砖甃城",引发民乱,为首钱鹤皋以"吾等力不能办,城不完即不免死,

---

① 《明太祖实录》卷8,庚子六月辛亥。
② 《明太祖实录》卷10,壬寅二月辛卯。
③ 《明太祖实录》卷11,壬寅三月甲戌。
④ 《明太祖实录》卷9,辛丑五月戊戌。
⑤ 《明太祖实录》卷5,丁酉四月丁卯。
⑥ 《明太祖实录》卷11,壬寅十二月壬辰。

昌若求生路,以取富贵"①为由,鼓动民众 3 万余人起兵攻占松江府。随后虽被徐达等平定,但说明朱元璋部修城不仅局限军士,民夫也有参役,修城劳役限令还很严酷。

综上所述,这个时段朱元璋所谓的"高筑墙"不仅指有形城墙,还包括了强化思想层面无形的"城墙"。

其次,所谓"广积粮",是指积极储备战略物资,广开财源,以资立足根本。元至正十八年(1358)二月,朱元璋部将吴良、吴祯兄弟守江阴时,守兵不足五千,且地境与张士诚部接壤,他们"训练士卒,严为警备,屯田以给军饷,敌不敢犯,民甚赖之"。②同年二月乙亥,朱元璋任命康茂才为"营田使",并交代:"因兵乱,堤防颓圮、民废耕耨,故设营田司,以修筑堤防,专掌水利。"③同年十一月辛丑,朱元璋又订立管理民兵万户府,他称:"古者寓兵于农,有事则战,无事则耕,暇则讲武。今兵争之际,当因时制宜,所定郡县,民间岂无武勇之材,宜精加简拔,编辑为伍,立民兵万户府

---

① 《明太祖实录》卷 23,吴元年四月丙午朔。另据(明)方岳贡修,陈继儒纂《松江府志》(明崇祯三年刻本)卷 41,18b "何润"条载:"吴元年春三月庚子,松江府奉大将军令,规办城甓九千万送京师……"以及(清)韩佩金修,张文虎纂《重修奉贤县志》(清光绪四年刊本)卷 12,27b "明何润"条亦载:"明祖建都金陵,需城甓九千万,下令松江府刻日上供……"这两条方志记载不实:其一,吴元年仍在"填湖建宫",初期建造主要由军士及应天府周边民夫以民兵身份充任,建城墙以及征派民夫还是洪武三年以后的事情;其二,"城甓九千万"这个数量即便到了洪武征砖高潮时期,一个府的造砖量也远远不可能达到;其三,依据朱元璋所部早年的惯例,每攻占一城池均需加固城墙,估计徐达即便有令造砖,也仅仅是为了修缮松江府的城墙,而非未来的京师城。因此,这类记载显然是后世方志撰纂者的以讹传讹,不足信。
② 《明太祖实录》卷 6,戊戌二月乙亥。
③ 《明太祖实录》卷 6,戊戌二月乙亥。参见南京市博物馆《江苏南京市明蕲国公康茂才墓》文中的《康茂才墓志》,《考古》1999 年第 10 期。

领之。俾农时则耕,闲则练习,有事则用之。事平,有功者一体升擢;无功,令还为民。如此,则民无坐食之弊,国无不练之兵,以战则胜,以守则固,庶几寓兵于农之意也。"① 康茂才是这个号令的忠实执行者,他在龙江、白鹭洲② 以及南京金川河中下游区域进行大规模开发农田,约 7000 亩。由于这些地段相对比较平坦低洼,还有一些湖泊散落其间,适合南方水稻等植物生长。所以经过 5 年时间耕耘,年获稻谷 15000 余石,扣除所部的军饷外,还结余库存 7000 石,其他各部驻守将领都没有超过他。朱元璋借此为示范,并称"兴国之本在于强兵足食,……故令尔将士屯田且耕且战",③ 号召广大军民重视粮食生产。朱元璋部对所辖地区各郡县的地方武装收编后,"皆征粮于民,名之曰'寨粮'"。这种"寨粮"的囤积方式,直到元至正二十年才因"民且病焉"而被朱元璋"罢之"。④ 到了元至正二十一年以后,朱元璋屯粮及"资军饷"、"以充国用"的办法更多,"江山、常山、龙游、西安四县,丁壮凡六丁之中,简一以为兵,置甲首部长统之。丁壮八万有奇,得兵一万一千八百,无事则为农脱,有警则兵者出攻战,而五丁者资其食"。⑤ 同时,还设立了

---

① 《明太祖实录》卷 6,戊戌十一月辛丑。

② 白鹭洲"地膏沃,宜稻。明为军卫屯田处,故水利修矣",引自(清)莫祥芝等《(道光)上江两县志》卷 4,4b,同治十三年刊本。

③ 《明太祖实录》卷 12,癸卯二月壬申朔。

④ 《明太祖实录》卷 8,庚子闰五月甲申。另据刘辰《国初事迹》称:"太祖亲征太平、建康、宣州、婺州,书押大傍(榜),招安乡村百姓,岁纳粮草供给,谓之'寨粮'。后常遇春奏害民,太祖即禁止。"

⑤ (明)宋濂《故江南等处行中书省左司郎中赠奉直大夫浙东等处行中书省左右司郎中飞骑尉追封当涂县子王公墓志铭》,载宋濂《宋学士文集》卷 3,15b/16a。

盐法、茶法,设立宝源局并颁行新的货币"大中通宝"。①

所谓"缓称王",并非不称王,而是以韬光养晦之术,避其锋芒,静观其变,达到坐收渔利的效果。同时,施以仁政以收买人心,广纳贤良以提高自身学识和所属部将的文化素养,经过几年苦心积虑的经营,朱元璋所依据的应天府实力大增。

朱元璋当时广纳贤良的言论和措施颇多,他说:"予思英贤有如饥渴。方当广揽群议,博收众策,共成康济之功。"②元至正十六年(1356)朱元璋占领集庆后,在安抚民众时宣称"贤人君子有能相从立功业者,吾礼用之",③随即得儒士夏煜、孙炎、杨宪、孔克仁、栾凤、陈养吾等十余人,皆被录用。④不久,徐达攻占镇江并将受朱元璋之托寻访到避居此地的秦从龙送往应天,朱元璋与秦从龙"每以笔书漆板,问答甚密,左右皆不能知"。⑤攻占徽州后,又得"池州学正,讲授有法"的朱升,到了元至正十八年,先后就有儒士唐仲实、姚琏、范祖干、叶仪,以及许元、叶瓒玉、胡翰、吴沉、汪仲山、李公、常金信、徐孽、童冀、戴良、吴履、张起敬、孙履等人,这批儒士或讲授经史,或论治道,甚至"日令二人进讲经史,敷陈

---

① 《明太祖实录》卷9,辛丑二月己亥。另据(清)王士祯《池北偶谈》(四库全书本)卷1,22b"大中"条载:"明太祖初定天下,建国号,意在大中。既而祈天,乃得大明,故当时钱文有大中通宝。"此说不确,1361年发行"大中通宝",当时尚未"初定天下",与建国没有逻辑关系,最多只是一种意趣或者是一种被隐喻的政治欲望。

② 《明太祖实录》卷8,庚子闰五月丙辰朔。

③ 《明太祖实录》卷4,丙申三月庚寅。

④ 《明太祖实录》卷4,丙申三月辛卯。《明史纪事本末》卷1"太祖起兵"。

⑤ 《明太祖实录》卷18,乙巳十二月。

治道"，①直到这时朱元璋才正式步入问王之道的系统学习与知识的积累。元至正二十年三月，又"征青田刘基、龙泉章溢、丽水叶琛、金华宋濂至建康"。②这四人初至时，居孔庙。③朱元璋向他们询问"四海纷争，何时而定"时，章溢称："天道无常，惟德是辅，惟不嗜杀人者能一之。"④这种宽大驭敌政策，符合朱元璋"以德服人"、"近服则远来"的政治策略，也是他治军手段和扩大势力并巩固根据地的重要措施之一，用朱元璋的话说："发政施仁，诞布维新之治；安民广土，当弘肆眚之恩。"⑤

早在元至正十八年（1358）十二月甲申，朱元璋部攻占婺城后，因管印的亲信随从"黄某，取民财，即斩"。⑥故而"婺城民庶无惊，市肆不扰。数日之间，浦江诸县闻风来归"。⑦同年十二月，朱元璋下禁酒令，而胡大海之子胡三舍、王勇等三人犯酒禁，朱元璋欲诛之。都事王恺为此说情，"太祖怒曰：'宁可胡大海反了，不可坏了我号令。'自抽刀杀之"。⑧朱元璋整肃军纪如此之严，无疑提高了军伍整体的战斗力和执行力。元至正二十年五月，在守卫池州一战中徐达、常遇春俘获陈友谅部 3000 余人，常遇春"欲

①《明太祖实录》卷6，戊戌十二月。
②《明太祖实录》卷8，庚子三月戊子朔。
③（明）刘基《诚意伯刘文成公文集》（乌程许氏藏明刊本）卷5，28b《送宋仲珩还金华序》："先生与予及予同乡叶景渊、章三益同居孔子庙学。惟日相与谈笑，虽俱不念家……"
④《明太祖实录》卷8，庚子三月戊子朔。
⑤《明太祖实录》卷7，己亥三月甲午。肆眚：宽赦罪人。
⑥《明太祖实录》卷6，戊戌十二月甲申。
⑦《明太祖实录》卷7，己亥三月甲午。
⑧（明）刘辰《国初事迹》。（明）不著撰者《皇明小史》（清初抄本）卷上"必申酒禁"条，所载略同。

尽杀之",朱元璋得知后派使转告他们:"今战争方始,不可纵杀,以绝人望。"① 朱元璋自起兵 10 年间,由于他以诚相待、人望渐高,至元至正二十一年时,各类人才先后聚集于麾下。朱元璋称:"奇才英士得之四方多矣。其有能审天时、料事机,不待交兵挺然委身而来者,盖其意亦欲立功当时,垂名后世。……故尝赤心以待之。"② 元至正二十三年五月,朱元璋"聘诸名儒集建康,与论经史及咨以时事,甚见尊宠",③ 遂筑礼贤馆于府衙一侧。元至正二十六年,于旧内建"密府",令部将访求的"古今书籍"藏之,"以资览阅"。④ 朱元璋本人"初不识书",⑤ 他的知识结构乃至传统文化的汲取,除各路贤达不断汇聚身边外,也与他本人的刻苦勤奋和善于学习断不可分。

元末明初,朱元璋称帝前后,出现"山林岩穴,草茅穷居,无不获自达于上,由布衣而登大僚者不可胜数"、⑥"天下诸儒应明诏来京师者,咸器而官之"⑦ 的现象,这不仅是朱元璋早期政治文化学习和帮助他建立并巩固政权的需要,更是朱元璋赢得士大夫文化认同和政治支持的需要。当然,许多士大夫对朱元璋抛出的"橄榄枝"并不以为意。除了士大夫自恃清高、参透政治风险之外,是

---

① 《明太祖实录》卷 8,庚子五月。
② 《明太祖实录》卷 9,辛丑十二月己亥。
③ 《明太祖实录》卷 12,癸卯五月癸酉。
④ 《明太祖实录》卷 19,丙午五月庚寅。
⑤ (明)郑晓《郑端简公徵吾录》上卷,3a:"……上初不识书。每退朝暇,延接儒士讲论经典,又取古帝王嘉言善行,书之殿庑,出入省视。"明嘉靖海盐夏儒刻本。
⑥ 《明史》卷 71《志》47《选举三》。
⑦ (明)贝琼《送陈复礼归四明序》,载贝琼《清江文集》卷 20,1a,四库全书本。

否还存在一个更重要的原因，就是士大夫羞与农民义军起家的朱氏政权为伍，就不得而知了。诚如陈作霖所言：隐士"……能进退裕如麋鹿之性，不受羁绁。白衣征去白衣还……"，^①还比较恰当。宁海人叶兑，他向朱元璋进言"一纲三目"，在深得朱元璋重视并劝其留在身边时，依然"力辞去"，^②归乡以教书授业终老。江西儒士颜六奇、萧飞凤、刘于等被征至应天"欲官之，俱以老疾辞"。^③精通天方之法的丁鹤年、元末诗人戴良、被文学征召婉拒的王逢等都在不同程度上拒绝与朱明新政权深度合作。^④再以当时金陵籍的儒士为例，据《金陵通传》载：江宁人王茂，原为元户部尚书，被朱元璋授以刑部尚书，"力辞"不就；句容人元真州知州王德"明初累召不起"，与其弟被"时人称王氏二隐"；溧水人号称"胥溪隐士"的严谦"明初征辟不起"；等等。朱元璋一旦获取政权尤其政权得到相对稳定后，对这类不愿为朝廷所用的士大夫态度发生逆转，还制定出严厉的法律加以制裁："寰中士大夫不为君用，是外其教者，诛其身而没其家，不为之过。"^⑤在京为官之人甚至日日不宁，"时京官每旦入朝，必与妻子诀；及暮无事，则相庆以为又活一日"。^⑥当然，这已是后话了。

在战事方面，朱元璋除要面对元军，还先后有平汉、平吴、平

① （清）陈作霖《金陵通传》卷9，7b/8a，清光绪三十三年刊本。
② 《明史》卷135《列传》23"叶兑"。
③ 《明太祖实录》卷24，吴元年八月丙寅。
④ 唐文基《朱元璋与江南地主》，载《中国古代史论丛》1981年第2辑，第160页，福建人民出版社1981年版。
⑤ （明）朱元璋《大诰三编》"苏州人才第十三"，47a/b，明洪武内府刻本。
⑥ （清）赵翼《廿二史札记》卷32《明祖晚年去严刑》，清刊本。

闽、平定两广等诸多战事,其中"平汉"与朱元璋建立吴政权关系
最为密切。朱元璋赖以生存的根据地应天府,位于楚头吴尾之
间,地理位置决定了他必须面对张士诚和陈友谅两股势力的夹
击。对此,刘基认为:"士诚自守虏,不足虑。友谅劫主胁下,名号
不正,地据上流,其心无日忘我,宜先图之。陈氏灭,张氏势孤,一
举可定。然后北向中原,王业可成也。"① 朱元璋遂采取刘基的建
议,将首攻目标锁定了兵强势张、咄咄逼人的陈友谅。在"平汉"
的三次大战中,② 以元至正二十年(1360)发生的"龙湾之战"至
为重要,也是朱元璋在应天府前后42年仅有的一次城市保卫战。
这不仅是应天府建立吴政权之前最大的一次威胁,也关系到朱元
璋根据地的安危。因此,公元1360年龙湾之战,对于敌对双方的
朱元璋和陈友谅两军,都具有十分重要的战略意义。

　　元至正二十年(1360)闰五月,陈友谅挟徐寿辉沿江东下,
攻克太平(今安徽当涂)后,于采石附近江面船上杀害了徐寿
辉,诈称暴疾而亡。陈友谅遂于同月十六日以采石五通庙为行
殿,自封皇帝,国号汉,改年号为大义。③ 踌躇满志的陈友谅遣

---

① 《明史》卷128《列传》16"刘基"。据(清)毕沅《续资治通鉴》(嘉庆六年
　冯氏刊本)卷215"元纪·顺帝"条所载:"我有两敌:陈友谅居西,张士诚
　居东。……今日之计,莫若先伐汉。汉地广大,得汉,天下之形成矣。"另
　据《明太祖实录》卷58洪武三年"十一月戊戌"条载,这个先陈后张的军
　事谋略,乃朱元璋所为:当时"人有劝朕,先击士诚,以为士诚切近,友谅
　稍远。若先击友谅,则士诚必乘我后,此亦一计。然不知友谅剽而轻,士
　诚狡而懦。友谅之志骄,士诚之器小。……为朕之所以取二寇者,固自有
　先后也"。
② 即元至正二十年的龙湾之战,元至正二十一年的江州(九江)之战,元至
　正二十三年的洪都鄱阳湖决战。
③ 《明太祖实录》卷8,庚子闰五月戊午。

人相约张士诚,试图东西夹击,一举扼杀应天府朱元璋于羽毛未丰之际。生性迟疑多虑的张士诚并未回函,陈友谅则自恃拥有战舰十倍于朱元璋的水军实力,竟有恃无恐自采石引船队东下,直奔应天府。据《明史》记载:应天府内"诸将或议降,或议奔据钟山,(刘)基张目不言"。朱元璋于后堂问计于刘基,刘基对曰:"主降及奔者,可斩也。"接着又说:"贼骄矣,待其深入,伏兵邀取之,易耳。天道后举者胜,取威制敌,以成王业,在此举矣。"①《明史》这段史料的真实性令人生疑:首先,诸将中竟没有一人提出应战,仅是或降或逃的主张;其二,钟山乃距应天府很近的一座山,数万将士逃到这座山焉能保命;其三,同年三月刚到应天立足未稳的刘基开口就言杀诸将,于情于理都说不通。据《明太祖实录》载,诸将并无出逃或降之议,而是"群议皆欲先复太平,以牵制之"。②最后提出退兵之计的是朱元璋本人,也并非刘基。当时,"有自友谅军中逸归者,言友谅问新河口路"。朱元璋遂利用这个机会,让陈友谅的故友康茂才写信给陈友谅,佯为内应。引诱陈友谅将优势的兵力,分为三路,③便于破敌。康茂才依计而行,遂派"有老阍旧事友谅"一老者携带亲笔信至陈友谅部。④陈友谅接信后,得知康茂才守卫应天府新河口的江东木桥,大喜过望,并约定届时以呼"老康"为号,让送信的老人先归,继续沿江东下。朱元璋命"冯国胜、常遇春率帐前五翼军三万人,伏于石灰山(今幕府山)侧。徐达军于南门

① 《明史》卷128《列传》16"刘基"。
② 《明太祖实录》卷8,庚子闰五月庚申。
③ (明)高岱《鸿猷录》卷3,5a/b。
④ (明)尹守衡《皇明史窃》卷26,10a"康茂才"条,明崇祯刻本。

（今中华门）外,杨璟驻兵大胜港（今大胜关）,张德胜、朱虎率舟
师出龙江关外（今下关江面一带）"。[①]朱元璋、刘基等人则登上
卢龙山（后改名"狮子山"）指挥全局。与此同时,朱元璋下令将
木质江东桥连夜改筑成石桥,并"于新河口跨水筑虎口城,以兵
守之"。[②]据县志记载:"明初,陈友谅侵金陵,趣江东桥(江东门
外),舟师欲出新河口路,太祖命赵德胜跨河筑虎口城。"[③]宋濂
则称"夏五月,伪汉主陈友谅以重兵袭我太平境,直犯龙江。皇
上震怒,命诸大将分据险要,授以成算,而命公(即赵德胜)守虎
口城。虎口城,龙江第一关",[④]未言赵德胜筑虎口城事。朱元
璋的夫人马氏,则将府中所有金帛拿出来,犒劳军中将士,[⑤]以
鼓舞士气。同年闰五月乙丑,当陈友谅先头战船抵达大胜港时,

---

① （明）黄光昇《昭代典则》卷 2,29a。
② 《明太祖实录》卷 8,庚子闰五月庚申。新河,金兵在原沙洲上所凿 20 余里
河道,以通长江。宋元时,又称老鹳河,清代又称北河口。明初,在新河以
南开凿三条河道,分别为上新河、中新河、下新河。参阅邹劲风《唐宋金陵
考》第 106 页,江苏人民出版社 2020 年版。新河口即新河通江出口,根据
当时建造虎口城的时间和地理等综合资料分析:这座虎口城属于城堡性
质,具有很强的实战价值,可能位于新河口西岸。
③ 《(道光)上江两县志》卷 28,1b/2a:"虎口城,在新开河。"新开河,即今上新河。
④ （明）宋濂《梁国公赵公神道碑铭》,《宋学士文集》卷 11,9a。宋濂在赵德胜
去世后十年撰文的可信度超过清同治的县志,宋文只言"守虎口城"未称
"筑虎口城",故才会有同年十二月分筑虎口、龙湾两小城的史实。
⑤ 《明史》卷 113《列传》1 "太祖孝慈高皇后"。此举与元至正十五年九月太
平府守卫战前的孙贵妃之举有相似之处:孙"妃言于上曰:'府中有金银若
干,何不尽给将士,使之奋身御敌? 倘有不虞,积金何益?'次日敌再至,上
尽置金银于城上,分给将士,遂大败敌兵,生擒也先"。载《纪事录笺证》第
39 页。《明史纪事本末》卷 3 "太祖平汉"(第 34 页)则称:"莫若倾府库,开
至诚,以固士心……",为刘基建言。

遭到杨璟部队的殊死抵抗。后继大部船队遂转向新河口,当看到是江东石头桥时,感到情况不妙,连呼"老康",竟无人应答,知道中计,随即率领船队转向龙湾。在卢龙山头的朱元璋见状,立即挥旗发出号令,霎时间各处伏兵四起,杀声雷动。在朱元璋的水陆各部奋力合击下,加上江水退潮,百艘舰舸搁浅,陈友谅全军崩溃,死伤无数,被俘2万余将士以及收缴"混江龙"、"塞断江"、"撞倒山"、"江海鳌"等巨舰十余艘、战舸数百条,陈友谅仓促乘船而逃。① 朱元璋乘胜追击,先后攻克了太平、安庆、信州、袁州等城池。

　　元至正二十年(1360)龙湾、虎口大捷,不仅使朱元璋占据的应天府化险为夷,揭开了朱、陈两军决战的序幕,尤为重要的是提高了朱元璋依托金陵称雄一方、进而谋取天下的信心。反观陈友谅势力,自龙湾之战后,直到至正二十三年夏的洪都鄱阳湖决战中陈友谅战死,则明显有由强转衰之势。"可以说,没有龙湾大捷便不会有以后多次战役包括鄱阳湖决战的胜利。因此,就朱元璋与陈友谅的决战历史论,近在鄱阳湖,远在龙湾。就朱元璋的王业奠基论,近在打败张士诚夺取苏州,远亦在龙湾。"② 此后,应天府遂成为朱元璋盘踞一方的根据地。

　　朱元璋有感于应天府江防战略地位的重要性,战后遂下令"筑龙湾、虎口城"。③ 实际上,这道"筑城"令对同年五月建造的虎口城仅是加固修葺而已;而龙湾城,也同样是对元时"龙湾军

---

① 《秘阁元龟政要》卷3,所载"陈友谅潜约张士诚侵建康"记述甚详。
② 黄冕堂、刘锋《朱元璋评传》第119页。
③ 《明太祖实录》卷8,庚子十二月。

营,即旧游击水军寨地"① 加以修葺,该城堡位于后来营建的明南
京京城城墙仪凤门外,"今山(即狮子山)下为仪凤门,门外犹号龙
湾城"。② 当年因功被朱元璋封为总制处州的句容人孙炎,曾留下
了对龙湾城的赞诗一首:"龙湾城,壮如铁。城下是长江,城头有
明月。月色照人心不移,江水长流无尽时。"③ 由此可以界定的是:
元至正二十年(1360)朱元璋先南京城墙建造之前,沿江一南一
北建造(或加固修葺)过护卫应天府的上述两座小城,而不是一座
小城。④ 这两座城堡性质的小城,对于 1366 年的规划并始建南京
城垣来说,军事防御上的侧重点放在城垣的西边,具有一定的参
考意义及价值。至于龙湾、虎口城毁弃的年代,目前尚未发现相
关史料的记载。连洪武二十八年(1395)十二月根据南京城市基
本格局绘制的《洪武京城图》,也没有标明这两座小城的位置。如
果还存在的话,以龙湾、虎口城对南京城垣的特殊地位而言,当以
标明。因此,很可能在 1366 年之后的南京城墙大规模建造中,龙
湾、虎口城一并被拆除,或者有部分城垣被砌筑到后期建造的南
京城墙中。

---

① (元)张铉《至大金陵新志》卷 10,18b。在同《志》卷 1 的《金陵山川封城总
图》中,绘有"龙湾"城图示。四库全书本。
② (明)顾起元《客座赘语》卷 10,21b。
③ (明)刘仔肩编《雅颂正音》卷 5,2a,四库全书本。龙湾城建于 1360 年,孙
炎于 1362 年 3 月 7 日被处州苗将李、贺等叛将所杀害,这首诗应写于这
期间。
④ 蒋赞初《南京史话(上)》(南京出版社 1995 年版)及马伯伦主编《南京建置
志》(海天出版社 1994 年版)均称"虎口城"位于龙湾(今下关)。《南京建
置志》称:"洪武元年向北拓宽南京城至龙湾,即以虎口城改筑为这一带的
城墙。"除了将龙湾城误为虎口城外,改筑史事可信。

龙湾大捷之后，朱元璋于至正二十一年（1361），在诸多将领的簇拥下，以旧元御台为应天府署所在地，①授封吴国公。②从表面上看，朱元璋仍隶属于小明王韩林儿、刘福通旗下，接受宋的"龙凤"年号，先后出任小明王授予的枢密院同佥、江南等处行中书省平章、丞相同佥等称号，仍然"遥奉"小明王，实际上朱元璋加快了独立称王的步伐。对内，朱元璋继续依照以往的总体战略积极备战，完备各项建置；对外，朱元璋根据周边异己势力采取"区别对待，各个击破"的主动出击方针，并依托应天府这块"风水宝地"，总揽全局，开始在中国社会政治大舞台上一展身手。

随着朱元璋势力和影响不断扩张，旧部有些将领逐渐就有了"骄横之气"，甚至还有了"觊觎之心"。元至正二十二年（1362）七月丙辰，朱元璋在应天府龙光门（即后来的三山门）外阅兵，平章邵荣、参政赵继祖谋反，"伏兵门内"以待朱元璋回城。由于突起大风"吹旗触上衣。上异之，易服从他道还。荣等不得发，遂为宋国兴所告"，最后被诛杀。及时整肃身边异己，虽与日后称帝、大开杀戒的朱元璋无论出于何种意图还是手段、影响都无法

① （清）穆彰阿、潘锡恩等纂修《大清一统志》（四部丛刊续编本）卷74《江宁府二》6a"故宫城"："旧志：宋行宫在京城内大中街。元至元十五年（1278），拆故宫材木，输之大都，遗址仅存。二十三年，改为御史台治。至正十六年（1356），明太祖入金陵，建军府于此。寻为王府，又建为皇宫。又改筑皇城于东偏，此称为旧内。"马伯伦主编《南京建置志》（第139页）称：1356年4月11日，"以东锦绣坊宋、元旧府署为宅第，迁应天府署于西锦绣坊元御史大夫宅"。
② 关于朱元璋称"吴国公"的建号年代，《明太祖实录》与《明史》皆称元至正十六年，俞本《纪事录》及钱谦益《太祖实录辩证》及黄云眉《明史考证》（中华书局1979~1986年版）均考证朱元璋为"吴国公"是至正二十一年。

相比，甚至此时的朱元璋还"不欲即诛"，"上不得已，命具酒食饮食之，涕泣与诀"，^①但诛杀异己则是成王之道的必经之路。同时，朱元璋借用总结陈友谅败因时称："汝不闻古人所谓'天时不如地利，地利不如人和'，陈友谅兵虽众强，人各一心，上下猜疑……"，^②强调内部团结和部下忠心的重要性。

元至正二十三年（1363）四月，陈友谅乘巨船率军大举进攻洪都，由于前次攻破洪都城是以大船乘江水涨潮得以"附城而登，故为所破"，故"载其家属百官空国而来"，以为此战必胜。殊不知元至正二十二年二月辛卯，朱元璋收复洪都后已下令改筑了洪都城临江一面的城墙，向内缩了三十步，致使"友谅巨舰至，不复得近，乃以兵围城"。^③由此可见，朱元璋对于城池的防御已有心得，为日后南京城墙的营建奠定了实战运用的经验。洪都守将朱文正、邓愈等诸将依托城池"备御随方应之"，坚守苦战达85天。直到同年七月，朱元璋率军20余万解救洪都之围，随即又转入鄱阳湖之战。陈友谅"兵号六十万，联巨舟为阵，楼橹高十余丈，绵

① 《明太祖实录》卷11，壬寅七月丙辰。该条中称"上阅兵三山门外"，该城门名有误。此时该城门为旧城的"龙光门"，又称水西门，洪武十九年改筑后更名为"三山门"。参见杨国庆、王志高《南京城墙志》第210页。但据宋濂《张中传》（《宋学士文集》卷9）载，张中对朱元璋提醒道："国中大臣将有变，上宜预防。秋七月，平章邵荣、参政赵继祖伏甲北门，欲为乱。事觉伏诛。"其中称之"北门"，为金陵旧城之北，1366年在"拓旧城"时拆毁，仅留城门外的"北门桥"。据刘辰《国初事迹》载，邵荣等谋为不轨，乃"元帅宋某以其事首告"。另据（清）潘柽章《国史考异》卷1"高皇帝上"称："邵荣之异谋，发于乙未下太平之时，而不在壬寅。"
② 《明太祖实录》卷13，癸卯九月壬申。
③ 《明太祖实录》卷12，癸卯四月壬戌。

亘数十里,旌旗戈盾,望之如山"。① 而朱元璋分军布阵,又以"敢死士操七舟,实火药芦苇中,纵火焚友谅舟。风烈火炽,烟焰涨天,湖水尽赤",一番激战后,陈友谅军"死者大半",② 最后朱元璋部以陈友谅战死而告捷。同年十月,朱元璋率常遇春、康茂才等部以水军、陆军和骑兵围困陈友谅次子陈理于武昌,"湖北诸郡皆来降"。③ 同年十二月,朱元璋从武昌返回应天府后,随即阅武于鸡笼山,他对指挥华云龙等说:"善用兵者,以少为众,以弱为强,逸己而劳人,伐谋而制胜。……大于两敌相对,在审其强弱,识其多寡,以正应,以奇变,奇正之用合宜,应变之方弗失,百战百胜之道也。"④ 这番话,可当是朱元璋平定陈友谅诸役的战后总结。

洪都、鄱阳湖两役大捷后,朱元璋终于抛开当年所谓"缓称王"的羁绊,于元至正二十四年(1364)正月丙寅,因"群臣固请不已,乃即吴王位",建百司官属,设中书省,以李善长为右相国,徐达为左相国,⑤ 常遇春、俞通海为平章政事,汪广洋为右司郎事,张昶为左司都事,立长子朱标为世子。仍沿袭龙凤纪年,下达的指令开头均以"皇帝圣旨,吴王令旨",⑥ 以掩饰其政权不受节制的事实。朱元璋从吴国公到自称吴王,表明他开始由反元义军首领向封建地主阶级领袖的转变。陶安、李习、刘基、宋濂等一批封建儒

---

① 《明史》卷1《本纪》1《太祖一》。
② 《明太祖实录》卷12,癸卯七月己丑。《明史》卷1《本纪》。
③ 《明太祖实录》卷13,癸卯十月壬寅。
④ 《明太祖实录》卷13,癸卯十二月戊午。
⑤ 《明太祖实录》卷14,甲辰正月丙寅朔。
⑥ 《明太祖实录》回避龙凤事,此从《续资治通鉴·元纪》卷217"顺帝至正二十四年"。

生集团几年来所起的作用和对朱元璋的影响,到这时已经明朗和
具体化了。朱元璋此时考虑的问题,除了眼前的现实之外,更多
的已经涉足到建国方针大略。

　　元至正二十四年(1364)正月戊辰,朱元璋对徐达等人分析
了社会动乱的根因,并强调"法度"对于凝聚国人民心的重要性,
他说:"建国之初,当先正纪纲。元氏昏乱,纪纲不立,主荒臣专,
威福下移,由是法度不行,人心涣散,遂至天下骚乱。今将相大
臣辅相于我,当鉴其失,宜协心为治,以成功业。毋苟且因循,取
充位而已。"① 朱元璋在强调"先正纲纪,纲纪先礼"② 时,还意识到
"制礼立法非难,遵礼守法为难……今所当急者,此为先务,不可
后也"。③ 朱元璋如此重视"法度"和"礼"的建设,尤其强调民众
的"遵礼守法"的施政理念,说明朱元璋此时已具有问鼎天下的
图谋,并开始设计建国必备的大计方针。两天后,朱元璋在应天
府的白虎殿与孔克仁论天下形势时称:"自元运既殚,连年战争,
加以饥馑疾疫,十室九虚,天厌于上,人困于中。中原豪杰,智均
力齐,互相仇敌,必将有变,欲并而一之势,猝未能。吾欲以两淮、
江南诸郡归附之民,各于近城耕种,练则为兵,耕则为农,兵农兼
资,进可以取,退可以守。仍于两淮之间馈运可通之处,积粮以

---

① 《明太祖实录》卷14,甲辰正月戊辰。《明史纪事本末》卷14"开国规模"
　　(第189页),称:"太祖退朝,语善长等曰:'建国之初,先正纲纪,纲纪先礼。
　　元氏主荒臣专,今宜鉴之。'"对照《明太祖实录》,朱元璋与之对话为徐达
　　等人。
② 《明史纪事本末》卷14,第189页。
③ (明)吕本等辑《皇明宝训·太祖》卷3,14a。

俟。兵食既足,观时而动,以图中原,卿以为何如?"①朱元璋这种
"兵食既足,观时而动,以图中原"的设想,实际也是后人总结的
"九字三策"的成因之一,反映出朱元璋在军事上,已经从龙湾之
战的战略防御转向平汉之后"以图中原"的战略进攻。

总之,随着自立吴王,建立独自政权机构雏形之后,朱元璋进
入最后平定群雄、推翻元王朝、建立新王朝的阶段。

三、开国称帝

元至正二十四年(1364),朱元璋自立吴王后,客观环境和朱
元璋自己所处的地位发生了根本性的变化,从他主导思想和行为
看,已经将反元和缔造后来的大明帝国密切联系在一起。随着军
事上的节节胜利,朱元璋又经 4 年时间的各项准备,无论在军事、
政治、经济、文化、人才储备等多方面,都已初具规模和取得长足
的发展。诚如史评家所言:"朱元璋早在洪武建国前十年的'草
昧'时期便率先开始了一系列新朝新政,并获得了非常的成功,他
的这种惊人的先见之明和远见卓识不能不使古代历史上为数不
多的所有明君英主都相形逊色。"②"高皇帝之有天下,事多草创。
而一代制作,不可以不定者。"③因此,洪武元年(1368)朱元璋"应

---

① 《明太祖实录》卷 14,甲辰正月庚午。孔克仁,明应天句容(今属江苏)人。
　元末投朱元璋,侍帷幄久,数与朱元璋论天下大势及进取方略。
② 黄冕堂、刘锋《朱元璋评传》第 114 页。
③ (明)贝琼《送开学臣先生归洛阳序》,载贝琼《清江文集》卷 20《金陵集》,
　11a。

天命"即位皇帝,绝不能忽略他在应天府做吴王 4 年期间的经历,他自称:"创业之艰难,日不暇食,夜不安寝。"① 这个时期,朱元璋已经在许多方面有了除尘布新的举措,在很多领域也呈现出了一代之兴的端倪。

在政治方面,朱元璋即位吴王之后,提出元末农民起义是妖人作乱,开始划清与龙凤政权的界限。从纪年上改龙凤年号,以龙凤十二年(1366)的次年为吴元年(1367)。② 吴元年九月戊戌,朱元璋致书元顺帝:"辛卯(至正十一年,1351)之年,妖人横起,不三四年间,海内海外势如瓦解,殿下屡尝命将征伐,国势日衰,妖气愈盛,遂令故将大臣服毒而殁,临阵而陷,十常八九。如以义旗而兴为将者李察罕、张思道、李思齐虽能殄灭妖寇,功已高,权已重,豪杰之志在焉。殿下不能谁何,尤甚于妖人之作乱也。"③ 对于朱元璋改龙凤年号的时间,钱谦益《太祖实录辩证》提出:"滁阳即世,上方孤军无倚,渡江以来,声势翕合,实有藉于龙凤,开省称王,承制行事,十余年不改。姑苏之役,犹称皇帝圣旨,吴王令旨。圣祖何嫌于奉龙凤哉?"④ 朱元璋与龙凤政权划清界限实际要晚于《明太祖实录》所载的时间,朱元璋称帝前,利用龙凤政权的影响而反元,不会避讳与龙凤政权的关系;当称帝后,为了打击

---

① 《明太祖实录》卷 29,洪武元年正月丙子。

② 《明太祖实录》卷 21,丙午十二月己未。另据(明)王圻《续文献通考》(明万历三十一年曹时聘等刻本)卷 224,2b 载:"顺帝至正五年,淮楚间童谣云:'富汉莫起楼,贫汉莫起屋。但看羊儿年,便是吴家国。'"另据(清)钱谦益《太祖实录辩证·一》(载钱谦益《牧斋初学集》卷 101,1a/b)称:"我太祖定都建康,改至正二十七年为吴元年,实丁未也。"丁未,即"羊"年。

③ 《明太祖实录》卷 25,吴元年九月戊戌。

④ (清)钱谦益《太祖实录辩证·三》,载钱谦益《牧斋初学集》卷 103,7a。

红巾军残余势力,确立大明政权的合法性与正义性,[①]从而划清与龙凤政权的界限,避免日后大明政权背负违背礼教犯上作乱的罪名,《明太祖实录》编撰者将其真实刻意篡改了。但是,朱元璋在此阶段进行了一系列正纲纪、定礼乐、实施君主制思想文化方面的建设,并蕴含了将以新政权替代旧元政权的旨意则是无疑的。

朱元璋即位吴王后,在对元朝昔日正统地位给予认同的同时,也对其行将倾覆的根因在一定程度上作出剖析:"元本胡人,起自沙漠,一旦据有中国,混一海内,建国之初,辅弼之臣率皆贤达,进用者又皆君子,是以政治翕然可观。及其后也,小人擅权,奸邪竞进,举用亲旧、结为朋党、中外百司贪婪无话。由是法度日弛、纪纲不振,至于土崩瓦解,卒不可救。今创业之初,若不严立法度,以革奸弊,将恐百司因循故习,不能振举。故必选贤能以隆治化。"[②]这样相对客观清醒的认知,与朱元璋此后一味强调"天运""气数"愚弄天下完全不同。也正因此,在朱元璋称帝后的几十年间开创了重典整治吏治的新局面。同时,朱元璋提出"礼法,国之纪纲。礼法立,则人志定,上下安。建国之初,此为先务"。[③]针对旧元降将仍被沿用的旧称谓,朱元璋于同年(1364)四月,下令"为国当先正名,今诸将有称枢密、平章、元帅、总管、万户者,名不称实,甚无谓。其核诸将所部有兵五千者为指挥,满千者为千户,百人为百户,五十人为总旗,十人为小旗"。[④]元至正二十五

① 杨永康《朱元璋的元明易代观及其天命论》,《南开学报(哲学社会科学版)》2015年第5期。
② 《明太祖实录》卷15,甲辰十二月丁巳。
③ 《明太祖实录》卷14,甲辰正月戊辰。
④ 《明太祖实录》卷14,甲辰四月壬戌。

年（1365）九月，以原集庆路学改名为国子学。吴元年（1367）三月，定文、武二科取士之法。并称："是以周官选举之制"，故"上稽古制"①而为，在政治上为新生政权延揽和培育人才。朱元璋与宋濂、孔克仁在讨论"汉治何不三代"这一话题时，认为是"高祖创业，未遑礼乐"。②吴元年秋七月乙亥，朱元璋于戟门阅雅乐，自击石磬，辨八音时，与起居注熊鼎有一段关于礼乐与君臣关系的精妙对话。熊鼎说："八音之中，石声最难和……故《书》曰：'於予击石，附石百兽率舞。'"朱元璋回答："……乐以人声为主，人声和，即八音谐矣。"熊鼎转而称："乐音不外求，实在人君一心。君心和，则天地之气亦和。天地之气和，则乐亦无不和矣。"这才得到朱元璋认可。③吴元年十月甲寅，朱元璋命中书省定律令，以李善长为总裁官，杨宪、刘基、陶安、周桢等人为议律官；同年十二月甲辰，经朱元璋和群臣反复商议"去繁就简、减重从轻者居多"的《律令》一书终成。④以唐、宋皆有成律断狱，"惟元不仿古制，顾有是命"。在与中书省臣"面议斟酌"律令期间，朱元璋对中书省臣李善长等说："法有连坐之条，谓侵损伤人者。吾以为鞫狱当平恕。先王之政，罪不及孥，忠厚之至也。自今除大逆不道，毋连

---

① 《明太祖实录》卷22，吴元年三月丁酉。
② （清）谈迁《国榷》卷4，甲辰（元至正二十四年）"五月丙子"条，清抄本。
③ 《明太祖实录》卷24，吴元年秋七月乙亥朔。
④ 《明太祖实录》卷28上，吴元年十二月甲辰。洪武七年二月，在原《律令》基础上修编《大明律》书成。篇目与《唐律》相同，共30卷，606条。其中，采用旧律288条，续律128条，旧令改律36条，因事制律31条，掇《唐律》以补遗123条。此后，屡有增删改动。洪武三十年重订，共计460条。重订后的《大明律》，承《元典章》旧制以六部分作六律的编排形式，已非先前仿《唐律》面目，在内容上也较《唐律》多有变动和简核。

坐。"① 之后,朱元璋又提出:"立法贵在简当,使言直理明,人人易晓。若条绪繁多,或一事而两端,可轻可重,使奸贪之吏得以夤缘为奸,则所以禁残暴者,反以贼良善,非良法也。……夫网密则水无大鱼,法密则国无全民。卿等宜尽心参究,凡刑名条目,逐日来上,吾与卿等面议斟酌之,庶可以为久远之法。"② 在具体实行中,朱元璋也是身体力行的。吴元年九月癸卯,新宫建成,其制"皆朴素不为饰",朱元璋命博士熊鼎类编古人行事可为鉴戒者,书于壁间;又书《大学衍义》于两庑,以便"朝夕观览"。吴元年十月,朱元璋下令改旧元崇右为尚左,命百官礼仪俱上左;又定乐舞之制。吴元年十一月,朱元璋首次颁布大统历书。③ 立国之先,国之纲纪始正,礼乐初备,从而奠定了日后建国的根基。

在官制上,朱元璋逐步实施一套新朝的官吏管理体制,以适应新形势的发展。元至正二十四年(1364),设立记录帝王言行录的起居注,以宋濂、魏观为之。元至正二十五年七月壬午,吴置太史监,以刘基为太史令。鉴于朱元璋势力范围的不断扩大,在儒士们的建议下,在其管辖区域,或设行中书省,或设中书分省。朱元璋称吴王后,其官制设置逐一提升,改行中书省为中书省,"左右相国为正一品,平章政事从一品,左右丞正二品,参知政事从二品……"④ 由于当时战事频繁,六部"势不遑设",于吴元年(1367)七月辛丑,置太常、司农、大理、将作四司,俱正三品,以处理日益繁杂的钱谷、礼仪、刑名、营造诸多事务。同年九月丁亥,置内使

---

① (清)龙文彬《明会要》卷 64,2a/b,清光绪十三年永怀堂刻本。
② 《明太祖实录》卷 26,吴元年十月甲寅。
③ 《明太祖实录》卷 27,吴元年十一月乙未。
④ 《明太祖实录》卷 14,甲辰正月丙寅朔。

监(后改名御用监)、御马司、尚宝兼守殿、尚冠、尚衣、尚佩、尚履、
尚药、纪事等奉御,[①] 开启了明代太监置官之始。同年十月,定国
子学官制、改太史监为太史院、置御史台[②] 及各道按察司,朱元璋
称:"国家新立,惟三大府总天下之政。中书政之本;都督府掌军
旅;御史台纠察百司,朝廷纪纲,尽系于此。"[③] 至此,朱元璋新政权
的三大府皆已完备。

在皇宫、都城、圜丘、方丘、社稷坛等宫室、城墙及祭祀之制
乃至城市建设方面,与中国传统制度相比,也有鲜明的继承和创
新,无不透露出朱元璋的气魄以及他个人的崇尚和志向(详见第
四章)。吴元年(1367)九月癸卯,"新内成",[④] 宫城内部布局初
定。这些礼制性的皇家建筑,透露出一个重要信息:朱元璋在为
称帝建都做必要的准备。"在十四世纪六十年代中期,朱元璋称帝
的野心开始行迹毕露了。他已经抛掉了对他先前的主上的忠顺,
并开始按自己的方式日益加紧建立帝国政府。"[⑤] 元至正二十六年
(1366)八月,朱元璋批准并开始实施应天府城市规划,[⑥] 其城墙

---

① 《明太祖实录》卷25,吴元年九月丁亥。
② 御史台,不久改称"都察院"。洪武十三年罢,洪武十五年更设。
③ 《明太祖实录》卷26,吴元年十月壬子。
④ 《明太祖实录》卷25,吴元年九月癸卯。
⑤ (美)牟复礼《元末明初时期南京的变迁》,载施坚雅主编《中华帝国晚期的
　城市》,第147页。
⑥ 万明在《明代两京制度的形成及其确立》(载万明《明史丛稿》,第4页,中
　国社会科学出版社2020年版)中提出:元至正二十六年(1366)八月,"在
　劲敌陈友谅亡命鄱阳湖,张士诚被围平江、命在旦夕的时候,他才顾得上把
　都城建设排上日程,开始'拓建康城'"。笔者认为,朱元璋把都城建设排上
　日程的时间应早于1366年,至迟应在1365年。因为,1365年都城规划负
　责人刘基才出任太史监的太史令,之前刘基并无官职。这份城市规划至少
　经过一年时间的谋划,于1366年才能得以完成。

规划的长度是"五十余里"（所谓"余"，表明这个长度仅仅是个规划约数），这样的城池规模和范围，显然已经超出了中国一般性质府、县一级的城池，而是达到、甚至超过了中国古代部分都城的规模。仅以宋代以降都城长度为例：北宋汴梁城号称周长 50 里 165 步，[①] 据今人考证其长度为 29.072 公里；[②] 元大都城周长 60 里，[③] 据今人考证其长度为 28.6 公里。[④] 因此，朱元璋当年"卜"的城市规模，先且不说其中蕴含的文化内涵以及背后隐藏的意图，单以城墙长度来看，简单称之为建造的一座王城，显然低估了朱元璋此时的政治魄力与称帝建国野心。

除此，朱元璋于公元 1366 年批准南京新宫与新城规划之前，还对原有的城池进行过修葺、对旧城周边地形地貌进行过勘察和规划，是为朱元璋在南京建城之前奏。有资料显示，元至正二十四年（1364）期间，朱元璋曾亲自督工："朕三月归建业，（周）颠者六月至。朕亲出督工，逢颠者来谒。"[⑤] 明初几乎人手一份的《明御制大诰》，也证实了当时的应天城内确有大量劳役。洪武十九年（1386）四月间，朱元璋称："工作人匠将及九万，往者为创

---

① （宋）王应麟《玉海》卷 174,29b，元至元六年庆元路儒学刻玉海明修本。

② 杨育彬《北宋东京城研究·序》，载刘迎春《北宋东京城研究》，科学出版社 2004 年版。

③ （清）陈梦雷《古今图书集成·方舆汇编》卷 97,1b《坤舆典·舆图部汇考五十五》，清雍正铜活字本。

④ 中国科学院考古研究所、北京市文物管理处、元大都考古队《元大都的勘察和发掘》，载《考古》1972 年第 1 期。

⑤ （明）朱元璋《御制周颠仙人传》，载（明）沈节甫编《纪录汇编》卷 6,1b，上海涵芬楼影印明万历间纪录汇编本。《明太祖实录》卷 14，甲辰三月乙丑朔，朱元璋自武昌督军攻城后回到应天。

造之初,百工技艺尽在京城,人人上不得奉养父母,下不得欢妻抚
子,如此者二十六七年。"①粗略计算后,这个"如此者二十六七年"
的起始年份分别为:公元1359年或者1360年。朱元璋将在南
京"创造之初"定在这个时间段,并需要"百工技艺尽在京城",从
大的营建工程来看,是因抗击陈友谅的进犯而抢修的两座军事城
堡,修缮旧有的王府及旧有的城垣、建造官舍和庙宇,以及对这座
城市地形地貌的熟悉与了解(这也是"卜"的基础之一)。有学者
从朱元璋对应天府旧城修缮的角度,也有类似认识:"不过在1360
年却也把城墙稍加扩大修葺,使沿江一边得以增加设防。政府衙
署也稍有所建,庙宇及其他半公半私房屋也多被部分或全部'借
用',以容顿扩大了的行政吏员。"②其中"把城墙稍加扩大"的观
点,迄今尚无依据。当然,早年尽在京城的百工技艺所从事的并
非全部是修缮城墙或建造城堡,而是包括了建造位于朱元璋居所
西侧的礼贤馆等一些衙署与房舍,以及"卜新宫"之前对应天府
旧城周边的查勘和选址、宝源局铸造大中通宝钱、在卞壶及蒋子
文庙中绘塑功臣像等事务在内的各类技艺。

　　在经济方面,朱元璋继续贯彻恢复生产、实施安民归田的方
针,以增强新生政权所必需的物质基础和改善其生存环境。元至
正二十六年(1366)夏四月,朱元璋因"兵戈未靖,四方凋瘵,军旅
之需,一出于民"局面下,打算"欲纾其力"而询问刘基、王祎。刘
基说:"今用师之日,必资财用,出民所供,未可纾也。"朱元璋不

①　(明)朱元璋《大诰三编》"工匠顶替第三十",61b。
②　(美)牟复礼《元末明初时期南京的变迁》,载施坚雅主编《中华帝国晚期的
　　城市》,第147页。

同意他的说法,认为:"今日之计,当定赋以节用,则民力可以不困;崇本而祛末,则国计可以恒纾。"刘基遂称:"臣愚所不及,此上下兼足之道,仁政之本也。"① 吴元年(1367)十一月甲午,应天府的圜丘建成告竣,朱元璋率长子朱标等前往。随后又"遍历农家,观其居处饮食器用",回宫后朱元璋对朱标说:"汝知农之劳乎?夫农勤四体,务五谷,身不离畎亩,手不释耒耜,终岁勤动,不得休息。其所居不过茅茨草榻,所服不过练裳布衣,所饮食不过菜羹粝饭,而国家经费皆其所出。"② 正是基于这样的认知,面对数十万军队和上万人驻京文武官员的供给,安定日益增多辖区内百姓的民心,成为当时吴政权所面临的亟待解决的问题。朱元璋采取了一系列有利恢复经济的措施。其一,原有的封建经济结构保持不变,土地所有权仍归地主。这项权宜短期政策的实施,使"民庶无惊,市肆不扰",有利于江浙等地富民的归顺和支持。元至正十九年,降归朱元璋镇守处州的胡深,就曾以"军储不足,于丽水等七县内大户征科银两以给军";其二,令守备军开垦荒地种粮,以充军需。自元至正十八年初,镇守江阴的吴祯、吴良兄弟开始"屯田以给军饷",得到朱元璋的推广,"命诸将分军于龙湾(位于应天府)等处屯田"。至正二十三年,朱元璋颁布"将士屯田之令",再以康茂才屯田为范例,并下令"将士屯田,且耕且战"。③至正二十四年冬,邓愈等于襄阳各处进行屯种,"且耕且战"。如原先在广德府"验丁出兵"的460人,④ 也于吴元年十月遣归农田;

① 《明太祖实录》卷20,丙午四月己未。
② 《明太祖实录》卷27,吴元年十一月甲午。
③ 《明太祖实录》卷12,癸卯二月壬申朔。
④ 《明太祖实录》卷26,吴元年十月壬子。

其三，局部产粮富区免缴税粮和免徭赋，以利恢复生产。吴元年正月戊戌，朱元璋下令免太平租税 6 年，应天、宣城诸郡 1 年；同年夏五月，朱元璋"以久不雨"，遂"率诸宫中皆令素食，使知民力艰难"，并免"徐、宿、濠、泗、寿、邳、东海、安东、襄阳、安陆郡县及今后新附土地人民桑、麻、谷、粟税粮徭役"3 年。[①] 朱元璋重视农桑、扶持地方百姓务农勤农的政策，是朱元璋在应天府建立政权后的一贯主张，并得到各方的支持和拥戴。元至正二十六年十一月，由儒士熊鼎、朱梦炎编辑、修撰《务农技艺商贾》书成，刊行天下，以教四民。[②] 新政权这些利民利政措施的落实，使"国用益饶，而民不困"。[③]

在军事上，已称吴王的朱元璋由战略防御转向战略出击。元至正二十六年（1366）五月，朱元璋发布《平周榜》，历数张士诚之过后，称其将士是"误中妖术"的愚民，并以"旧有田产房舍，仍前为主"的安抚富民的策略，瓦解张士诚属地的根基。同年八月，由徐达任大将军、常遇春任副将军统帅 20 万之师与张士诚主力决战太湖、湖州一带，获胜；第二年九月，攻克苏州，生擒张士诚（至应天后身亡）。随后破方国珍、平陈友定、抚何真，浙东、福建、广东、广西皆先后平定告捷。南征的同时，徐达、常遇春率其主力开始北伐，对元政权实施决定性的征讨。吴元年（1367）十月，朱元璋在应天府的"西楼"宴请功臣时称"中原未平，民未苏息，岂可遽恃为安乎"，[④] 并对诸将提出："征伐所以奉天命，平

---

① 《明太祖实录》卷 23，吴元年五月。
② 《国榷》卷 4，丙午（元至正二十六年）"十一月壬辰"条。
③ 《明史》卷 127《列传》15 "李善长"。
④ 《明太祖实录》卷 26，吴元年十月丁巳。

祸乱,安民生,故命将出师,必在得人。"① 在战略进攻的同时,对待降将问题上,也及时调整了相关政策。原先"太祖所克城池,得元朝官吏及儒士尽用之,如有逃者处死"。"上招徕降附,凡将校至者,皆仍其旧官,而名称不同。"② 这种招降纳叛、优待降人的主张,在当时对于进一步分化敌对势力或其他集团势力、树立朱元璋所部的仁义之师形象和动摇敌对势力军心,都具有十分重要的意义,并取得显著的成效。至正二十四年二月癸丑,被围困武昌数月之久的陈理出降后,朱元璋待之以礼、赈米救民,"民大悦。于是,汉、沔、荆、岳郡县相继降"。③ 但是,吴元年年底,朱元璋观舆地图,得知已获天下三分之二领地。④ 军事明显处于优势情形下的朱元璋,则认为"若留诸降将布列旧地,所谓养虎遗患也"。⑤ 此后,朱元璋多次向前方将帅提出类似的要求,理由虽略有差异,但目的就是"可无后患"。于是,朱元璋所部遂将元军(济南元平章达多尔济等)及一些集团势力的降将(方国珍及弟方国珉等),悉送当时的应天。对元降将采取的政策,亦有区别。早先克建康获元帅者林时,免其死复职。不久,者林逃杭州。朱元璋对部下称:"林思旧主,既去勿追。"者林后来任广西省平章。廖永忠克广西,者林来降至南京。朱元璋"集百官",历数者林的不仁不义,遂"杀于市"。⑥ 这种政策的调整,在军事策略上无

---

① (明)吕本等辑《皇明宝训·太祖》卷5,38b。
② (明)刘辰《国初事迹》。《明太祖实录》卷14,甲辰四月壬戌。
③ 《明太祖实录》卷14,甲辰二月癸丑。
④ 《明太祖实录》卷27,吴元年十一月戊戌。
⑤ 《明太祖实录》卷28上,吴元年十二月丁未。
⑥ (明)刘辰《国初事迹》。

疑是及时和正确的，它为最大限度地消除后患，并为军事上的最后一统天下，提供了有力保障。吴元年十月，朱元璋在数次讨论征伐中原及元大都后，以先取山东、河南、潼关，使元都"势孤援绝"，① 再取元大都的策略，遂命徐达、常遇春率 25 万将士出征，从而拉开了平定中原的帷幕。

在广积人才方面，朱元璋继续保持原先"礼贤下士"的主张。元至正二十四年（1364），朱元璋就称："自古圣帝明王，建邦设都，必得贤士大夫相与周旋，以成至治。"② 至正二十六年，太祖与国子博士许存仁等论用人，太祖曰："一代之兴，必有一代之臣。尝观汉高之兴，首资三杰；光武之兴，寇、邓、耿、贾以为之佐。历代以来，莫不皆然。天之生才，以为世用，甚不偶也。"③ 朱元璋此时的用人标准，开始按照即将建立的新兴王朝新标准加以考量。吴元年（1367）三月，朱元璋下令设文、武科取士，从制度上为其政权管理提供更多的各类人才。同年十月，"遣起居注吴林、魏观等以币帛求遗贤于四方"。④ 这种广求贤才的举措至洪武元年时，"征天下贤才至京，授以守令。……时中外大小臣工皆得推举，下至仓、库、司、局诸杂流，亦令举文学才干之士"，仅"吏部奏荐举当除官者，多至三千七百余人，其少者亦至一千九百余人"。⑤ 朱元

---

① 《明太祖实录》卷 26，吴元年十月庚申。
② 《明太祖实录》卷 14，甲辰三月庚午。
③ 《明太祖实录》卷 19，丙午三月戊戌。
④ 《明太祖实录》卷 26，吴元年十月甲辰朔。
⑤ 《明史》卷 71《志》47《选举三》。"荐举之法"初期，"罢科举者十年，至十七年始复行科举，而荐举之法并行不废"。明初录用官吏采取的荐举、学校和选举三途并用之法，为朱元璋政权提供了各类人才。

璋这样广泛征集人才的荐举之法,无疑是为即将诞生的新生政权储备了各类人才。同时,在有明一代一些特殊部门和机构很长时间仍实行这种貌似应急之举,如五军都督府官、锦衣卫官、留守官、都司官,遇有员缺,可行荐举之法,不需要等五年一度的军政考选。

朱元璋在政治、军事、礼制、都城建设、人事以及经济诸方面,初步完成建国必备的各项条件后,公开称帝推翻元朝仅仅是时间问题。同时,布衣出身的朱元璋十分清楚欲开国称帝,还有最后一个障碍需要认真解决,即君主专制时期,表明天子正统的所谓"皇权神授"(见第三章)。

吴元年(1367)十二月癸丑,由李善长率众臣提议朱元璋即皇帝位。经过一番精心筹备,于洪武元年正月乙亥(正月初四,公元1368年1月23日),朱元璋在应天"钟山之阳,设坛备仪",[1]举行了隆重的登极仪式,"丞相率百官北面行礼,呼万岁者三"。[2]祭告天地礼后,朱元璋乘帝辇、手奉宝玺进谒太庙,追尊祖上四代具为皇帝、皇后,再祭告社稷。之后,转入奉天殿即大位,建国号大明,以吴二年为洪武元年,并昭示天下。朱元璋还封妻子马氏为皇后,立世子朱标为皇太子。定李善长为左丞相,徐达为右丞相,其他文武诸功臣都加官进爵。群臣百官入殿朝贺后,"宴大臣于殿上,文武百官于文、武楼下"。[3]朱元璋称帝后的第四天,正式由旧内(即吴王府)迁居新宫。[4]

---

① (明)宋濂《洪武圣政记》"严祀事第一"1b。
② 《明太祖实录》卷29,洪武元年正月乙亥。
③ (明)俞本撰,李新峰笺证《纪事录笺证》第243页。
④ 《明太祖实录》卷29,洪武元年正月戊寅。

新朝代的兴起,总是给人带来无限的希望和遐想。时人贝琼赞曰:"大明肇兴,四方万里莫不瞻其景气之新,农夫野劳相与讴歌田里,以为一时之快焉。"①

———————

① （明）贝琼《清江文集》卷27,1b/2a。

第二章　定都与择都及废除二京制

　　朱元璋定都南京,使南京成为中国君主制大一统时期首次也是惟一在长江以南定都的城市,也是南京城市发展史上的一个重要阶段,奠定了未来数百年的城市基本格局。南京作为明初的京师,历洪武一朝 31 年、建文一朝 4 年及永乐朝 18 年,前后累计 53 年。[①]

　　朱元璋选择定都南京,受到多重复杂因素的影响,即便在称帝后也数度出现彷徨与择都异地的反复比较。尽管有学者从政治、军事、经济、运输乃至朱元璋统治集团内部淮西势力等诸多方面给予分析和研究,但出现在朱元璋文集及各类正史文献中最根本的其实就是两点:即传统的"两京制"与大明都城的"国之中土"问题。在这个问题上,众臣在不同时期发表过各种不同意见,朱元璋也对其它一些城址进行反复商讨甚至实地考察。据正史记载,洪武年间朱元璋先后确定或拟定的京师或都城是应天(即南京)、汴梁(即北京、开封)和临濠(即中都、中立、凤阳),简称明初"两京一都"。其中应天为京师(或为南京)始终于洪武一朝;

[①]　史念海《中国古都和文化》(中华书局 1998 年版)第 138 页,称"南京:明都,38 年"。万明在《明代两京制度的形成及其确立》(载万明《明史丛稿》第 10 页)中认为:"明初的都城正是在当时政治、经济、军事、地理等诸多因素纵横交织的'势'的影响下,终于稳定于南京,并持续了五十四年。"由于本文论述的重点是朱元璋对"国之中土"的认知,其它诸多因素故不赘述。

汴梁自洪武元年（1368）至洪武十一年为"北京"，之后降为"府"；临濠则自洪武二年至洪武八年为"中都"。其中汴梁并未实施营建，而明中都的营建工程，时间不长但其规模、耗费的人力与物力不可谓不巨。这座"废都"不仅被明人笔记列为明朝"国初三都"之一，^① 后人还将中都宫殿称为南京与北京的摹本，甚至称"大明第一都"，似乎将早于中都宫殿"如京师之制"营造的南京宫殿全然当成了虚无，显然有失客观，也与史实相悖了。

洪武初年，虽然短期内出现了"两京一都"，但实际上还是两京制的另一说辞。因为作为两京制的北京（开封），仅仅是名义上存在了 11 年并于洪武十一年（1378）被废，除了"明洪武元年，始内外甃以砖石，设宣武卫守之"^② 外，其间城市再无营造或改建与京师相符的其他举措；而中都则仅存世 6 年也被罢，所谓"两京一都"之"都"也就存世了 6 年。只有南京作为京师始终于洪武一朝，或为两京制时的南京，或自洪武十一年废除两京制成为唯一的京师。然而，由于清代编撰的《明史》记载含混不清，导致明初这个基本史实竟成为学界迄今仍在讨论的一个热点话题，颇受关注。

洪武二年（1369），朱元璋下令建造中都，究竟出于"迁都"的考量，还是出于建立传统的"两京制"以遵循都城的"国之中土"抉择？这是问题的关键。洪武八年，中都罢筑，貌似"突然"，却又存在必然，其中反映了朱元璋在探索"国之中土"认知和追求"宅中图大"过程中付出的代价。对营建中都的重大失误，朱元璋之后有过悔悟，自称其是"见浅识薄"，而后世对此讨论几乎从未结束，甚

---

① （明）黄瑜《双槐岁钞》卷 2，1a/b，清道光同治间岭南遗书本。
② （清）田文镜、王士俊等监修《河南通志》卷 9，1b，四库全书本。

至有意或无意间将明中都的地位给予了不恰当的放大。①朱元璋"见浅识薄"的认知是何时何因开始的，这是本章讨论的重点。洪武七年朱元璋在《阅江楼记》里阐述的都城与"国之中土"的关系，与他后来自责的"见浅识薄"有关联（详见本章第三节），这也是洪武八年罢筑中都、洪武九年以后南京掀起第二次城建（包括城墙）高潮乃至洪武十一年废除"两京制"的缘由和历史背景。

一、京师与南京

南京是明初开国的国都、京师、京都，直到永乐十九年（1421）正式迁都北京，南京才以陪都、南都之名沿袭至明终。《诗·大雅·公刘》最早提出"京师"概念："京师之野，于时处处"，后世遂称国都为京师。《春秋公羊传·桓公九年》："京师者何？天子之居也。京者何？大也。师者何？众也。天子之居，必以众大之辞言之。"②所谓国都、京师，均是指一个国家政治决策的中心都市，是以当时"天子之居"的城为标准。即便实行"两京制"也如此，以

① 杨永康《朱元璋罢建中都与〈明太祖实录〉的隐讳》（《南京师大学报（社会科学版）》2009 年第 5 期）称："官私记载说明了这样一个事实：中都临濠是朱元璋确定的国都，南京只是中都的陪都或副都。南京直到洪武十一年才改称京师，取代中都成为国都。然而，《明太祖实录》却有意地掩盖中都独尊的历史事实，编造出两京制的说法，将南京与中都的地位等同。"

② 邱濬称："《穀梁传》亦云：'京，大也。师，众也。言周必以众与大言之也。'所谓京师者始于此，后世因以天子所居为京师焉。"载（明）邱濬撰，金良年整理，朱维铮审阅《大学衍义补》（下）第 43 页，上海书店出版社 2012 年版。张晓虹《匠人营国：中国历史上的古都》第 45 页："中国古代把都城又称为京师。"江苏人民出版社 2020 年版。

明初为例：即洪武元年(1368)至永乐十八年南京是京师，即便永乐元年恢复实行两京制后，南京依旧是京师；而当永乐十九年朱棣迁都北京，北京便是实际的京师。

　　洪武初年，朱元璋遵循古制诏令实行的两京制，是依照《大学衍义》所载周公时以洛邑、丰镐为两京的古制而设。① 但"所立是应天(今江苏南京)和大梁(今河南开封)。而他实际营建的两京，却是应天和中都(今安徽凤阳)"。② 自洪武八年(1375)罢筑中都后，朱元璋实施的"两京一都"事实上已戛然而止，名义上的两京制也于洪武十一年被废除。中都的罢筑，是指中都政治地位的取消，以及停止各地地方民夫的参建。③ 这是洪武年间先后被列为"京"或"都"的三座城市，主要是为了遵循古制而设两京或称"两京一都"，只有南京京师的政治地位从未被更改过。朱元璋在南京建都称帝，并将都城建设工程延续到终老，朝廷文武百官上朝议事、断事及传达圣旨、祭祀等朝廷主要活动始终以南京为都而号令天下，这既是明初的史实，也是确立南京作为明初京师的依据。

---

① 《明英宗实录》卷 82，正统六年八月丁丑，浙江宁波府知府郑恪言："国家肇建两京，合于古制。"
② 万明《明代两京制度的形成及其确立》，载万明《明史丛稿》，第 3 页。
③ 中都城砖纪年砖文出现最多的洪武七年砖，此后均无民砖供给中都。但凤阳县文物管理所编著《凤阳明中都字砖》(上，第 103 页，文物出版社 2016 年版)所载砖文为"〔扬州〕府高邮州兴化县造提调官曹□洪武十年 月 日"，仅为孤证，且其"十"字疑似"七"之误读，而"提调官曹□"在(清)《(咸丰)兴化县志》等方志中未能查到相关信息。洪武八年以后，中都驻军三万余人仍在当地烧制城砖(而非民砖)并筑造凤阳城，直到洪武二十五年，朱元璋才罢筑凤阳城。《明太祖实录》卷 217，洪武二十五年三月庚寅："罢筑凤阳城。先是，命筑凤阳城，军士就役者凡三万余人。至是，上以工力浩繁命罢之。仍赏赉军士。"

　　洪武年间的"京师"及两京制的设立与废除,无疑是件关乎明初都城制度的大事。然而,由于朱元璋在登极后对都城有过数次择址的思考和彷徨,再加之经过前后三次修订的《明太祖实录》编撰者为迎合永乐迁都北京的政治目的需要,从"两京制"和"定都"的时间、称谓等多加混淆,给本无疑议的南京作为洪武一朝国都(京师)地位带来了学术层面上的疑议。尤以清初编撰的《明史·地理志》"南京"和"应天府"条目中的洪武"十一年正月,改南京为京师"、"太祖丙申年三月曰应天府。洪武元年八月建都,曰南京。十一年曰京师。永乐元年仍曰南京",^① 所产生的影响最大。^② 后世有些学者以此为证称:南京在洪武十一年(1378)前尚未成为"京师",或仅为"南京"。若按此说,朱元璋洪武元年正月初四登极,开创大明帝国竟未设立京师? 而同本《明史》又载:"洪武初,建都江表,革元中书省,以京畿应天诸府直隶京师。"^③《明史》"地理志"中,在洪武年间"京师"的表述上就出现了自相矛盾的两说。再者,《明史》在地理志的"开封府"条中称:"洪武元年五月曰开封府。八月建北京。十一年,京罢。"^④ 其言甚简,故《明史》所称南京于洪武十一年"改"京师一说,值得推敲。

　　洪武十一年(1378)南京改京师一说,不仅明初《明太祖实录》以及《大明会典》《圣典》^⑤《大明一统名胜志》《国初事迹》

---

①　《明史》卷 40《志》16《地理一》。

②　(清)陈作霖编《金陵通纪》(卷 10 上,3b)亦持此说:"是岁(洪武十一年),改南京为京师。"清光绪三十三年刊本。

③　《明史》卷 40《志》16《地理一》。

④　《明史》卷 42《志》18《地理三》。

⑤　(明)朱睦㮮辑《圣典》,明万历四十一年朱勤美刻本。

《纪事录》未载,明清之际谈迁对《明实录》避讳处多能据实直书而编撰的《国榷》、清人龙文彬引述《明史》所撰著的《明会要》以及《明史纪事本末》《罪惟录》《明史考证》里均无记载。关于"洪武十一年罢北京"一说,甚至连明万历地方志中也无载,[①] 仅清代编撰的《续通志》见载:"明初设二京一都,以应天府为京师,开封府为北京,凤阳府为中都。洪武十一年,罢北京。"[②] 较之《明史》,虽也寥寥数语,却将明初"两京"表述得相对清晰且客观。换句话说,洪武元年南京为京师,此后京师地位始终未变,实行南北两京制后名义上虽称"南京",但实际仍为"京师";营建中都期间,南京京师地位也未改变;洪武十一年罢北京后,南京依旧是京师。但是,今人却另有一说:"洪武十一年罢北京(开封),以南京为京师,而以凤阳作为陪都。"[③] 其中前半句出自《明史》,而"以凤阳作为陪都"则不见明清文献任何记载。因此,《明史》在洪武十一年朱元璋废除两京制这个问题上,有遗漏"罢北京"另添加"改南京为京师"之嫌,而导致语意突兀之过。

洪武元年(1368)正月丙子,朱元璋称帝后的第二天,向天下颁布了《即位诏》,明确声称:"建太社、太稷于京师……布告天下,咸使闻知。"[④] 由此可知,明洪武开国的京师在应天,并被布告天下。[⑤]

---

① （明）曹金《开封府志》卷 3 "沿革"、卷 8 "建置",明万历十三年刻本。

② （清）嵇璜等《续通志》卷 110,15a,四库全书本。

③ 单士元《故宫史话》第 8 页,新世界出版社 2004 年版。

④ 《明太祖实录》卷 29,洪武元年正月丙子。从时间上看,《明史》所称"洪武元年八月建都,曰南京"有误。

⑤ 张显清、林金树认为:"既称应天为'京师',也就是暂时肯定了应天的首都地位。"《明代政治史》上册第 222 页,广西师范大学出版社 2003 年版。

自此,洪武一朝南京的京师地位始终未变,即便是实行两京制,或者增添中都,南京作为洪武朝的京师从没被废除过,更没有迁都。

洪武二年(1369)正月,在封京都及天下城隍神时,朱元璋对中书及礼官称:"明有礼乐,幽有鬼神。若城隍神者历代所祀,宜新封爵。遂封京都(即南京——笔者注)城隍为承天鉴国司民昇福[①]明灵王,其在北京开封府者封为承天鉴国司民显圣王,临濠府为承天鉴国司民贞佑王,太平府为承天鉴国司民英烈王,和州为承天鉴国司民灵护王,滁州为承天鉴国司民灵佑王,五府州皆正一品",其城隍神的礼服和礼冠分别为"京都城隍衮冕十有二章,开封等五府封王及各府封公者九旒九章"。[②] 由此可以看出,当时应天"京师"的地位,不仅为《实录》所载,也被朱元璋以及所确立的城市守护神"城隍"的地位所认定,即"衮冕十有二章"。此时的城隍级别分为5个等级:A. 京都(应天);B. 开封、临濠、太平、和州、滁州;C. 府;D. 州;E. 县。到了洪武三年六月,在对包括城隍神在内的诸神进行改制时,才成为除京都外的府、州、县三级。[③]

洪武二年(1369)九月癸卯,朱元璋下诏披露了建立中都的起因,以及洪武初年择都的情况:

---

① 《明太祖实录》卷38,洪武二年正月丙申朔:昇福,为宋代所封号位,"聪明正直,圣不可知。固有超于高城深池之表也"。
② 《明太祖实录》卷38,洪武二年正月丙申朔。另据(明)唐锦《龙江梦余录》(卷3,16b,明弘治十七年郭经刻本)称:"城隍之说,起于三国。时至唐初,始有公侯之封。……我高祖正名定分聿新祀典。凡名山大川古有封号者,悉厘正之。"
③ 《明太祖实录》卷53,洪武三年六月癸亥。

诏以临濠为中都。初,上召诸老臣问以建都之地。或言关中险固,金城天府之国;或言洛阳天地之中,四方朝贡道里适均;汴梁亦宋之旧京;又或言北平元之宫室完备,就之可省民力者。上曰:"所言皆善,惟时有不同耳。长安、洛阳、汴京实周、秦、汉、魏、唐、宋所建国,但平定之初,民未苏息。朕若建都于彼,供给力役悉资江南,重劳其民;若就北平,要之宫室不能无更作,亦未易也。今建业长江天堑,龙蟠虎踞,江南形胜之地,真足以立国。临濠则前江后淮,以险可恃,以水可漕。朕欲以为中都,如何?"群臣皆称善。至是,始命有司建置城池、宫阙,如京师之制焉。①

朱元璋在这里说得很明白,只有建业(即南京)和中都两地可以称都,而被诸臣所推荐的其它城市,均以各种缘由被否,其中还包括了已定为北京的汴梁,这一点非常值得关注。朱元璋已对先前的"两京制"中的开封(即汴梁)有了新想法,或者说此时开封有可能已被排除了两京之一仅称"旧京"。此处虽未明说,但从此后实际开展营造的层面,存在这种可能性。除此,这里所称的中都营造"如京师之制",是指制度方面的建置城池、宫阙,而非一种简单的建筑形态。因此,朱元璋下诏以临濠为中都,只是"两京制"的另一种说辞而已,更何况直到洪武八年罢建中都为止,朱元璋都从没有正式在中都办理过百官汇集的朝政,就连"罢建中都"这等大事也是回到南京才正式宣布的。洪武六年(1373)二

---

① 《明太祖实录》卷45,洪武二年九月癸卯。另据刘辰《国初事迹》:"……亦有建言迁长安者,太祖曰'漕运艰难'。"

月,中都城隍庙即将竣工之际,礼部尚书陶凯上奏:中都城隍庙神主装饰如京都城隍之制,神"主用丹漆,字涂以金,旁饰以龙文",但"他日合祭,以何主居上"? 朱元璋的回答是:"从朕所都为上,若他日迁中都,则先中都之主。"① 这里再次表明中都营造的"如京师之制",是按南京(即京师)之制而建,京师是以"从朕所都"来确定的。直到洪武八年罢筑中都,朱元璋也从未正式迁都于中都。同年两个月后,朱元璋对中书省及礼部曰:"始天下方定,其山川皆统祀于京师, ……自是定天下十二省,山川皆各省自祭,旧合祭京师及四夷山川悉罢之。惟甘肃以新附其山川,仍附祭京师。"② 这类声称"京师"的城市均专指南京,而非他地。

　　中都营建前后持续了 6 年,至洪武八年(1375)四月丁巳,朱元璋"亲至中都验功赏劳",③ 回南京当天,就"诏罢中都役作。初,上欲如周、汉之制,营建两京。至是以劳费罢之"。④ 这里再次强调了中都仅仅是朱元璋"欲"营建两京中的一京,最后朱元璋还是托词以"劳费"为由,停止了"功将完成"的明中都营建,并在《中都告祭天地祝文》中承认"此臣之罪,有不可免者"。⑤ 正因如此,《明太祖实录》虽有"建圜丘、方丘、日、月、社稷、山川坛及太庙于临濠"⑥ 的记载,但不言其建筑制度,盖因南京的"京师之制"

① 《明太祖实录》卷 79,洪武六年二月丁丑。
② 《明太祖实录》卷 81,洪武六年四月癸未。
③ 《明太祖实录》卷 99,洪武八年四月丁巳。朱元璋《中都祭开平王文》,载《明太祖文集》卷 18,4b:"亲至中都验功劳",缺"赏"字。
④ 《明太祖实录》卷 99,洪武八年四月丁巳。
⑤ 朱元璋《中都告祭天地祝文》,载《明太祖文集》卷 17,1b。
⑥ 《明太祖实录》卷 60,洪武四年正月庚寅。

早已确定之故。^①反观吴元年至洪武元年(1367~1368)在南京早期建造的圜丘、方丘、社稷坛、山川坛、太庙等一批宗庙建筑,则均有涉及规制的范围、方位、建筑尺寸等较详实的记载。因此,从文献记载的宗庙建筑来看,中都营建如"京师之制"的"京师"当指当时的南京。朱元璋在《龙兴寺碑》一文中称:"洪武初,欲以山前为京师,定鼎是方,令天下名材至斯。后罢建宫室,名材为积木,因而建焉。"^②也表明朱元璋只是曾有过"欲"立中都为两京中一京、或想改为京师的打算,但随后被放弃成了废都。

洪武元年(1368)正月,应天作为新朝的"都城"、"京师"、"京都",已成史实。从京师所在应天府的职官名称也可得到印证:洪武三年六月辛巳,监察御史郑沂进言"京师为天下根本,四方之所瞻仰。爵位之设,当使内尊而外卑,内重而外轻。所以隆国势而安天下也。今南京、北京知府与在外散府知府同称,甚失内外之统。宜改应天府知府为南京尹。则国体尊而爵位当矣。……上皆从之。惟开封有行省府,仍其旧。"^③同年八月,诏改应天府知府为府尹,秩正三品,赐银印,"至是,以监察御史郑沂言改升府尹",^④以此区别京师所在府与包括开封等诸外府。换句话说,无论是当时"北京"的开封府,还是在建"中都"的临濠府(凤阳府),均未设此职官之名。故在《明太祖实录》洪武十一年之前记载中

① (明)黄瑜《双槐岁钞》卷2,1a:"洪武元年八月,诏以大梁为北京,金陵为南京。南京既立宗社、建宫室、定朝市。"
② 朱元璋《龙兴寺碑》,载(清)顾炎武《肇域志·江南六》,12b,清抄本。
③ 《明太祖实录》卷53,洪武三年六月辛巳。
④ 《明太祖实录》卷55,洪武三年八月戊辰。

的"京师",均专指南京而非他地。[①]如上所述,朱元璋即位后至终老,对择都是有过多次的考虑、选择,而南京作为明初国都、京师的地位则从无改变。

　　明初建造的南京、中都(今凤阳)、北京(今北京)三座都城中宫城的格局,其因承关系,旧有南京、北京承袭中都规制而建造之说。单士元在为王剑英所作的《明中都》序中,也称:"北京宫殿布局和中都相同,如午门、紫金城四角楼、三大殿、东西六宫,左祖右社,内外金水河,都比拟临濠(即中都)。凤阳宫殿在万岁山之南,北京则在宫殿之后筑一土山以为紫金城屏障,亦取名万岁山。凤阳宫殿左右有日精峰、月华峰,北京紫金城左右虽无日精峰、月华峰,而在宫殿中则有日精门、月华门以象征之。所以中都宫殿应是北京紫金城最早的蓝本。南京宫殿是一座不完整的中都宫殿摹本。"[②]此说不实,早在洪武二年(1369)明中都建造之前,南京宫殿已于吴元年(1367)后建成,不仅"奠定了明代宫殿的基础模式,形成三朝二宫制度",[③]而且大多数名称就已被使用。诸如"午门"一名,始创于吴元年朱元璋所筑的"新宫"正南门,"以位当子午而得名";"左祖右社"的布局,早在吴元年八月(社稷坛)

---

① 对《明太祖实录》记载的洪武二年九月癸卯建中都诏中"如京师之制",王剑英认为:"……由于当时尚无'京师',说要'如京师之制',意思就是要把中都建成为京师,所以绝不会完全抄袭南京吴王时代的宫殿制度。"(王剑英《明中都》第77页,中华书局1992年版)这种说法与史实不符:其一,洪武二年之前与之后,大明京师事实已存在,并没有因营建中都而缺失;其二,明中都自建至废,既无"京师"之名亦无其实,只有朱元璋的想法和半途而废的做法而已。但此说对后世造成的影响不小,恕不一一列举。

② 单士元《明中都·序》,载王剑英《明中都》。

③ 秦国经《明代文书档案制度研究》第15页,故宫出版社2019年版。

和九月(太庙)分别建成;……这类例证在《明太祖实录》以及其它当朝典籍中不乏记载。其中,皇宫整体布局也被后来明中都和北京所沿用,南京皇宫之后有龙广山(又称"龙尾山"、"隆广山"、"龙光山"、"龙尾坡",今称"富贵山"),明中都和北京两座紫金城后也有小山,称之"万岁山",北京清代后改名"景山",也为人工堆筑而成。[①] 此山是出于皇家阳宅风水的需要,因而中都和北京均沿袭之。除此,还有宫城内的金水河,中都与北京均按照早年朱元璋称吴王时建制而相继仿照,甚至不惜工本进行人工开挖模仿。顾炎武在《建康古今记》中亦称"永乐中,定都北京,建庙一如南京之制",[②] 绝不会称"如中都之制"。傅维鳞在《明书》中对中都营建规制亦称:"洪武初,营建于旧城西二十里,周围三十里。城门九:南曰洪武,南之左曰南左甲第,右曰前右甲第;北之东曰北左甲第,西曰后右甲第;正东曰独山,东之左曰长春,右曰朝阳;西曰涂。而宫殿之制,略如南京云。"[③] 至于洪武八年开始改建,完成于洪武十年的南京宫殿,"制度皆如旧,而稍加增益,规模益闳壮矣"。[④] 所谓"制度皆如旧",即指当年在应天府建成的"新宫"之制,故而"中都、北京的城市布局是按照传统形式,而宫城布局则是模仿南京,甚至连殿名、门名都沿袭未改"。[⑤]

至于《明史》提出"永乐元年正月仍曰南京",不再以京师

---

① 谢敏聪《北京的城垣与宫阙之再研究》第 58 页,台湾学生书局 1989 年版。张晓虹《匠人营国:中国历史上的古都》第 131 页。
② (清)顾炎武《建康古今记》"太庙"条,清康熙间抄本。
③ (清)傅维鳞《明书》卷 84,25b,清康熙三十四年本诚堂刻本。
④ 《明太祖实录》卷 115,洪武十年十月。
⑤ 张泉《明初南京城的规划与建设》,载《中国古都研究》第 2 辑,第 193 页,浙江人民出版社 1986 年版。

相称,这与史实亦不符。永乐元年(1403)正月辛卯,"以北平为北京",①南京仍称京师,这是继朱元璋洪武十一年(1378)废除两京制后的再次恢复两京制。如:永乐元年二月丙寅,"命户部岁给驸马都尉宋琥、宋瑛禄米各二千石,修京师通济桥"。②永乐二年十二月戊寅,"上闻中官在应天府私取工匠役之,召府尹向宝等责曰:'数年军旅供给,加以权豪横肆,百姓艰难,京师为甚。……'"③永乐八年十二月乙卯,"罢京城内外门城门郎"。④永乐九年九月己巳,"修京城上方、高桥二门"。⑤这类文献中随手拈来的"京师"、"京城"之实,均指南京。

永乐十九年(1421)正月,改京师为南京,北京为京师,去"行在"二字。⑥同时,取南京各衙门印信给京师,另铸造南京各衙门印信,皆加"南京"二字。但是,在一段时间内,《明实录》及朝廷与地方往来的奏折及诏书中,"南京"仍有延用"京师"旧称的现象。⑦永乐十九年,朱棣因迁都北京,对早先施行的南北两京制,作了如此说明:"……仿成周卜洛之规,建立两京,为子孙帝王永

---

① 《明太宗实录》卷16,永乐元年正月辛卯。
② 《明太宗实录》卷17,永乐元年二月丙寅。
③ 《明太宗实录》卷37,永乐二年十二月戊寅。
④ 《明太宗实录》卷111,永乐八年十二月乙卯。
⑤ 《明太宗实录》卷119,永乐九年九月己巳。
⑥ 《明太宗实录》卷231,永乐十八年十一月丁卯。
⑦ 据《明仁宗实录》卷4上、《明世宗实录》卷129、《明穆宗实录》卷20载:永乐二十二年十一月庚辰,"上以钞法久滞,又闻南京抽分场旧新积薪及龙江提举司所积竹木甚富,有至二三十年者。因叹曰:'积聚本以资人,今京师军民得薪甚难……'"。嘉靖十年八月丁酉,"南京守备魏国公徐鹏举、太监晏宏等言:'浙江口乃京师咽喉,请以镇江卫原坐京操军士仍旧存留,操备演习水战,以固江防。'从之"。明隆庆二年五月丁卯,"吏部覆太常寺少卿武金奏,京师天下根本,而两京府尹、京县知县又守令之最重(转下页)

远之业。"① 洪熙元年（1425）三月,仁宗朱高炽决意恢复南京为京师,② 并命在北京诸司前皆加"行在"二字,复建北京行部及行后军都督府。同年四月,设北京行都察院,并令太监王景宏等修治南京宫殿。③ 但是,直到仁宗死,也未到南京理政,仅由太子居守,故"京师"仍在北京。后经宣德到正统初年,此格局并未改变。正统六年（1441）八月,宁波知府郑恪上书称:"国家肇建两京,合于古制。自太宗皇帝鼎定北京以来,四圣相承,正南面而朝万方四十年于兹矣。而诸司文移印章乃尚仍行在之称,名实未当,请正名京师。其南京诸司,宜改曰南京某府某部,于理为得。"胡滢以"行在,太宗皇帝所定,不可辄有变更"为由,此论遂息。④ 同年十一月,以重修宫殿成,罢称北京行在,定为京师,改给两京文武衙门印。⑤ 至此,"始称南京,领府十四,州四,县九十五",⑥ 北京的京师地位再次明确,直至明朝灭亡。实际上自永乐迁都北京恢

（接上页）且要者,故府尹等官宜慎选人俟"。永乐十九年以后,南京称"京师"已经明显减少,代以"南京"、"南都"等名。

① 《明太宗实录》卷233,永乐十九年正月戊寅。(明)邱濬《大学衍义补》(下)第40页,称:"……惟我朝则以南北为称,盖跨江南北而各为一大都会也。仰惟我高皇帝定鼎金陵,天下万世之大利也;文皇帝迁都金台,天下万世之大势也。盖天下财富出于东南而金陵为其会,戎马盛于西北而金台为其枢,并建两京所以宅中图治、足食足兵,据形势之要而为四方之极者也,用东南之财赋、统西北之戎马,无敌于天下矣。"

② 《明仁宗实录》卷8下,洪熙元年三月戊戌。

③ 《明仁宗实录》卷9上,洪熙元年四月甲辰:"朕以来春还京,今遣官匠人等前来,尔即提督将九五殿、各宫院凡有渗漏之处,随宜修葺。但可居足,不必过为整齐,以重劳人力。"

④ 《明英宗实录》卷82,正统六年八月丁丑。

⑤ 《明英宗实录》卷85,正统六年十一月甲午朔。

⑥ (清)查继佐《罪惟录·地理志》卷6,8a"南京"。

复"两京制"后,南京尽管保留了一套相对完整的中央行政机构,但"大政悉归于北,其在南京官员悉从裁省",①负责江南地区的安全和租赋的征收。然而,其权力多有限制和削弱,成为养望之所。明洪熙、正统两朝所议京师之名,以及洪熙元年至正统六年(1425~1441)间,北京诸司文移印章沿用"行在"而未称"京师"的现象,并不影响北京实际的京师地位。

嘉靖十三年(1534)八月丁未,南京太庙因火灾损毁。明世宗在与朝臣们商议是否重修时,世宗认为:"太祖初定之都,子孙当思慕功德不可废。朕则以太宗定北都,传已太(六)宗矣,能守祖宗洪业,传之无穷,岂有南北之分也。即太宗所定宗(都),太祖在天之灵,未尝不欲(歆)顾于斯。"将有明一代的两京制给予了最后的评定,即"南京只存百官、有司,不巡幸,不举时祀,徒有庙社耳"。遂下令南京"各庙宇,永不得修整"。②

综上所述,在有明一代,南京作为都城(或称"南都")的性质与地位,实际上始终未变;南京作为京师之实,始于洪武元年(1368),止于永乐十八年(1420),前后历时53年。

二、择都纠结的根因

洪武元年(1368),朱元璋在确立"两京制"时称:"立国之规

---

① (明)王圻《续文献通考》卷87,5a。
② 《明世宗实录》卷166,嘉靖十三年八月丁未。(明)吕本等辑《皇明宝训·世宗》卷4,46。

模固重,而兴王之根本不轻",^① 这是朱元璋早年对建国立都于南京以及设立"两京制"的基本立场和态度。若以洪武元年正月初四建立明朝为时间节点的话,可以将朱元璋关于"建都"事宜分为前后两个阶段:此前为朱元璋议都和定都阶段;此后为朱元璋择都、设立两京制、最终放弃两京制仅以南京为京师阶段。在这两个阶段中,朱元璋虽屡有"议"和"择",但最终南京为大明开国之都京师的实际地位与性质均始终没变,更没有迁都。朱元璋在对待择都问题上,其纠结的根因是为了遵循古制都城必立于"国之中土"的考量,实现其"宅中图大"的政治目的,以昭示其大一统政权在中国历史地理上的法统地位。

1. 建国之前。

吴元年(1364)之前,无论冯国用,或者陶安向朱元璋提出立足金陵的主张,以朱元璋当时的能力与势力,均属于选择根据地的需要。《传信录》载:"太祖之鼎定金陵,盖虽出于圣意,然亦由冯国用与陶安之言也。"^②《皇明小史》亦称"议建都两合上意",指的是冯国用、陶安的建言,其原文的建言为"以为根本"、"据其形胜,出兵以临四方,则何向不克"之语,并无建都之说。对于当时尚无立足之地的朱元璋而言,虽然对日后择都何地可能有一定的影响,但是如果将其视为建言最早建都金陵的直接依据,显然言过其实了。再者冯国用、陶安向朱元璋进言时,朱元璋尚未

---

① 《明太祖实录》卷34,洪武元年八月己巳朔。
② (明)梁亿《传信录》,载(明)不著撰者《九朝谈纂》"太祖下",明蓝格抄本。类似此说亦见载(明)邓球编《皇明泳化类编》卷80,2a,载《北京图书馆古籍珍本丛刊·史部·政书类》50。

踏足集庆（即金陵），对于还不了解一座城市的朱元璋来说，所谓"金陵帝王之宅"纯属概念上的认知。而真正建立王朝之都，则需要具备政治、军事、礼制、经济、人事，以及地理环境的综合因素，当时的朱元璋均不具备这些条件。再者，这个期间此类建言立足金陵的主张中，几乎没有一例牵涉到金陵曾是历史上短命王朝宿命地的劝警，反倒是朱元璋称帝建都南京之后，这类劝诫才一度成为朝野的话柄。美国学者牟复礼也认为："当未来的明太祖正在计划进攻当时保卫该处的据点时，心里是不可能先就想到此地会成为日后那宏伟壮丽的明都南京，那座配合着风水与历史掌故而建的城市的。"[①] 所以，当时的金陵城，对于朱元璋而言只能算是一处比较理想的根据地而已，根本还谈不上在此"建都"。

元至正二十二年（1362）十二月，元臣户部尚书张昶带着御酒、八宝顶帽以及任命朱元璋为荣禄大夫江西等处行中书省平章政事的宣命诏书"航海至庆元，欲通好于我"时，[②] 方国珍遂遣检校燕敬赴建康来报。而据《明史》称宁海人叶兑将信（主要内容即"一纲三目"）给朱元璋，劝他不要接受元朝的官职，应该依托应天

---

① （美）牟复礼《元末明初时期南京的变迁》，载施坚雅主编《中华帝国晚期的城市》，第142页。

② 《明太祖实录》卷11，壬寅十二月壬辰。据《明史》卷135《列传》23 "叶兑"："察罕兵势甚盛，遣使至金陵招太祖，故兑书于三者筹之为详。"黄云眉《明史考证》（第4册第1159页，中华书局1984年版）依《明太祖实录》辨其误：察罕致书朱元璋于同年六月，而十二月为张昶通好于朱元璋。"实录或有所讳，而昶之航海相招，出于国珍之计诱亦明甚。"另据钱谦益《国初群雄事略》卷1 "宋小明王"，对此事有详载。

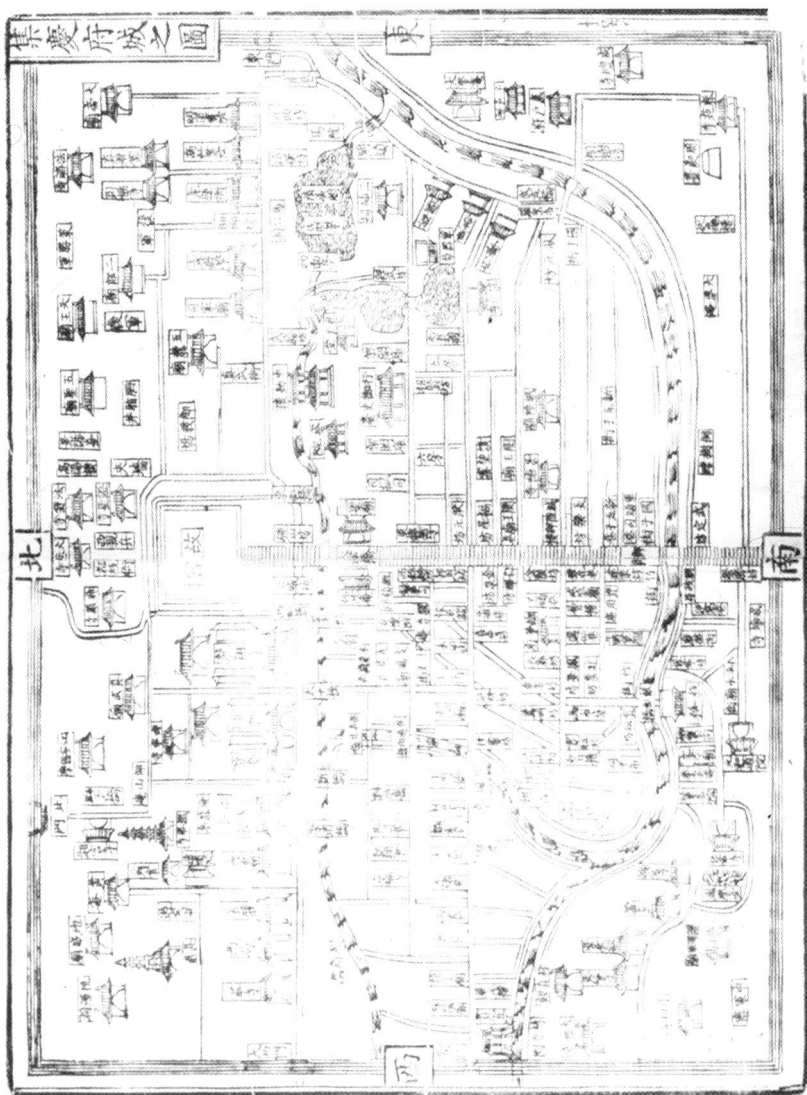

图 2 :《集庆府城之图》，引自（元）张铉纂修《（至正）金陵新志》。

府城池自创基业正在这个阶段。① 在《明史·叶兑传》的"一纲"中，首次提到建都建康："愚闻取天下者，必有一定之规模。……今之规模，宜北绝李察罕，南并张九四，抚温、台，取闽、越，定都建康，拓地江、广，进则越两淮以北征，退则画长江而自守。夫金陵古称龙蟠虎踞，帝王之都，藉其兵力资财，以攻则克，以守则固，百察罕能如吾何哉。"叶兑，是以精通天文、地理、卜筮为业的元末明初地方儒士，他对局势的分析和攻取谋略具有一定的前瞻性，以后平定东南和两广的策略及步骤，情形大致与叶兑所提的建议相差无几。如针对张士诚所居的平江（即苏州）城，叶兑提出"以锁城法困之"，使"彼坐守空城，安得不困"？ 而之后徐达攻占平江，正是用的"锁城法"。

　　但是，叶兑如此重要的"一纲三目"事迹及其本人，竟均未录入《明太祖实录》，② 仅为《明史》撰者所收录。而且，从内容的时间节点上看也有诸疑：叶兑的"三目"中，并没有正处于与朱元璋交战中的陈友谅势力，于情于理不合；倘若陈友谅威胁已经被翦除，那也是在元至正二十三年（1363）洪都、鄱阳湖两役大捷之后了。如在灭掉陈友谅后的这个阶段，叶兑的"定都建康"建言，对于已经在应天府居住数年之久、并欲称"吴王"的朱元璋才具有现实和可能的意义。从叶兑"一纲三目"内容来看，当在元至正

---

① 关于叶兑上书的时间，学界主要有两说：其一，（清）夏燮编《明通鉴》前编卷 2，32b（清同治十二年宜黄官廨刻本）称"龙凤八年十二月"。其二，孙正容《朱元璋系年要录》（第 81 页）称"龙凤八年六月"。

② （明）黄景昉《国史唯疑》（清康熙三十年徐抄本）卷 1："宁海叶兑以布衣上高皇帝书一纲三目，谈取天下策，甚详。后用兵次第具如预料。而国史不载其名。"

二十三年。《明太祖实录》未载叶兑其人其事,只有一个解释:除了叶兑乃一介乡野儒士,又不愿为朱元璋所用,故未将首次提出"定都建康"之名归于叶兑。200 多年后,《明史》编撰者将其人其事补录,只是把叶兑的具体进言时间提前了。除此之外,刘辰在永乐九年(1411)二月二十日进呈的《国初事迹》中称:"太祖克建康,都之。以六朝所历,年数不久,注意迁都。"这条材料稍加分析也语焉不详,朱元璋于公元 1356 年攻占集庆,直到 1368 年历时12 年后才"都之",即便"以六朝所历,年数不久,注意迁都",也是在朱元璋有了稳固根据地之后的事了。再说,朱棣是最后将都城迁往北京的实施者,刘辰撰写并进献永乐朝廷的《国初事迹》很难说没有顾及到朱棣的感受和意愿。

朱元璋自立吴王至登极称帝期间(1364~1368),朱元璋及重臣们在筹备建国各项条件的同时,选择、比较、权衡开国都城成其必然和首要之务。遗憾的是,关于这方面的文献资料同样比较匮乏,就连元至正二十六年(1366)批准实施的南京宫城和超大规模城池的规划,是一项建国立都必备的重大举措,朱元璋也将其真实目的隐藏起来,只称"因元南台为宫稍庳隘"才建的新宫和新城。这与朱元璋试图建国但各项条件尚未完备、从而掩盖他建"新宫"与"新城"的真实目的有关。正因如此,给野史留下了丰富的想象空间:传说当时年届 80 的道士①与刘基、张铁冠道人三人"择建宫之地,初各不相闻,既而皆为图以进,尺寸若

---

① (明)陆粲《庚巳编》卷 10"诚意伯",载(明)沈节甫编《纪录汇编》卷 173,及(明)周晖《金陵琐事》(卷上 10a,明万历三十八年刊本)中或称年届 80高龄的道士,或称刘基之师"老道士"。

一"。① 据《高坡异纂》《玉堂丛语》等记载,当年刘基、张中及道士中的"道士"即指黄楚望。② 黄楚望早已于元至正六年去世,③ 何来参与"卜"宫址? 故野史不足信,正史又无载,唯一途径就是看朱元璋对建成后"新宫"与"新城"的态度以及采取的措施。按朱元璋意愿卜筮而定的应天都城,符合当时的历史背景与条件,尽管在设计中也考虑到地理位置偏于华夏东南而采取了一些文化寓意上的弥补,但实际地理位置并不符合中国大一统时期都城营造制度"择中立都"的传统。中国古代的先人们认为,在上(北)、下(南)、左(东)、右(西)、中的 5 个方位里,④ "中"这个方位是一种最高统治权威的象征,故被推崇为至尊。据《周礼正义》称:"地中,天地之所合也,四时之所交也,风雨之所会也,阴阳之所和也。然则百物阜安,乃建王国焉。"⑤《吕氏春秋》中更明确地写道:"古之王者,择天下之中而立国,择国之中而立宫,择宫之中而立庙,天下之地方千里以为国。"⑥ 这些理论成为封建统治者选择、规划

---

①　(明)陆粲《庚巳编》卷 10 "诚意伯"。(明)焦竑《玉堂丛语》卷 8,2a/b,明万历四十六年徐象枟曼山馆刻本。

②　(明)王圻辑《稗史汇编》卷 52,16b,明万历间刻本。(明)焦竑《玉堂丛语》卷 8,2a。

③　(明)宋濂等《元史》(中华书局 1976 年版)卷 189《列传》76 "儒学一·黄泽"载:"黄泽,字楚望,……至正六年卒,年八十七。"可知卒时,尚未入明。黄泽(1259~1346),字楚望,元代理学家、经学家,他的门人赵汸、朱升等则是日后朱元璋身边重要的谋士。

④　关于国之中土:"古代的国都规划体现的是'四方之极'(《诗·商颂·殷武》),四方之极的'极'也就是东、西、南、北、中的'中'。"李零《中国方术续考》第 202 页,中华书局 2006 年版。

⑤　(清)孙诒让《周礼正义》卷 1《天官·叙官》"惟王建国",清光绪乙巳本。

⑥　(汉)高诱注,(清)毕沅校《吕氏春秋》卷 17《慎势》,毕氏灵岩山馆刊本。

皇宫位置的圣典,借此表达"王者之尊"、"天子之尊"。洪武年间,群臣正是依据"国之中土"为都的传统理论为借口一再议都,遂成为朱元璋心里最大的"纠结",并延续经年。

南京,地处中国长江下游的江边,水陆交通的要津,资源比较丰富,经济腹地宽广,地理位置优越。境内有起伏的山峦,气候四季分明、温暖湿润,自然水源充足。但是,作为都城的自然条件,虽曾被六朝及南唐所用,但毕竟客观受制因素很多。尤其在中国古代君主专制社会进入 14 世纪之际,作为都城的功能和规模,都较以往有了很大的发展。明以前的南京旧城在这方面,显然已经落后于新时代都城的需要,除了境内湖泊、河道低洼之地较多外,尤其地处华夏东南一隅、不符合建都"国之中土"的传统。针对南京作为都城的客观受制以及各种因素的制约,朱元璋和刘基等一批城市设计者精心策划,有些自然的不利因素或被改造或被利用,在"卜"的框架下得以诠释,但并没有彻底解决朱元璋心理上南京有违中国传统都城"国之中土"地理因素的缺憾。在元至正二十六年(1366)之前,无论是关中长安、洛阳、汴梁、元大都,还是临濠,都尚未划入朱元璋统治的版图,缺乏更多可供选择的、自然条件更加适宜的建都城址,这既是时代的局限,也是当时刘基等人"卜"新宫与新城的文化内涵得到朱元璋认同的基础之一。

朱元璋在洪武八年(1375)称:"……朕方乃经营于金陵,登高临下,俯仰盘桓,议择为都。"[1]朱元璋"经营于金陵",应该是指1356 年至 1367 年间,而所谓"议择为都",究竟在何时? 由哪些人参与、所议具体内容有哪些? 我们均不得而知其详情,只是在

---

[1] 朱元璋《阅江楼记》,载《明太祖文集》卷 14,5b/6a。

文献中偶有发现间接的记述,除了叶兑建言定都建康外,还有就是建都于中原,"当大军初渡大江之时,臣每听儒言,皆曰:有天下者非都中原不能控制奸顽。既听斯言,怀之不忘"。① 这段话是在"初渡大江之时",恐有不实。1360 年应天府的龙湾战之前,尚属巩固根据地之战,即便有"非都中原"也属议都阶段。因为,朱元璋于 1356 年占据金陵并耗费数年之久的经营,尤其是 1361 年"龙湾大捷"后,才算有了一方立足之地,何来"初渡大江之时",就有儒言皆曰"有天下者,非都中原不能控制奸顽"之说? 这若不是朱元璋自己把议都的时间提前了,就是偶有一说被后来当了皇帝的朱元璋自己粉饰了。在这样的背景和条件下,是等待全国统一后再择"天下之中"为都,还是先行称帝建都,朱元璋选择了后者。因此,这份"卜"的整体规划当时就包含了许多象征意义上的内容,其中也包括了文化寓意(而非地理)上的"国之中土"的内涵,只是没有一次性落实、完善而已。或者说,朱元璋开国定都在应天,既是当时朱元璋集团"政治中心与经济中心相结合"②的必然之举,也可以说是一种无奈之举。

诚然,当年都城规划主要是按朱元璋意愿卜筮而定,但为何《明太祖实录》将其归功于刘基等人? 而《洪武京城图志》③各篇《序》《记》《考》却又只字不提刘基,而只称是朱元璋的"深谋远略""默与神谋""英谋伟略"等语? 除了说明朱元璋当年对"卜"具有最终的决定权和对"卜"的落实具有实际的操纵权外,还有

① 朱元璋《中都告祭天地祝文》,载《明太祖文集》卷 17,1b。《明太祖实录》卷 99,洪武八年四月甲辰,所载略有异。
② 万明《明代两京制度的形成及其确立》,载《明史丛稿》,第 9 页。
③ (明)王俊华纂修《洪武京城图志》,明弘治五年重刻本。

一个原因就是"卜"也存在一些无法弥补的遗憾,或者最早《明太祖实录》为规避这种遗憾,或者经过三修后的《明太祖实录》编撰者为迎合朱棣迁都的意愿,最终将当时新宫与新城卜筮的责任落在刘基等人名下,而非他人包括朱元璋在其中的作用,以规避朱棣迁都犯祖制之嫌。顾炎武称:"今史戍所存及士大夫家讳《实录》之名,而改为《圣政记》者,皆三修之本也。然而再修三修所不同者,大抵为靖难一事。"[1] 其实,再修和三修岂止仅为靖难一事,其中还可能包括不利于朱棣迁都的史实。事实上,在朱元璋尚未建都称帝之前批准并实施的"新宫"与"新城"规划,存在着南京地理上并非位于"国之中土"的先天不足,否则就很难解释朱元璋称帝后为何迟迟不建皇城以及完善都城一些礼制性的其它建筑,而是在洪武二年(1369)不顾尚未完工的京师建设,却大兴土木、劳师动众兴建实际上的第二"京"——明中都。南京建都的先天不足,主要体现在两个方面:其一,南京偏于中国大一统时版图的东南一隅,并不符合"国之中土"立都的古制;其二,由于"填湖建宫",经年后宫殿地基有沉降,殿宇湿度高,甚至还发生过大水入午门,朝臣乘舟上朝的事例,加之南京旧有短命偏安王朝之忌。这些所谓的"先天不足",与朱元璋脱不了干系,也成为朱元璋经年挥之不去的一块"心病"。

因此,南京城墙的营建出现"时缓时急,不断增补改筑"[2]的表象,以及南京的皇宫建筑、一批都城的礼制性建筑也有多次的增改和补充,最后终止中都的营建,这些都与朱元璋后来对"国之中

---

① (清)顾炎武《答汤荆岘书》,载顾炎武《亭林文集》卷 3,13a,清康熙刻本。
② 杨国庆、王志高《南京城墙志》第 153 页。

土"重新认知有关。当然,这些都是后话。

2. 建国之后。

朱元璋在应天称帝建都后,明朝的疆域在不断扩大,平定天下大局已定,群臣所议传统意义(即地理)上的"天下之中"立都,才具有传统和现实的价值与意义。洪武初年,关于新朝廷建都南京,还是另择他处作为新的都城城址,成为朝廷内部一个争论的焦点。尽管昔日的应天府已经成为实际上的京师,但是,反对者们的声浪仍然可以影响朝廷最高决策者朱元璋。一生处事果断的朱元璋,在迁都何地或继续留在南京的问题上,出现了优柔寡断,并延续经年。其中惟一被当场否定的一次,发生在洪武三年(1370)十二月儒士严礼等上书言建议迁都杭州,朱元璋看后称:"朕都建康,抚定四方,经营方始。今礼又欲朕建都于杭,失居重驭轻之宜,皆妄言耳。"① 这是朱元璋在择都问题上,少见的一次断然否决,究其因是杭州在地理位置上,更悖朱元璋"国之中土"的心结。

纵观朱元璋称帝后,对择都"国之中土"有几次明显的举措。每一次的选择都能反映出朱元璋内心的纠结和彷徨,但每一次的最终结果都是对南京都城的再次确认,并按当年"卜"的整体规划落实与完善。其中影响最大的一次,是在洪武七年(1374)朱元璋提出南京为"国之中土"新论之后,南京的城建才逐步得到全面落实。

应天,虽有龙蟠虎踞之称,又处于经济发达的江南地区,但毕竟地理位置偏于东南,且对北方战线过长,不利于军事部署和部

---

① 《明太祖实录》卷 59,洪武三年十二月己巳。

队调动；历朝在此建都的又都是短命王朝，朱元璋不可能不顾及到这些综合的不利因素。当时择都舆论中，最多的建议是以汴梁为都。洪武元年（1368）三月己亥，徐达等明军兵至汴梁，守将李克彝遁去河南，元臣左君弼、竹昌降，明军遂不战而克北方重镇之一汴梁。汴梁既克，朝廷上下择都之议兴起。朱元璋遂于同年四月甲子，"车驾发京师幸汴梁。时言者皆谓君天下宜居中土，汴梁乃宋故都，劝上定都，故上往视之"。[①] 所谓"君天下宜居中土"，这既是中国都城择址的传统，也是朱元璋欲借这类传统之制证明大一统帝国的法统。故朱元璋称："自洪武初平定中原，臣急至汴梁，意在建都，以安天下。"[②] "尝云：君天下，非都中原不可。今中原既平，必躬亲至彼，仰观俯察，择地以居之。遂于当年夏四月，率禁兵数万往视之。逆流河上足月，抵汴梁。"[③] 五月庚寅，朱元璋抵达汴梁。次日，改汴梁为开封府。[④] 从五月庚寅到七月丙申的 67 天时间里，朱元璋除了与徐达等人"谋取元都"外，主要也在考量迁都的问题。朱元璋回到京师 22 天后，下诏设立两京制："朕惟建邦基，以成大业，兴王之根本为先。居中夏而治四方，立国之规模最重。……朕观中原土壤，四方朝贡，道里适均。父老之言，乃合朕志。然立国之规模固重，而兴王之根本不轻，其以金陵为南京，大梁为北京，朕于春秋往来巡守。播告迩民，

---

① 《明太祖实录》卷 31，洪武元年四月甲子。另据黄云眉《明史考证》（第 1 册第 17 页）称："按王世贞《巡幸考》甲子作癸亥，又云，是日以宿卫兵十万发京师。"

② 朱元璋《中都告祭天地祝文》；《明太祖实录》卷 99，洪武八年四月甲辰。

③ 朱元璋《黄河说》，载《明太祖文集》卷 15，24a/b。

④ 《明太祖实录》卷 32，洪武元年五月辛卯。

使知朕意。"①从朱元璋此次设两京制来看,他最初是有迁都意愿和想法的,但最终考察的结果当时并未透露,仅以"立国之规模固重,而兴王之根本不轻"为由,回绝了"时言者"的迁都之议。但"居中夏而治四方"的建都传统,朱元璋并未放弃,故《拟明史稿》称:洪武元年"八月己巳,诏曰:顷幸大梁,父老皆曰宋之旧京,四方朝贡,道里适均。夫宅中图大则形式,重建邦启土则根本。先其以应天府为南京,开封府为北京,朕春秋巡狩焉"。②

在确立"两京制"后的第二天,徐达率领的北伐军攻占了元大都,元顺帝奔逃塞北。全国的军事、政治形势及疆域均发生了重大变化,朱元璋对择都开封显然有了新的想法,遂于洪武元年(1368)八月壬午,再度离开南京前往开封实地查勘。11 天后,朱元璋抵达开封,并"会议群臣"对开封进行第二次实地考察达 35 天,直到同年十月戊辰离开开封。朱元璋前后两次亲赴开封对是否适宜建都进行全面考察,当时均未公布结果。直到洪武八年四月甲辰,朱元璋才公开当年放弃开封建都的原因:"洪武初年,平定中原。臣即至汴,意在建都,以安天下。及观民生凋敝,转输艰难,恐益劳民……"③另一个不利因素是开封虽然地处中原,但却无险可守、无扼可据,军事地理条件远不如应天,得出的结论是

———————

① 《明太祖实录》卷 34,洪武元年八月己巳朔。
② (清)汤斌《拟明史稿·本纪》卷 1,28a/b,清康熙二十七年刻后印本。
③ 《明太祖实录》卷 99,洪武八年四月甲辰。朱元璋《中都告祭天地祝文》:"民生凋敝,水陆转运艰辛,恐劳民之至甚,遂议群臣……"载《明太祖文集》卷 17,1b。(明)田艺蘅《留青日札》卷 11,4b "三京三都三天" 条称:"御史胡子祺请迁都关中,以漕运艰难不报。"

"四面受敌之地",[①] 不宜建都。这是朱元璋称帝后,最早的一次与朝臣之间关于建都"国之中土"的讨论,其间朱元璋先后两次实地考察,最终还是被否定。因此,开封既没有具体的实施措施,也不可能展开都城营建,仅为名义上的"北京",南京仍为京师。

第二次议都地点是北平。"太祖曾御谨身殿,问廷臣曰:'北平建都,可以控制胡虏,而运掉东南。比今南京何如?'翰林修撰鲍频对曰:'胡主起自沙漠,立国在燕,今已百年,地气天运已尽,不可因也。今南京兴王之地,宫阙已完,不可改。《图传》曰:在德不在险也。'于是中止。"[②] 其实,当时虽有建都北平之论,但朱元璋似乎从一开始就没有这个打算。洪武元年(1368)八月丁丑,华云龙主持元故都的改造:"新筑城垣,北取径直,东西长一千八百九十丈。"[③] 倘若朱元璋早有意建都的话,绝不会在攻取北平后仅9天就贸然同意对城池进行改筑。几个月后,又"差金吾、羽林、凤翔、天策等卫指挥张焕、韦正等抄籍府库,得金二十五万两,银五十万两,宝玩珠翠象牙、奇禽异兽、锦绣衣袄段匹不可胜记。录文武官吏送诣金陵"。[④] 还将元旧都宫廷保存的包括元十三朝《实录》在内的大量典籍、图册悉运南京秘府。[⑤] 若朱元璋有意北平建都,估计也不会如此劳师动众。到了洪武二年底,朱元璋看了《北平宫室图》后,遂下令"依元旧皇城基,

---

① (明)刘辰《国初事迹》载:"太祖克建康,都之。以六朝所历,年数不久,注意迁都。后得汴梁,亲往视之,曰'四面受敌之地'。亦有建言迁长安者。"
② (明)田艺蘅《留青日札》卷11,4b。
③ 《明太祖实录》卷34,洪武元年八月丁丑。
④ (明)俞本撰,李新峰笺证《纪事录笺证》第269页。
⑤ (明)宋濂《元史目录后记》,载宋濂《宋学士文集》卷1,12a。

改造王府"。[①]

　　第三次迁都之议,是在确立"两京制"后第二年九月,"诏以临濠为中都"。[②]实际中都营建于洪武三年(1370),"中都,洪武三年筑新城,营宫室,立为中都"。[③]据《皇明宝训》载:

　　　　帝召元朝诸老臣,问以建都之所。或对以关中险固,金城天府,可都;或对以洛阳地中,四方贡赋道里均平,可都;或对以北京赵宋故都,可都;或对以北平宫室完全,就之以省民力,可都;或对以建业六朝旧都,可都。帝曰:"汝等所言诚善。然咸阳、洛阳,周秦汉魏隋唐亦尝定鼎于是;北京乃五代赵宋之京邑,诚皆可都。但丧乱以来,各部义兵互相仇杀,多历年所,中原生齿百不存一。若朕建都于彼,钱粮力役尽资江表,使江表人不堪命,朕奚忍为之? 若就建业、北平见存宫室,虽曰暂省民力,然皆地非中土,亦非长治久安之道。朕谓临濠,前江后淮,以险可恃,以水可漕,汝当为朕图之。"[④]

　　朱元璋明确表示南京与北平因"皆地非中土",而选择临濠,其目的还是为了解决都城的"国之中土"难题。而《明太祖实录》记

---

① 《明太祖实录》卷47,洪武二年十二月丁卯。
② 《明太祖实录》卷45,洪武二年九月癸卯。
③ (明)柳瑛纂《(成化)中都志》卷3,18b,明弘治刻本。
④ (明)詹同、乐韶凤、宋濂《皇明宝训》卷3《定都》,载《北京图书馆古籍珍本丛刊》第8册《皇明修文备史》33b/34a,书目文献出版社1988年版,以下所引均注"詹同等辑"。(明)张铨《国史纪闻》(明天启刻本)卷2,43b/44a《立中都》,内容大致相同,而吕本等辑的《皇明宝训》未载。

载中,朱元璋却称南京为"长江天堑,龙蟠虎踞,江南形胜之地,真足以立国"。^①同一件事,却在对南京地理位置和价值观上出现了两种不同的评价。在这个问题上,《皇明宝训》较之《明太祖实录》记载可能更贴近史实。首先,洪武初年出现的两京制,缘于南京非国之中土,不仅朝臣多有非议,朱元璋本人也是高度重视和心知肚明的;其次,《皇明宝训》开局编撰时间为洪武六年九月,次年成书,比经后人多次修改的《明太祖实录》可信度要高;其三,中都营建前后6年,遂被废,而南京却始终是明开国之都,《皇明宝训》可以据实记载,而《明太祖实录》编撰者们就要对朱元璋在择都问题上的"纠结"或者失误给予避君主讳了(详见本章第三节)。

第四次议都地点是关中。洪武三年(1370)后,监察御史胡子祺(即胡广之父)入朝第一次上书就是议都之论:"天下形势之地,可都者四:河东地势高厚,控制西北,尧尝都之,然其地苦寒,江淮士卒不堪。汴梁襟带河淮,宋尝都之,然其地平旷,无险可守。洛阳周公尝卜之,周汉尝迁之,然嵩邙诸山,非有殽函终南之固;瀍、涧、伊、洛,非有泾、渭、灞、浐之雄。故据百二山河之胜,可以耸诸侯之望,可以绵宗社之久,举天下莫关中若也。"^②其中关中的洛阳建都,更被持有传统意义上的建都者所看重,在"政治地理层面,统一王朝或者分裂时代追求统一的王朝,必得中原、必取

<hr>

① 《明太祖实录》卷45,洪武二年九月癸卯。
② 《明太祖实录》卷106,洪武九年六月戊子。《明史》卷147《列传》35"胡广":其父胡子祺"上书请都关中,帝称善,遣太子巡视陕西"。其中"上书"与"遣太子"两事,已隔21年。而《明史》明显将"遣太子"与"请都关中"撰成具有逻辑的关系。

洛阳,看重的正是中原与洛阳所代表的正统"。^①因此,朱元璋听后"称善",但是由于朱元璋此时已决意营建中都,迁都关中之议遂罢。

最后一次的迁都之议,并未见诸于当时文献记载,仅为后人揣测。缘于洪武二十四年(1391)八月,朱元璋命皇太子朱标巡抚陕西。据《明太祖实录》载,朱标此行是朱元璋因太子"自幼至长,未尝出远","汝可一游,以省观风俗、慰劳秦民",当朱标离开京师"渡江之际,天道赫然有变:雷起东南,尔征西北,以造化言之,雷天威也"。朱元璋遂遣使提醒朱标:"尔前行,雷后随,威震之兆也。然一旬之间,久阴不雨,占法主阴谋事。尔宜慎举动,节饮食、严宿卫、亲君子、远小人,务在存仁养性,施恩布惠,以回天意。雷之加兆,未可恃也。尔其慎之。"^②其出行的任务并未明确,仅能看出朱元璋对未来皇位继承人的一种历练。同年十一月庚戌,朱标离开陕西返京。到京城后一病不起,于次年四月丙子病故,终年38岁。^③朱标之死,后人依据朱元璋《祭光禄寺灶神文》一文,揣测朱元璋曾派太子赴陕是为择都之行。其文为洪武二十五年十二月所作:"朕经营天下,事事按古有绪,惟宫城前昂中洼,形势不称。本欲迁都,年老精力倦。又天下初定,不欲劳民,废兴有数,只得听天。惟愿鉴朕此心,福其子孙。"^④《祭光禄寺

① 胡阿祥《"天下之中"及其正统意义》,《文史知识》2020年第11期。
② 《明太祖实录》卷211,洪武二十四年八月乙丑;洪武二十四年八月乙亥。
③ 《明太祖实录》卷217,洪武二十五年四月丙子。朱标生于元至正十五年(1355),卒于洪武二十五年(1392),应为38岁。《国榷》卷9,作39岁。
④ (明)黄景昉《国史唯疑》卷1。(清)顾炎武《天下郡国利病书》(昆山图书馆藏稿本)第8册《南京宫殿》所载朱元璋《祭光禄寺灶神文》,略有异,现取黄景昉说。

灶神文》中也并无朱标赴陕的实情透露,但后人大都以时间节点结合朱元璋早先有迁都想法而推断,认定朱标赴陕是为了迁都。①

明代诸多野史亦持此说,姜清云称:"洪武二十四年,太祖以江南地薄,颇有迁都之意。八月,命皇太子往视关、洛。皇太子志欲定都洛阳,归而献图。"②明中期大臣兼史学家、藏书家郑晓等人对朱元璋晚年择都问题评论有三,均言南京作为都城的不利、朱棣迁都北京有利:(1)"南京城大抵视江流为曲折,以故广袤不相称,似非体国经野、辨方正位之意。大内又迫东城,且偏坡卑洼。太子太孙宜皆不禄,江流去而不留,山形散而不聚,恐非帝王都也。以故孝陵欲徙大梁关中,长陵竟迁北平。"③(2)"南都水军胜于陆卒,营马壮于江舟,然战守皆不得地利。孝陵再三欲徙都不果,成祖决迁北平万世之虑也。"④(3)"国朝定鼎金陵,本兴王之地,然江南形势终不能控制西北。故高皇时已有都汴、都关中之意。观洪武元年诏曰:'江左开基,立四海永清之本;中原图治,广一视同仁之心。其以金陵、大梁为南、北京。'方希古《懿文太子挽诗》曰:'相宅图方献,还宫疾遽侵。关中诸父老,犹幸翠华临。'盖有都关中之议,以东宫薨而止也。"⑤

---

① 《明世宗实录》卷166,嘉靖十三年八月丁未,亦称"太祖末年尝有改都之议……"。

② (明)姜清《姜氏秘史》卷1,清抄本。

③ (明)郑晓《今言》卷3,36b/37a。(明)黄景昉《国史唯疑》卷1,亦沿用此说:"南京城形视江流曲拆(折),故广袤不相称。大内逼城东,偏颇卑洼;江流去而不还,山形散而不聚,太子太孙皆不禄,疑非帝王都也。"

④ (明)郑晓《今言》卷4,38a。

⑤ (明)郑晓《今言》卷4,19b。方孝孺所撰的挽诗全文为:"相宅图方献,还宫疾遽侵。鼎龟悬宝命,笙鹤动哀音。谁绍三皇治?徒倾四海心。关中诸父老,犹望翠华临。"载(明)方孝孺《逊志斋集》卷24,32a,四库全书本。

朱元璋所称宫城出现的"前昂后洼"问题，是没有"按古有绪"以及"填湖建宫"造成的不足所致。后人亦称是朱元璋所断："……卜筑大内，填燕尾湖为之。虽决于刘基，实上（即朱元璋）内断，基不敢尽言也。"① 故《国史唯疑》亦称："……可见开基都金陵非满志事。初欲都临濠，以刘基言止。再欲都汴，以懿文太子薨止。而高皇亦已老矣。文皇北迁，盖神灵若阴启之。"②

这类说法均不同程度涉及到朱元璋对早年"卜"都城的纠结，也被《明史》采信，均言朱标陕西之行是朱元璋因欲建都关中而为之。③ 对于朱标赴关中择都地有二说，郑晓称是关中，与《实录》记载相合；而黄景昉则认为朱标赴关中择都地是开封，这两地其实早在洪武七年已被朱元璋所否，又怎会在其晚年贸然有"迁都"之说。再说，倘若朱标不死，朱元璋的"年老精力倦"就不存在吗？故这完全是朱元璋的托词。但是，从朱标死之前来看，正史中似乎找不到与朱元璋再次打算迁都有直接的因果关系，却可以找到朱元璋仍在京师补建的诸多项目。洪武二十三年（1390）四月开始营建南京最外一重城墙（外郭）；洪武二十四年二月癸酉，在钟山广植桐、棕、漆树 50 余万株。因此，即便朱标赴陕是考察都城新址的话，最多也仅仅是恢复洪武十一年被废除的"两京制"而已，至于迁都之举还真很难说。

综上所述，朱元璋称帝后，始终在找寻"两京制"的另外一京。即便是洪武二年（1369）设立明中都，所替代的应该是开封，

---

① （明）朱国祯《涌幢小品》卷 4，3a。
② （明）黄景昉《国史唯疑》卷 1。
③ 《明史》卷 147《列传》35 "胡广"：迁都关中一事，"遣太子巡视陕西，后以太子薨，不果"。

而非代替南京；即便洪武二十四年朱标赴关中择都，所择之都恐为恢复"两京制"一京，亦非取代南京。因此，自洪武十一年终止两京制后，直至永乐元年（1403），明代才再次出现南、北两京，南京仍为京师；永乐十九年，迁都北京，是为京师，并终于明亡。

三、被忽视的朱元璋"国之中土"新论

朱元璋营建中都，目的是"如周、汉之制，营建两京"，[①]以便秉承立都于"国之中土"的传统，实现明朝"长治久安"的目的。他根据群臣所议，认为："人皆曰古钟离（即临濠）可。因此两更郡名，今为凤阳，于此建都。"[②]如同当年"卜"南京城一样，几乎所有关于议都缘起都是朱元璋的群臣所为，即所谓"朕闻昔圣君之作，必询于贤臣而后兴"，[③]耐人寻味。换句话说，朱元璋时期所有的营建工程，其中当然也包括南京当年的"卜"新宫与新城，以及中都的"建"与"罢"等重大项目，有功则君有其贤，有过则臣任其罪。这既是"必询于贤臣而后兴"的真实目的，更是史实：以朱元璋身世和学识来看，朱元璋的为人善用、不拘一格用人，是其开国称帝之路与治国之道的重要法宝。但是，在中都的"建"与"罢"

① 《明太祖实录》卷99，洪武八年四月丁巳。
② 朱元璋《中都告祭天地祝文》。刘辰在《国初事迹》中，透露朱元璋建中都还有另外一种原因："太祖尝曰：'濠州乃吾家乡，张士诚据之，我虽有国而无家。'是以遣龚希鲁潜往濠州，说萧把都，后把都以濠州降。太祖曰：'今日有国有家，遂我志也。'于是，经理濠城，修治皇陵等事。"
③ 朱元璋《又阅江楼记》，载《明太祖文集》卷14,8b。

问题上，朱元璋自责"见浅识薄"所致，则是并不多见的现象。[1]

洪武五年（1372）五月癸丑夜，临濠府皇城后的靠山——万岁山忽降冰雹，"大如弹丸"。三天后，中书右丞相王溥遣人入京上奏：近督工取材木于建昌，[2] 蛇舌岩上有"衣黄衣者歌曰：'龙蟠虎踞势岩峣，赤帝重兴胜六朝。八百年终王气复，重华从此继唐尧。'其声如钟，歌已忽不见。"这明显赞誉大明定都南京的歌谣，对于正处在一意营建中都的朱元璋来说，是毫无作用的。他认为："明理者，非神怪可惑，守正者非谶纬可干。"而对万岁山降冰雹事，则以占书所示认为是"兵象"，"宜遣人戒。饬守御官严加防护，以备不虞"。[3]

洪武六年（1373）九月壬戌，朱元璋下令"改临濠府为中立府"。[4] 建置的改名，据称是"取中天下而立，定四海之民之义

---

[1] 另有二例，一则发生在洪武八年，朱元璋因早年太庙建于皇城（应为宫城——笔者注）东南，而自责为"愚昧无知"，载《明太祖实录》卷 100，洪武八年七月辛酉。一则发生在洪武十三年五月甲午，雷震谨身殿的第二天，朱元璋下诏自责其用人不当：自执政 13 年来，"宰辅非才，肆奸乱政。朕思创造之艰难，念生民之不易，按法诛之，恐陷于不义者，于心未安。昧于知人，实朕之过，上天垂戒，朕甚惧焉"。载《明太祖实录》卷 131，洪武十三年五月甲午、五月乙未。朱元璋假借"上天垂戒"而自责的是"昧于知人"，纯属与他假借神权烘托皇权神圣有关，详见下章。

[2] 据（明）詹同等辑《皇明宝训》卷 3《祥异》，称："建昌分省左丞王溥献符异。先是朝廷有所建造，以磴就江西湖广易木材，而良者难得一。道士曰：'有大楠木七十株，在蛇舌岩中。'溥遣人伐之。……"之后记载与《明太祖实录》同。但吕本《皇明宝训》中未载。

[3] 《明太祖实录》卷 73，洪武五年五月乙卯。

[4] 《明太祖实录》卷 85，洪武六年九月壬戌。但柳瑛在《（成化）中都志》（卷 1，16a）却称："中立，国朝洪武三年改。"此说后被田艺蘅在《留青日札》（卷 11，4a）采用。王剑英在《明中都》（第 3 页注释 1）对柳瑛的说法，也称其为误。而《秘阁元龟政要》卷 9 则称"（洪武）七年，改中立取中天下而定四海之义"。今从《实录》。

也"，^① 故"中立府"一名蕴有"国之中土"之意。洪武六年三月癸卯，朱元璋在《奉安中都城隍神主祝文》中，也作了进一步的阐述：
"朕今新造国家，建邦设都于江左，然去中原颇远，控制良难。遂择淮水之南，以为中都。"^② 这段记载在强调建都于"江左"（即南京）的同时，增加了南京"去中原颇远，控制良难"一语，而择另一都于临濠（即中都），也表明此时朱元璋强调的是中都较之南京在地理上占据"国之中土"的优势。这是朱元璋在洪武六年的认知，但不久生变。

朱元璋在择都或者说选择两京制问题上，其实从洪武初年就陷入两难抉择的疑惑中。一方面，他要考虑"国之中土"传统意义上的都城，以"天地之中"而掌控天下；另一方面，由于经过元末农民战争以来20余年的兵火战乱，民生凋敝，如若取中原或北方建都，人力物力都要依靠江南，水陆转运实很艰难。因此，择淮河之滨的临濠建立中都，就成为当时朱元璋解决择都两难时的权宜选择。令人诧异的是"中立府"改名不到一年，就又被改名"凤阳府"。^③ 其中一个原由，据史称是出于刘基的反对。《明太祖实录》叙述刘基生平中，称其告老回乡行前曾对朱元璋说："凤阳虽帝乡，然非天子所都之地。虽已置中都，不宜居。扩廓帖木儿虽

---

① （明）柳瑛纂《（成化）中都志》卷1，16a。（明）佚名《秘阁元龟政要》卷9则称："先是三年六月，帝幸中都营其城府。七年，改中立取中天下而定四海之义，刘基深言不可。适诸将征定西失利，乃定都南京。至是，改中立府为凤阳府。"
② 《明太祖实录》卷80，洪武六年三月癸卯朔。
③ 《明太祖实录》卷92，洪武七年八月庚子。王剑英《明中都》第34页："凤阳府"一名，是因"中都的宫阙城池在凤凰山之阳……而得名"。

可取,然未可轻。愿圣明留意。"①王剑英据《明史·太祖本纪》等籍推测刘基说这段话是在洪武四年(1371)三月丁未,②但据《国榷》称是在洪武四年正月,"作圜丘、方丘……于临濠,上以画绣欲都之。刘基曰:'中都曼衍,非天子居也。'"③其实,刘基说这段话的时间亦并不明确。④另据《秘阁元龟政要》称:洪武三年六月,"帝幸中都,营其城府"。同年八月,朱元璋诏刘基归于京师。"帝尝幸凤阳,欲以为都。刘基奏曰:'凤阳虽帝乡,然非置都之地。王保保虽可取,未易轻也。'因辞归括苍。及是,(徐)达征定西,保保穷走。帝忆基前所言,即手诏叙基勋伐,召赴京师。既至,欲进以官爵。刘基辞曰:'陛下乃天授,臣何敢贪天之功。'"⑤考各类刘基此说,虽时间有异,但刘基反对营建中都则大体一致。

　　刘基反对营建中都,不仅正史有载,野史更纷杂,⑥但最终的决策者毕竟还是朱元璋本人。洪武六年(1373),"改临濠府为中立府"。⑦洪武七年八月庚子,又改"中立府"为"凤阳府"。次年

① 《明太祖实录》卷 99,洪武八年四月丁巳。(明)田艺蘅《留青日札》卷 11,4a/b 称:"刘伯温言于上曰:'临濠虽帝乡,然非建都之地。'七年十月,改中立府为凤阳府。"另据《明太祖实录》载,改名"凤阳府"为洪武七年八月庚子,《留青日札》有误。
② 王剑英《明中都》第 56 页。
③ (清)谈迁《国榷》卷 6,洪武四年正月庚寅。
④ 《明史》卷 2《本纪第二》"太祖二"则称刘基离京时间为"洪武四年三月丁未"。
⑤ (明)佚名《秘阁元龟政要》卷 9、卷 6。
⑥ (明)黄景昉《国史唯疑》卷 1:"或议城中都,江潮曰:'高皇神圣,自定鼎后,靡郡邑不金汤者,独肇基之地阙焉,疑有深意。议遂寝,然其后中都竟以无城陷事。'故杂论例也。一说刘诚意谓国姓音豕,豕不可圈,因罢筑城役,以避国姓。属俚传。"
⑦ 《明太祖实录》卷 85,洪武六年九月壬戌。

四月，朱元璋回到京师"诏罢中都役作。……至是以劳费罢之"，[①]此后朝野再无迁都之议。[②] 在这期间究竟发生了什么？为何将中立府改名？又为何罢筑中都？《秘阁元龟政要》将其归为朱元璋对刘基早年反对建中都和对征西王保保的悔悟："适诸将征定西失利，乃定都南京。至是改中立府为凤阳府。"这类记载毕竟非正史所载，直到朱元璋晚年才公开当年这个重大的失误："朕自居江东三十六载，未尝见日而临百官。自年初至于年终，每披星戴月而出，四鼓衣衣饭食，待旦临事，此非饰己之言，皆真情实意之词。呜呼！朕观古今凡人得时之后，有始无终者多。朕外无禽荒，内虽有妇女，不敢久留宫中，色荒之事可知。生不饮酒，壮而少用，未尝以酒废事，无暱音乐峻宇。得罪者，凤阳宫殿也。然非好离宫别殿而为之，当是时见浅识薄，意在道里适均，便于民供耳。"[③]朱元璋在检讨自己往日的过失时，自称勤勉于政务，又不好酒色，惟有营造中都，并非好大喜功、追求享受，而是"见浅识薄"导致失误。这个罢建中都的缘由，是出于选择都城应处于"道里适均"、"便于民供"的考量，[④] 这与朱元璋当年营造中都的起因以及朱元璋在《阅江楼记》开篇所言是吻合的，即为了寻求大明都城

---

① 《明太祖实录》卷 99，洪武八年四月丁巳。单士元《明代建筑大事年表》（《单士元集》第 2 卷，紫禁城出版社 2009 年版）作"甲寅"，恐误。

② （明）朱国祯辑《皇明史概·皇明大政记》卷 3,21a，洪武八年四月丁巳："罢中都役作，并停迁都之议。"明崇祯刻本。

③ （明）高栋等辑《南京刑部志》卷 3《祥刑》"揭榜示以昭大法"，30b/31a，明嘉靖间刻本。

④ 关于朱元璋罢建中都的原因说法繁杂，学术观点颇多，如王剑英《明中都》第 55～68 页。本处重点讨论朱元璋的"国之中土"认知与其对南京当年"卜"的纠结，故涉及其它方面的论述暂不展开。

"国之中土"的需要,也是中都由"中立府"改"凤阳府"一名的根因所在。

　　洪武七年(1374)二月二十一日(即朱元璋《阅江楼记》中"洪武七年甲寅春",以下简称《记》),朱元璋"欲役囚者建阅江楼于狮子山,自谋将兴,朝无入谏者"。并称:"朕思京师军民辐辏,城无暇地。朕之所行,精兵铁骑,动止万千,巡城视险,隘道妨民,必得有所屯聚,方为公私利便。今以斯山言之,空其首而荒其地,诚可惜哉。况斯山也,有警则登之,察奸料敌,无所不至。"建造此楼的目的,并非是"欲玩燕赵之窈窕,吴越之美人,飞舞盘旋,酣歌夜饮",而是为了"筹谋以安民,壮京师以镇遐迩,故造斯楼",并打算"命工因山为台,构楼以覆山首"。① 之后,由于朝中无人进谏,故令群臣各自撰《记》,"……以试其人。及至以《记》来献,节奏虽有不同,大意比比皆然,终无超者"。② 这是朱元璋在《又阅江楼记》(下文简称《又记》)提到的"终无超者"。因此,或已先有一《记》,或朱元璋心中已有一《记》的腹稿,两者必有其一,才会有"终无超者"一说。

　　朱元璋在《记》的开篇就称:"朕闻三皇、五帝,下及唐宋,皆华夏之君,建都中土。……古诗云:'圣人居中国而治四夷',③ 又

---

① 　朱元璋《阅江楼记》。

② 　朱元璋《又阅江楼记》。

③ 　四夷,是古代对中原周边各族的统称,即东夷、南蛮、北狄和西戎的合称,亦泛指外族、外国。(宋)乐史《太平寰宇记·自序》(四库全书本)"自是五帝之封区,三皇之文轨,重归正朔,不亦盛乎",其记述的范围包括宋初的十三道及"四夷";(明)李贤、彭时等纂修《大明一统志》"序"称(明天顺五年内府刻本)"太祖高皇帝受天明命,混一天下,薄海内外,悉入版图,盖自唐虞三代下及汉唐以来,一统之盛,蔑以加矣",其记述的范围是明朝的(转下页)

何大哉！"其意即张衡在《东京赋》所提出的"宅中图大"。[①] 又"询于儒者，考乎其书"，发现："秦汉以下，不同于古者何？盖诸侯之国以拒周，始有却列土分茅之胙，擅称三十六郡。可见后人变古之制如是也。若以此观之，岂独如是而已乎。且如帝尧之居平阳，人杰地灵，尧大哉圣人。考终之后，舜都蒲坂，禹迁安邑。自禹之后，凡新兴之君，各因事而制宜，察形势以居之。故有伊洛、陕右之京，虽所在之不同，亦不出乎中原。乃时君生长之乡，事成于彼，就而都焉。故所以美称中原者为此也。孰不知四方之形势，有齐中原者，有过中原者，何乃不京而不都？盖天地生人而未至，亦气运循环而未周故耳。"朱元璋经过对历代建都城址考辨后，或者说在明白历代"国之中土"有异的认知下，在《记》中首次明确提出了南京是"国之中土"的新论：

> 朕生淮右，立业江左，何固执于父母之邦？以古人都中原，会万国，尝以（云）道里适均，以今观之，非也。大概偏北而不居中，每劳民而不息，亦由人生于彼，气之使然也。朕本寒微，当天地循环之初气，创基于此。且西南有疆七千余里，东北亦

（接上页）两京十三省和外夷；(清) 阙名《嘉庆重修一统志》(清史馆进呈抄本)"凡例"记述顺序为："首京师，次直隶，次盛京，次江苏、安徽、山西、山东、河南、陕西、甘肃、浙江、江西、湖北、湖南、四川、福建、广东、广西、云南、贵州，次新疆，次蒙古各藩部，次朝贡各国。"而实际情况是，许多区域或者"朝贡各国"朝廷并没有派官员实施直接管辖。

① 张衡《东京赋》："彼偏居而规小，岂如宅中而图大。"是指秦都咸阳偏居关西，处在武关与函谷关之间，规制又小。不如东京洛阳居天地之中，所图者四海之外。引自 (汉) 张衡《东京赋》，载张衡《张河间集》卷 2, 5b，明末刊七十二家集本。

然，西北五千之上，(东)南亦如之，北际沙漠，与南相符，岂不
道里之均！万邦之贡，皆下水而趋朝，公私不乏，利益大矣。

　　这哪里是篇寻常的《记》?！完全是篇朱元璋针对数年与臣子
们讨论"国之中土"的终结篇，也是朱元璋假借营建阅江楼之说，
"令诸职事妄为《阅江楼记》，以试其人"，这才是朱元璋的真实意
图——即他内心深处"宅中图大"的想法。其中的"试"，也绝非
要看诸臣的文采，而是朱元璋隐藏其"国之中土"的新认知并以
撰《记》的形式以"试"诸臣，看能否获得臣子们的共鸣或支持、甚
至提出反对的进谏，这才是"试"的真实目的。正因如此，"楼"的
营建与否，在朱元璋看来其实并不重要，即便在南京第二次大规
模城建中，这座楼最终也未再议，更没兴建。[①]
　　朱元璋在《记》中，详尽论述传统"国之中土"自古就有变通
的先例，更是首次明确提出立都"何固执于父母之邦"之"淮右"
(中都)的反诘，从而可以看出此时的朱元璋从心理上已经抛弃了
建都(或迁都)于凤阳的原先安排。在朱元璋看来大明华夷所领
属的范围：以南京为原点，其半径西南七千余里，东北亦然；西北
五千里之上，东南亦如之；北际沙漠，与南相符。朱元璋所述的天
下范围，其实包含了两个层面：即政权所能控制"华"的范围和对

---

① (清)王士禛《池北偶谈》卷 1,22b/23a "阅江楼"条亦载："友人纪伯紫(映
　钟)，金陵人。尝有诗云：'惆怅天涯头尽白，杨花空满阅江楼。'佳句也。按：
　洪武初，欲于狮子山(即卢龙山)顶作阅江楼。先令儒臣作记，故潜溪诸公集
　皆有此文。楼实不果作。"另(明)姚福《青溪暇笔》卷上，亦称："洪武初，欲
　于南京狮子山顶作阅江楼，未造。……乃试作记者耳。"明邢氏来禽馆抄本。

"夷"地不需要直接控制的范围。^①朱元璋的这种天下观，秉承了中国古代帝王"天下观"的传统，《毛诗讲义》称："中国谓京师，四方谓诸夏。若以中国对四夷，则诸夏亦为中国。……京师，诸夏之根本。王安京师，四方诸侯亦效王安之"，^②在概念上是一致的。今人论及华夏正统之都亦称："谁为正统，各别政权各有理由，而地理上的拥居中原、文化（民族）上的华夏传统，以及与此相联系的皇位继承或禅让的资格，往往成为各别政权最重要的'正统'依据。"^③这一观点与朱元璋对南京处于"国之中土"新论也是契合的，即"谁为正统，各别政权各有理由"；何地为国之中土，各个政权均有各自的理由。

朱元璋在《记》中所论述的南京与大明"华夷"四至之数，指的是他心目中的大明华夏地理天下，包括了洪武七年（1374）之前互有往来（即有"朝贡"关系）的外夷诸国。洪武四年九月辛未，朱元璋对诸臣说："诸蛮夷小国，阻山越海，僻在一隅，彼不为中国患者，朕决不伐之。惟西北胡戎世为中国患，不可不谨备之耳。"^④到了洪武五年，朱元璋制定了对外诸夷"厚往薄来"的基本政策："西洋琐里，世称远番。涉海而来，难计年月。其朝贡无论疏数，厚往而薄来。"^⑤之后，朱元璋在洪武六年首次颁布并经多次

---

① 唐晓峰《从混沌到秩序：中国上古地理思想史述论》，中华书局2010年版。成一农《"非科学"的中国传统舆图：中国传统舆图绘制研究》，中国社会科学出版社2016年版。
② （宋）林岊《毛诗讲义》卷8，8b/9a，四库全书本。
③ 胡阿祥《华夏正统与城市兴衰：古都南京的历史特质》，载胡阿祥、范毅军、陈刚主编《南京古旧地图集·文论》，第2页，凤凰出版社2017年版。
④ 《明太祖实录》卷68，洪武四年九月辛未。
⑤ 《明太祖实录》卷71，洪武五年正月壬子。

修订直到洪武二十九年最后颁布的《皇明祖训》中又称:"四方诸夷,皆限山隔海,僻在一隅。……今将不征诸夷国":东北朝鲜国;正东偏北日本国;正南偏东大琉球国、小琉球国;西南安南国、真腊国、暹罗国、占城国、苏门答腊国、西洋国、爪洼国、彭亨国、白花国、三佛齐国、浡泥国,合计 15 国。^① 在这种天下观认知下,朱元璋对南海西域诸番"奉表入贡者"的诸国交往高度重视,但并非为谋取经济利益的考量,而是出于笼络周边国家的政治目的,是朱元璋天下观认知的需要。洪武十六年十月,朱元璋"以海外诸国进贡者信使往来,恐有诈伪,乃命礼部编立勘合文簿,发付诸国。俾往来俱有凭信稽考,以通彼此之情,以杜奸诈之弊"。^② 此后《大明一统志》描述的空间范围是明朝的两京、十三省和"外夷",也承袭了朱元璋在《记》中的天下观。^③

　　针对臣子们提出南京为六朝至南唐 7 个朝代因地处江南而呈短命王朝的诸多言论,朱元璋在《记》中明确表态:时下的南京,已处在地理方面的天下之中,并强调此时的南京"非古之金陵,亦非六朝之建业",这既是对早年所"卜"的城市规划文化意义的再次肯定与确认,也昭示在未来的时间段里南京将迎来第二次大规模的城建。臣子们显然未能先睹朱元璋这篇《记》,或者说未能揣摩到朱元璋的真实意图,自然没有达到朱元璋预期的目的,故所作之《记》"终无超者"。仅以洪武七年(1374)宋濂的

---

① （明）朱元璋《皇明祖训·祖训首章》。
② （明）佚名《秘阁元龟政要》卷 10、卷 12。
③ （清）陈梦雷《古今图书集成·方舆汇编》卷 107,9b "舆图部·艺文"。

《阅江楼记》①为例,尽管宋濂当时力图揣摩朱元璋意图:"臣不敏,奉旨撰记,故上推宵旰图治之功者,勒诸贞珉。"②但在开篇还是称:"金陵为帝王之州。自六朝迄于南唐,类皆偏据一方,无以应山川之王气。逮我皇帝,定鼎于兹,始足以当之。"显然宋对朱元璋令其撰《记》的真实动机不明,又不敢抗旨,故宋濂在对待南京能否立都的问题上,表现出圆滑的一面。宋濂在《记》中对朱元璋确定南京为都的"始足以当之"的立论依据不足,不仅体现在对朱元璋新的天下观未能体察,而且对南京建都的认知仍停留在"偏据一方,无以应山川之王气"旧说层面,并未体会到朱元璋的时下南京已"非古之金陵,亦非六朝之建业"的新认知,所以朱元璋才会称包括宋濂在内的《记》,"终无超者"。而朱元璋《记》的开篇,就将罢筑中都、认定南京为"国之中土"的思想转变给予了明确且肯定的阐述,朱、宋在各自《记》中的开篇对南京作为都城"国之中土"的认知,存在很大的地理上差异。同时,朱元璋明确表明不能固执于在"父母之邦"的凤阳建都外,还全面否定了都中原而"道里适均"之说。有鉴于此,联系上文引述《南京刑部志》朱元璋自陈的营建中都为"见浅识薄",对历史上称朱元璋晚年曾派太子赴关中择都之说,则值得推敲和反思。

从朱元璋"假臣言"而述的《又记》文中来看,"洪武七年二月二十一日,皇帝坐东黄阁……"等语,以及同《又记》的《序》中所称:"今年,欲役囚者建阅江楼于狮子山,……乃罢其工。"表

---

① (清)朱兴悌等编《宋文宪公年谱》卷下,8a,民国五年刻宋文宪公全集本。该《年谱》称宋撰《记》时间为"洪武七年正月,奉敕撰阅江楼记"。但与《实录》载不符。
② (明)宋濂《阅江楼记》,载《宋学士文集》卷20,16a。

明朱元璋撰写《记》的时间应在洪武七年（1374）二月之后，[1]《又记》当在洪武七年夏秋之际，即洪武七年八月，改中立府为凤阳府前后。朱元璋的两篇《阅江楼记》收录于《明太祖御制文集》《明太祖集》《明太祖文集》之类（以下简称"诸本"）外，还有另一个版本见载于《秘阁元龟政要》（以下简称"秘本"）。秘本载：洪武七年八月"阅江楼成，作文以记之"，[2]是将朱元璋先后两篇合为一篇。但此说与史实不符，直到朱元璋去世阅江楼也没建。秘本前篇基本内容为朱元璋的《又记》但增有一些细节，后篇内容为《记》，从行文风格来看秘本前篇较之诸本《又记》文采稍逊，但内容较朴实。尤其谈到了营建阅江楼无人进谏并臣子们所撰的《记》时，秘本称：朱元璋"令诸职事作文以记之。诸人听而往，即日文章群献于前。既而张目一览，文章虽有高下，其大意则亦然。所以大意亦然者，何不过皆夸楼之美言。工已成，览文之后不得而无忧。噫，难哉乏人矣。昔唐太宗繁工役而好战斗。忽宫中妇人徐允容者上疏曰：'地广非久安之道，人劳乃易乱之源。东戍辽海，西役昆兵，诚不可也。'但观唐妇人，犹过今之儒者，人才可见矣"。这是朱元璋"试"诸臣后失望的地方，即"朝无入谏者"，正因如此，朱元璋才"又自作记"，即与朱元璋《记》相同的后半篇。如按秘本此说，说明诸本所载的《又记》中"终无超者"而推测已先有一《记》则可存疑，而是因朱元璋不满诸臣所撰之《记》，才又自撰了一《记》。

---

① （明）朱国祯辑《皇明史概·皇明大政记》卷3，称：洪武七年二月，"拟建阅江楼，停之"。未明确停建确切日期。（清）陈作霖编《金陵通纪》卷10上，洪武"七年春正月，罢筑阅江楼"。此说时间不确。
② （明）佚名《秘阁元龟政要》卷9。

但是,上述无论哪一种版本,朱元璋在《记》中所论及的国之中土建都以及"何固执于父母之邦"则是一致的。因此,洪武七年(1374)八月庚子,朱元璋为避免与《记》中提出的"国之中土"新观点相悖,遂改"中立府"为"凤阳府",在时间轴上看也有相当高的吻合度。此后,出现凤阳建都"土木之役,实劳民力。功将告成,惟上帝后土是鉴"。[1]"土木之工既兴,役重伤人。当该有司叠生奸弊,愈觉尤甚。此臣之罪有不可免者,然今功将完成,戴罪谨告,惟上帝后土鉴之。"[2]以及洪武八年四月丁巳,朱元璋"亲至中都,验功赏劳"回到南京的当天,"诏罢中都役作。初,上欲如周汉之制,营建两京,至是以劳费罢之",[3]均为表象或为托词。学界对这条文献重点关注的是罢建中都,而对文中"欲如周汉之制,营建两京"则阐述不够,或者说对朱元璋当年下令建造中都的缘由认识不足。黄云眉在列数罢筑中都前诸事后,明确指出:"乃知太祖欲如周、汉二代营建两京之念,固七年如一日也",[4]说的也是营建中都为两京之一京。洪武七年八月之前朱元璋在论述"国之中土"后,其实已有了罢"欲迁都"的想法(如前所述,改府名"中立"为"凤阳")。洪武七年二月欲建阅江楼的一个月前,朱元璋提出:"中立府乃朕乡里,为江淮要地,宜益兵镇守。"遂后选调杭州、金华、衢州、绍兴4卫精兵7500人赴中都增守。[5]这里只强调了中立府是朱元璋的故乡和"江淮要地",并没称意欲迁都之意,且仅

---

① 《明太祖实录》卷99,洪武八年四月甲辰。
② 朱元璋《中都告祭天地祝文》,《明太祖文集》卷17,1b/2a。
③ 《明太祖实录》卷99,洪武八年四月丁巳。
④ 黄云眉《明史考证》第1册第20~21页。
⑤ 《明太祖实录》卷87,洪武七年正月庚午。

增派了数千人士卒。这条记载如果属实，那说明朱元璋对"国之中土"的新认知，发生在洪武七年正月以后至同年八月间。

洪武七年（1374），朱元璋改中立府为凤阳府以及在两篇《记》中提出南京为"国之中土"后，为何未立即停止营建中都。其实，这是因为朱元璋从认知到最后决断有一个过程，换句话说中都虽然不可立为京师，但作为两京制中的一京此时可能还是被认同的。

明中都最终被朱元璋罢废，甚至也未能列入二京制中的"一京"，当另有隐情。据《秘阁元龟政要》载：洪武八年（1375）二月，"是时，太师李善长奏：'凤阳宫殿工匠，密为镇压（应为：压镇——笔者注）。'（薛）祥面折之曰：'太师一言坏天下。若此，恐不利于子孙。'祥乃分拣交替不在工并铁石匠人等，不罪。蒙祥奏，活者千余人。后营谨身殿，该部误奏中等作上等。帝怒，命有司将罔上者弃市。俾丞相大夫不得复请。时，祥在侧，因奏曰：奏对不实，竟杀千人，因极言抗谏。得旨，令下腐刑。祥复奏曰：'此刑不用久矣。若必以此刑，人是成废人矣。莫若杖而复工。'帝可其奏。至是，命为工部尚书。"①此说未见载《明太祖实录》，但之后被天启元年（1621）袁文新《凤阳新书》的《薛祥面折》所转引，又被《明史》《明中都》等诸多史家所采信。只是有的在转述此次事件时，将时间推迟到同年四月朱元璋亲赴凤阳才发生，如《明史·薛祥传》"帝坐殿中，若有人持兵斗殿脊者"。朱元璋"坐殿中"，竟

---

① （明）佚名《秘阁元龟政要》卷9。另据（明）俞本《纪事录》载：洪武八年"五月，奉天殿漏，遂毁，新造。拟（疑）木、瓦匠有厌，悉收戮之"。载俞本撰，李新峰笺证《纪事录笺证》，第392页。俞本此说，尚不足信。

发生了压镇"显现",之后才有朱元璋诛杀工匠等事。《秘阁元龟政要》所述较之《明史》即发现工匠"密为压镇"在先,要更符合常理。压镇,又称厌镇、厌胜等,是古代一种巫术,常被工匠所用。①这件事的发生,最终成为朱元璋废中都的导火索,引发了两个月后的"诏罢中都役作"。

凤阳营建宫殿发生的工匠压镇事件,对朱元璋的震动和影响极大,除了"诏罢中都役作"外,工匠待遇也得到改善。

其一,朱元璋营建中都毕竟是一次重大失误,故罢中都役作4天后,朱元璋对身边侍臣说:"人君深居高位,恐阻隔聪明,过而不闻其过,阙而不知其阙,故必有献替之臣、忠谏之士,日处左右,以拾遗补阙",接着对能采纳进谏的明君与不能采纳进谏的昏君进行了比较,称这是"能受谏与不能受谏之异",②这段言论并非无的放矢,而是朱元璋幡然悔悟及时罢建中都、并针对"今之儒者"不如唐妇人之"疏"有关。

其二,洪武八年(1375)十月,朱元璋命中书省:"凡工匠有死亡者,皆给以棺送至其家,复其役三年。"③次年五月,当南京城建第二阶段营建伊始,朱元璋有鉴于凤阳营建宫殿发生的工匠压镇事件,强调"今所作宫殿,但欲朴业坚固,不事华饰、不筑苑囿、不建台榭。如此经营,费已巨万。乘危负重,工匠甚劳,有不幸而死者,忧悬朕心"的同时,又令"工部可各给槽椟,令国子生送致其

---

① 据(明)杨穆《西墅杂记》称"梓人厌镇,盖同出于巫蛊,咒诅其甚者,遂至乱人家室……"载(清)陈梦雷《古今图书集成·经济汇编·考工典》卷7,2b《木工部杂录》。
② 《明太祖实录》卷100,洪武八年五月庚申朔。
③ 《明太祖实录》卷101,洪武八年十月丁亥朔。

家,赐钞以葬。蠲其家徭役三年"。甚至将上述这些举措"为文遣官"于皇宫靠山——龙光山(今称"富贵山"),设坛告祭神明,还发放在役工匠费用共计6.036万余锭。① 此后,赴京的工匠待遇有了显著的改善,到洪武二十六年还规定:"其在京各色人匠,例应一月上工一十日,歇二十日。若工少人多,量加歇役。如是轮班各匠,无工可造,听令自行趁作。"② 换句话说,允许匠人每月至少有20天制作商品上市,以贴补家用。

其三,朱元璋将南京第二次大规模城建而造成的劳役繁重、百姓艰辛,归罪于工匠压镇事件。洪武十年(1377)十月,当南京改建社稷坛成时,朱元璋亲撰《奉迎社稷祝文》再次声称:"建国之初,立神坛于此,其宫殿、城垣一切完备。后因工匠压镇,百端于心弗宁。复命工兴造宫殿,亦已完备。于社稷之思,想必有厌,故将神坛建于午门之右。工既完成,理合奉迎安祭,谨告神其鉴之。"③ 另据《秘阁元龟政要》载,洪武九年朱元璋称:"今天下平定,正当使民乐其乐,而生其生,实朕之本意也。奈何工匠之徒压镇宫殿,致使土水(应为"木"——笔者注)之工复兴,愈劳繁重,内郡多被艰辛,其余外郡转运尤难。"④ 前后时间各异,但朱元璋所称南京社稷坛改建之因,则是一致的。同时,也将南京再次增建的土木之役,统统怪罪到中都工匠压镇事件上,朱元璋是不得已

---

① 《明太祖实录》卷106,洪武九年五月壬戌。
② (明)申时行等奉敕重修《(万历)大明会典》卷189,1b。
③ (明)姚士观等编校《明太祖文集》卷17,5b。
④ (明)佚名《秘阁元龟政要》卷10洪武九年五月《诏求直言,复免河南、北平、直隶、山西、陕西税粮及遣使勘视浙西水灾》。另据《明太祖实录》卷105载,此事为洪武九年三月己卯,但未言及工匠压镇宫殿之事。

而为之。

由此可见，当时朱元璋所称罢筑中都"以劳费罢之"的理由，纯属托词。如同朱元璋将罢建阅江楼的理由一样，即"夫宫室之广，台榭之兴，不急之务，土木之工，圣君之所不为"。还将罢建阅江楼的缘由归结为"抵期而上天垂象，责朕不急。即日惶惧，乃罢其工"。[①]显然，这些都是托词。事实是罢建中都后，将南京都城建设再次推上高潮，大兴土木之役，并按照当年所"卜"的城市规划进行落实和增筑，其中包括城墙的改筑与增高加厚、"三法司"以及皇宫和祭祀建筑等国都规模较大的一系列工程。

朱元璋在《记》中提出的"国之中土"新论，以及"薛祥面折"之类史实既如此重要，虽以《阅江楼记》以"记"的形式被录入《明太祖文集》，但并未见包括《明太祖实录》在内的其它文献记载。惟一的解释就是朱元璋这个新论，是永乐年间朱棣迁都北京涉及到最难逾越的"祖制"障碍。经三修成书于永乐时的《明太祖实录》，很难说朱元璋关于"国之中土"的新论没有被篡改或删除。

有明一朝，朱元璋的《记》已引起部分官员和学人的关注。嘉靖初年任南京礼部尚书的杨廉（1452～1525）认为：朱元璋的"文章，尤为严健。如《阅江楼记》，一时儒臣皆阁笔敛衽，其有作者，终无以当。圣心至形之天语云云，记中大意，卓乎不可及已"。[②]正德年间（1506～1521）著名理学家吕柟看过朱元璋《记》后叹曰："信非词臣所能及，且停止阅江工作，而曰无一人来谏，

---

① 朱元璋《又阅江楼记》。
② （明）杨廉《杨文恪公文集》卷40,5a/b，明刻本。

真圣人也。当时诸臣万倍不及矣。试想像是何等胸襟,是何等创造!"① 如果说这两位所赞,仅局限于文章和气度角度尚未论及"国之中土"的话,而到了嘉靖三十九年(1560),归有光就有了涉及到关于"国之中土"的话题。他在看过元御史台所撰《金陵志》后,联想到嘉靖十五年赴南京参加乡试期间,首次在同乡吴中英家中看过的《洪武京城图志》,遂再次借阅并结合朱元璋《记》,撰写了《题〈洪武京城图志〉后》。其中称:"自永乐移鼎,儒臣附会,以为高皇帝无再世之计也。尝伏读御制《阅江楼记》,云:'自禹之后,四方之形势,有过中原而不都,盖天地生人,气运循环而未周。朕当天地循环之初气,创基于此。非古之金陵,亦非六朝之建业也。道里之均,万邦之贡,顺水而趋,公私不乏,利亦久矣。'夫帝王所为,与天地应。高皇帝之论,盖度越千古,真有所谓'配皇天毖祀上下,自时中乂'之意。愚生自谓独能窃知之,与世俗所论建都者不同。"② 归有光对朱元璋在《记》所参透出建都金陵为"居中央而治理天下"(即"中乂")的深意,虽"独能窃知之",但并没明示世人,恐亦顾及永乐迁都之举的帝王之讳。

明嘉靖二十三年(1544)进士陈全之在《蓬窗日录》的"建都"条中,称:"金陵控带荆扬,引输江湖。宅中南北山川之雄,结原隰之平衍,食货之富饶,足以容万乘供六师。我太祖《阅江楼记》深得之。"③ 万历二十一年(1593)十一月,王樵先后对南京内外两重城墙进行了实地考察,他在《阅外城记》中也称:"……于

---

① (明)吕柟《泾野子内篇》卷9,15b,四库全书本。
② (明)归有光《题洪武京城图志后》,载《震川先生集》卷5,1b/2a,上海涵芬楼藏康熙刊本。
③ (明)陈全之《蓬窗日录》卷3,15b,明嘉靖四十四年刻本。

此行颇得其形势之的,而知我圣祖于金陵定鼎,于钟山卜吉,以为万年之藏。圣鉴高远,非寻常可窥也。"①但未提及朱元璋《阅江楼记》中"国之中土"新论。

到了明末,曹学佺在《大明一统名胜志》中首次将"应天府"的命名和朱元璋《记》中"国之中土"和"宅中图大"联系起来,称:应天府,"《易》'大有'曰:应乎天而时行,斯命名之意也。伏读太祖高皇帝《阅江楼记》曰,古称中原大概偏北。今创业金陵,西南有疆七千余里,东北亦然。西北疆五千之上,东南亦如之。北际沙漠,南与相符,猗与盛哉。窃有以窥圣祖宅中图大之意,而金陵为天地之中也"。②曹学佺将归有光、陈全之未尽之言,有了进一步较为清晰的表白,即朱元璋定都南京是"宅中图大"、"金陵为天地之中",即与"国之中土"属另一种表达方式。曹学佺的这番直白的论述,对后世产生了不小的影响。黄道周称:"惟我朝则以南北为称,盖跨江南北而各为一大都会也。"《阅江楼记》极称形势,可北中原及□□。"③茅瑞征在《禹贡汇疏》中也注意并转引朱元璋这篇《记》中关于南京"天地之中"论述:"圣祖始混一天下,建都于此。高皇帝《阅江楼记》曰:古称中原,大概偏北。今创业金陵,西南有疆七千余里,东北亦然,西北疆五千之上,东南亦如之,北际沙漠,南与相符,猗与盛哉。"④余光在《两京赋》中虽未直接提及朱元璋的《记》,但他在缅怀"帝王遐思"反观金陵地理位置时,则引用了朱元璋在《记》中的观点:"金陵当南北之均,

① (明)王樵《方麓集》卷7,39b,四库全书本。
② (明)曹学佺《大明一统名胜志》卷1,1a,明崇祯三年刻本。
③ (明)黄道周辑《博物典汇》卷5"都邑",16b、19b,明崇祯刻本。
④ (明)茅瑞征《禹贡汇疏》卷5,9b,明崇祯刻本。

气运钟元黄之胎。西南东北各疆七千有余,西北东南各疆五千以上。"① 令人称奇的是意大利传教士利玛窦有以地圆说绘制的《坤舆万国全图》地理经纬知识,② 他对南京的地理位置竟有如此描述:南京"……从数学上计算它的纬度,它几乎正在全国的中央"。③ 这番评语,真不知利玛窦是如何"计算"的? 倘若非他本人看过或有官员向他介绍过朱元璋的《记》,这番对南京地理的论述虽谈不上惊世骇俗,但也与古代传统论述南京地理位置大有差异。

到了清初,谈迁在《国榷》记述朱元璋令臣子们撰写《阅江楼记》时称:"高帝非拒谏者,其试诸臣《阅江楼记》可推而睹也,当时忌讳多矣。君明则臣直,其然岂其然乎。"④ 虽已推测到当年诸臣心怀"忌讳",也并未论及朱元璋《阅江楼记》所蕴涵的深意。但被清康熙帝玄烨所关注,他在《过金陵论》中称:"明有天下,建都于此。窥明太祖之意,以为宅中图大,控制四方,千百世无有替也。"⑤ 玄烨是称朱元璋秉承了汉代张衡在《东京赋》推崇洛阳为天下之中、宅中图大的传统,但朱元璋将南京为天下之中四至划分的地理范围,在中国历史上从未有过,故又称其为"千百世无

① （明）余光《两京赋》,载（清）佟世燕修,戴务楠纂《（康熙）江宁县志》卷14,11b,清康熙二十二年刻本。
② 洪煨莲《考利玛窦的世界地图》,《禹贡》半月刊第5卷第3、4合期（1936年）。
③ （意）利玛窦、金尼阁著,何高济等译,何兆武校《利玛窦中国札记》第287页,中华书局1983年版。
④ （清）谈迁《国榷》卷7,洪武七年二月丁巳。
⑤ （清）爱新觉罗·玄烨《过金陵论》,载（清）黄之隽等编纂,赵弘恩等监修《（乾隆）江南通志》卷首2之2,10b,四库全书本。

有替"。康熙三十八年（1699）玄烨谒孝陵时亲笔题写了"治隆唐宋"碑文，当然其中包含了诸多复杂的政治因素。同时，也可以看作是对朱元璋个人的评价，以及对朱元璋开创的包括都城建设在内的一代之制给予的高度赞誉。

当年朱元璋在《记》中关于南京为"国之中土"的论述，清中后期则少被学者所关注。自民国以后，南京再次成为国民政府首都，明初城市规划和城墙遂被学界所关注。但是，由于受西方近代城市规划的影响，拆除"有害无益"的城墙成为城市"振兴市面"的重要举措，并称"南京者，中国之都会也。……今其所议拆除城墙之一端，亦非千古罕闻之创举，乃步武他人之后尘，以津、沪等处为典型也"。[①]1929 年，国民政府聘请的美国土木工程顾问高克立与茂辉（一译"茂菲"、"墨菲"）反对拆除南京城墙，高克立还认为："若在西国，如有如此城墙，即出巨价以保全之，亦所不惜。"[②]此后，虽然南京城墙得以保全，但在论述有关明初南京城市规划时，则完全摒弃了中国城市（尤其是京城）传统受之"卜"的文化史实，按照现代人（或西方人）的思维模式加以诠释，有的看似言之凿凿，却与史实相悖甚远。如 1935 年振纲称："南京城垣之大，实冠全国……明初建为京师，乃益廓而大之，东连钟山，西据石头，南阻长江，北带后湖，内则皇城奠焉。"[③]这与明清两朝地方志对南京城

---

① 《南京城墙存废论》（汉声译），见德文新报，《协和报》第 4 卷第 21 期（1914年），第 4 页。
② 《美顾问对于南京建筑之谈话，主张保存城墙》，《兴华》第 26 卷第 13 期（1929 年），第 31 页。
③ 振纲《南京之沿革与城垣》，《道路月刊》第 47 卷第 1 期（1935 年），第105 页。

墙形态而非设计思想的描述基本无异。[①]1949 年史学家劳榦先生称 :"明代的南京城东至谢公墩,北包狮子山。奠定成一个'葫芦城'的形状。"[②]这类论述,忽视了朱元璋当年城市的"卜"以及"国之中土"、"宅中图大"传统文化思想的内涵。

总之,朱元璋再次确认南京为京都后,使得南京的城建以及南京城墙具有明显前后两个建造阶段的特征,应天府的地理范围也从江南扩大到江北。洪武九年(1376),置江浦县,"割滁、和二州及六合县之地属之,隶应天府",随后浦子口巡检司、浦口驿等衙门也一同归江浦县。[③]而朱元璋在《记》中提出的"国之中土"新论,已经触及到了大洋疆域,虽未能开启如同朱棣遣郑和七下西洋之壮举,但洪武二十四年朱元璋下令在钟山之麓空地开辟桐园、棕园和漆园 3 园,栽种桐、棕、漆树共计 50 余万株,以每年收取"桐油、棕、漆以资工用",[④]提前预备了龙江船厂营造海船的材料。李昭祥称 :"洪武初年,即于龙江关设厂造船,以备公用,统于工部,而分司于都水。"[⑤]因此,很难说朱棣称帝后的七下西洋之举没有受到朱元璋关于"国之中土"新论的影响。

---

① (明)汪宗伊、程嗣功修,陈舜仁等编《(万历)应天府志》卷 15,14a,明万历刻增修本。
② 劳榦《对于南京城市的几点认识》,《学原》第 2 卷第 9 期(1949 年),第 65 页。
③ 《明太祖实录》卷 105,洪武九年三月乙丑、洪武九年四月丁亥。另据(明)沈孟化修,张梦柏纂《江浦县志》卷 1,7a 载 :洪武"九年,始析六合孝义乡,和州遵教、怀德、任丰、白马四乡,滁州丰城乡,置江浦县,属应天府。治浦子口城内"。明万历刻本。
④ 《明太祖实录》卷 207,洪武二十四年二月癸酉。
⑤ (明)李昭祥纂修《龙江船厂志·序》,民国三十六年国立中央图书馆影印玄览堂丛书续集本。另据该《志》卷 3 载 :洪武年间担任龙江船厂郎中先后有王溥、杜永中等 5 人。

洪武二十七年（1394）六月初吉，早朝后，钱宰 ① 及几位宿儒被朱元璋召至华盖殿，询金陵形胜。钱宰退而思之，遂作《金陵形胜论》："臣窃以为金陵之地，山之脉络自岷嶓来，水之源委自江汉而朝宗，经数千百里而后钟于兹地，尤必积数千万年而后发于今日。则今日圣天子之抚宁万邦，开大一统，虽在周、汉后，观之形胜、观之地运，积之之深厚、发之之宏伟，盖将兼周、汉之气运，传之千万世而无斁，又岂关中洛邑所可同日语哉。" ② 此时朱元璋对南京地理形胜的再次关注，其实与正在编撰中的《洪武京城图志》有关。次年的十二月辛亥，大明首部《洪武京城图志》遂告完成，并被刊行。时任承务郎詹事府右春坊右赞善王俊华在《洪武京城图志·记》中称："皇上不阶土尺，乃以吴越之疆，席卷中夏。冰天丹徼之域，雕题金齿、断发文身之属，莫不重译而至。嘉禾灵草，诸祥之物，史不绝书，天命之所系属如是。" ③ 所描绘的不仅是朱元璋以"吴越之地"统一了全国，还称由寒冷的北方乃至炎暑的南方，各色人等皆携贡前往"天命之所系"的京城。时任承直郎詹事府丞杜泽在《洪武京城图志·序》称："京师天下之本，万邦辐辏，重译来庭，四海之所归依，万民之所取正，非远代七朝偏据一方之可侔也。" ④ 正是杜泽与王俊华参透了朱元璋下旨编《洪武京城图志》的真实意图，故文中均对"天下之中"的南京有不同角度

---

① 《明太祖实录》卷 234，洪武二十七年九月癸丑。钱宰，洪武十年三月乙卯致仕。洪武二十七年四月丙戌因参与编撰《定正蔡氏书传》，而被复诏赴京。载《四库全书·经义考》卷 87《书十六·刘氏三吾等书传会选》。

② （明）钱宰《金陵形胜论》，《临安集》卷 6，2b，四库全书本。

③ （明）王俊华《洪武京城图志·记》，载《洪武京城图志》卷首。

④ （明）杜泽《洪武京城图志·序》，载《洪武京城图志》卷首。

的赞誉。杜泽也于次年正月由正六品的詹事府丞升任正二品的吏部尚书,[①]受到朱元璋的褒奖。朱元璋如此看重的《洪武京城图志》,又"充满了洪武帝本人对都城南京的深厚感情"。"理应被加以刊行、颁布全国。然而有明一代,却看不到这部书广泛传播的迹象。"日本山形大学新宫学教授在《旧都南京——〈洪武京城图志〉研究序说》中对版本有详尽考证,对上述提及的问题结论是:"永乐帝计划迁都北京,意味着不再继承洪武朝的政治体制,更甚而言,是要改变'祖宗之法'。"因此,三修后的《明太祖实录》中篡改诸多项目中,又增一处,即"作为洪武帝创立'南京＝京师体制'象征的《洪武京城图志》一书在修订后的《明太祖实录》中略去了'京城图'三字,仅云《洪武志》"。[②]永乐一朝,除了对《洪武京城图志》书名的篡改外,不予刊行也成为有明一代未能广泛流传的根因,盖因朱棣迁都北京与朱元璋生前的意愿相悖。

洪武二十七年(1394)九月,朱元璋又以"舆地之广,不可无书以纪之。乃命翰林儒臣及廷臣以天下道里之数,编类为书",即《寰宇通衢》。[③]该书叙述大明方舆四至为八:"东距辽东都司,陆行为里三千九百四十四,马驿六十四;水陆兼行为里三千四十五,驿四十。又自辽东东北至三万卫,马驿四,为里三百六十。西极四川松潘,陆行为里五千五百六十,马驿九十二;水陆兼行为里八千三十,驿一百有四。又西南距云南金齿,陆行为里六千四百四十四,马驿一百;水陆兼行为里

---

① 《明太祖实录》卷 244,洪武二十九年正月壬戌。
② (日)新宫学《旧都南京——〈洪武京城图志〉研究序说》,载《南京古旧地图集·文论》,第 53、57 页。
③ (明)佚名《寰宇通衢》,明初刻本。

八千三百七十五,驿一百一十三。南逾广东崖州,水陆兼行为
里六千六百五十五,驿七十有八。又东南至福建漳州府,水陆
兼行为里三千五百二十五,驿五十四。北暨北平大宁卫,为里
三千六百一十四,马驿五十三;水陆兼行四千二百四十五,驿
六十一。又西北至陕西甘肃,为里五千五十,马驿八十一;水陆
兼行为里六千七百二十,驿九十六。"随后,记述了京师至十三布
政司的马驿、水驿、水马驿和各自的行程里数。同时,还特别强调
了"四夷之驿,不与焉",① 从而与朱元璋《记》中所述的天下观在
地理方位上就有了暗合。这是经过儒臣及廷臣多方核实后的以
南京为中心辐射大明寰宇的专书,在为会同馆和布政司派驿提供
依据的同时,也反映了朱元璋的天下观和实际掌控地域务实的
一面。

　　综上所述,朱元璋罢筑中都、并对南京开展第二次大规模城
建,绝非是单一因素促成。简单来说,既有以刘基为代表的臣子
们反对,也有朱元璋本人追求宅中图大、对国之中土反复思考后
的新认知,还有工匠压镇事件的契机。其中朱元璋思想层面的
"宅中图大",是导致南京进入第二次大规模营建的关键因素之
一。而在此之前,倘若没有朱元璋对南京"天下之中"概念上的
新认知,我们很难想象即便有诸多其它因素,南京城建以及城墙
恐仍不会有后人所见或所论述的规模与状态,不会出现所谓的
"旷世城垣",更不会出现早年规划中"南斗"与"北斗"的斗魁墙
体内外两侧在第二次增建时分别采用了条石和城砖包砌;而南京

---

① 《明太祖实录》卷234,洪武二十七年九月庚申。

鼓楼方位也不会出现偏位。^①从这个意义上来看,洪武年间南京第二阶段的城建(包括城墙),蕴含着一定的必然性与偶然性,这正是朱元璋或者说是历史赋予南京发展的一个时代机遇。

朱元璋时代,南京先后两次的城建,耗时之久、投资之巨、规模之大,在南京二千多年城建发展史上虽不能说"绝后",但"空前"则是无疑的。

---

① 　杨国庆《明南京城墙设计思想探微》,《东南文化》1999 年第 3 期。

第三章　上堪下舆的城市规划

　　朱元璋于公元1366年下令并批准的未来南京都城规划，依循的是中国建都传统惯例，即朱元璋令刘基等人"卜地定"新宫后"故筑新城"而来，即城市规划经占卜后得以确定。因此，这个"卜"字，蕴含了当年南京城市的规划内容，城墙则成为解读当年这份规划的载体之一。

　　自周公卜洛都以来，中国古代帝王依赖占卜择址建都，其核心价值就是利用占卜将君权和神权揉为一体，以彰显"天子"的神圣和独尊地位，达到强化其统治和祈求国祚绵长的目的。其"卜"的背后是以中国传统思想与文化作为基础，"占卜的象征性操作背后有一套自成体系的知识与信仰在支撑，从中可以窥见一种文明的本源性思想的运作"，[1] 这是对中国古代占卜的一种当代认知；"中国文化还存在着另外一条线索，即以数术方技为代表，上承原始思维，下启阴阳家和道家，以及道教文化的线索"，[2] 这是对中国古代占卜从传统文化角度给予的评价。由于南京城墙整体平面形状十分奇特，朱元璋及当时的官方文献记

---

[1]　张巍、陆康《权力与占卜·导言》，《法国汉学》丛书编辑委员会编《权力与占卜》，中华书局2016年版。

[2]　李零《中国方术考》（修订本）第15页，东方出版社2000年版。

载不多且语焉不详,历来受到世人的关注与思考。[①] 学界诠释或解读元末明初南京城墙城市规划很多,却少有探究其"卜"背后的文化思想基础,即当时社会意识形态文化背景的影响,以及朱元璋尊天信仰与思想在君权和神权的相互作用下,强化君主统治的本质。

对于这份城市规划本义的解读,笔者曾提出南京城墙规划与堪舆术有关,[②] 但仍有一些问题尚需进一步探讨,诸如:朱元璋敬天与堪舆的关系及其思想基础,朱元璋本人对堪舆术知识来源及认知程度,前后两次城墙建造与早年的城市规划关系。在繁杂的文献中,当年的"卜"究竟有没有关于"堪舆"的记载?元末明初的天文分野对解读当年规划的意义是什么?其中朱元璋究竟起到哪些作用?以往我们只知其然,而不知其所以然;或大都以现代人的思维和方法"强加"于当年传统文化意识背景下的"卜",无视南京城墙以及城建中出现的诸多"怪象",故难免有盲人摸象、隔靴搔痒之嫌。

中国历史上的帝王大都为彰显帝位的合法性与神圣性,借助"天"这一传统且神秘的概念,并通过各种途径和手段加以渲染,朱元璋也不例外。但是,将敬"天"的范围不仅运用到朝代更迭、战时胜负、处事祸福、用人当否,还运用到城市规划、地名及建筑名称乃至朱元璋敕、诰前首创的启首语"奉天承运皇帝"、小玉玺

---

① 最早当为(明)李晔《赠地理远碧山》一诗:"……我闻金陵帝王宅,虎踞龙盘出奇特。远师飞锡宜一游,归来说与渔樵流。"载《明诗综》卷13,34a/b,四库全书本。

② 杨国庆《明南京城墙设计思想探微》。

印文"奉天执中"① 以及"奉天诰命"、"奉天敕命"② 等，达到如此无以复加的程度，恐怕朱元璋算是特立独行的一位，以此来表明其政权的神圣"天命"以及正统。这不仅是朱元璋自我心理上的需要，更是利用操纵神权借以夺取皇权和巩固政权的需要。

　　在当时的文化背景下，朱元璋本人正是有这样的思想基础和意识，才会有南京城墙"上堪下舆"后的都城规划；也正因朱元璋后来对"国之中土"有了新的认知，南京城墙营建第二阶段中才得以继续贯彻当年"卜"之规划，并加以彰显。在古代都城规划层面上，附依了丰厚的中国传统文化内涵，剔除其糟粕，取其精华，体现的是人与自然、当朝与传统的结合。甚至一些王城、府城、县城的规划在经济许可条件下，有些也被当朝制度所制约，有些则受到风水因素的影响，从城墙的规制到城门位置的确定，无一例外。元末明初南京新宫与新城之"卜"，经过先后两次具体的实施，通过建筑语言将朱元璋敬天和择都"国之中土"、"宅中图大"的深意得到了诠释，体现出当年之"卜"所蕴含和承载的丰厚文化内涵。

一、朱元璋敬天

　　洪武二十八年（1395），在朱元璋授意下朝廷正式刊发了《洪武京城图志》（以下简称《志》），"其书述都城……靡不具载，诏刊

---

① 《明太祖实录》卷 42，洪武二年五月辛丑。
② （明）俞本撰，李新峰笺证《纪事录笺证》第 275 页："是年（吴元二年），上命织五彩诰命，领内外文武官员五品以上者，给诰命，卷之首尾织 '奉天诰命'；五品以下者，给敕命，卷之首尾织 '奉天敕命'。"

行之"。^① 所谓"靡不具载",理当有较全面且详实记载。遗憾的是在这本京城专志中,南京都城整体规划制度、前后两个阶段的营建以及城墙相关具体数据等均未详载,唯该《志》"太平堤"条提到"执法司"时才有些许透露:执法司"在太平门外,国朝新筑,以备元武湖水。其下曰贯城,以刑部、都察院、五军断事官在其西,皆执法之司,以天市垣有贯索星故名焉"。为何将古代占星术、天文学的一些概念引入明南京城所谓"贯城"的选址中?难道仅仅司法部门引用了占星术、天文学的概念,还是另有城市整体的其它隐喻?在整部《志》中,仅有这条材料似乎能看出明初南京都城布局有个整体规划,其它均未具体论及。这条材料被该《志》载录,与洪武十七年朱元璋就太平门外建法司机构的一份《敕》有直接关联:"太平门在京城之北,以刑主阴肃,故建于此。敕曰:肇建法司于玄武之左,钟山之阴,名其所曰贯城,贯法天之贯索也。是星七宿,如贯珠环而成象,乃天牢也。"^② 所谓"贯城",是指古代天文三垣^③中天市垣的一组星,又称"贯索九星,一曰连营,一曰天牢,贱人牢也"。^④ 而这份《敕》既然透露了"以刑主阴肃"的三法司^⑤是因

① 《明太祖实录》卷 243,洪武二十八年十二月辛亥,"《洪武志》书成"。《洪武志》又称《洪武京城图志》《京城图志》。
② 《明太祖实录》卷 160,洪武十七年三月丙寅。
③ 陈遵妫《中国天文学史》第 2 册第 301 页,上海人民出版社 1982 年版。三垣即紫微垣、太微垣、天市垣。
④ （元）岳熙载《天文精义赋》卷 4,4a,清光绪刻方氏碧琳琅馆丛书本。另据（唐）李淳风《观象玩占》(明抄本)卷 25 "贯索·总叙"载:"贯索九星,天市垣外,七公之前,一曰连营,一曰天围,亦谓之天牢,贱人之牢也。"
⑤ （明）陶尚德《南京刑部志·序》,嘉靖三十四年乙卯冬十二月朔旦:"我圣祖定鼎建业,肇创刑部于钟山之阴,玄武之上。而都察院、而大理寺邻比为三,均谓法司。上应贯星,钦天置辅,……"载（明）高栋等辑《南京刑部志》。

都城平面布局的"贯城"位置而来,《洪武京城图志》也就没有必要加以隐讳了,所以不仅表明"贯城"是指"贯索星"而来,而且还透露了"贯索"与城市整体规划的"天市垣"布局有关。由此可窥:明南京京城平面布局的整体规划,曾受到古代天文"三垣"文化中天市垣的影响。

　　除此之外,《志》所附的当时三篇文章也具有重要参考价值,与明初的天文分野也关系密切:其一,杜泽的《志·序》称:"伏惟皇上神圣聪明,深谋远略,建泰山不拔之基,为万世无穷之计,详内略外,经营邑都。其龙蟠虎踞之势,长江卫护之雄,群山拱翼之严,此天地之所造设也。若乃紫微临金阙煌煌,黄道分玉街坦坦,城郭延袤,……此皇上之所经制也。"[①]从事皇子及皇帝内务服务的杜泽所说的"天地之所造设"、"紫微临金阙煌煌"、"黄道分玉街坦坦"、"城郭延袤"以及朱元璋"经制"等语,表明南京都城整体规划是有制度和依据的。其二,王俊华在《志·记》称:"皇上龙兴淮甸,天戈南指,吴越首入版图。乃默与神谋,即定都于是。辩方正位,立洪基,造丕图,而郏鄏之鼎以定。山若增而高,水若增而深,回抱环合,献奇贡异。而荣光佳气与斗牛星纪,并丽乎太微、帝车之间,何其伟耶。……皇上之英谋伟略,何其深且至耶。"[②]王俊华用"乃默与神谋"、"斗牛星纪并丽乎太微、帝车之间,何其伟耶"、"英谋伟略,何其深且至"等赞语加以概括,亦表明南京皇宫为太微垣布局和皇宫位于北斗星(即"帝车")的文化内涵,以及朱元璋营造都城有整体规划和考量。其三,《志·皇都山川封城图考》载:

---

① (明)杜泽《洪武京城图志·序》。
② (明)王俊华《洪武京城图志·记》。

"本朝应运肇基应天府,实星纪斗牛之分,且与三统之正相协。"语出刘基:"南京应天府,实星纪斗牛之分,且与天地人三统之正相协。自周以来,数千年间,帝王之运,适符于今。"[①] 而天文分野是中国历史上的一个重要文化现象,与人们的历史活动有着密切联系。[②] 所谓"星纪斗牛之分",说的是南京地理分野;[③] "三统之正",指夏、商、周三代的正朔。夏正建寅为人统,商正建丑为地统,周正建子为天统。亦称"三正"或"三统"。[④] 说的是天、地、人三统的传统制度。这种利用天文分野和三统之说,以证南京帝都之法统的做法,迎合了洪武七年(1374)朱元璋提出的"国之中土"论。

综上所述,在洪武一朝隐匿南京城墙占卜的经过和具体内容,应该与朱元璋本人的敬天思想和规划中的"上堪"有密切关联,而非现代部分学者所论及的仅仅是"下舆"。

朱元璋对"天"的尊崇,大致可分为两部分:其一,是包括卜筮在内的"数术"[⑤] 层面;其二,是天命观的思想层面,前者服务于

---

① (明)刘基《大明清类天文分野之书·凡例》7b,明刻本。

② 邱靖嘉《天地之间:天文分野的历史学研究》"绪论·三,研究思路",中华书局 2020 年版。

③ (汉)郑玄注《周礼》卷 6,45a/b:分野"以星土,辨九州之地所封。封域皆有分星,以观妖祥"。明覆元岳氏刻本。(明)郝敬《周礼完解》卷 6,51b:"星土,谓十二辰,分主十二土。星纪,吴越也。"明万历郝千秋郝千石刻九部经解本。

④ (汉)班固撰,(唐)颜师古注《前汉书》卷 36《楚元王传》:"王者必通三统,明天命所授者博,非独一形也。"武英殿本。

⑤ (汉)王充《论衡》卷 24《卜筮篇》1a(上海涵芬楼藏明通津草堂刊本):"俗信卜筮,谓:卜者问天,筮者问地,蓍神龟灵,兆数报应,故舍人议而就卜筮,违可否而信吉凶。其意谓天地审告报,蓍龟真神灵也。如实论之,卜筮不问天地,蓍龟未必神灵。有神灵,问天地,俗儒所言也。"李零认为:"'数术'一词大概与'象数'的概念有关。……它既包括研究实际天象历(转下页)

后者。朱元璋从一方地方势力首领逐渐走向帝王的道路上,他逐步将二者紧密糅合在一起,并充分运用中国古代天文知识阐述其思想层面的对"天"的尊崇,从而达到"神权"与"皇权"的统一,不仅彰显其皇位的合法性与正统性,还力图通过对"天"的神化,最终达到建立和巩固大明王朝中央集权统治的目的。[1] 元至正二十六年(1366),朱元璋最后批准实施的南京城市规划的思想基础,正是其中表现之一,也是解读《洪武京城图志》涉及天文论述的重要门径。

中国古代的天文学并非仅局限于自然科学领域,在一定程度上被历代帝王赋予了很多人文的内涵,并渗透到政治、经济、军事、建筑等诸多领域,[2] 而"天人合一则是古代天学思想的核心"。[3]元末明初,无论理学名家乃至平民百姓,出于对"天"的尊崇而相信数术是当时一种社会普遍现象。在元末战乱频发社会大动荡的背景下,由于天文星占与兵法有着密切关联,受到朱元璋的高度重视和学习,并通过诸多途径极力搜求并招揽了大批方术人才。

洪武十年(1377),朱元璋称:"朕自起兵以来,与善推步者仰观天象二十有三年矣。"[4] 以此推出:朱元璋学习古代天文知识始

<hr>

（接上页）数的天文历算之学,也包括用各种神秘方法因象求义、见数推理的占卜之术。"李零《中国方术考》(修订本)第35页。
[1] 杨启樵《明代诸帝之崇尚方术及其影响》,载《新亚书院学术年刊》第4期(1962年)。
[2] 席泽宗《科学史十论》第133~164页,复旦大学出版社2003年版。
[3] 江晓原、钮卫星《中国天学史》第228页,上海人民出版社2005年版。
[4] 《明太祖实录》卷111,洪武十年三月丁未。另(明)沈德符《万历野获编补遗》卷1《圣祖兼三教》1a/b(清道光七年姚氏刻、同治八年补修（转下页）

于元至正十四年至十五年（1354～1355），这正是朱元璋率部欲取集庆路的前后时间，初与军事有关，也就是朱元璋从军两年后才开始研习观天象。只是当时"善推步者"具体何人不明，据《明太祖实录》《国琛集》《明史》和《术数艺文论丛》①不完全统计，元末明初朱元璋身边及当时有影响的术士或与术士交往甚密的人先后有：李善长、陶安、月庭和尚、秦从龙、陈遇②、张中、朱升、刘基、宋濂、周颠、郭奎、叶兑③、许瑗、王冕④、杨翮、史谨、宋禧、苏伯衡、徐仲远、杨维桢、刘璟、高启、贝琼、赵汸、李光道、袁珙、姚广孝、詹仲芳、汪晓窗、钱宰、陈基、朱右、孙作、戴良、徐一夔、王祎、席应真、丁鹤年等人。⑤ 在这批人中，既有元末朝廷旧臣、儒士，也有隐士和文人，他们共同特点之一就是程度不一地通晓"象数之学"。

（接上页）本）中则称："朕自起兵以来，与善推步者观天象十有三年矣。"起止时间不明，本文依取《实录》。所谓"推步"，是推算天象历法，日月星辰之位，以定未来历日，预测天象异变。古人谓：日月转运于天，犹如人之行步，可推算而知。《易·系辞上》曰："在天成象，在地成形，变化见矣。"即"天象"一词由来。

① 张永堂编著《术数艺文论丛》卷7，新文丰出版公司2010年版。

② （清）陈作霖《金陵通传》卷10，1a载：陈遇，上元人，因被"金陵三老"之一的秦从龙"荐遇于太祖"，遂入朱元璋幕僚。

③ （明）皇甫录《皇明记略》，载（明）李栻辑编《历代小史》85卷21a/b："洪武中，求通晓天文历数奇验者官之，有至侯爵，食禄千五百石者，率多不免于祸。初，宁海布衣叶兑占天运，有在上策言武事'一纲三目'。太祖嘉其言，欲任以职，不就。后削平天下，规模次第，悉如兑言，而兑亦得自保。其明哲过诸术家远矣。"明善本丛书十种历代小史本。

④ 《明太祖实录》卷7，己亥春正月庚申。朱元璋在宁越时，儒士许瑗、王冕来见。（明）宋濂撰有《王冕传》，载《宋学士文集》卷60，5a。

⑤ 上述诸人事迹《明史》大都有传。另见于（明）唐枢《国琛集》上卷，明嘉靖万历间刻本。

其中既有被刘基称为"以七曜四余推人生祸福,无不验"的卜筮高人徐仲远,[①] 也有论及三垣及分野的《分野论》的作者、被朱元璋召入京城"礼贤馆"的苏伯衡;既有早期与朱元璋相识、精通河洛之道、撰有《堪舆之说》的王祎,也有精通风水的赵汸。[②] 这些人除了曾面见过或时间长短不一追随过朱元璋外,还有一部分术士虽未入朱元璋幕府但与朱元璋身边近臣过从甚密。朱元璋学习并获取的天文知识,有别于传统的师承,而是随时随地地广采博收、集腋成裘,由单一的军事目的逐渐扩展到其它领域,并通过长期积累形成的,很难说有某个人的具象指认。故择其数人为例,简述如下:

李善长自投朱元璋麾下后,"军机进退,赏罚章程,多决于善长",建国后又主持营造过多项朝廷工程。洪武五年(1372),曾以疾致仕临濠的李善长病愈,受命"董建临濠宫殿",留在濠州数年负责明中都营造之役。此后,还负责过南京圜丘及大祀殿的营建、灵谷寺的选址。[③] 陈遇,金陵人,"天资沉粹,笃学博览,精象数之学",由秦从龙等人举荐,朱元璋"发书聘之,……与语大悦,

① （明）刘基《诚意伯刘文成公文集》卷 5,22b《赠徐仲远序》。"七曜四余",又称七政四余,或称果老星宗,是中国古代占星学系统,传说是由唐代道士张果老所创。"七曜":日、月、火、水、木、金、土合称"七曜"。"四余"是指紫气、月孛、罗睺、计都四个虚星。

② 《四库全书总目》称其:"有元一代,经术莫深于黄泽,文律莫精于虞集。(赵)汸经术出于泽,文律得于集。其渊源所自,皆天下第一。"(清)永瑢等《四库全书总目》卷 168,第 1461 页,中华书局 1965 年版。

③ 《明太祖实录》卷 119,洪武十一年九月丙戌。另见《明史》卷 127《列传》15"李善长"。（明）葛寅亮《金陵梵刹志》（明万历刻天启印本）卷 3,7b《御制大灵谷寺记》:洪武十四年九月开工之前,"命太师李善长诣山择地,及其告归……"。

遂留参密议,日见亲信","……国家事多,所献替非正道不陈"。
朱元璋为吴王时"授供奉司丞,辞。及即皇帝位,三授翰林学士,
皆辞。"最后,陈遇"卒,赐葬钟山"。《明史》称"陈遇见礼不下刘
基,而超然利禄之外"。① 元至正十八年(1358)朱元璋克婺州后,
经胡大海推荐得月庭和尚,并献天文秘笈。朱元璋甚喜,"问月
庭:师何人? 曰:师龙游朱得明"。朱得明(即朱晖,字德明)是
元代天文学家赵友钦弟子,"久从先生游,得其星历之学,因获授
是书(按:指赵友钦所著《革象新书》),而晖亦以占天名家"。② 刘
辰《国初事迹》称月庭和尚是朱元璋观习天文之师:"太祖克婺
州,文(立)观星接(楼)于首(省)东,夜与月庭登楼,仰观天象,
至更深得其指授。"③ 元至正二十年正月,朱元璋兵入南昌,经邓
愈举荐,朱元璋见到善风角、占卜、阴阳术数的张中。张中"为人
狷介,寡与人言,尝戴铁冠,人因号曰'铁冠子'",据说他曾"遇异

---

① 《明史》卷135《列传》23"赞"。(清)陈作霖《金陵通传》卷10《陈遇传》,
对陈遇评价甚高,与李善长和刘基等同。并称至清乾隆时,有朱元璋给陈
遇的手敕显世。
② (明)宋濂《革象新书序》称:"《革象新书》者,赵督先生之所著也。先生鄱
阳人,隐遁自晦不知其名,若字或曰名敬,字子恭,或曰友钦,其名弗能详
也。"(明)宋濂《文宪集》卷5,38a/b,四库全书本。宋濂《革象新书序》未
见载《宋学士文集》。
③ 刘辰《国初事迹》:"太祖得其天文书甚喜,问月庭原师何人? 月庭曰'龙
游米(朱)得明'。得明精于天文。……就令月庭长发娶妻,待之甚厚。跟
随太祖回京。后得处州刘基、江西铁冠,亦能天文。月庭与之议论,不
合。……发和州住坐。参军郭景祥奏,月庭毁谤,太祖差校尉杖杀之。"查
继佐《罪惟录》卷1,2a:元至正十八年,"军中有月庭和尚者,知天文,师龙
游朱德明。上得婺州,每侍上登台观天文"。郑晓《今言》卷3,15b载:"月
庭与铁冠道人议论时不合,又出语犯上,安置和州。参军郭景祥奏,和尚怨
谤。遣人至和州,杖之死。"

人，授以太极数学，谈祸福多验"。张中遂被朱元璋留在身边，
曾先后预测过指挥康泰、平章邵荣及参政赵继祖谋反等诸多奇异
之事，均得以应验而受到朱元璋重视。关于铁冠道人参与南京城
墙占卜的事迹，陆粲引南都儒士毛生之说："铁冠道人张景和者，
江右之方士也。道术甚高，人不能测。……上定鼎金陵，凡诸营
建，必令道人相其地，大见信用。"朱元璋还"亲疏十事，命（宋）
濂作传"。朱元璋在南昌城时，遇到一位疯疯癫癫姓周的怪人，
当朱元璋凯旋南京后，他也口称"告太平"来到南京。在南京城
墙营建伊始，周癫仙每遇朱元璋，就用手在地上画个圈，说："你
打破一个桶，又筑了个桶。"此异言，"当是时，金陵村民闻之，争
邀供养"。朱元璋还亲自为这位怪人写了一篇传记，在中国数
千年封建君主制社会中，一个疯疯癫癫的道人，值得皇帝为其写
传的恐怕仅此一例。周癫仙所说的"桶"指什么？是指国家，即
灭元建明朝；还是指南京城墙，即破了建康旧城，建造了一座大
明新城；抑或根本没有什么指向，仅仅是朱元璋利用这位癫人，

---

①（明）宋濂《宋学士文集》卷9《张中传》，3a、4a。《明太祖实录》卷13，癸卯
　八月壬戌，载"张铁冠者，名中，字景和，临川人。少应进士，举不第，遇异
　人，授以皇极数，谈祸福多验"。前文中太极数，亦称"皇极先天数"，相传此
　术推命字字如铁钉，事事必验，故世人又称"铁板神数"。

②（明）陆粲《庚巳编》卷7"铁冠道人"，载《纪录汇编》卷170。另据（明）王
　大可《国宪家猷》（明万历十年自刻本）卷14，44b"铁冠道人"云："铁冠道
　人张景华者，精天文地理之术。"

③（明）宋濂《宋学士文集》卷9《张中传》。

④（明）朱元璋《周颠仙人传》，载《纪录汇编》卷6，3a。《明太祖实录》卷13，
　癸卯八月壬戌。（明）郑晓《今言》卷4，53b。沈一民《从周颠事迹的传播看
　明代官方文献与民间传说的互动》，《西南大学学报（社会科学版）》2019年
　第4期。

在民众早已被道教教化的心理上做进一步的张扬,具体也不得而知。

刘基,无疑是朱元璋身边重要谋臣之一,也是按朱元璋意愿"卜新宫"的名义负责人。他曾在高安受业于进贤人"通天文术数之学"的邓祥甫①、曾义山②,与精通方术的道士、高人等过从甚密,③有"博学精象纬"④和"尤善形家言"⑤之称。元至正二十年(1360)应召赴金陵后,遂被朱元璋视为重要谋臣,"参与机密谋议,仰观天象,预言必中"。⑥至正二十一年八月,⑦当朱元璋西征陈友谅之前,刘基曾进言:"昨观天象,金星在前,火星在后,此师胜之兆。"朱元璋对曰:"吾亦夜观天象,正如尔言。"⑧遂发兵龙湾。次年二月,刘基以母之丧,返回青田家乡。朱元璋仍"数以书访军国事",其中《御名书》称:"顿首奉书伯温老先生阁下:愚与先生自江西别后,屡有不祥,皆应先生前教之言,幸获殄灭奸

---

① 《明太祖实录》卷99,洪武八年四月丁巳。
② (明)焦竑《玉堂丛语》卷7,36a:"方刘公之未遇也,授之以卜法者曾义山。"
③ 周松芳《刘基交游考论》,载《自负一代文宗——刘基研究》附录二,广东人民出版社2006年版。潘猛补《刘基交游考》,载《明史研究》第12辑,黄山书社2012年版。吴光、张宏敏《刘基与道家道教关系考论》,《世界宗教研究》2010年第5期。
④ (明)唐枢《国琛集》上卷,1a。
⑤ (元)姚桐寿《乐郊私语》2b,四库全书本。
⑥ 王馨一《元刘伯温先生基年谱》第69页,载王云五主编《新编中国名人年谱集成》第9辑,台湾商务印书馆1980年版。
⑦ 刘次沅《〈明实录〉天象纪录辑校》第1页"至正二十一年辛丑"条注释1载:"计算表明,八月十二庚寅(1361-9-11),金星、火星俱伏于日,不可见。六月十一庚寅(1361-7-13)前后几天,金星、火星夕见西方。金星在前(偏东),火星在后(偏西)。'八月'当为'六月'。"三秦出版社2019年版。
⑧ 《明太祖实录》卷9,辛丑八月庚寅。

党,疆域少安。收兵避暑,遣人专诣先生前,虔求一来,望先生发
踪指示耳,日夜悬悬。六月二十二日克期回得教墨,谕以六月、
七月间举兵用事,不利先动,当候土木顺行、金星出见则可。使
愚一见教音,身心勇跃,足不敢前。如此者何? 盖以先生一二年
间以天道发愚,所向无敌,今不敢违教。然择在七月二十一日甲
子,未得吉时,是以再差人星夜诣前,望先生以生民为念、德教为
心,早赐来临,是所愿也。如或未可即来,可将年月、吉日、时辰、
方向、门户择定,密封发来,实为眷顾。惟先生亮察,不备。"① 其
中"今不敢违教"一语,反映出当时刘基在朱元璋心目中受尊崇
的地位。即便洪武四年(1371)正月刘基致仕还乡后,朱元璋还
就"天象叠见,且天鸣已及八载,日中黑子又见三年。今秋天鸣
震动,日中黑子,或二或三或一,日日有之,更不知灾祸自何年月
日至?"的疑虑,于同年八月十三日给刘基手书,并请他与"深知
历数者、知休咎者,与之共论封来"。② 朱元璋赞誉刘基:"居则每
匡治道,动则仰观乾象;察列宿之经纬,验日月之休光,发踪指示
三军,往无不克",③ "及将临敌境,尔乃昼夜仰观乾象,慎候风云,
使三军避凶趋吉,数有贞利"。④ 故李时勉称刘基"于书无所不

---

① (明)朱元璋《御名书》,载《诚意伯刘文成公文集》卷 1,1b/2a。
② (明)朱元璋《皇帝手书》,载《诚意伯刘文成公文集》卷 1,3b。《纪事录笺
　证》(第 340 页)载:"六月,日中有黑子,钦天监奏。上曰:'左右有奸臣。'
　敕中书省传旨具书,差省舍张道宁密示河洲守御官。"所谓天鸣,据(元)李
　克家《戎事类占》(卷 1,13b,明万历二十五年厌原刻本)称:"天鸣有声,至
　尊忧且惊,皆乱之所生也。"
③ (明)朱元璋《御宝诏书》,载《诚意伯刘文成公文集》卷 1,3a。
④ (明)朱元璋《弘文馆学士诰》,载《诚意伯刘文成公文集》卷 1,6b。

读,凡天文地理、阴阳卜筮、诸子百家之言,莫不涉猎"。^① 对于刘基关于精通风水乃至一些著作,今人多有质疑,诸如称刘基所撰的《堪舆漫兴》中载:"南龙一干亦多奇,当代高皇始帝之。惟有金陵称胜概,高祖下作上天梯。"^② 实为伪托之作,类似情况确实不少。^③ 杨讷认为"朱元璋嘉许刘基预知天命,是为了烘托自己",^④《明太祖实录》所载称朱元璋命刘基等人"卜"新宫亦有这种可能存在(详见本章下节)。但是,如果说刘基对风水一窍不通,尤其对天文知识不懂,也并非史实。否则朱元璋初置太史监时,首任太史令就不会委派刘基担任。

天象,因具有示警功能以及各种可以阐述天命的方式,受到朱元璋极力推崇,并且将星占视为珍秘之术。^⑤ 尤其在出兵时机、战事的凶吉测算,甚至战时行动的方向,都将星占术作为军事决策的重要依据,"吾自起兵以来,凡有所为,意向始萌,天必垂象

---

① (明)李时勉《〈犁眉公集〉序》,载《诚意伯刘文成公文集》卷首,15a/b。
② (明)刘基《堪舆漫兴》,载《古今图书集成·艺术典》卷 669,1b。
③ 王巧玲《再论刘基与风水的纠葛》,《浙江工贸职业技术学院学报》2015 年第 4 期。
④ 杨讷《刘基事迹考述》第 117 页,北京图书馆出版社 2004 年版。
⑤ 陈鹰《〈天文书〉及回回占星术》(《自然科学史研究》第 8 卷第 1 期,1989 年)称:"中国古代占星术与天文历法一道都在朝廷的严密控制之下,属于皇室的专品。"另陈美东《中国科学技术史·天文卷》(第 555 页,科学出版社 2003 年版)称:"星占家根据天象所提供的只是'征兆'而非明确的预告。孔子虽畏天命,但他从不言天道,不探讨各种天象对应何时、何事、何人、何种局面。随着儒家独尊地位的确立,由儒家经典之首《易经》和儒家至圣孔子主张的'天象示警'的思想,愈发成为中国古代占星术的主导思想。"

示之,其兆先见",① 而笃信"天象示警"的功能。元至正十八年
(1358)底,朱元璋与幕僚商讨兵伐婺州时,经朱升"……著伐婺
州,得《贞屯》《悔豫》②卦,云:此主公得天下之象也,昔晋公子重
耳得此卦而复国,今伐婺州便得……"。③ 朱升精通的卜筮,从他
《地理阴阳五行书》和《易经旁注》等著作中可知:他善长于易筮
和地理,曾师从黄楚望深得"六壬之奥"。④ 朱元璋得婺州后,意

---

① 《明太祖实录》卷 26,吴元年冬十月丙午。朱元璋于洪武十年在《七曜大
　体循环论》(载《明太祖文集》卷 10,22a/b 中)亦称"朕自起兵以来,与知
　天文、精历数者昼夜仰观俯察,二十有三年矣",据此也可推出朱元璋习天
　文于 1355 年。另参见张兆裕《明初国事与术数》,载《明史研究论丛》第 6
　辑,黄山书社 2004 年。野史这类记载尤多,(明)祝允明《野记》卷 1,7a 称:
　朱元璋"每夕膳后,露坐禁苑,玩察天象,有时达旦不安寐"。
② (唐)孔颖达《周易正义》(清嘉庆阮刻《十三经注疏》本)卷 1:屯卦:"屯,
　元亨,利贞。"卷 3:豫卦:"豫,利建侯行师。"(吴)韦昭注《国语韦氏解》
　(明金李刻本)卷 10,12b:"尚有晋国,得贞屯、悔豫,皆八也",是指本卦屯
　卦、豫卦。宜变之爻与不变之爻,各三爻。"八"通"半","皆八"就是皆半。
　关于"宜变之爻"与"不变之爻",可参考高亨《周易古经通说》第 7 篇"周
　易筮法新考",中华书局 1963 年版。
③ (明)朱元璋《赐朱升召书》,载(明)朱升《朱枫林集》卷 1,4a/b。
④ (明)黄瑜《双槐岁钞》(卷 1,9a)载:"枫林先生……至于数学卜筮,靡不
　精究。早从资中黄楚望(泽)游,偕同郡赵汸受经,余暇遂得六壬之奥。"六
　壬,是中国古代宫廷占术的一种,是一门能预断吉凶的学问。另据《阜阳
　双古堆西汉汝阴侯墓发掘简报》披露当时的"六壬式盘:上为小圆盘,直
　径 9.5、厚 0.15 厘米。圆心有小孔,孔上安一铜泡钉,与下面的方盘相通。
　面刻北斗七星星座。边缘分三层刻划:外层按逆时针方向刻二十八宿;中
　层刻二十八个圆点于各宿的顶上,里层刻十二月次。下盘为正方形,边
　长 13.5、厚 1.3 厘米,中间放小圆盘处稍突起。方盘边至圆盘间刻两道方
　框线,框内外有三层文字:外层是二十八宿,每边七宿;中层十二地支(子、
　丑、寅、卯、辰、巳、午、未、申、酉、戌、亥),每边三个;内层是天干(甲、乙、丙、
　丁、庚、辛、壬、癸),每边两个,而把戊、己刻在四角。在内层的四角分别刻
　'天虡己'、'土斗戊'、'人目己'、'鬼月戊'。天干地支的顶上都刻(转下页)

取处州,朱升"蓍得《复》卦二爻,^①有变占云：直候十一月阳生阴消,其城可得。蒙教据守阅九个月……",^②朱元璋采纳其建议,直到次年十一月胡大海才攻战处州。这种因卦象决定战事成功的案例,更加深了朱元璋对卜筮的依赖与笃信。吴元年(1367)底,徐达率军25万取中原时,朱元璋因见"金火二星会于丑分,望后火逐金过齐鲁之分。占曰：宜大展兵威",^③遂示谕徐达用兵之计。如用今人的眼光来看,这些纯属荒谬,十分可笑。但在当时社会意识形态框架下,则又是一种文化常态。

当然,由于天占及卜筮得失关乎到国事和政权的稳定,朱元璋对民间百姓这类活动多加遏制。早在元至正十八年(1358),"宁越有女子鲁氏,自言能通天文,诳说灾异惑众。上以为乱民,命戮于市"。^④当朱元璋称吴王后,有局匠告称："见一老人语之

(接上页)有一个圆点。背部素面无文字"。王襄天、韩自强执笔《文物》1978年第8期。李零认为：古人把天看作覆碗状,把地看作方板,称"天覆地载",中国古代天论(即宇宙模式)早期的"盖天说"得以流行。六壬式,是古人模仿"盖天说"做成的占卜工具,"把天地做成磨盘的样子：圆形的天盘是扣在方形的地盘上,沿着固定的轴旋转,二者有对应的干支和星宿"。《中国方术续考》第194页。

① 该卦为六十四卦之二十四卦,坤上震下。《周易正义》卷3,"象"："不远之复,以修身也。六二,休复,吉。"

② 朱元璋《赐朱升诏书》。另据朱元璋《免朝谒手诏》(载《朱枫林集十卷》卷1,3b)载：吴元年十一月二十日,朱元璋称朱升"每奉征聘,即弃家从朕,亲率六军。东征婺州、诸暨、处州、巫子门、洋子江诸寨,俘获龙江;西伐铜陵、江州、洪都、武昌、安庆;北援寿春、金斗;南服瑶蛮;蓍言趋吉避凶,往无不克"。

③ 《明太祖实录》卷27,吴元年十一月庚寅。

④ 《明太祖实录》卷6,戊戌十二月。另据《国初事迹》载："太祖亲征婺州,有俚男子进女子一人,约二十岁,能作诗。太祖曰：'我取天下,岂以女色为心。'诛之于市,以绝进献。"疑为一事两说。

曰'吴王即位三年,当平一天下'。问老人为谁?曰'我太白神也'。言讫遂不见",朱元璋则认为"此诞妄不可信也。若太白神果见,当告君子,岂与小人语焉。今后凡事涉怪诞者,勿以闻"。①随着朱元璋大明王朝政权的建立,以及朝廷对道术过分张扬和依赖,致使南京城内"卜筮者,多假此妄言祸福"。据贝琼称,他初到南京时,听说居住城南的龟师朱子中卜筮很出名:"凡仕者必往而卜,贾而求赢者必卜,疾疫者必卜,利无利,多奇中,远近称之。"朱子中也为贝琼卜了一卦,称:"吉。久郁而方施,乃耀其奇,无翼而飞,无足而驰,五稔(年)其来归。"贝琼初不信,五年后即"洪武十一年春,果以病免,获托田里……其言为不诬矣"。②依据洪武七年(1374)颁布的《大明律》规定:"凡阴阳术士不许于大小文武官员之家,妄言祸福,违者杖一百",③说明朱子中这次为贝琼推算的时间,并非贝琼应召编修《元史》初到南京的洪武三年,而是在洪武六年,即洪武七年《大明律》颁布之前。

据说当时南京还有所谓精通占星术的"异人",竟能观察到朱元璋在皇宫中一举一动。④当然,这种现象显然容易扰乱民心,不利于朱明王朝的政权巩固。因此洪武六年(1373),"上以释、老二教近代崇尚太过,徒众日盛,安坐而食,蠹财耗民,莫甚于此。乃令府州县止存大寺、观一所,并其徒而处之,择有戒行者领其事。

---

① 《明太祖实录》卷22,吴元年正月乙未。
② (明)贝琼《清江文集》卷30,29b。
③ (明)刘惟谦《大明律》卷12,2b,明嘉靖范永銮刻本。
④ 这类奇闻异说,不胜枚举,恕不详列。可参见(明)陆粲《庚巳编》卷9"异人占星"。(明)沈德符《万历野获编》卷27。(明)朱国祯《涌幢小品》卷29:"若国初铁冠、冷谦、三丰之类,乃真仙,应大圣人出世,又不可例论"等。

若请给度牒,必考试精通经典者,方许"。① 次年,由刘惟谦主持编撰并经朱元璋审定后颁布的《大明律》中,就明令术士不得入文武官员之家"妄言祸福,违者杖一百",但对"依经推算星命卜课者,不在禁限"。② 洪武八年十二月,陕西有人向朝廷献天书,被杀;③ 洪武十七年秋七月,"盱眙县民有伪造天书献者,命诛之",④不得已而"下令禁之"。由于京师城内营造住宅前不得占卜,故时下的京城内有"乐土何时许卜居"⑤的惆怅。由于"卜筮者所以决疑,国有大事必命卜筮"的神圣,朱元璋于洪武十二年立卜筮官,并将这种"通神明之意,断国家之事"之人,由礼部"令天下广询博访,朕将试而用之"。⑥ 到了洪武二十六年六月,才有一定条件下的"开卜筮禁"。⑦ 洪武二十八年,有道士以道书来献,被朱元璋"斥之",并称"苟一受其献,迂诞怪妄之士,必争来矣"。⑧ 事实证明朱元璋在这个问题上,有两种截然不同的态度,其取舍标准就是君权的强化与稳固,反映了朱元璋作为封建帝王在利用宗教

---

① 《明太祖实录》卷 86,洪武六年十二月戊戌。
② (明)刘惟谦《大明律》卷 12,2b。
③ 《明太祖实录》卷 102,洪武八年十二月丁亥。
④ 《明太祖实录》卷 163,洪武十七年秋七月壬戌。
⑤ (明)宋禧《赠李光道》(载宋禧《庸庵集》卷 4,8a,四库全书本)云:"城郭归来百事疏,残生犹问五行书。故人有子能传业,乐土何时许卜居……"宋禧,曾因参与编撰《元史》而居京师天界寺。
⑥ 《明太祖实录》卷 128,洪武十二年十二月壬辰。
⑦ 《明太祖实录》卷 228,洪武二十六年六月庚子。李零认为:式占"由于它技术复杂,门派繁多,一般人很难掌握,加上古代式法与天文有关,历来是控制在司天监一类官方部门的手中,除六壬式,往往禁止民间传习,所以它的普及程度是比较有限的"。李零《中国方术考》(修订本),第 42 页。
⑧ 《明太祖实录》卷 239,洪武二十八年七月戊午。

和占筮而操控神权,达到中央集权统治过程中的虚伪一面。

　　元至正二十二年(1362)六月,朱元璋说:"……人谋不如天从。天与人,人不得违;人贪天,天必不与。我之所行,一听于天耳。"① 他这种"我之所行,一听于天"、"自古帝王之兴,皆上察天运,下顺民心,从容待成"、② "帝王之兴,自有天命,非人智力所能致"③ 的思想和言行,到了洪武十九年(1386)当政权相对稳固情况下,有了改变,朱元璋对"天人相与"称之:"天人之理无二,当以心为天。"④ 由此可见,朱元璋在对待神权和君权态度上也有明显的阶段性差异:在获取君权之前,需要仰赖神权的庇护和掩饰;当君权把牢手中后,神权最终解释权就是皇帝自己。洪武二十年正月甲子,朱元璋赴南郊大祀天地后,他对"敬天"有了这样的阐述:"所谓敬天者,不独严而有礼,当有其实。天以子民之任付于君,为君者欲求事天,先必恤民。恤民者,事天之实也。"⑤ 这种认知,在朱元璋早年是不可能有的。到了朱元璋晚年临终前,"享太庙毕,太祖步出庙门徘徊,顾立指桐梓,谓太常臣曰:'往年种此,今不觉成林,凤阳陵树当亦似此。'因感怆泣下。又曰:'昔太庙始成,迁主就室。礼毕,朕退而休息,梦朕皇考呼曰:'西南有警。'觉即视朝,果得边报。祖考神明昭临在上,无时不存'"。⑥ 将过去梦中父亲的话在不经意间当作神明的暗示,可见晚年朱元璋运用

① 《明太祖实录》卷 11,壬寅六月戊寅。
② 《明太祖实录》卷 23,吴元年夏四月丁未。
③ 《明太祖实录》卷 30,洪武元年二月乙卯。
④ (明)佚名《秘阁元龟政要》卷 13 "丙寅(洪武十九年)春正月己丑"条。
⑤ 朱元璋《敬天》,《明太祖实录·附录》《明太祖宝训》卷 1。
⑥ 朱元璋《孝思》,《明太祖实录·附录》《明太祖宝训》卷 1。

神权之娴熟。在朱元璋"失调受疾"去世之前,他还称:"朕寿亦七十矣,静而思之,非皇天眷命,安得居天位? 若是之久哉。古语云:天不与首乱,岂非朕无心于天下,而以救民为心,故天特命之乎。"① 总之,朱元璋以敬天为由,为获取和巩固君权以达到中央集权统治则是至死不渝的。

朱元璋对天文信息的广泛运用,"甚至滥用,大到君臣权力之争,小到一城的修造"。洪武十三年(1380)十月甲戌,因京师有雷电,第二天就派人通知江阴侯吴良:"上天垂象,主土木之事。近令拓青州北城,恐劳民太重,宜罢其役。"② 朱元璋"虽极为相信天象,但在运用上,仍参杂许多主观目的"。③《易·系辞上》曰:"天垂象,见吉凶。"天所谓垂象,暗示何种凶吉,均是由人来解释。因此,人的主观倾向性就不可避免,这正是历代帝王热衷利用所谓"天垂象"为己所用的缘由。朱元璋也不例外,如:李善长因受胡惟庸案牵连被诛的次年(洪武二十四年),虞部郎中王国用上书进言:"善长与陛下同心,出万死以取天下,勋臣第一,……今善长之子祺备陛下骨肉亲,无纤芥嫌,何苦而忽为此。若谓天象告变,大臣当灾,杀之以应天象,则尤不可。"对于此论,"太祖得书,竟亦不罪也"。④ 当然,这已经是洪武二十三年朱元璋政权基本巩固后的事了。在朱元璋敬天诸多的言行中,有两则极为凸显,可以看出"天"在朱元璋心目中的神圣地位,或者说朱元璋将"天"的神圣渲染到无以复加的程度。其一,他认为"天地"如同父母:

---

① 《明太祖实录》卷255,洪武三十年十二月癸未。

② 《明太祖实录》卷134,洪武十三年十月乙亥。

③ 张兆裕《明初国事与术数》,载《明史研究论丛》第6辑,第456页。

④ 《明史》卷127《列传》15"李善长"。

"天有日月星,地有山河海;君于其间,则父天母地。然人之父母,言能教之;独天地不言,以垂象告之,则人君钦畏之。"① 其二,他认为"天"的至尊地位不容亵渎:洪武元年八月,朱元璋革天师道教主的天师名号时,其理由是:"至尊惟天,岂有师也? 以此为号,亵渎甚矣。"遂"以张正常为真人,去其旧称'天师'之号"。② 当然,朱元璋如此推崇"天"(神权)神圣地位,其目的还是为了强化"天子"(皇权)天下独尊的话语权。

朱元璋对待敬天,所做的夸张事情有很多。仅举二则:(1)敬天与祭祀神灵的牲房。洪武三年(1370)十一月壬子,由于朱元璋认为"以郊祭之牲与群祀之牲混养,不足以别事天之敬",③遂下令将用于祭祀饲养牲畜的牲房加以改造,重新建造以区分郊祀、后土、太庙、社稷以及山川百神不同祭祀之牲的不同牲房。(2)天象与图书的出版。洪武二十七年七月、八月间,朱元璋对学士刘三吾、国子博士钱宰先后称:"朕每观天象,自洪武初有黑气凝于奎壁。④ 今年春暮,其气始消,文运当兴。尔等宜考古证今,有所述作,以称朕意。"于是,不仅"礼遇诸儒甚厚,各赐以绮

---

① (明)朱元璋《钦天监令诰》,载《明太祖文集》卷4,10a。

② 《明太祖实录》卷34,洪武元年八月甲戌。另参见(明)郑晓《今言》卷4,47b:"上谓群臣曰:'天至尊,岂有师以此为号? 甚亵渎。'遂革旧号。"(明)黄景昉《国史唯疑》卷1,称"张天师伪号革于圣祖,曰'天岂有师乎'。止称'正一真人',极洗千古蒙陋"。《明史》卷299《列传》187"张正常"。另据《纪事录笺证》载:洪武四年四月,"上惑天师言,天下府州县官吏多被诛戮,名曰'钦录官吏'"。故"天师"一名,在当时仍有被用现象。

③ 《明太祖实录》卷58,洪武三年十一月壬子。

④ 奎壁,中国古代天文二十八宿中,西方第一宿的奎宿与北方第七宿的壁宿之合称,常用以比喻文苑。

缯衣被"，① 还在朱元璋的督促下，短短几年就修撰并刊行了《书传会选》《洪武京城图志》《寰宇通衢》《稽古定制》和修订了洪武三年的《大明集礼》为《礼制集要》等一批典籍。

朱元璋占星象不仅局限于战事和政事，就与他的敬天、尊天和奉天一样，也不单纯局限于他的言论，还反映在他对京师一些建筑名称寓意和布局等方面。据《明太祖实录》记载：元至正十六年（1356）三月庚寅，朱元璋率部攻占集庆路后，遂下令改集庆路为应天府。② "路"和"府"在建置上基本属于同类等级，而"应天"却昭示着新旧朝代的更迭，"也就是'天命'所归之意"；③或隐匿对应北宋应天府南京④旧称以光复汉人统治的旨趣，在当时社会文化背景下，朱元璋公开宣布了一个天命所在的名称，在民众心理上具有一定的感召力。⑤ 朱元璋之后在《阅江楼记》中则称："朕方乃经营于金陵，……而名安得而异乎！不过洪造之鼎新耳，实不异也。"李新峰依据《实录》在明建国之前对各府改名的基础上，总结府的命名与改名、对府的称呼、与府名相关的"翼"的命名等三类规则，提出："红军很可能初改集庆路为建康府，后又改为颇有僭越意味的应天府。"改名"应天府"的时间

---

① （明）佚名《秘阁元龟政要》卷16，洪武"二十七年七月己酉"、同年"八月丙午"条。
② 《明太祖实录》卷4，丙申三月辛卯。
③ （美）牟复礼《元末明初时期南京的变迁》，载（美）施坚雅主编《中华帝国晚期的城市》，第142页。
④ 北宋景德三年（1006）升宋州为应天府。大中祥符七年（1014）升应天府为南京，为北宋陪都。靖康二年（1127），赵构在南京应天府（即今商丘市）即位，史称南宋。
⑤ 杨国庆《南京明代城墙》第18页，南京出版社2002年版。

可能在甲辰年（1364）之后。^①这个推测从1356年朱元璋占领金陵城来看，以他当时的势力确还不足以有此僭越行为，因此具有一定的可能性。^②就朱元璋改名"应天府"本身而言，则取自《易·象传》"大有"卦："大有，柔得尊位大中，而上下应之，曰大有。其德刚健而文明，应乎天而时行，是以元亨"，^③即取自"应乎天而时行"为"应天"，反映出他"上应天意"和"我之所行，一听于天"的政治趋向与敬天的思想。

　　吴元年（1367）十二月癸丑，由李善长率众臣提议朱元璋即皇帝位。朱元璋以"此大事当斟酌礼仪而行，不可草草"。^④事实上，朱元璋需要一个"真命天子"的理由和根据，他对这个问题的处理，基本套用了中国历代开国帝王的惯例，即假以"神"的力

①　李新峰《明朝建国前的"应天府"与"建康"》。关于改"应天"一名的时间问题，目前属于学术推测阶段，尚缺文献的确证。

②　宋濂在《天界善世禅寺第四代觉原禅师遗衣塔铭》称："丁酉（1357），赐改龙翔为大天界寺。……且亲御翰墨书'天下第一禅林'六大字，悬于三门。"载《宋学士文集》卷25,2a。另据《明太祖实录》卷188"洪武二十一年二月"条载："是月，重建天界善世禅寺于城南。初元文宗天历元年，始建大龙翔集庆寺，在今都城之龙河。洪武元年春，即本寺开设善世院，以僧慧昙领教事，改赐额曰'大天界寺'，御书'天下第一禅林'，榜于外门。四年，改曰'天界善世禅寺'。五年，又改为'善世法门'。十四年，革善世院。十五年，设僧录司于内。至是，毁于火。上命徙于京城南定林寺故址，仍旧额曰'天界善世禅寺'。"天界寺命名的时间，宋濂文显然提前了。且，天界（梵语:Deva-loka），音译提婆界，是轮回中的六道之一。因此，尚不足以证明"应天"与"天界"两名称内在的关联，也不能证明"天界"一名与朱元璋"敬天"思想有直接关系。只是这两名称，一个来源于道教，一个来源于佛教，均与"天"有关，其中似有非偶然的意味。

③　（明）曹学佺《大明一统名胜志》卷1,1a："《易》,'大有'曰'应乎天而时行'，斯命名之意也。"大有卦为乾上离下之卦。

④　《明太祖实录》卷28上，吴元年十二月癸丑。

量,佐证自己是"真命天子"。突出的事例也有二:

其一,是朱元璋登极后自己补充的,[①]他在《纪梦》一文中作了这样的回忆:吴元年(1367)"至秋,不记月日,忽梦居寒微,暇游舍南,仰观见西北天上群鸟,如燕大小,数不可量,摩天而下。……见台上中立三尊,若道家三清之状。其中尊者,美貌修髯,人世罕见,略少回顾于我,仍在西北。……"朱元璋在梦游天宫后,还梦有紫衣道士授以真人服饰和剑,"忽然而梦觉。明年,即位于南郊。未即位之先,雪没市乡。当祭及即位之时,香雾上凝天而下霭地,独露中星,遂纪年洪武"。[②]《明太祖实录》借朱升之说,对朱元璋的这个梦,还有进一步的发挥:"陛下受命之兆所谓正梦也。昔黄帝梦游华胥而天下大治,古已有之。盖帝王之兴,自有天命,非人智力所能致也。"[③]

其二,吴元年(1367)十二月,朱元璋在文武群臣再三"劝进"之后,终于答应了群臣的要求,还于同年十二月甲子,朱元璋亲临"新宫"举行祭告仪式,把要做皇帝的意思,祭告于上帝皇祇说:"惟我中国人民之君,自宋运告终,帝命真人于沙漠,入中国为天下主,其君臣父子及孙百有余年,今运亦终。其天下土地人民,豪杰分争。惟臣帝赐英贤为臣之辅,遂戡定诸雄,息民于田野,今地周回二万里广。诸臣下皆曰生民无主,必欲推尊帝号,臣不敢辞,亦不敢不告上帝皇祇。是用明年正月四日于钟山之阳,设坛备仪,昭告帝祇,惟简在帝心。如臣可为生民主,告祭之日,帝祇来

---

① 《明太祖实录》卷30,洪武元年二月乙卯,朱元璋退朝后,对朱升等人所言该梦之事。
② 《明太祖文集》卷14,15a/16b。
③ 《明太祖实录》卷30,洪武元年二月乙卯。

临,天朗气清。如臣不可,至日当烈风异景,使臣知之。"① 这篇祭告文,把朱元璋称帝和元朝的灭亡全都推给了天地之神。既然前朝的建立和颠覆都是神明的安排,那么自己做皇帝也是神明的旨意,而神明的旨意是不可违背的,秉承神明旨意做皇帝的权力自然也是不可违背的。就这样朱元璋把君权和神权紧密结合在一起,让人们明白违背他就是违背了神明。但是,从祭祀的仪式来看,尚未完备。洪武元年(1368)二月,当李善长等臣进郊社宗庙议时,朱元璋还称:"朕诞膺天命,统一海宇,首建郊社宗庙以崇祀事。顾草创之初,典礼未备,其将何以交神明致灵。"② 既如此,朱元璋称帝之前的祭告又何以与"神明相交"? 因此,只能说明君权高于神权,后者为前者所玩弄,一切根据君权的不同时段和不同需求对神权加以诠释。这也与朱元璋在南京城墙"卜"后对"国之中土"仍存长期纠结,又不断地诠释和在营建中加以强化同属一理。

　　至于朱元璋所确定的登极日,确实具有一定的风险。因为"自壬戌以来,连日雨雪阴沍",而登极日为吴二年(1368)正月乙亥,毕竟有十多天的天气变数。尤其是"旧腊以来,雪雨连昼,市坰阴晦",朱元璋登极前夜"是夕,雪雨方晴,寒风大作,星暗云墨,坛上蜡烛晃目,沉乳香飘十余里。……至四鼓,上衮冕升坛。是

---

① 《明太祖实录》卷28下,吴元年十二月甲子。《洪武御制全书》及《明太祖文集》所载朱元璋《即位告祭文》均未载"如臣可为生民主,告祭之日,帝祇来临,天朗气清。如臣不可,至日当烈风异景,使臣知之"此段文字。表明《实录》在这个问题上,保留了朱元璋称帝之前需要证实"天命"所授的依据,而其它则可能被朱元璋或编撰者所删除。

② 《明太祖实录》卷30,洪武二年二月壬寅朔。

时天霁云静,星朗风息",[①] 这一场虚惊,竟成为轰动一时的上天恩宠之隐喻,更被饰为"此天开景运之祯"的吉兆。《明太祖实录》亦载朱元璋登极日这天"天宇廓清,星纬明朗,众皆欣悦,礼成。遂即位于郊坛"。[②] 此前一天,朱元璋又对身边臣子以及将主持仪式的官员恐吓道:"人以一心对越上帝,毫发不诚,怠心必乘其机;瞬息不敬,私欲必投其隙。夫动天地,感鬼神,惟诚与敬耳。人莫不以天之高远、鬼神幽隐而有忽心。然天虽高,所鉴甚迩;鬼神虽幽,所临则显。能知天人之理不二,则吾心之诚敬,自不容于少忽矣。今当大祀,百官执事之人,各宜慎之。"[③] 朱元璋这类有关敬天的言论,被收录到《明太祖宝训》《皇明宝训》及《礼部志稿·圣训》[④] 的开篇,成为大明王朝"传示来裔"的祖训。朱元璋正是通过如此的渲染和精心安排,终于获取了心理与法理上"奉天承运"的"真命天子"地位。

洪武元年正月初四(1368 年 1 月 23 日),朱元璋在应天的南

---

① (明)俞本撰,李新峰笺证《纪事录笺证》第 242 页。

② 《明太祖实录》卷 29,洪武元年正月乙亥。"至正月朔旦(1 月 20 日),雪霁。粤三日省牲,云阴悉敛,日光皎然。"该条所载天气状况,与《纪事录笺证》略有差异。朱元璋《纪梦》:"未即位之先,雪没市乡。当祭及即位之时,香雾上凝天而下霭地,独露中星。"《天潢玉牒》8b:"及告祭行事,天气澄霁,风色和畅,香雾上凝下霭,独露中星,此天开景运之祯。"《纪事录笺证》第 244 页,李新峰按:"登极仪式或因天气恶劣而虚惊一场,时当哄传天公作美,后更饰为'天开景运之祯'。"《皇明泳化类编》卷 3,1a 称:"先是京师多雨雪,城中阴晦。是日,天气澄清,风和景霁,香雾上凝下霭,独露中星。臣民忻然相告,天开景运征太平之遇。"

③ (明)吕本等辑《皇明宝训·太祖》卷 1,10b "敬天"。而詹同等辑《皇明宝训》卷 1,15 "敬天"洪武元年四月戊申,未见该段文字。

④ (明)林尧俞等纂修,俞汝楫等编撰《礼部志稿》卷 1,载文渊阁本影印《四库全书》第 597 册,上海古籍出版社 1987 年版。

郊天地坛举行了隆重的登极仪式。朱元璋在《即位诏》中,再次强调"天命"和"天运"的作用,以证明他的即位是受"天命"的安排。诏文如下:

> 朕惟中国之君。自宋运既终,天命真人起于沙漠,入中国为天下主,传及子孙,百有余年,今运亦终。海内土疆,豪杰分争。朕本淮右庶民,荷上天眷顾,祖宗之灵,遂乘逐鹿之秋,致英贤于左右,凡两淮、两浙、江东、江西、湖、湘、汉、沔、闽、广、山东及西南诸部蛮夷,各处寇攘,屡命大将军与诸将校奋扬威武,已皆戡定,民安田里。今文武大臣、百司众庶,合辞劝进,尊朕为皇帝,以主黔黎。勉徇舆情,于吴二年正月四日,告祭天地于钟山之阳,即皇帝位于南郊,定有天下之号曰"大明",以是年为洪武元年。追尊四代考妣为皇帝、皇后,建大社、大稷于京师。立妃马氏为皇后,长子标为皇太子。布告天下,咸使闻知。①

这篇诏书强调朝代的兴衰"俱系于天",因此朱元璋加冕为世俗君王以及元朝的衰落均由天命所定,②正式宣布了朱元璋因上天的授权而享有至高无上的宗主权,成为全社会民众的最高祭司,只能由他代表万民祭告万物创造者的天和地;由于上帝的旨意不可抗拒,因此他不能违背这个旨意,为了天下百姓,他只好做了皇帝。即所谓"朕思天地造化,能生万物而不言,故命人君代

---

① 《明太祖实录》卷29,洪武元年正月丙子。
② 《明太祖实录》卷32,洪武元年六月庚子朔。

理之"。① 又"以元时诏书首语必曰'上天眷命',其意谓天之眷佑人君,故能若此未尽谦卑奉顺之意。命易为'奉天承运',庶见人主奉若天命,言动皆奉天而行,非敢自专也"。② 朱元璋通过强化"天神"的"存在",达到"天神"赋予朱元璋"天子"权力的正统性与神圣性,就这样完成了神权和君权的统一,从而使君权在神权的渲染下得到合法性的彰显。

纵观朱元璋到南京后的敬天、尊天和奉天一系列的言论和行为,不难发现这既是当时社会意识形态大环境的普遍文化现象,更是朱元璋为建立新政权和强化专制统治的一种手段,并被写入洪武最重要的礼制文献《明集礼》的开篇:"天子之礼,莫大于事天。"③ 南京新宫、新城"上堪下舆"的思想基础,也正是缘于此。简言之,南京城市新的规划起因和决策,朱元璋不仅是参与者,也是关键人物之一。反观《洪武京城图志》中诸大臣的赞语,虽有当朝臣子献媚的因素,但也绝非背离时代政治文化背景的空穴来风。

二、新宫与新城之"卜"

城墙,并非一堵"墙"那么简单,尤其是中国古代的都城城

---

① (明)宋濂《洪武圣政记》"严祀事第一"2a。
② 《明太祖实录》卷29,洪武元年正月丙子。另据(明)詹同等辑《皇明宝训》卷1《敬天》载:"易以'奉天承运'四字,庶见人主奉若天命,不敢自专。一言一动皆代天而行之,非一人所敢私也。"文字略有差异。而吕本等辑的《皇明宝训》中,该条目未载。
③ (明)徐一夔、梁寅等纂修,李时增修《明集礼》,明嘉靖九年内府刻本。

墙,它蕴涵和承载着中国数千年的丰厚文化基础。换句话说,中国都城城墙体现出中国文化的许多方面,任何从单一学科对中国城墙的解读,难免都会顾此失彼、挂一漏万。如从城市学的角度,"城墙的作用无非在于以下两个方面:一是作为军事设施,另一个就是对城里的居民进行有效的统辖"。[1] 如从军事学的角度,"城池是国家出现后,为保护政治、经济、军事中心和战略要地而构筑的较原始城堡防御设施更为完善的筑城体系"。[2] 如从城墙政治经济的文化角度来看,"城墙是封建城市政治功能的一部分,也是城市经济功能弱化的体现形式之一"。[3] 如从城市规划的角度,"在古代,当古老的宗教力量还很强大的时候,一个民族的信仰和价值体系,就反映于他们在何处择定城址,并如何进行建城规划上"。[4] 如从风水学的角度,汉长安城南侧为南斗,北侧似北斗,被称之"斗城";[5] 明南京内城为"南斗与北斗聚合形";[6] "明代北京城的建造基本上依据阴阳五行八卦原理而来,与风水显然有着千丝万缕的联系"。[7] 这些基于某学科的观点,从不同角度解读了城

---

① (美)刘易斯·芒福德著,宋俊岭、倪文彦译《城市发展史——起源、演变和前景》第 72 页,中国建筑工业出版社 2005 年版。

② 施元龙主编《中国筑城史》第 15 页,军事谊文出版社 1999 年版。

③ 张鸿雁《中国古代城墙文化特质论——中国古代城市结构的文化研究视角》,《南方文物》1995 年第 4 期,第 16 页。

④ (美)芮沃寿《中国城市的宇宙论》,载施坚雅主编《中华帝国晚期的城市》,第 37 页。

⑤ (宋)赵彦卫《云麓漫钞》(清咸丰涉闻梓旧本)卷 8 "长安图"云:"汉都城纵广各十五里,周六十五里,十二门,八街九陌,城之南北曲折,有南斗、北斗之象,未央、长乐宫在其中。"

⑥ 杨国庆《明南京城墙设计思想探微》。

⑦ 何晓昕、罗隽《中国风水史》第 149 页,九州出版社 2008 年版。

墙的基本功能与蕴涵的中国传统文化。

1924 年,瑞典学者奥斯伍尔德·喜仁龙(Osvald Siren)在《北京的城墙与城门》一书中,提出了中国城市城墙平面与天象星宿位置的隐射,"这种安排是以天宇中各星宿的位置为依据的,因为不服从天道,就无法建成一座坚固的城市"。但他并没深入,并认为:"深入探讨中国的各种象征意义是没有必要的,因为其含义对于我们西方人似乎太含混、太暧昧了。"同时,他又强调:"不过应当记住,中国人设计任何一个建筑物——无论是一座房屋、一座寺庙,还是整个城市,绝不仅仅从美学和实用角度出发,他们总是有含义更为深刻的目的;这些目的,天子的忠实臣民虽然从未忽略过,但也从来未能予以充分的解释或领会。"[①] 英国学者李约瑟(Joseph Needham)在考察中国古建后发现:"自古以来,不仅在宏伟的庙宇和宫殿的构造中,而且在疏落的城镇居住建筑中,都体现出一种对宇宙格局的感受和对方位、季节、风向和星辰的象征手法。"[②] 美国学者芮沃寿(Arthur F. Wright)在《中国城市的宇宙论》一文中,在较全面梳理出中国城市中宇宙论的起源、基本原则、帝王城市观念(城市规划中古典宇宙论)产生、发展及演变后指出:中国的城市象征主义已成为帝王思想的一部分——即使是很小的部分,它强调了中国中心论,天子在文明中至高无上的地位;产生城市象征主义的宇宙论是中国人历久不变的世界观的一

---

① (瑞典)奥斯伍尔德·喜仁龙著,许永全译,宋惕冰校订《北京的城墙与城门》第 42 页,北京燕山出版社 1985 年版。

② (英)李约瑟著,汪受琪等译《李约瑟中国科学技术史》第 4 卷第 3 分册,第 64 页,科学出版社、上海古籍出版社 2008 年版。

部分;不论何时,匠人们保留的极其保守的建筑传统,每当进行建筑时,他们就采用老式样和老技术。依照南京皇宫布局营造的明代北京城,"此城不论与宋都相比还是与隋唐长安相比,都更接近于古典宇宙论,这已是清清楚楚的了"。[①] 芮沃寿对中国古代城市的宇宙观现象,同样能在明初建造的南京城池框架上,找到其立论的根据——尽管芮沃寿在这篇文章中,仅以依照南京皇宫布局营建的北京为例。另一位早年在南京学习生活过的美国学者牟复礼(Frederick W. Mote)在《元末明初时期南京的变迁》一文中,对南京城墙的设计思想作了辨析:"事实上,这是中国伟大的筑城时代。所有这一切都表现出当时仿佛举国都着了防御迷——至少那个王朝是这样。可是这可能还不是正确的解释。"牟复礼接着做了进一步分析:"也许更广义地说,明时重建的南京城及其他诸城,主要还是起着重新肯定汉人国家存在的心理作用,而不是为了保卫城市及其居民免遭可能的危险而建严城峻垒的纯防御作用。……这么说也不是完全否定城的军事作用。城使人想起军事力量,也能够成为防守的堡垒,必要时还能抵挡旷日持久的包围与最机巧的攻城武器。"牟复礼最后的结论是:"……这些手段首先就包括着社会与政府的尊卑之礼,与依赖表现于'天命'正统的神秘性。南京的城正像政府的其他行动一样,是为了加强这种神秘性与维持政府所在的威严而设计的。我想作个假设,在中国文化史上,在对旧中国城市的研究上,城的主要意义就在于此。"牟复礼的意思是说:南京城墙的布局,在不排斥其他因素的同时,更多的因素来源于中国数千年的传统文化。牟复礼同时还

---

① （美）芮沃寿《中国城市的宇宙论》,载《中华帝国晚期的城市》,第 75 页。

指出南京城墙"……这套新建筑是为了在职能效用上,为了在思想意义与宇宙论意义上,配合正在同时进行重组的政治社会制度各部分而建的"。[①]西方学者对于包括南京城墙在内的古代建筑文化蕴意的理解,倘若没有了解中国传统建筑文化,绝非能有上述的认知。

但是,牟复礼在文章中并没有进一步具体揭示南京城墙所加强的这种"神秘性"指什么,"维持政府所在的威严"又体现在哪里,以及"思想意义与宇宙论意义"的具体内容和"重组的政治社

[①] (美)牟复礼《元末明初时期南京的变迁》,载(美)施坚雅主编《中华帝国晚期的城市》,第 151～154 页。另据英文原版此句为:"The city walls of Nanking were, like other acts of government, designed to reinforce that mystique and maintain the awesome sense of the government's presence. That I would hypothesize, is their primary significance in Chinese cultural history and in the study of the city in traditional China." F. W. Mote. "The Transformation of Nanking, 1350-1400". In *The City in Late Imperial China*. G. William Skinner; Hugh D. Baker eds. Stanford: Stanford University Press, 1977, p.138. 对于西方学者这些观点,陈桥驿认为:"芮沃寿(A·F·Wright)的《中国城市的宇宙论》和牟复礼(F·W·Mote)的《元末明初时期南京的变迁》两文中都论及的所谓《宇宙论》,我认为这两位作者都没有懂得中国的历史和国情。"(陈桥驿《中国历史城市地理·序》,载马正林《中国历史城市地理》,山东教育出版社 1998 年版)陈桥驿之前在《评〈中华帝国晚期的城市〉》(载《杭州大学学报(哲学社会科学版)》,1985 年第 1 期)则称:"我并不笼统地反对芮沃寿所使用的'宇宙论'这个词汇,也并不否认'宇宙论'在中国历史城市发展中的影响。……总之,在本书的所谓'宇宙论'概念以及涉及这种概念的许多方面的论述,我认为都还有继续商榷的余地。"关于中国古代城市规划中是否存在"宇宙论"的话题,笔者仅以明初南京城市规划与建设为例,以为当时城市规划中确实存在"宇宙论"的概念,否则如何解释当时南京的"填湖建宫",又如何解释南京第三重城墙的"奇特"形状,以及南京城墙东部使用城砖、南部使用条石等诸多"怪象"。

会制度各部分而建"的表现形态是什么。台湾地区历史学家徐泓在《明初南京皇城宫城的规划、平面布局及其象征意义》中提出：南京的宫城与皇城"平面布局上要显现其空间的象征意义，在使用空间的命名上，也尽量表现象征意义，以突出皇城、宫城的帝王气象"，[①] 并运用中国古代天文中"三垣"及《周易》等传统文化分别对皇城与宫城加以诠释。但遗憾的是该文仅囿于皇城与宫城的分析研究，而未能从当时南京都城整体规划（堪舆）给予全面阐述。

　　中国古代都城制度，是涉及面非常广博的一个领域，并伴随着封建君主制的发展而不断得到强化，这一点与西方国家的都城有着鲜明的区别。中国古代都城制度，起源于《考工记》所载："匠人营国，方九里，旁三门。国中九经九纬，经涂九轨。左祖右社，面朝后市，市朝一夫。"[②] 古代对都城城址的选择是件国家大事，体现了礼仪规范和天人相应的文化意识，有着十分丰厚的文化传统积淀。由于"几千年文化的沉淀，几乎使建筑象征文化现象遍及各个角落，构成了一个建筑象征语境的特殊世界，这个世界里表达的某些意义不为现实生活所理解，这是文化传承中断的结果"。[③] 这种文化传承中断的现象，反映在如何认识中国古代都城规划"卜"之时，常常回避运用并实践的风水理论已有上千年的历史以及当年的文化意识背景，而用现代人的思维和方法简单

---

① 　徐泓《明初南京皇城宫城的规划、平面布局及其象征意义》，载台湾大学《建筑与城乡研究学报》第 7 期（1993 年）。

② 　（明）郭正域批点《考工记》下篇 12a，明万历闵齐伋刻三经评注三色套印本。

③ 　居阅时、瞿明安主编《中国象征文化》第 481 页，上海人民出版社 2001年版。

地给予诠释,甚至认为风水理论是糟粕和迷信。英国基督教传教士 E. J. 伊特尔认为:"对我来说,风水就是自然科学的另一种名称。"① 由北宋王洙等人编撰的《地理新书》称:"古者王侯将营都邑,必先度可居之地,以审其吉凶。……考卜维王宅是镐京,维龟正之,武王成之,成王将营洛邑。"② 明万历风水师徐善继、徐善述兄弟"历燕齐楚闽粤,名城大都,伟丽之观,……皆穷跻翔览然后记,凡三十年而业成"的《地理人子须知》中,在辨析中国古代都城选址后认为:"夫地理之大,莫先建都立国,稽古之先哲王将营都邑,罔不度其可居之地,以审其吉凶。""盖在天为帝座星宫,在地为帝居都会,亦天象地形自然理耳。""尝稽诸历代建都之地,得正龙之所钟,而合天星之垣局者,则传代多历年久;非其正龙而不合星垣者,则皆随建随灭,岂非地理之明征乎?"③ 在中国古代传统的文化意识中,自然与人是相互感应和相通的,由天、地、人这三大系统共同构成了统一体,而"都城与国家是这个机体的反映。所以城市的选址与规划布局与天文、气象相互联系,组成一个有机的景观生态系统,就是中国古代文化的最高原则"。④ 以建筑尤其是建筑群(如城市、特别是古都)象征星宿的设计依据,是

① "Feng-shui is however, as I take it, but another name for natural science; …" Eitel, Ernest John. *Feng-Shui: or, the Rudiments of Natural Science in China* (风水:古代中国神圣的景观科学). London: Trübner, 1878, pp. 4-5.

② (宋)王洙等撰,金明昌抄本《图解校正地理新书》卷 1 第 64 页,集文书局 2003 年版。

③ (明)徐善继、徐善述著,金志文译注《地理人子须知》第 5、76、78 页,《郢中重刻人子须知序》《论帝都》《论帝都必合星垣》,世界知识出版社 2011 年版。

④ 一丁、雨露、洪涌《中国古代风水与建筑选址》第 172 页,河北科学技术出版社 1996 年版。

中国古代观测天文丰硕成果与帝王利用宇宙星象为政治服务的产物。中国历代统一王朝的都城，自周公、召公为周成王卜洛邑以降，取"天下之中"营都建宫，几乎成为古代帝王建都的定制。[①]明嘉靖三十五年进士，后任南京国子监司业的金达也认为："世所论堪舆家，率以相地之术易视之。夫堪舆非术也，昔神禹敷土，随山刊木，因九河之势奠厥民居。公刘之迁都，相阴阳，观流泉。周公卜洛营周，居于洛邑，自古重之久矣。"[②]以"象天法地"[③]卜筮后营造城垣，至迟在商代就采用卜筮的方法进行城址的选择。诚如"堪舆家之说，原于古阴阳家者流，古人建都邑、立家室，固未有不择地者"。[④]《诗经·大雅·公刘》篇记述了周文王之前的十二世祖先——公刘，他带领周人迁居邠地（今陕西旬邑县西南）前，"相其阴阳，观其泉流"选择城址的过程；《尚书·周书·洛诰》载"伻来以图，及献卜"。说的是周公在洛阳选建城址时，曾作了规划，并绘成地图，遣使者献给周文王。《周礼》开篇就称："惟王建国，辨方正位，体国经野，设官分职，以为民极，乃立天官冢宰，使帅其属而掌邦治，以佐王均邦国。"（《天官冢宰》）这一宗旨是西周宗法制度与都城建设思想的集中体现。从而确立了天子的威仪，以及"君权神授"、"唯我独尊"、"面南而王"的礼仪与官制。天子所

① （晋）孔晁注，（清）卢文弨校编《逸周书》（抱经堂本）卷5,8b："乃作大邑成周于土中，城方千七百二十丈"。（唐）孔颖达《尚书正义》（宋两浙东路茶盐司刻本）卷14《召诰》12a称："王来绍上帝，自服于土中。""土中"即指"天下之中"。（汉）司马迁《史记》（武英殿本）卷4《周本纪第四》称："……营筑居九鼎焉，曰'此天下之中，四方入贡道里均'，作《召诰》《洛诰》。"

② （明）金达《人子须知·序》，载《地理人子须知》第12页。

③ 《周易·系辞下》："仰则观象于天，俯则观法于地"，后简称"象天法地"。

④ （明）王祎《王忠文公集》卷20,45a，四库全书本。

居的都城、宫殿和房屋的朝向就与人的尊卑等级、主客的关系联系了起来。中国古代都城择址背后隐含的传统文化、规范和风水理论,是世界都城史上所特有的文化现象。

中原传统文化中对都城选址的重视及方法,最迟在春秋时期已经传播并应用到长江以南地区。《吴越春秋》载:伍子胥受吴王建都之命"相土尝水,象天法地,造筑大城,周回四十七里。陆门八,以象天八风。水门八,以法地八聪"。[1]春秋战国时期,我国城市发展再次进入高潮,城址的选择、城的规划布局理论也更加完善。《管子》书中若干篇章,就记录了当时在都城选址和建造中的一些原理和方法,同时也出现了对《周礼·考工记》中关于都城营造原则的反叛观点:"凡立国都,非于大山之下,必于广川之上。高毋近旱而水用足,下毋近水而沟防省。因天材,就地利,故城郭不必中规矩,道路不必中准绳。"[2]但是,都城选址中传统的"象天法地"规划思想并没有改变,并逐渐形成中国古代文化框架中"城"的重要特征之一。《三辅黄图》载:始皇"二十七年作信宫渭南,已而更命信宫为极庙,象天极。自极庙道通骊山,作甘泉前殿,筑甬道,自咸阳属之。始皇穷极奢侈,筑咸阳宫,因北陵营殿,端门四达,以制紫宫,象帝居"。[3]其中许多名称就是天象星宿的名称。秦都这与天同构的宏图,无疑显示了秦始皇与日月同辉的政治气魄和胸怀,是利用堪舆术及"象天法地"传统建都思想在

① (汉)赵晔撰,(宋)徐天祜注《吴越春秋》卷4,古今逸史本。
② (春秋战国)管仲撰,(唐)房玄龄注,(唐)刘绩增注《管子》卷1《乘马第五》"立国",明吴郡赵氏刊本。
③ (汉)阙名撰,(清)张元济撰校勘记《三辅黄图》卷1,2b《咸阳故城》,元刊本。

都城营建上的具体反映。汉代长安城在汉惠帝刘盈前后两次修筑的汉长安城,城市平面建筑图形也呈不规则的轮廓:"城南为南斗形,北为北斗形,至今人呼汉京城为斗城是也。"① 隋大兴城修建于隋文帝开皇二年(582),都城设计者是太子左庶子宇文恺。"初,隋氏营都,宇文恺以朱雀街南北有六条高坡为乾卦之象,故以九二置宫殿以当帝王之居,九三立百司以应君子之数,九五贵位不欲常人居之,故置玄都观及兴善寺以镇之。"② 使整个城市布局显得层次分明,错落有致。杨坚为了严格区别尊卑内外,不与民杂处,特于宫城外创筑了皇城,把宗庙、社稷坛及中央官署纳入皇城内,以为宫城的屏障。虽然隋朝是个短命王朝,但所建立的皇城制度,无疑有利于皇帝对文武大臣的集中管理和发号施令,有利于强化封建等级特别是皇权至高至尊的礼制,而被随后的唐、宋、元、明、清诸朝统治者在营造都城时加以广泛采用。③

　　元至元四年(1267),刘秉忠④为元世祖忽必烈设计元大都,遵从《周礼·考工记》中 "左祖右社,面朝后市" 等皇权至上的城市

① (汉)阙名撰,(清)张元济撰校勘记《三辅黄图》卷1,6a《汉长安故城》。(清)顾炎武著,于杰点校《历代宅京记》第53～54页,中华书局1984年版。武复兴《西安史话》,载《名城史话》(合订本上),第17页,中华书局1984年版。关于汉长安城的"斗城"之争辩,可参阅朱磊《中国古代的北斗信仰研究》第103～105页,文物出版社2018年版。

② (唐)李吉甫《元和郡县图志》卷1,2a,清武英殿聚珍版丛书本。

③ 关于古代都城设计中的精神信仰以及唐代长安城的设计,可参阅邵琦、闻晓菁、李良瑾等《中国古代设计思想史略(增订本)》第124～125页,上海书店2020年版。

④ 刘 "秉忠于书无所不读,尤邃于《易》及邵氏经世书,至于天文、地理、律历、三式六壬、遁甲之属,无不精通"。载(清)王养濂修,李开泰、张采纂《(康熙)宛平县志》卷5,20b,清康熙二十三年刻本传抄本。

规划原则,体现了在中原立国的少数民族统治者适应形势,推行汉法的指导思想。诚如王军所称:"元大都的规划设计将不同层级的空间安排统属于哲学意义上的'道',以城市的空间形态诠释宇宙之生成、万物之蓄息,呈现了一个完整而经典的思想体系。"① 据《大都城隍庙碑》载:"至元四年,岁在丁卯,以正月丁未之吉,始城大都。立朝廷、宗庙、社稷、官府、库庾,以居兆民,辨方正位,井井有序,以为孙子(子孙)万世帝王之业。"② 元人熊梦祥在《析津志》亦载:"至元四年二月己丑,始于燕京东北隅,辨方位,设邦建都,以为天下本。四月甲子,筑内皇城。……其地高爽,古木层荫,与公府相为樾荫,规模宏敞壮丽……"③ 大都城不仅布局严整,且规模宏大,平面为长方形,由宫城、皇城、外城三重方城组成。这些做法增加了皇权天命所授的神秘色彩,能收到巩固帝王统治的社会效果,受到统治者的推崇和效法。

正因如此,公元1366年朱元璋下令"卜"新宫及新城的内涵,当有中国数千年"象天法地"占卜营造城垣的思想作为基础,也是"国朝最重天文"④ 的客观反映。张兆裕认为:"在明代,营造之事多以地理为依据,寻吉壤、辨朝向,而像太祖这样以天文做兴建原则的情况,并不多见,这反映出太祖对天文的兴趣不同一

① 王军《尧风舜雨——元大都规划思想与古代中国》"前言",生活·读书·新知三联书店2022年版。
② (元)虞集《大都城隍庙碑》,载虞集《道园学古录》卷23,5b,明景泰翻元小字本。
③ (元)熊梦祥《析津志辑佚》"朝堂宫宇",北京古籍出版社1983年版。
④ (明)朱国祯《涌幢小品》卷15,1a。另见同本卷21,11b:"堪舆家传其所居地,前后宛如'工'字,地之能印人如此,理或有之。"有明一朝,民众被道教教化的心理影响深远,甚至一些做了官的人家,也会比附成早有天意之说。

般,言其笃信也不为过。"①丙午(1366)年间,就在南京城市规划批准实施之际,朱元璋对天人合一的道教思想称之:"天道微妙难知,人事感通易见,天人一理,必以类应。……下修人事,上合天道,……上下交修,斯为格天之本。"②公元 1364 至 1366 年期间,③朱元璋既有敬天思想和卜筮知识的基础,也有改朝换代、称帝建国的强烈欲望,即便按《明太祖实录》所载是朱元璋命刘基等人卜新宫故筑新城,其中朱元璋的意愿和决定作用不能低估,更不可忽略。即所谓"皇祖与青田(刘基)辈亦熟筹之",④较之《实录》所载已中肯许多。

关于元末明初南京城墙的规划,最重要文献是《明太祖实录》提供的依据:

> 丙午八月庚戌朔(1366 年 9 月 5 日),拓建康城。初建康旧城,西北控大江,东进白下门。外距钟山既阔远,而旧内在城中,因元南台为宫稍庳隘。上乃命刘基等卜地定,作新宫于钟山之阳,在旧城东白下门之外二里许。故增筑新城,东北尽钟山之趾,延亘周回凡五十余里,规制雄壮,尽据山川之胜焉。⑤

---

① 张兆裕《明初国事与术数》,载《明史研究论丛》第 6 辑,第 457 页。
② 《明太祖实录》卷 21,丙午八月壬子。
③ 都城规划需要一定的时日,如洪武二年朱元璋意欲建立中都,洪武三年才确立,而中都城的规划二年后才得以完成。《明太祖实录》卷 71,洪武五年正月甲戌:"定中都城基址,周围四十五里。街二,南曰顺城,北曰子民。坊十六……"
④ (清)顾炎武《肇域志·江南五》"都城",11a。
⑤ 《明太祖实录》卷 21,丙午八月庚戌朔。

　　这份规划中仅提到宫城(新宫)和京城(新城),日后所建的皇城与外郭均未涉及,但并非意味没有整体规划,尤其从日后建成的四重城墙及陆续补建的朝廷其它建筑来看,此时仅属规划确定和初建开始实施阶段。但是,宫城与新城存在的逻辑因果关系已昭然若揭。即因宫城才有新城,宫城是南京新城的核心。由于《明太祖实录》并未留下有关"卜"的具体内容和翔实依据,不仅没有言明皇城和外郭的规划,就连新宫与新城的城门位置与数量也不得而知。这方面的信息,有的通过之后的城建中得以展示和披露,有的却被湮没在历史尘埃。而且《明太祖实录》又经过建文、永乐前后三次纂修,面目全非,是否将其"卜"的经过及内容删掉已不得而知。如果说想窥视当年这份规划的全貌,显然徒劳无功,而细读该段文字辅以《洪武京城图志》,也许能获知当年"卜"之吉光片羽。

　　这份已经得到朱元璋认可并最后确定的城市规划,最初启动时间段不明。文中提到"卜新宫"的原因是"因元南台为宫稍庳隘",说明元至正二十四年(1364)朱元璋自立吴王后才感到"为宫稍庳隘"。至正二十六年朱元璋"命刘基等卜地定"的"定"字,是表示对已经完成的宫址及50余里新城规划的确认,而非新城确切的长度,即洪武六年(1373)初步建成的新城周长"一万七百三十四丈二尺,为步二万一千四百六十八有奇,为里五十有九"。[①]因此,这项"卜"的项目大约于元至正二十四年至二十六年间(1364~1366)得以完成,并于丙午八月庚戌朔(1366年9月5日)得到朱元璋的认准并开始营建。

---

① 《明太祖实录》卷83,洪武六年六月辛未朔。

《实录》中提到刘基等人"卜"的内容,除了野史大都不为正史记载,不仅《洪武京城图志》只字不提刘基,就连明代诸多史学家也少有论及当年刘基在应天之"卜"。甚至在有明一代,几乎所有涉及南京的地方志(即南畿、应天府及上元县和江宁县)中,一反中国方志编撰的常规,均回避南京"城池"一目。或"志以郡名,凡宫阙都城台省苑囿,皆不得书";"国初开拓今制,府不得书",志中仅有对南京城墙所处地貌形态的描述"国朝都城皆据岗垄之脊",[①]而非规划的阐述。诸《志》或称"都城宫阙、山陵、台省、苑囿,必因地以昭其盛。直据《一统志》《京城图志》者,不敢有所作也",[②]或称"其城郭、宫阙、郊庙、官署在邑境者,盖什八九,法不得书,重皇都也",[③]或以"县附郭城池,不敢特书。若古之越城之类,宜立古迹志收"。[④]其中"法不得书,重皇都也"的"法",不明。据崔伟对《永乐大典》本《应天府志》考证,[⑤]《应天府志》最早版本为洪武九年(1376)至永乐六年(1408)编纂,仅列"宫室",并未提及南京都城,故也不详其"法"。是否"凡宫阙都城台省苑囿,皆不得书"就成为"法"? 这个方志中提及的"法"究竟由谁为何而立? 是否朱元璋或者是迁都北京的朱棣曾有过"皆不得

---

① (明)汪宗伊、程嗣功修,陈舜仁等编《(万历)应天府志》卷15,14a;卷16,1b。
② (明)闻人诠修,陈沂纂《南畿志·凡例》,明嘉靖刻本。
③ (明)程三省修,李登等纂《(万历)上元县志》卷4,1a,明万历刻本。
④ (明)王诰修,刘雨纂《(正德)江宁县志》卷10《江宁县志增修凡例》,明正德刻本。(明)周诗修,李登纂《(万历)江宁县志·凡例》同条亦载:"若古越城之类,皆撮于古迹志中。"明万历二十六年刻本。
⑤ 崔伟《〈永乐大典〉本〈应天府志〉及其佚文考》,《中国地方志》2009年第3期。

书"的诏令？据张璃在明万历《海盐县志·序》中称："我明洪武戊午（1378），诏天下郡县纂修志书。"① 另据龚弘在《重修嘉定县志序》中称："国朝洪武十一年戊午，诏天下郡县纂修志书。"② 以及永乐十年颁降《修志凡例》17 条③ 和永乐十六年"诏纂修天下郡县志书"④ 颁降的《纂修志书凡例》21 条，⑤ 洪武与永乐两朝先后数次诏修方志中，均未见有"不得书"之类的规定。而在《修志凡例》17 条与《纂修志书凡例》21 条中，对编撰城池的要求分别是："城池之大小高深"；"城池所建何时，续后增筑何人，有碑文者收录。及城楼、垛堞、吊桥之类，悉录之"。从明初的《应天府志》及明万历《顺天府志》⑥ 涉及的南、北二地京都方志中均不言及京师城池来看，朝廷在颁布修志凡例时恐有明确规定，但其具体原委不得而知。对照《实录》所载《洪武志》"其书述都城……，靡不具载"，以及"爰诏礼曹，命画者貌以为图，毫分缕析。街衢巷隧之列，桥道亭台之施，名贤祠屋之严邃，王侯第宅之华好，星陈棋布。地有显晦而沿革不同，名有古今而表著无异，凡所以大一统之规

---

① （明）张璃《万历海盐县志张璃序》，载（清）王彬修，徐用仪纂《（光绪）海盐县志》卷末《序录》，56a，清光绪二年刊本。
② （明）韩浚修，张应武纂《嘉定县志》卷 20，41b，明万历刻本。
③ （明）李思悦纂修，李世芳续修《寿昌县志》"凡例"，明嘉靖四十年刻万历递修本。
④ 《明太宗实录》卷 201，永乐十六年六月乙酉。
⑤ （明）王琛修，吴宗器纂《莘县志·凡例》，明正德十年原刻嘉靖增刻本景印。另参见（美）戴思哲著，向静译《中华帝国方志的书写、出版与阅读》，上海人民出版社 2021 年版。张英聘《明代南直隶方志研究》，社会科学文献出版社 2005 年版。陈凯《明代"永乐凡例"的比较研究与特点述评》，《广西地方志》2012 年第 5 期。
⑥ （明）沈应文修，张元芳《顺天府志》，明万历刻本。

模者,可以一览而尽得之矣",① 似乎表明当时都城重要建筑及规
制均已记载,而事实并非完全如此。仅以当时城墙为例,既未载
其长度、高度与宽度,也没记述城门及城墙一些重要的附属建筑,
甚至连洪武时期城墙两次营建和城门名的变革等均未记载。从
这个角度来看,《洪武京城图志》确是一份"虽然皇上经营缔构,
盖已极其盛矣。然而遐方远裔未睹其胜,无以知圣谟经纶之至"②
而呈志书体例的"城市宣传册",但又兼具定制的功能,故而有明
一代编撰地方志时称之"法不得书"。曾任应天府通判的祝允明
在《高皇帝敬天》称:"高皇帝以天纵之圣,功德广大,金柜之策,
不可胜记。草莽臣子何敢借亵以入私编。……"③ 其中"何敢借亵
以入私编",也许是《实录》中"卜"为何未被各种典籍披露的一种
托词。如果说 1999 年笔者在《明南京城墙设计思想探微》中提出
南京城墙的"卜"采用了堪舆术只能算个人推测的话,那么究竟
当朝文献中有没有更明确的记载? 因为,从南京地理条件来看,
由于地处江南,复杂的地形,使传统风水理论中单一对城址地理
方面之"舆",则显现不足。日本学者堀込宪二认为:"到宋、明两
代,京都南迁,周围出现了复杂的地形,这或许也影响了风水思想
的加剧变化。"④ 而当年为朱元璋之"卜"的堪舆家们是否将天文
文化内容融入其中,即所"卜"的方法是"上堪下舆"?

　　2006 年出版《天一阁藏明代政书珍本丛刊》的《礼仪定式》

---

① (明)王俊华《〈洪武京城图志〉记》,载《洪武京城图志》。
② (明)王俊华《〈洪武京城图志〉记》,载《洪武京城图志》。
③ (明)祝允明《前闻记》,引自《九朝谈纂》"太祖上"。
④ (日)堀込宪二《风水思想和中国的城市》,载王其亨主编《风水理论研究》,
　　第 280 页,天津大学出版社 1992 年版。

中，载有残缺的一页《洪武礼制序》称：朱元璋"定鼎建业，号国大明，号年洪武，则是上堪下舆、三光①七纬②，四海九州，亿兆人物，咸有所依托"。③其中"上堪下舆、三光七纬"一语道明了南京城

---

① 指天体的日、月、星三种光。《地理人子须知·紫微垣天星之图》(第 79 页)称"三光迭运，极星不移，孔子所谓'北辰居其所，而众星拱之'是也"。

② 有两种解释：其一，指日、月和金、木、水、火、土五星。其二，指《易纬》《书纬》《诗纬》《礼纬》《乐纬》《春秋纬》《孝经纬》七种纬书。这里指的是前者，《尚书》云："七政者，北斗七星，各有所主：第一曰正日；第二曰主月；第三曰命火，谓荧惑也；第四曰煞土，谓填星也；第五曰伐水，谓辰星也；第六曰危木，谓岁星也；第七曰剽金，谓太白也。日、月、五星各异，故曰七政也。"

③ (明)李原名等奉敕撰《礼仪定式·洪武礼制序》，载虞浩旭主编《天一阁藏明代政书珍本丛刊》第 14 册第 177 页，线装书局 2010 年版。现存的《礼仪定式》版本主要出自几种《皇明制书》本，均言《洪武礼制》，并有洪武二十年冬十一月二十三日(台湾成文书社 1969 年据万历年间刻本影印本，无具体日。此据续修四库全书本)大学士董伦所作《礼仪定式前序》及洪武二十年冬仲望日刘三吾所作《礼仪定式后序》，独无天一阁本《洪武礼制序》。而天一阁本《洪武礼制序》因残页，其后还留有"……用撰《礼制》一书，翌日颁示在廷。中书左丞相(臣)善长，参知政事(臣)慈(臣)稼率百官就□，稽首奉领，伏睹所载大纲数十条目……"，因洪武二十三年李善长被赐死，故该残页之《序》至少撰写于洪武二十三年之前，且天一阁《礼仪定式》本与《皇明制书·洪武礼制》本内容有异。因此，天一阁所藏明嘉靖二十年徽藩刻本单行本保存的《洪武礼制序》，对于释读当年"卜新宫"而建新城来说，具有重要参考价值。遗憾的是：《洪武礼制序》仅残存一页两面，且文字有阙。张兆裕在《礼仪定式》提要中推测"断此书为《礼仪定式》之残本，而非《洪武礼制》"。但是仅存一张《洪武礼制序》残页的版心，依稀可辨为"礼制序"字样；而正文部分的版心均无字，推测该残页可能为《洪武礼制》之"序"的原版残页，由此推测全书恐属百衲本，即张兆裕所称"残本"。另据《明太祖实录》卷 186 "洪武二十年冬十月丁卯"条载："成书名曰《礼仪定式》"，后人称其为《洪武礼制》。

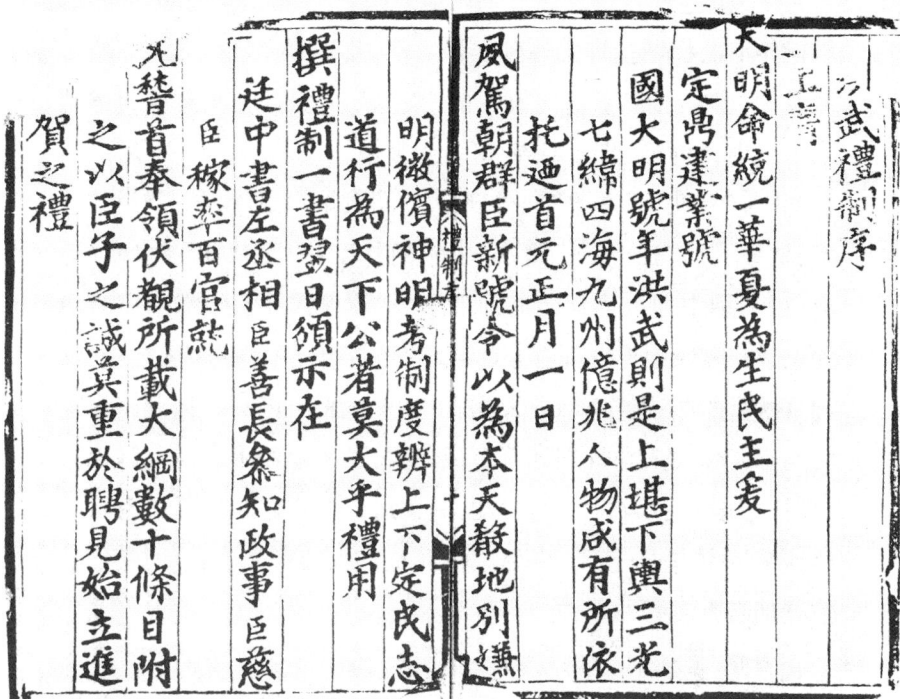

图 3 :《洪武礼制序》。

当时的"卜"的具体方法,即确实与堪舆术有关。[1]（见图 3）

　　在中国古代政治观念中,认为世界仅以中国为中轴,国土的周边全是蛮夷戎狄。于是,形成"九天阊阖开宫殿,万国衣冠拜冕旒"的天下观,无论天朝的臣民或是四夷外邦,都以中国皇帝

---

[1]　（汉）刘安撰,许慎注《淮南子》（上海涵芬楼藏景抄北宋本）卷3《天文训》:"堪舆,徐行雄以音知雌,故为奇辰。""堪,天道;舆,地道也。"是为最早关于"堪舆"由来。堪,为仰观天象;舆,为俯察地理,均为卜筮术的一种。

为天下的共主。元末明初,朱元璋、刘基等人将这种宇宙中心思想指导下的都城择址发挥到至极。他们在"仿效宇宙星象"的基本设计框架上,将宇宙星象中的"三垣"文化对应在南京四重城池布局中,宫城为紫微垣局、皇城为太微垣局、京城为天市垣局结合"南斗""北斗"聚合形、外郭呈方形以喻"天圆地方"的设计与实施,以及皇宫的安排、取名、太平门外设置"三法司"机构等等寓意,借用中国古代建筑的独特语言,不仅弥补了建都南京时地理位置和复杂地形方面存在的缺憾,还将自己隐喻为"国之中土"洞察秋毫的"天神"和"奉天承运"的"真命天子"。[①] 体现出元末明初朱元璋等人在规划和营造城池时,利用堪舆术和风水理论为"皇权"服务的本质。有学者也注意到了朱元璋时代营建南京城时这个特点:"……不仅各法司的建造与天文有关,南京城的许多建置都与天文有关。"[②]

因此,《洪武京城图志》及《洪武礼制序》中臣子们对朱元璋及南京城的赞誉之词才有了依据,《大明一统志》亦称南京的皇城"在京城内之东,当钟山之阳,以乘王气。殿宇宫阙,规模宏壮,象法天地,经纬阴阳,诚足以表四海之观瞻,垂万年之统绪,而为圣子神孙世守之基"。[③] 其中"象法天地"与"上堪下舆",则是同义的不同表达方式,前者重在规制,后者重在方法。《皇明泳化类编》亦称当时的应天府城,由"太祖创置,一皆取义玄象、方仪,闻之知其为天府也"。[④] 所谓"玄象",指日月星辰,即"天成象于上。而

① 杨国庆《明南京城墙设计思想探微》。
② 张兆裕《明初国事与术数》,载《明史研究论丛》第 6 辑,第 457 页。
③ (明)李贤、彭时等纂修《大明一统志·南京》卷 6,1b。
④ (明)邓球编《皇明泳化类编》卷 41,1b。

凡在天者,如日月星辰之属,皆成其象"。① 所谓"方仪",指天道
曰圆,地道曰方,天地曰两仪,称"天圆地方",地道即方仪。② 亦
均不同程度阐述了当年南京城市之"卜"的象天法地或上堪下舆。

　　按《明太祖实录》载,刘基是"卜"的执行者和负责人。刘基
于元至正二十年(1360)三月与章溢、叶琛、宋濂一同赴建康,其
他3人均授以官位,"濂提举江南学校,遣世子受经。溢、琛主营
田,而基留帷幄,预机密谋议"。③ 刘基开始并无官职,仅"留帷
幄"与朱元璋遇事密谋商议。直到元至正二十五年七月壬午,才
任命刘基为太史监的太史令。④ 朱元璋在给刘基太史令诰中称:
"尔用协五纪,允厘百工",⑤ 表明刘基不仅要负责编制历法、定分
野之重任,还要主管城市营建"允厘百工"的事务,这既符合主持
"卜"的身份,也具有堪舆家的既有条件。但是,刘基等人所"卜"
的大明开国都城如此重要的事迹,为何在刘基所著的《诚意伯文
集》以及后人编撰的《诚意伯公行状》中也只字不提。因此,只有
一个解释:新宫新城的上堪下舆是由一个团队完成的,刘基仅是
因太史令的身份也许成为"卜"的"上堪"参与者之一,或者是名

① (明)曹学佺《周易可说》卷5,3b,明崇祯刻本。
② (汉)许慎《淮南鸿烈解》卷5,9b,明正统道藏本。
③ (明)邓元锡《皇明书》卷1,6b,明万历三十四年刻本。另刘辰《国初事迹》
　称:"基等到京,授基中丞,溢中丞,授琛洪都知府。基知天文,太祖尝以国
　帅(师)、先生称之。后封诚意伯。"刘基任中丞为洪武元年三月,见朱元璋
　《御史中丞诰》。
④ 《明太祖实录》卷17,乙巳七月壬午:"置太史监,设太史令、通判、太史监
　事、金判太史监事、校事郎属官五官,正灵台郎保章、正副挈壶、正掌历管
　勾。寻以刘基为太史令。""吴元年冬十月丙午,改太史监为院。"《明太祖
　实录》卷26,吴元年十月丙午。洪武元年十二月壬申,再改称司天监。
⑤ 朱元璋《太史令刘基诰》,载(明)朱升《朱枫林集》卷1,10b。

义上的负责人,这项都城规划中的肇起人和决策者朱元璋才是最重要的。

据《明太祖实录》记载,刘基临终前对其子刘琏有嘱托:"基未卒前数日,以所藏《天文书》授琏,使服阕以进,且戒之曰:'勿令后人习也。'"[1] 中国古代天文星象一类的典籍虽有很多,但在洪武八年(1375)刘基去世以前并没有单以《天文书》命名的书。洪武刊本的《天文书》(又名《天文宝书》)[2] 已是洪武十六年以后的事。"刘基的被神化,其始作俑者还是文人。"[3] 随着朝廷记载和文人们的记述传播,才会影响到民间野史和异闻的繁杂,使刘基几乎成了神化般的人物。关于明初填湖建宫与刘基有关的传说很多,仅举数例:(1)梁亿在《传信录》中称:"太祖欲建宫阙,命刘基相地,在前湖中为正殿,已立桩于水中矣。太祖嫌其前,迁之。少后,基见而怪之,问曰:'谁所迁耶?'太祖'此朕意也。'基曰:'如此亦好,但后世不免迁都耳。'果然。"[4] 又称:"洪武初,京城既完,上谓诚意伯刘伯温曰:'城高如此,谁能逾之?'伯温对曰'人实不能逾之,除非燕子耳。'燕子者,燕国之子,盖指太宗而言,隐语也。然则伯温当时已预知太宗之必有天下矣。"(2)张瀚在《松窗梦语》中载:刘基为勘察朱元璋未来皇宫所在地,选定后,

---

[1] 《明太祖实录》卷99,洪武八年四月丁巳。另据(明)刘基《诚意伯文集》(四库全书本)卷20,35b《故诚意伯刘公行状》载:"公未薨前数日,乃以《天文书》书授琏,使伺服阕进,且戒之曰:'勿令后人习也。'"

[2] (明)海达尔等口授,李翀、吴伯宗译《天文书》,明洪武十六年内府刻本。此书原为回回文,洪武元年置回回监,诏征元回回司天监海达尔等奉敕口授、翻译。

[3] 吕立汉《刘基考论》第4页,中州古籍出版社2000年版。

[4] (明)梁亿《传信录》,载《九朝谈纂》"太祖下"。

便竖了一根木桩为记号。朱元璋回去对夫人马氏说了这件事,马氏不悦,说:"天下由汝自定,营建殿廷何取决于刘也!"马氏连夜将原先刘基所置的定址木桩换了一个地方。次日,朱元璋领刘基前往新址时,刘基看后便说:"如此固好,但后世不免迁都耳。"①(3)邓球在《皇明泳化类编》也有载:"太祖将营宫阙于南京,命刘基相地。基即前湖,中为正殿,时已立桩水中。已而太祖亲视之,嫌其逼前,乃迁之稍后。明日,基见而怪之,因问曰:'谁所迁耶?'太祖曰:'此朕意。'基对曰:'如此亦好,但后不免迁都耳。'"又称:"太祖营王城,竟改于城之东隅,取帝出乎震之义云。及城完,太祖一日召刘基偕观,谓基曰:'城高如此,谁能逾之?'基对曰:'人实不能逾,除是燕子来耳。'后皆验。"②当然,这是后人为渲染刘基料事如神的"本领"而杜撰的故事,其目的有迎合朱棣迁都北京或反对将大明京师重返南京之嫌。③但从另一个角度来看,朱元璋当年填湖建宫之"谜团",百余年后再次引起朝野广泛关注已成事实。

另据传为刘基所作的《大明清类天文分野之书·凡例》称:"钦天监原定十二分野,分配州郡。与唐天文志参合异同。……本朝应运肇基,而南京应天府实星纪、斗牛之分,且与天、地、人三统之正相协。自周以来数千年间,帝王之运适符于今。"④故《洪武

①　(明)张瀚《松窗梦语》卷5,5b,清抄本。

②　(明)邓球编《皇明泳化类编》卷80,3a/b。

③　自洪熙元年三月,仁宗朱高炽决意恢复南京为京师之后,恐此类传说由始而杜撰,后有反对迁都南京之人而记述。

④　《明太祖实录》卷167,洪武十七年闰十月:"是月,《大明清类天文分野书》成。"

京城图志·皇都山川封城图考》有"本朝应运肇基应天府，实星纪、斗牛之分"之说。表明当时钦天监所定的十二分野对应的吴越，依据的是汉唐以降的十二分野说，[①] 并利用其分野说以证京师的法统地位，填补了朱元璋"国之中土"新论的理论根基。

至于南京的风水，历代均有不同的表述。徐氏兄弟在《论南龙所结帝都垣局》中称："南龙有金陵，即今南畿，我太祖高皇帝建都之地也。……盖紫微垣局，南干之尽也。"还引苏伯衡对刘迪简之语："金陵地脉，自东南溯长江而西数百里而止。其止也，蜿蜒磅礴，既翕复张，中脊而下，降为平衍，所谓土中。于是乎在西为鸡笼、覆舟诸山，又西为石头城，而钟山峙其东。大江回抱，秦淮、玄武湖左右映带，两淮诸山，合沓内向，若委玉帛而朝焉。"[②] 至于南京地形与风水和人的关系，《谦山之记》称："建康东起天目山，北接钟山、覆舟、鸡笼山，终于行田。又有严山、牛头、白持山、堂阳等山，而大江横其后，淮水流其中，夹淮而为王都。"中国古代择都讲究形胜，还强调"人"的作用，所谓"成败在人，不在于地"，然"形胜足以助于人也"。[③] 洪武年间，曾初征入京师不受官还的邓雅，对金陵的王气评论："乾坤定位圣人出，金陵王气何佳哉。请君直上金陵去，径叩天关与天语。龙蟠万古帝王州，四海苍生望霖雨。"[④]

---

① （唐）李淳风《乙巳占》卷3,4a："斗牛，吴越之分野，自斗十二度至女七度于辰。在丑为星纪，星纪者言，其统纪万物。十二月之位，万物之所终始，故曰星纪。"清光绪十万卷楼丛书本。

② （明）徐善继、徐善述著，金志文译注《地理人子须知》第98页。

③ （宋）王洙等撰，金明昌抄本《图解校正地理新书》卷1,第67、68、75页。

④ （元）邓雅《题高崇节地理卷》，载邓雅《玉笥集》卷2,11b,四库全书本。

　　清代学者顾炎武针对明代郑晓和顾璘关于南京形胜风水不佳之论，提出了相反观点：南京"钟山自青龙山至坟头一断复起，侧行向西南；而长江自西南流向东北，所谓山逆水、水逆山，真天地自然交会之应也。……二公之言，均之未得其真也"。[①] 南宋周应合称南京的风水格局："石头在其西，三山在其西南，两山可望而扼大江之水横其前；秦淮自东而来，出两山之端而注于江，此盖建邺之门户也。覆舟山之南、聚宝山之北，中为宽平宏衍之区，包藏王气，以容众大，以宅壮丽，此建邺之堂奥也。自临沂山以至三山，围绕于其左；自直渎山以至石头，溯江而上，屏蔽于其右，此建邺之城郭也。元武湖注其北，秦淮水绕其南，青溪萦其东，大江环其西，此又建邺天然之池也。形势若此，帝王之宅宜哉。"[②] 南京这种局部地区的地形地貌元代并无大的变化："覆舟山之南、聚宝山之北，中为宽平宏衍之区，包藏王气，以容众大，以宅壮丽，此建邺之堂奥也。"[③] 这是朱元璋经过实地勘查、上堪下舆并定鼎建业的地理方面的基础。因此，美国学者芮沃寿认为：南京"一边是大江、支流、运河与湖泊，另一边是丘陵、大山、断崖与深谷，南京的地址正好展示了其间的紧密联系。这与华北平原的平坦城址恰成明显的对照。我设想正是在这个所在——还有遍布南方的许多相似地点——也正是在这个时期，在帝王城市宇宙论中，才逐渐松散地添附上一套新的观念：即称为'风水'的观念体系"。[④]

---

① （清）顾炎武《肇域志》"江南五"，9a/10a。
② （宋）周应合《景定建康志·山川志序》卷 17，2a/3b，清嘉庆六年刊本。
③ （元）张铉《至大金陵新志》卷 5 上，2b。
④ （美）芮沃寿《中国城市的宇宙论》，载《中华帝国晚期的城市》，第 58 页。遗憾的是芮沃寿并没有进一步诠释这个风水"体系"中的"新的观念"究竟内容是什么。

为了体现"皇权神授"的统治地位,在上堪下舆、扩建南京城时,其设计思想是仿效宇宙天象的投射(上堪),并根据当时的历史背景,南京的丘陵、河湖特殊的地理条件(下舆),利用南京旧有城垣以及军事防御需要等情况,后又经过朱元璋对"国之中土"纠结后的再次增建和延续,才逐步凸显了整体四重城垣所蕴含的中国古代天文的文化寓意,即以"北斗与南斗聚合"为整体布局,辅以"三垣"、"天圆地方"的文化内涵。否则,朱元璋对"国之中土"的新认知是无法通过当年"卜地定",以实现洪武二十八年(1395)颁布《洪武京城图》最后的城市布局的完整性和延续性。因此,当年的"卜"已经蕴含了之后彰显的南京城"国之中土"的文化寓意,只是朱元璋当时尚未找到分野和地理上的"国之中土"立论的依据。

南京京城(第三重)城墙在整体上,呈现"南斗"与"北斗"聚合,反映了朱元璋等人对南京所处我国东南、偏于一隅这种缺憾利用天象星宿文化在建造京城时的校偏心理,从而隐喻南京的都城是"环宇"中的"国之中土"。坐落于"北斗斗魁"内的皇宫,则在强化皇权天授这种历代帝王思想的同时,突出了帝王尊贵,使人敬畏的建筑效果。南京城墙最后呈现的"南斗"与"北斗"聚合的具体特征,主要表现在以下五个方面:

其一,"南斗与北斗"的聚合。从南京城垣东南角的通济门至西北角钟阜门与仪凤门之间作一划分,西南为"南斗六星",东北为"北斗七星"。南斗的6颗星座,以聚宝门、三山门、清凉门、石城门、定淮门、仪凤门六座城门及连线为隐喻;北斗的7颗星座,以通济门、正阳门、朝阳门、太平门、神策门、金川门和钟阜门7座城门及连线为隐喻,这也许是南京设置13座城门的真正由来。

如果说汉代长安城垣的平面图是比较抽象重叠的"斗城",那么明代南京城垣的平面图相对来讲,呈较为具象的"南斗"与"北斗"聚合形。(见图4)

其二,区域与轴线。由于南京城墙"南斗"与"北斗"的组合,故自然分为南京城区的三大区域:(1)自通济门向南拐角处(不含通济门本身)至三山门为"南魁"市区,即南斗的斗魁部分为商住区,这个区域的墙体以条石为主砌筑,城墙顶部砌筑少量城砖。[①](2)自通济门(含通济门)至太平门为"北魁"皇宫区,即北斗的斗魁部分为皇宫区,这个区域的墙体以城砖为主砌筑。(3)"南斗星"与"北斗星"的两斗杓之间为军屯区,墙体构造比较复杂,建材以城砖为主,条石为辅。

这三个区域形成各自的轴线:"南魁"市区中轴线,为旧城区原有轴线,以聚宝门为起点向北,至杨吴城壕的北垣(即今北门桥南);"北魁"皇宫区中轴线以正阳门为起点向北,过洪武门、承天门、端门、午门、奉天门、奉天殿、华盖殿、谨身殿、乾清门、乾清宫、坤宁宫、玄武门、北安门,以龙广山为靠山;南、北两斗杓之间自通济门拐角处至钟阜门与仪凤门之间的狮子山为轴线,是全城被隐匿的总轴线。

其三,城的中心与辐射。明南京城依照"南斗"与"北斗"所形成的城市整体上的中轴线,其中心点的位置大约处于钟鼓楼(明代称"黄泥冈",位于城中心附近的高敞之地)位置。以钟鼓楼为起点,连线至"北斗斗魁"底部中央设城门为朝阳门(今中山

---

① 南京市地方志编纂委员会编《南京文物志》第50页《南京城墙现估表(市城建局1958年)》,方志出版社1997年版。

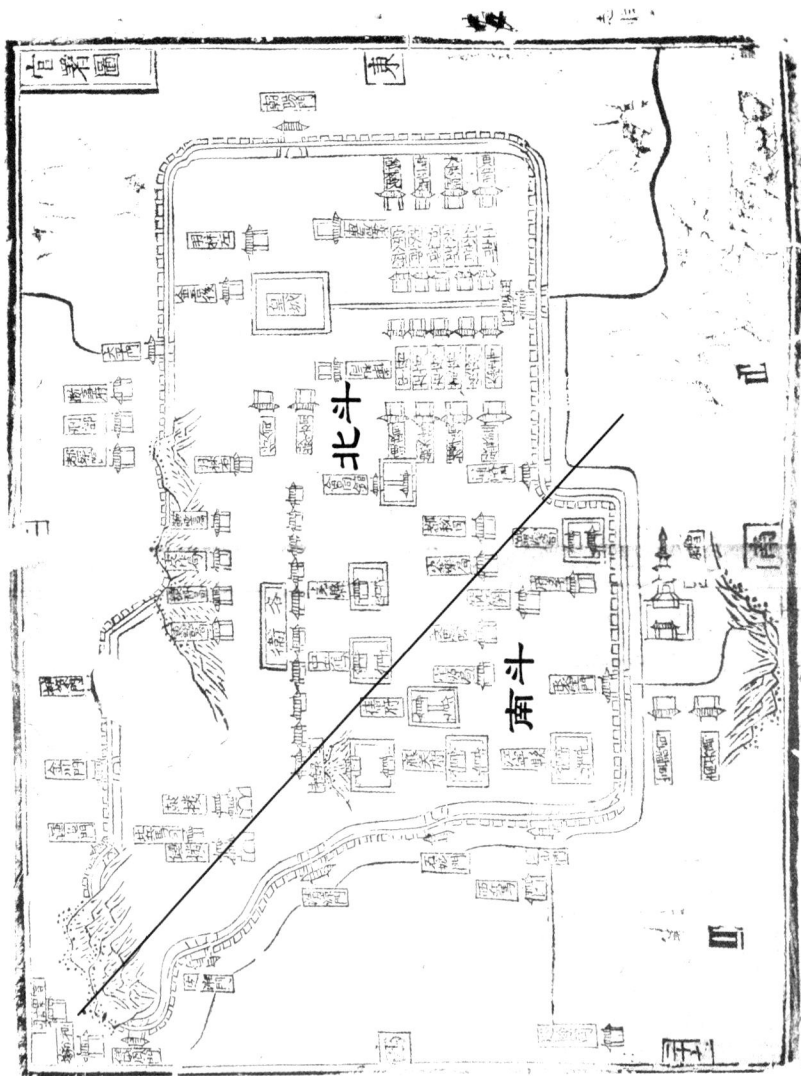

图4：南京城与南斗、北斗示意图，底图采自(明)王俊华纂修《洪武京城图志·官署图》。

门）；以钟鼓楼为起点，连线至"南斗斗魁"底部中央原有的南门
（洪武间改名聚宝门，即今中华门）；再以钟鼓楼为起点，连线至仪
凤门与钟阜门之间的狮子山，所形成三条连线的距离基本相等。
而"北斗"与"南斗"斗魁底部中央各自与钟鼓楼延线之间形成的
夹角为 60 度（±5 度），这两条延线与钟鼓楼至狮子山中心点的延
线分别形成的夹角各为 150 度（±5 度），从而可以看出南京城在
平面设计上体现出的规整布局，反映了当时都城上堪下舆以及先
后两次营建中严谨的整体性与可持续性，以及当年城市规划设计
的科技水平。

　　明代南京城的钟鼓楼，显然继承了元大都的旧制，在南京城
中轴线上的中心点上建造钟楼、鼓楼。这种设置，符合"鼓楼之
设，必于中城四达之衢所"，以便声音传播涵盖更大的范围。中国
古代城市中的钟、鼓楼，绝大部分坐北朝南，或坐东朝西，方位基
本是正的。[①]但是，洪武十五年（1382），在此建造的钟楼、鼓楼，是
坐东南面西北，方位上是斜的，[②]与明代南京城"南斗"与"北斗"
的分割线基本处于同一方位。这是明南京钟鼓楼，有别于其他历
代都城钟鼓楼的地方。

　　其四，城门之设与寓意。南京城墙的"南斗"与"北斗"结合
部南端的通济门，虽与三山门一样，由于分别处在秦淮河进出南

①　如南宋临安（杭州）鼓楼、元大都鼓楼、建造于洪武八年（1375）的凤阳中都
　　鼓楼（坐东面西）等。钟楼，位于鼓楼西南侧，初建在鼓楼以西小山冈上。
　　后迁至今鼓楼东北侧。钟楼与鼓楼是中国古代城市司晨、报时、报告灾异以
　　及"警朝夕"的中心，以"晨钟暮鼓"，来统一全城城门的晨启暮闭。中国古
　　代都城中，钟、鼓楼的建制，大约起源于魏晋，中兴于唐、宋，鼎盛于明代。
②　季士家《鼓楼》称：鼓楼"北偏东 42 度"，载《鼓楼区文物志》，江苏文史资料
　　编辑部 1999 年版。实际约为北偏西 42 度。

京城的出入河道附近,故其内瓮城呈十分罕见的"船形"。这种对军事防御并无多少价值的"船形"形状,却与南京城墙南斗与北斗形状密切相关。进入南京城的内秦淮河,"恰巧"位于南京城墙南斗的"斗魁"中,与《石氏星经》所述的南斗星宿"半在河中"相对应。同时,由于北斗象征皇权,南斗象征百姓,故隐喻着平民皇帝朱元璋创建的大明王朝,与天下百姓"同舟共济"的一种心态。

城北端的钟阜门,因正对"龙蟠"之首的钟山,故含有"龙"的文化韵味;在与之相背直线距离不足 1 公里的地方,设置了仪凤门,而在钟阜门南不远处又设金川门,似乎钟阜门的设置完全没有必要。依照古代堪舆术来说,城门的开筑是受到相当重视,并非随意而开:"城门者,关系一方居民,不可不辩,总要以迎山接水为主"。①明天启元年(1621),南京都察院"各竭心思,宁详勿略,宁慎勿忽"而修编的《南京都察院志》,在记述南京京城城门"钟阜门"条目时,似乎意识到这点,特别强调位于城北仪凤门与金川门之间钟阜门的特殊意义,因为这 3 座城门相距过近而钟阜门"似为多设",只留下"创自圣祖制度,坐井难以观天"②的感叹。但这两门取向特殊,城门名"龙凤呈祥"的文化蕴涵明显,当是对"南斗"与"北斗"聚合天下——"国之中土"的明王朝开国都城一种祈祷。

其五,两斗斗魁用材有别。北斗斗魁的墙体内外侧主要为城砖砌筑,而南斗斗魁墙体内外侧主要为条石砌筑。这种明显有区别的用材特点是在南京城墙营建的第二个阶段完成,即洪武九年

① (清)林枚《阳宅会心集》卷下《开城门论》20a,清嘉庆十六年致和堂藏板。
② (明)施沛《南京都察院志》卷 24,25a/b,明天启刻本。

（1376）后才得以显现。北斗斗魁的墙体，即便位于临水地段也用城砖砌筑，位于朝阳门至太平门之间（属北斗斗魁）的前湖（明初称"燕尾湖"）和琵琶湖段等临水的城墙段，水平面以下包括基础采用了块石、条石加灰浆砌筑；而水平面以上就使用了城砖。城砖耐水侵蚀性明显低于石材，但为了体现"北斗"的皇家尊贵，墙体竟弃石材而用城砖。南斗的斗魁墙体，早期部分沿用的是"旧城"城砖墙体，在洪武九年后第二阶段营建时，为了体现为天下百姓所居的"南斗"文化寓意，反而统一增砌条石为墙体。两斗斗魁用材有别，当有深意（详见第五章）。

　　明初筑南京和中都城，朝廷向长江中下游广袤地区征派烧制城砖徭役，由于城砖属于皇砖、贡砖，又称官砖、官甓、税粮城砖，[①]民间不得买卖。朝廷在城建的第二阶段将江南一批富户的钱财用来采办石料，[②]营造城南百姓居住的城墙，即"南斗的斗魁"部分，以达到取之富民之财，用于天下百姓的文化寓意。

　　自明代以后，民间盛传关于聚宝门故事，其中城南一带的城墙为江南沈万三所承筑也广为流传。据《五杂组》载："金陵南门名曰聚宝，相传洪武初沈万三所筑也。沈之富甲于江南，太祖令

① 《明太祖实录》卷182，洪武二十年六月甲申。《南京城墙志》第283页。
② 笔者曾于1999年赴安徽繁昌调查南京城墙砖窑遗址，采风时获当地村民口碑：朱元璋为造南京城墙于此地采石料，运往南京用于水西门地段城墙砌筑，该地段属"南斗斗魁"部位。当地小山被凿了近半，剖面凿痕绵长约数百米，十分震撼。2017年再赴此地时，已被开发区所占，当年残缺的山头亦不复存在。仅从迁移的村民口中了解到一位老石匠家中曾藏有一取石用的异常石凿，口宽10余厘米。这个宽度，与当年在山头剖面凿痕基本吻合。此地疑为当年营造南京城墙一处采石场。另可参阅南京市明城垣史博物馆《安徽繁昌明城砖窑址调查报告》，《东南文化》1999年第5期。

筑东南诸城,西北者未就,而沈工已竣矣。太祖屡欲杀之,人言其家有聚宝盆,故能致富。沈遂声言以盆埋城门下以镇王气,故以名门云。"① 此说又被《明史》所采信:"吴兴富民沈秀者,助筑都城三分之一,又请犒军。"② 遂被后世流传。黄云眉提出:"传言沈万三筑都城,亦不足信,万三事十九皆虚构也。"③ 笔者认为以南京城墙的规模和参考 20 世纪末至 21 世纪初大规模维修城墙耗资数以千万来看,沈万三哪怕是富甲江南的首富(何况元末明初的多年战乱),当年筑都城三分之一根本不可能做到。因此,在筑城这件事上"沈万三"仅是一个"符号",这个"符号"代表了江南一批被朱元璋抄没财产的富户,④ 将这批强取豪夺来的财富用于部分地段城墙的营造,则可以满足筑城所耗的部分资金。据曾聆听过朱元璋提及沈氏兄弟捐资事迹的刘三吾称:"自予备官春坊词垣以来,日于班次,拱(恭)听圣训,恒钱谷所暨,必首称吴中沈氏。国初,有万三公、万四公兄弟率先两淛户家输其税石者万,玉音嘉叹久之。复献白金为两者千五,以佐用度。上曰尔心诚忠,意诚厚,第系天下……我今富有天下,政不少此也。好语却之不得,乃

① (明)谢肇淛《五杂组》卷 3,20a/b,明万历四十四年潘膺祉如韦馆刻本。关于沈万三故事,多见于诸野史,如(明)吕毖辑《明朝小史》(旧抄本)卷 2 中的"沈万三资产缘由",称其资产授之神怪。
② 《明史》卷 113《列传》1 "后妃一·太祖孝慈高皇后"。
③ 黄云眉《明史考证》第 1 册《本书内容挈要》第 5 页、第 4 册第 974～975 页。
④ (明)贝琼《横塘农诗序》:"三吴巨姓享农之利而不亲其劳,数年之中,既盈而覆,或死或徙,无一存者。"载《清江文集》卷 19,6a/b。吴宽《莫处士传》载三吴地区的情况是:"国初,适朝廷方用重典御世,……皇明受命,政令一新,豪民巨族,划削殆尽。"载(明)吴宽《匏翁家藏集》卷 58,12a、13b,上海涵芬楼藏明正德刊本。

俾任所意造廊房槛者六百五十,披甲马军者千。"①刘三吾在《墓志》中,也并未提及沈氏兄弟曾捐资筑城事宜,仅为出资造廊房和提供军备之需。倘若沈氏兄弟确曾有过捐资筑城之举,刘三吾焉能不记,毕竟捐资筑城之影响远超造廊房和提供军备之需。

南京城墙"南斗"与"北斗"两星的聚合,蕴涵着丰富的中国古代文化内涵。南斗是二十八宿中的斗宿,即北方玄武元龟第一宿,"斗六星赤,状如北斗,在天市垣南,半在河中"。②因与北斗相对,故称南斗,在星空中并不醒目。南、北两斗很早就为人们所崇拜,传说黄帝母因"见大电绕北斗枢星,感而怀孕,二十四月而生黄帝于寿丘";"南斗六星为天庙,丞相、大宰之位,主荐贤良,授爵禄,又主兵,一曰天机"。③道书《上清经》将南斗六星的职掌具体化,而后更被神话:有两人在下棋,"……北边坐人是北斗,南边坐人是南斗。南斗注生,北斗注死。凡人受胎,皆从南斗过北斗;所有祈求,皆向北斗"。④即便到了明中晚期,南斗六星的文化内涵,仍然被当时所认同:"天子之事占于南斗,星盛明,君臣一心,天下和平,爵禄行。"⑤在被人格化的南斗"斗魁"内,设市为民居,既符合当时的经济条件和民心的向背,又保护了元末明初南京城最繁华的区域,更重要的是由道家堪舆术隐喻在南京城墙建筑语言

① （明）刘三吾《故吴兴处士沈汉杰墓志铭》,载刘三吾《坦斋文集》卷下,26a,明万历六年贾缘刻本。
② 《石氏星经》,引自陈遵妫《中国天文学史》第2册第347页。
③ （汉）司马迁撰,（南朝宋）裴骃集解,（唐）司马贞索隐,（唐）张守节正义《史记》卷1《五帝本纪第一》、卷27《天官书第五》,中华书局1982年版。
④ （晋）干宝《搜神记》卷3,5b,四库全书本。
⑤ （明）顾起元《客座赘语》卷4,11a。（明）罗贯中撰,冯梦龙补《平妖传》（明墨憨斋本）第2回,3b,也有关于南斗与北斗拟人化的描述。

中的设计思想,满足了朱元璋秉承的封建帝王皇权"至高无上"、"永为人主"的欲望。从整体上看,皇宫位于"南斗"北面,也符合《石氏星经》所述的方位。① 传世文献中,将"斗为帝车"的思想应用到古都规划建设,当以《三辅黄图》为首:"(始皇)二十七年(前220)作信宫,渭南而已,而更命信宫为极庙,象天极(即象征"北极星")。""北斗七星,……斗为帝车,运于中央,临制四乡。分阴阳,建四时,均五行,移节度,定诸纪,皆系于斗。"② 由于北斗只绕北极星回转,且居于天体的中央,被赋予了极尊的文化寓意,也更为古人所乐道。这种以北斗象征皇权、皇位、皇家至高无上的隐喻语言,在朱元璋时代得到进一步推崇。洪武元年,按礼部所设皇太子位入奉天殿前的引导旗幡,在两侧十二面"龙旗"的护卫下,正中一面就是"北斗星"旗,③ 由此可见,朱元璋等人对"北斗星"文化内涵的认同与推崇。将皇宫设置于北斗的斗魁内,以喻之尊贵,是朱元璋及刘基等人卜筮南京城墙时很重要的一个思想基础,也是朱元璋的"皇权"思想与中国数千年"象天法地"营造城垣相融合的结果。朱元璋于洪武九年至十年(1376~1377)的两年时间里,对两年一度分别举行的郊祀天、地之礼和分别举行的祭祀社稷活动进行了重大改革。他认为:分别祭祀天和地是不合自然的,正如把父母分开祭祀一样不合人情。他不仅命官员为其寻找历史上的根据,还命造个特殊的享殿用于新的"大祀"。

---

① 《石氏星经》,引自陈遵妫《中国天文学史》第2册第347~348页。
② (汉)阙名撰,(清)张元济撰校勘记《三辅黄图》卷1,2b《咸阳故城》。《史记》卷27《天官书第五》。
③ 《明太祖实录》卷35,洪武元年十月丁酉。

对于祭祀社稷,他也认为不应分祀,而另建合祀之坛。^①这种有违古制合祀天地与合祀社稷的做法,为中国古代数千年封建史不多见。如从南京城墙"南斗与北斗"聚合的形制上,找出朱元璋为了开"一代之制"的思想动因,朱元璋这一系列举措也就不难理解,而并非仅是为了"需要加以简化"那么简单了。^②

三、堪舆与四重垣局关系

在"中国即天下,天下即中国"的理念影响下,我国古代天文学家,根据对天象星座的长期观察,将环绕北极和比较靠近我国周围上空的恒星,分为三垣、二十八宿,并附之以诸星座。所谓"三垣",是指紫微垣、太微垣和天市垣,由于各垣都有东西两藩的星,围绕成城垣的样子,故称"三垣"。二十八宿是:青龙七宿;玄武七宿;白虎七宿;朱雀七宿。^③其中,每一"垣"、每一"宿",都由数量不等的星宿组成。徐氏兄弟在《地理人子须知》中,还分别将天文三垣对应地形大势加以阐述,借以论证其"帝都必合星垣"之说。

对于当年南京城的堪舆乃至最后形成的四重垣局,尽管早期

① 《明太祖实录》卷114,洪武十年八月癸丑。
② (美)牟复礼、(英)崔瑞德编,张书生等译,谢亮生校《剑桥中国明代史》第150页,中国社会科学出版社1992年版。
③ (明)胡献忠辑《天文秘略·天文论》(不分卷无页码,清初抄本)又称四象:"东方七宿,其形如龙(故曰苍龙);西方七宿,其形如虎(故曰白虎);南方七宿,其形如鹑(故曰朱鸟赤凤,曰鹑);北方七宿,有龟蛇之形(故曰玄武)。"

可以看出其规模和基本形态,但如果没有朱元璋的第二次城建中的强化和彰显,或许更难以窥探当年堪舆所蕴含的内涵。单就城墙而言,其中最明显的举措绝非单纯将城墙加高增厚,而是在隐喻"南斗"与"北斗"墙体用材和鼓楼方位设置等方面的考量。此时参与当年规划的刘基已作古经年,而如此独具匠心的安排,有当年规划基础的深意并被强化。直到朱元璋的晚年,经过 20 多年前后两次的城建,南京四重城墙最后的"三垣局"及"天圆地方"才得以彰显,简述如下:

（1）宫城布局,为紫微垣局。紫微垣,是古代星象三垣的中垣。因位于北极周围称之中宫、紫微宫等,属于禁地,"大帝之坐,天子之常居也",也是皇宫的意思,[1] 故亦有"紫禁城"（此称谓起自元末明初部分名人笔记或诗句中,明中晚期才正式见载《大明会典》等官方文献,[2] 后为清代所流行）之称谓。杜泽在《洪武京城图志·序》中所称:"紫微临金阙"的"紫微"即指此垣,"金阙"道家称仙人或天帝居所,亦指天子的居所。[3] 杨筠松[4] 云:"紫微

---

① （元）脱脱等《宋史》卷 49《天文二·紫微垣》,武英殿本。陈遵妫《中国天文学史》第 2 册第 295 页。

② （明）申时行等奉敕重修《（万历）大明会典》卷 187,1b :"紫禁城起午门,历东华、西华、玄武三门。"

③ （明）刘基《远游篇》:"云中有金阙,谓是天帝宫。"载《诚意伯刘文成公文集》卷 13,49b。

④ 杨筠松（834～900）,名益,字叔茂,号筠松,唐代窦州人,风水宗师,常被地理、堪舆学家视为祖师祭拜,尊称杨公。其风水理论首重龙脉,认为自然山水是"天星下照,在地成形"的结果。关于杨筠松著作,有不少争议。如《天玉经》《青囊奥语》《都天宝照经》《撼龙经》《疑龙经》等风水学经典。有一说认为《天玉经》《青囊奥语》《都天宝照经》等原本为宫廷秘笈,当杨公离开宫廷将其带出宫外,又因原典籍并没注明作者,故后人遂托之杨公所撰。

垣外前后门,华盖三台前后卫。中有过水名御沟,抱城屈曲中间流。"① 元末熊梦祥首次在将元大都以方志的体例编撰的《析津志》中称:"奠安以新都之位,置居都堂② 于紫微垣。……"③ 也有学者依据《周易》的震卦方位,认为"帝出乎震"④ 故建皇宫于南京都城东部,⑤ 虽有一定的道理,但缺乏皇宫在京城乃至都城关系与整体布局方面的考量。

　　南京"宫城"一名,元末明初有与"皇城"一名混用现象,盖因宫城早于皇城建成之故。⑥ 宫城,位于南京四重城垣最里一重,坐北朝南,洪武年间的宫城平面略呈长方形,城垣外侧四周有御河环绕。在皇城与宫城中轴线上,依照传统制度宫阙的"五门之制"所建五门,于洪武十年(1377)完备。即在皇城、宫城的中轴线上,由南而北,在原先洪武门内增建承天门,在承天门之后、午门前增建端门,由洪武门、承天门、端门、午门、奉天门组成的"五门之制",是为"天子明堂,五门之制"。⑦

---

① （唐）杨筠松《撼龙经》27a,四库全书本。

② 唐尚书署居中,各部总办公处称"都堂",元大都沿袭唐制。(元)熊梦祥《析津志》原版早佚,现由北京图书馆据《永乐大典》等书所引录,加以钩沉整理,成《析津志辑佚》一书。

③ （元）熊梦祥《析津志辑佚》之《朝堂宫宇》第8页。但明南京将六部(实为五部)五府分布于千步廊两侧,为太微垣局,这是有别于元大都旧制之处。

④ （宋）程颐《周易程传》卷2,3a,载(宋)程颐《伊川易传》卷10,元刻本。

⑤ 徐泓《明初南京皇城宫城的规划、平面布局及其象征意义》。

⑥ 《明太祖实录》卷25,吴元年九月癸卯,建造新宫,称"周以皇城,城之门南曰午门,东曰东华,西曰西华,北曰玄武"。实际"皇城"当时尚未建造,所述涉及的城门,实为宫城之门。

⑦ 源出(汉)郑玄注《周礼》卷2,27b载:"阍人掌守王宫之中门之禁。"东汉郑玄注:王有五门:皋门、库门、雉门、应门、路门。建文称帝后,曾按《周礼》改5座城门名。永乐称帝后恢复原名。当然这是后话,但反映了这5座城门对于帝都的重要性和相互的关联性,是传统的规制。

　　宫城内又以乾清门作为分界线,由前廷与后宫组成。前廷,也称前朝、外朝、外廷,位于"五门"之后的三大殿分别为奉天殿、华盖殿和谨身殿,为皇帝日常起居、处理朝政、接受中外使臣朝觐的场所,"为前后左右各种宫、殿、门、楼所拱卫,象征皇权至高无上"。①

　　宫城三大殿名,各有其义:奉天殿,即太微垣西南角外三星——明堂的返照。明堂,是中国古代都城建筑中不可缺少的重要建筑,"天子立明堂者,所以通神灵,感天地,正四时,出教化。宗有德、重有道、显有能、褒有行者也"。②明代南京的明堂,据清代学者夏燮在《明通鉴》(卷17)中考证:在宫城内"奉天殿实明堂也"。③"奉天",依照"天"的法令行事:"太祖名大朝门曰'奉天门',殿曰'奉天殿',以致诏、赦、诰、敕俱以'奉天'冠之。明人主不敢以一人肆于民上,无往非奉天,义至精博也。"④华盖殿,华盖为古代天文"三垣"的紫微垣中"五帝内座五星在华盖下",⑤"旧文书:太空华盖,紫微垣上境"。⑥《石氏星经》称:"五帝内座是华盖下帝座",取名"华盖"的目的,不言自明。谨身殿,"谨身"是朱元璋登基前后直至"驾崩"的一贯主张。他曾对李善长说:"人之一

① 徐泓《明初南京皇城宫城的规划、平面布局及其象征意义》。
② (清)陈立《白虎通疏证》卷6,9a,清光绪元年淮南书局刻本。(北魏)郦道元撰,(清)王先谦校,(清)赵一清录附录《水经注》卷19,长沙王氏合刊本。
③ 明堂历来争议很多,有人认为明堂朝南,设置于王城之南郊。参见王国维《明堂庙寝通考》,载王国维《观堂集林》卷3,中华书局1959年版;(汉)戴德编著《大戴礼记》;(汉)蔡邑《明堂论》等。
④ (明)邓元锡《皇明书》卷39,14b。
⑤ (唐)瞿昙悉达《开元占经》卷69,2a,四库全书本。
⑥ (晋)佚名《元始无量度人上品妙经》,载(清)彭定求等辑《道藏辑要·角集一》卷2,33b,二仙庵刻版。

心,极难点检。朕起兵后,年二十七八,血气方刚,军士日众。若不自省察,任情行事,谁能禁我? 因思心为身之主帅,若一事不合理,则百事皆废。所以常自点检。此心与身如两敌,然时时自相争战,凡诸事为必求至,当以此号令得行,肇成大业。"① 在《游新庵记》中,朱元璋历数中国自"秦皇遣方士而求神仙,汉武帝因李少君等而冀长生,魏道武因寇谦之行天宫静轮之法,唐玄宗与叶法善同游月宫,宋徽宗任林灵素度道士数万。此数帝之心,未必不善。然善则善矣,何愚之至甚"。朱元璋认为假以佛、道之论,而"不知修躯,以躯使神,岂不愚人欤"! ② 说的是为"人主"需要修身。他在遗诏中称:"朕膺天命三十有一年,忧危积心,日勤不怠,务有益于民。"③所谓的"忧危积心,日勤不怠"八个字,也为其"谨身"作了最好的注脚。通过这三大殿及殿名的设置,朱元璋将天、地、人三者的关系维系在了一起,而这正是道家所推崇的一种处世和修行的最高境界。

　　后宫,也称内朝、内廷、后寝,正门为乾清门。后宫依照《周礼》旧制,"前曰乾清宫,后曰坤宁宫,六宫以次序列焉",④ 为皇帝及皇室成员居住生活的场所。相对两宫内门又设有"日精门"和"月华门",⑤ 以喻帝、后之居犹如天地日月精华之所在。

　　金水河,即南京宫城内俗称的"内五龙桥"下之河道。过

① (明)宋濂《洪武圣政记》"严祀事第一" 3b。
② 《明太祖文集》卷 14,17a/b,20a。
③ 《明史》卷 3《本纪》3 "太祖三"。
④ 《明太祖实录》卷 25,吴元年九月癸卯。
⑤ 在宋汴都故宫内,也见这两城门名,但位于承天门北之东西两侧。详见(明)曹昭撰,王佐增补《新增格古要论》卷 13,14a,清惜阴轩丛书本。

金水桥,即为奉天门。这条小河,在宫城布局上,意义非同一般,也是《紫微垣地形图》引杨筠松所称的皇宫"中有过水名御沟,抱城屈曲中间流",它秉承周代都城旧制,用以象征天河银汉。[①] 南京这条小河,因属宫城规制之一,故被中都和永乐时建的北京故宫所仿制而人工开挖。[②] 如果依后天八卦方位来看,金水河入宫城于西北,属乾卦,为天门;出宫城于东南,属巽卦,为地户,以"象征天地相通。而在先天八卦中,西北又变为艮位,为山,东南则为泽,西北与东南的关系又是山与泽的关系,则象征山泽通气"。[③] 这一说法与古代建宫依天文而拟法紫宫,有类似之处:"范蠡乃观天文,拟法于紫宫,筑作小城,周千一百二十一步,一圆三方。西北立龙飞翼之楼,以象天门;东南伏漏石窦,以象地户。"[④]

---

① （汉）阙名撰,（清）张元济撰校勘记《三辅黄图》卷1,2b《咸阳故城》:"紫宫象帝居,引渭水灌都,以象天汉;横桥南渡,以法牵牛。"

② 王剑英在《明中都》(第 80 页)称:"燕雀湖被填了,在上面建筑新宫,但是原来从东北方向来的水还要继续往这里流,因此只能在这个位置上留出水道,加以疏瀹,才能把水排掉。所以南京的金水河道完全是依照自然地形修的,即是沿原来地势最低下的燕雀湖的西南边缘修的,不能有别的更为理想的选择,它是顺着水流趋势必然的、别无选择的排水线路。而中都则完全照南京的样子,把它照搬过来,营建北京时,又'悉如洪武初旧制',把它照搬了过去,一条可以随人意开挖的金水河尚且如此'悉如旧制',宫殿门阙就更是如此了。"这种认知金水河的说法,忽略了中国古代都城制度的影响,因此对中都与北京这条金水河的意义就无法给予深层的科学解释。

③ 王子林《紫禁城建筑之道(典藏版)》第 130 页,故宫出版社 2019 年版。

④ （汉）赵晔撰,（宋）徐天祐注《吴越春秋》卷 8。

明初南京宫城之属城门，^①分两次建造。自吴元年（1367）九月癸卯，始建城门四座："南曰午门；东曰东华；西曰西华；北曰玄武。制皆朴素，不为雕饰。"朱元璋所筑"新宫"的正南第一门，"位当子午，因称午门"。^② 其名被冠于宫城正门，创见于明初南京。^③ 但午门上的"五凤楼"一名，则沿袭了宋洛阳宫城的南三门的中门。^④ 洪武十年（1377）冬十月，改作大内宫殿成时"稍加增益"。属于宫城城垣之城门，为重新改筑的午门^⑤ 和增添的左掖

① 据《洪武京城图志》所载宫阙之"门"，未严格区分宫城与皇城之城门，所涉各门大体完备。即"奉天门、东角门、西角门、中左门、中右门、后左门、后右门、左顺门、右顺门、武英门、文华门、春和门、午门、左掖门、右掖门、左阙门、右阙门、社街门、庙街门、端门、承天门、庙左门、社右门、长安左门、长安右门、洪武门、东华门、东上南门、东上北门、东安门、西华门、西北门、西上南门、西上北门、西安门、玄武门、北上东门、北上西门、北安门、亲蚕之门"，总计"门"有40座。但未见日精门和月华门。

② 徐泓《明初南京皇城宫城的规划、平面布局及其象征意义》。午门前，是传达圣旨及朝廷文告的地方，也是皇帝处罚大臣"廷杖"之地。据朱国祯《涌幢小品》卷12,19b载：朱元璋时代的"廷杖"，受惩大臣不脱衣、裤。但受罚后，也需"卧床数月，而后得愈"。

③ 午门，作为封建帝都宫城正门并形成制度，由来久远，但名称各异。

④ （明）曹昭撰，王佐增补《新增格古要论》卷13,10b。

⑤ 午门，是天子所居的南门，级别高于宫城诸门。上朝时，只有公、侯、驸马及文官三品、武官四品以上的官员才准许由午门的右门出入，文官四品、武官五品以下的官员，只能从左掖门和右掖门出入。午门，后世又有"五朝门"之说，又被民间讹称"午朝门"。清末至民国部分史书中，因午门的三门加之左右掖两门，合计五门，且均为朝门，故有"五朝门"之称。而民间则不知其然，讹称"午朝门"。明制：朝会分早朝、午朝、晚朝，百官均临此门。不能以一日之"午朝"讹称之。2006年8月17日在午门维修现场，笔者对午门中券顶部已开挖部分进行实地勘察，发现午门拱顶内部所用城砖均没有铭文，尺寸为45.5厘米（长）×23.5厘米（宽）×12厘米（厚），明显与带铭文城砖规格不同，属于早期烧造的城砖，少部分城砖断面呈现尚未烧结彻底的红色质地。因此，估计此次重新改筑仅仅是增添两观，而非拆除重建。

门、右掖门，左阙门、右阙门，以及东华门、西华门、玄武门，共计 8
座。但一般将与掖门相通的阙门不计在内，故称 6 座城门。

（2）皇城布局，为太微局。太微垣，是古代星象三垣的上垣，
在中国古代天文中含有政府的意思，故垣内星大都取文臣武将之
名。[①] 王俊华在《洪武京城图志·记》称："太微、帝车之间"中的
"太微"，即指此垣；而"帝车"则指北斗星，意谓皇城位于北斗垣
内。该垣位于其东北角，为天帝的南宫，南藩二星的"左执法"、
"右执法"两星，分别为皇城南面的长安左门、长安右门。杨筠松
云："东华、西华门水横，水外四围列峰位。此是垣前执法星，却
分左右为兵卫。方正之垣号太微……"[②] 换句话说，就是东华门与
西华门外为"方正之垣"称之太微垣。据《明太祖实录》载，吴元
年（1367）九月癸卯，建造新宫，称"周以皇城，城之门南曰午门，
东曰东华，西曰西华，北曰玄武"[③]。关于明初南京皇城与宫城的城
门名在诸多文献中混乱的现象，过去仅从《洪武京城图志》宫城
门和皇城门叙述的先（宫城）后（皇城）顺序，以及《大明会典》最
后的定制加以辨析，推测为《实录》记载的这条城门名与宫城城
门名混淆，殊不知实与紫微垣的布局有关。[④] 三修后的《实录》此

---

① （元）脱脱等《宋史》卷 99《礼志》："太微垣十星，有左右执法，上将次将之
　　名，不可备陈，故总名太微垣。" 陈遵妫《中国天文学史》第 2 册第 295 页。
② （唐）杨筠松《撼龙经》27a。
③ 《明太祖实录》卷 25，吴元年九月癸卯。
④ 杨国庆、王志高《南京城墙志》第 154 页注释 1，对早年宫城与皇城的城门
　　名有详考。《皇明泳化类编》卷 41，1b/2a 一节中，亦颠倒宫城门名的"华"
　　与皇城门名的"安"。李新峰《明代南京"西华门"考》（《史林》2020 年第 3
　　期）对此也有进一步辨析，但未能从中国古代天文星象中的"西华门"找出
　　其源头。

条记载,疑为保留了初修《实录》的原始记录。而朱元璋晚年成书的《洪武京城图志》之前,已将《实录》吴元年建新宫时称之的"皇城"改定为"宫城",其城门名保持了原名。因此,早年所称的"皇城"城门名,即宫城的东华门与西华门乃出自紫微垣局。

洪武八年(1376)九月辛酉"诏改建大内宫殿"之后,皇城东、西、北三面城垣,分别筑有东安门、西安门、北安门,以隐喻开国的洪武一朝天下长治久安。将建国之初建于宫城东南的太庙,以及宫城西南的社坛、稷坛,借鉴明中都规制,移建于端门御道东、西两侧。端门为太微垣的南门,[①] 故皇城内在午门与承天门之间亦增设端门,该城门不与城墙相连,仅为太微垣文化象征意义上的城门。端门"东有庙街门,即太庙右门;西有社街门,即太社稷坛南左门"。[②]

洪武二十五年(1392)后,"改建宗人府、五府、六部、太常司官署",此形制也因皇城的太微垣局,在承天门外御道两侧设千步廊,为五部六府等中央机构所在地,以对应天文太微垣"政府所在"的文化寓意,并突出宫城的尊崇地位。千步廊由南而北,到承天门前的长安街分别转向东西而成为曲尺形。千步廊两侧为中央官署的所在地。只有三法司(刑部、大理寺、都察院)职掌刑法的最高机构,不置皇城内,移建于太平门外后湖(即玄武湖)东,[③]以象征"天牢"的贯城所在。

---

① (元)李克家《戎事类占》卷7,9b:"南蕃中二星间,曰'端门',东曰'左执法',廷尉之象;西曰'右执法',御史大夫之象。"

② (清)陈梦雷《古今图书集成》卷44《宫殿部汇考六》16a。

③ (明)谢杰《后湖记》:后湖,"一入皇明,遂成禁地。堤之北,湖之东,复三法司建焉"。载(清)黄宗羲编《明文海》卷354,12a,四库全书本。

朱元璋对廷臣称:"南方为离明之位,人君南面以听天下之治,故殿廷皆南向。人臣则左文右武北面而朝,礼也。五府、六部官署,宜东、西并列,其建六部于广敬门之东,皆西向;建五府于广敬门之西,皆东向;惟刑部掌邦刑已置于西北太平门之外,于是以宗人府,吏、户、礼、兵、工五部,列于广敬门之东;中、左、右、前、后五府,太常司列于广敬门之西,悉改造令规摹(模)宏壮。"① 其中"南方为离明之位,人君南面以听天下之治",语出《易·离》"离为火,为日",孔颖达疏"离为火,取南方之行也;为日,取其日是火精也"。② 《周易辨画》亦称:"离也者,明也。万物皆相见,南方之卦也。圣人南面而听天下,向明而治。"③ 朱元璋通过皇城的布局,利用建筑功能区划的"语言",体现出大明王朝政权的正统、集权和尊严等时代特征。诚如朱元璋身边群臣所言:"一代之兴,必有一代之制作。"④ 故南京皇城的布局,既不同于唐代长安,又不同于元代大都(即北京),形成明王朝皇宫布局紧凑、规制宏壮的特点。

(3)京城布局,为天市垣局,其平面呈"南斗星"与"北斗星"聚合形。天市垣,是古代星象三垣的下垣,位于北极的东南角。天市垣以帝座为中枢,主要由二十二星组成,成屏藩形状。据《观象玩占》称:"天市垣二十二星,……一曰天府,一曰长城,天子之市也。……又曰天市者,都市也。天下之所会也。"又引《石氏星经》所述,将东西两藩各十一星又用战国及其后各地诸侯国和方

---

① 《明太祖实录》卷220,洪武二十五年八月癸酉。
② (魏)王弼注,(晋)韩康伯注,(唐)孔颖达疏,(清)阮元撰校勘记《周易注疏》卷9。
③ (清)连斗山《周易辨画》卷38,12b,四库全书本。
④ 《明太祖实录》卷21,丙午十二月己未。

位命名。^①其中"贯索"星座，又称"天牢"。^②故南京京城在东北的太平门外设"三法司"，以应天市垣的"贯索"星座。洪武十七年（1384），朱元璋就太平门外建三法司敕称："太平门在京城之北，以刑主阴肃，故建于此。敕曰：肇建法司于玄武之左，钟山之阴，名其所曰贯城，贯法天之贯索也。是星七宿如贯珠环而成象，乃天牢也。"其具体位置和隐喻作用，《洪武京城图志》"太平堤"条目亦称："在太平门外，国朝新筑，以备玄武湖水，其下曰贯城，以刑部、都察院、五军断事官在其西，皆执法之司，以天市垣有贯索星，故名焉。"而且，还在通往三法司的"孤凄埂"之北，建造了一座牌坊，坊名书有"贯城"两字。^③朱元璋将刑部等司法机构设置在太平门外的目的，说得也很明白：在"贯索"星座中，"若中虚而无凡星于内，则刑官无邪私，政平讼理，狱无囚人；若凡星处贯内者，刑官非人；若中有星而明者，贵人无罪而狱。今法司已法天道建置，尔诸职事各励乃事，当以身心法天道而行之。如贯之中虚，则狱清而无事，心静而神安。鉴玄武之澄波，睇钟山之苍翠，以快其情，庶不负朕肇建法司之意也"。^④意思是说，在"贯索"七

---

① （唐）李淳风《观象玩占》卷21《天市垣·总叙》。《石氏星经》称天市垣为五十六星，相差很多。说明了星座、星名变迁的复杂，尤其在分野说变更之际，最为突出。
② （唐）魏征、长孙无忌等《隋书》卷19《天文志》第14："……贯索九星在其前，贱人之牢也。一曰连索，一曰连营，一曰天牢，主法律，禁暴强也。"武英殿本。
③ （清）黄瑞图修，姚鼐纂《（嘉庆）重刊江宁府志》卷8，17b，清嘉庆十六年修，光绪六年刊本。
④ 《明太祖实录》卷160，洪武十七年三月丙寅。据《观象玩占》称："贯索九星，在天市垣外，七公之前，即在七公之南；又称连索、连营、天屯或天牢。"（明）朱国祯《涌幢小品》卷25，5a："我朝制度严密，尤慎刑狱。二祖多由锦衣卫发落，此所谓天断也，不必言……"

星围成的星环中,如果没有其他星在里边,说明执法得当,没有营私舞弊的现象;如果有其他星在星环里边,说明执法失当;如果在星环里边的其他星很亮,说明有重大的冤案、假案。显然,这是朱元璋利用天象作为巩固其统治(包括了职能和人心)的一种手段,与南京城墙设计思想是一脉相承的。

由于南京城垣"南斗"与"北斗"的组合,故自然分为南京市区的三大区域:"北斗斗魁"为城东皇城区,位于南京城的东部,是以皇城与宫城为主体、以一系列建筑旨在突出皇权神圣为目的、以全国最高中央行署机构为职能的大明王朝核心区域(除"三法司"外)。"南斗斗魁"为城南商市区,位于南京城钟鼓楼以南,对应天市垣星座名"市楼"以"主市贾、律度",保留了原有旧城主要商贸街区,使之成为京师新型城市居民生活区和商贸中心。两斗杓合围处为城北军屯区,位于南京城钟鼓楼以北区域,曾局部有过调整改筑。[①] 原为上元地境,丘陵环绕起伏,中部低洼河渠如网,农田相间其中。元末明初在南京开垦出来的土地达 48 万多亩,建有大、中型粮仓 37 处。元至正二十六年(1366)因建造南京城墙,使当年在上元县境地开发的农田,一部分被围入城中,成为京城驻军的主要营地和军储仓所在地。城北保留大片军垦农田,用以种田屯粮,这在中国古代都城建造史上,算是罕见的一个特例。

(4)外郭布局,为天圆地方局。外郭平面呈菱形(可视为方

---

① 城市东北部格局稍有变化,迄今尚存的鸡鸣寺后一段"赘城",是当年局部修改城墙规划时的遗存。参见杨国庆《明南京城墙设计思想探微》,《东南文化》1999 年第 3 期。

形），寓意"天圆地方"之"地"。目前囿于资料匮乏，尚无法判定
外郭的规划究竟发端于何时。这种近乎方形的外郭，几乎囊括了
洪武二十三年（1390）之前南京三重城垣以及城垣内外几乎所有
的营建项目。这种规划设计，即便不能说是来源于早年所"卜"，
但洪武七年朱元璋对明京师都城有了"国之中土"新认知之后，
这份规划才有可能得以推进、落实。杜泽在《洪武京城图志·序》
中对京师城池的整体描述："龙蟠虎踞之势，长江卫护之雄，群山
拱翼之严，此天地之所造设也。"其中自然也包括了外郭。都城既
建，环以外郭，"西北据山带江，东南阻山控野"。[①] 这也是朱元璋
对南京城池战略防御的思想以及构建新型都城的再现。

　　在紫微垣局的宫城、太微垣局的皇城、南斗与北斗聚合形加
之天市垣局的京城建成之后，再补建天圆地方的外郭，以喻示南
京的都城在大明国土之中。在近似方形的外郭中央偏南区域，
"恰巧"是朱元璋生前居住的皇宫与死后安息的孝陵。[②] 据中国道
教的说法，前者是"阳宅"，后者是"阴宅"，这种"巧合"应该是朱
元璋对南京城最初"宇宙中心"设计思想的延续和补充，也是朱
元璋对"国之中土"新认知的具象体现。

　　明代南京城墙"南斗"与"北斗"的聚合以及"三垣"文化内
涵，属于古代中国传统都城设计依据堪舆术的"风水理论"与"仿
效宇宙星象"在南京的一次生动实践。这种设计思想并不是对政

---

① （明）顾起元《客座赘语》卷 6,33b。
② 贺云翔在《明孝陵》中认为：明孝陵的整体设计布局是参照北斗七星进行设
　计的。载邹厚本主编《江苏考古五十年》，南京出版社 2000 年版。束有春
　在《南京明孝陵》（载《寻根》2003 年第 5 期）一文提出：明孝陵的北斗布局
　位于青龙、白虎、朱雀和玄武四象之间。

治、经济、军事、文化、地理等因素的排斥，相反是利用堪舆术，特别是"仿效宇宙星象"的设计思想对诸多因素的综合融通与强化，其目的就是通过君权和神权相互作用下，达到朱元璋政权统治合法性和传统都城"国之中土"法统性的目的。

第四章　宗庙为先、居室为后的两次城建

朱元璋自元至正二十六年(1366)批准南京城市规划并开始营建,至洪武七年(1374)对中国传统都城"国之中土"有了新认知后,于洪武九年再次实施更大规模的城建。因此,都城建设呈现出明显的两个建设阶段,即明中都罢建的前后两个阶段。[①] 前者,奠定了南京城的基本格局、规模和基础,初步反映出规划的文化内涵;后者,则用不同砖石建材在不同地段使城墙加高增厚,并通过一系列的建筑符号再次强化了当年规划的文化寓意,是第一阶段城建的延续与补充。"我明扫定胡氛,复帝王之正统,一时建造殿宇、祠庙、都城,并内外各衙门,俱上稽乾象,下协坤舆,遂为万世无疆丕基。虽皇祖天纵圣能,画自渊里,而任工部者亦随事稽古,各殚其长。"[②] 所谓"上稽乾象,下协坤舆",是"法天象地"和"上堪下舆"的另一种说法。在两次城建中,大到皇宫、四重城

---

① 笔者 2002 年在《南京明代城墙》(第 33 页)中提出南京城墙建造分 5 个阶段;2008 年在《南京城墙志》(第 184 页)中提出南京城墙建造先后经历两个阶段,但将两个阶段划分的节点定在洪武六年。现依据本书第二章和第六章最新研究,将其两个阶段划分的时间节点改定为洪武八年。关于南京都城和皇宫营造阶段的划分,以往学界从无一致观点。如徐泓在《明初南京皇城宫城的规划、平面布局及其象征意义》提出皇宫营造分 3 个阶段:即以洪武元年朱元璋迁居于新宫为第一阶段;洪武八年后为第二阶段;洪武二十五年后为第三阶段。

② (明)雷礼辑《国朝列卿纪》卷 61,3a,明万历徐鉴刻本。

墙、一系列的宗庙祭祀场所,小到京城数量庞大且整齐划一的军人庐舍,甚至连官员宅邸、百姓房舍规格和用料色彩等,均有朱元璋个人意愿的体现,有的反映在一代王朝的制度上,有的则是为了强化大明京城的整体规模和观瞻,总体上说是一代政统秩序在都城建设方面的体现。

元至正二十四年(1364)朱元璋称吴王后,在筹建明王朝新宫和都城时,依照儒家强调的传统,"君子将营宫室,宗庙为先,厩库为次,居室为后"[1]为基本原则,先于同年四月乙未,讨论了宗庙祭享及月朔荐新礼仪。[2]元至正二十六年,朱元璋正式批准新宫和新城规划后,虽然群臣多次向朱元璋进言:"一代之兴,必有一代之制作。今新城既建,宫阙制度宜早定。"但朱元璋还是依循儒家强调的"国之所重,莫先庙社",遂"命有司营建庙社,立宫室"。[3]当然,从当时朱元璋的身份而言,似乎可以简单视其为吴王府城。但综合其它因素诸如宫城及礼制性建筑的制度和城墙规模等来看,这种看法有就事论事之嫌,而忽略了朱元璋欲开国称帝的真实想法和意图。朱元璋此时所建宫城及新城,完全遵循了儒家传统建国立都的规制秩序先后展开。洪武七年(1374),朱元璋在确认南京都城为"国之中土"以及罢筑中都后,也同样遵循了"宗庙为先、居室为后"的传统依次展开,之后再增高加厚砌筑城墙。如果说第一阶段城建只能算整体规划大致布局和草创的话,那么第二阶段城建,就是经过反复斟酌后

① (汉)郑玄注,(唐)陆德明音义《礼记》卷1《曲礼下》第2,相台岳氏家塾本。
② 《明太祖实录》卷14,甲辰四月乙未。
③ 《明太祖实录》卷21,丙午十二月己未。

将早先的规划全面落实以及制度的创新了。尤其反映在宗庙制度、城建制度与规模以及城墙用材方面更为凸显。囿于宫城内主要建筑与布局有关，故与城墙分述于其它章节，本章重点放在宗庙和城建的制度与规模，以及所体现的城市空间和集权统治下的城市秩序。

　　除了《洪武京城图志》所描述城市概况外，此后中外人士对这座城市的建设也有评价。意大利传教士利玛窦称："此城一度是全国的都城和几百年来古代帝王的驻跸地，尽管皇帝……已移位北方的北京，南京仍然没有失掉它的雄壮和名声。"此后他在目睹北京之后又写道："城市的规模、房屋的规划、公共建筑物的结构以及防御都远不如南京……"① 值得注意的是，利玛窦在比较南京城与北京城时，北京为当朝皇帝所居的京师，而南京已非朱元璋鼎盛时期。赵翼在《明南北京营建》中称："明祖创造南京，规制雄壮。今四百余年，城郭之崇、街衢之阔，一一可想见缔造之迹，盖尽举前代官民房舍扫除而更张之。"② 这类评语，无疑是朱元璋时代的南京城墙与城市建设给后世留下的遗产和印象。然而，朱元璋时代南京城建究竟呈现何种规模与景象？南京城建与朱元璋的"国之中土"认知有何关联？对此，我们以往的认知几乎都滞留在 600 余年来这类中外人士的评价层面，尚缺乏系统性的基础梳理和辨析。

---

① （意）利玛窦、金尼阁《利玛窦中国札记》第 288、329 页。
② （清）赵翼《廿二史札记》卷 27《明南北京营建》。

一、郊社宗庙先后两次建造

吴元年(1367),朱元璋设立太常、司农、大理、将作四司,委其同乡单安仁为将作司卿,全面主持应天府的城建工程。洪武元年(1368),又委单安仁为工部首任尚书,仍领将作事,"裁核规制,安然之斟酌品级"。①《明史》亦称:单"安仁精敏多智计,诸所营造,大小中(工)程,甚称帝意"。②其中所指当为此时营建的一批礼制性建筑以及宫室的营造。对于历代帝王十分重视的帝都郊社(圜丘、方丘)、社稷坛、太庙、山川坛、日月坛和诸神之坛等一系列礼制性建筑,因其建筑具备强化和彰显皇权与神权的双重功能,故备受朱元璋重视。

洪武元年(1368)二月,李善长、中书省参知政事傅瓛、翰林学士陶安等进郊社宗庙议,在将圜丘、方丘、宗庙以及社稷之制的历代沿革考察陈述后,对各项制度的取舍推荐给朱元璋并得到认同:"自昔圣帝明王之有天下,莫严于祭祀。故当有事,内必致其诚敬,外必备其仪文,所以交神明也。朕诞膺天命,统一海宇,首建郊社宗庙,以崇祀事。"在朱元璋这种认知下,遂对郊社、宗庙和社稷历代祭祀之礼进行辨析后,确定了早先仿汉制的宗庙之礼。③因此,早期建造的圜丘、方丘、社稷坛、山川坛和太庙、日月坛,其规制为洪武四年正月庚寅在临濠"建圜丘、方丘、日、月、社稷、山

① (明)雷礼辑《国朝列卿纪》卷61,3a。
② 《明史》卷138《列传》26"单安仁"。
③ 《明太祖实录》卷24、卷30,吴元年八月癸丑、洪武元年二月壬寅朔。《明中都》第75页称:"太社太稷分坛仍是继承了元朝的制度。"有意无意间规避中都继承京师南京的史实,而元朝这项制度也是沿袭了周汉之制。

川坛及太庙"，① 以及洪武八年、洪武十年先后对大内宫殿及庙社的营造和改建，提供了都城及皇宫制度及庙社规制早期的理论基础。但诚如朱元璋对三皇祭奠究竟如何安排一样，称帝后的"朱元璋和宋濂都不清楚，还在摸索之中"，② 南京许多祭祀性质建筑囿于当时主客观诸多因素的影响，尤其受到都城"国之中土"的困扰，反映在这类建筑上就出现了初创时不断探索与改建的过程。尤其在南京城建的第二阶段，随着朱元璋对古代宗庙制度深入了解，有部分已改为遵循唐宋之制。自此，对宗庙进行一系列的改建或重建，甚至在制度上还有大胆的创新。这是朱元璋确立"国之中土"后，追求所谓"宅中图大""以成一代之盛典"③ 的目的和结果。

以往学界流行的一种看法，认为南京城建第二阶段出现的宗庙改筑是沿袭了明中都营建的制度，④ 这无疑忽略了洪武元年（1368）二月朱元璋与李善长、傅瓛、陶安等人对历代相关制度的考察、选取和认定，以及朱元璋在宗庙创制过程中的思想发展轨迹。因此，对朱元璋在南京及中都宗庙制度方面的做法及认知，

---

① 《明太祖实录》卷 60，洪武四年正月庚寅。
② 廖宜方《王权的祭奠——传统中国的帝王崇拜》第 365 页，台湾大学出版中心 2020 年版。
③ 《明太祖实录》卷 114，洪武十年八月癸丑。
④ 以王剑英观点具有代表性，详见王剑英《明中都》第 77 页："由于当时尚无'京师'，说要'如京师之制'，意思就是要把中都建成京师，所以绝不会完全抄袭南京吴王时代的宫殿制度。"但是，在同书第 80 页"明中都建筑的设计布局及其规模制度"中，王剑英对金水河在南京、中都和北京相互承袭中，则又称："而中都则完全照南京的样子，把它照搬过来，营建北京时，又'悉如洪武初旧制'，把它照搬了过去，一条可以随人意开挖的金水河尚且如此'悉如旧制'，宫殿门阙就更是如此了。"显然有自相矛盾之嫌。

应将两者放在时间轴上综合考辨,这不仅有助于了解朱元璋当时真实的思想动因及轨迹,也能看出朱元璋在对中国传统都城营造中继承与创新的作用。

朱元璋构建的大明王朝宗庙制度,其思想和认知有一个发展和创新的过程,而"祭礼更动最多,以洪武十年前后与二十一年最为集中"。[1] 仅以南京郊社、社稷坛、太庙、都城隍庙几处重要宗庙建筑,在先后两个阶段创建和改建为例,分述如下:

1. 郊社(圜丘、方丘)。 郊社,依据不同时期和语境又称郊丘、郊祀等。郊祀之制,是中国古代帝王祭祀天地的传统制度,即所谓"帝王之事莫大乎承天之序,承天之序莫重于郊祀。故圣王尽心极虑以建其制,祭天于南郊,就阳之义也"。[2] 自周代始,冬至祭天称郊,夏至祭地称社,简称郊社或称郊祀,"行郊天礼,必于国郊"。[3] 南郊祀天(坛称圜丘、天坛),北郊祀地(坛称方丘、地坛),早先并未形成定制。汉代分祀天地于南、北郊,北魏则在东、西郊设坛,自唐代以后遂成分祀天地于南、北郊的定制。[4] 吴元年(1367)八月,朱元璋依照传统规制分别于钟山之阳(即以后的京城正阳门外、双桥门以东)霹雳涧[5] 建圜丘,以冬至祭天于此;又

---

① 吴恩荣《明前期国家礼制的定型及其对政治与社会秩序的构建》,《江苏社会科学》2019 年第 1 期。

② (汉)班固撰,(唐)颜师古注《前汉书》卷 25 下《郊祀志第五》。

③ (梁)萧子显《南齐书》(武英殿本)卷 9《礼志上》:"郊为皇天之位,明堂即上帝之庙。……郊为天坛。"另可参阅杨天宇《西周郊天礼考辨二题》,《文史哲》2004 年第 3 期。

④ (日)金子修一著,肖圣中等译《古代中国与皇帝祭祀》第 73、121~126、130~145 页,复旦大学出版社 2017 年版。

⑤ (元)张铉纂修《(至正)金陵新志》卷 5,58a:"霹雳沟,在城东五里。"元至正四年刊本影印本。

于钟山之阴（即以后的京城太平门外）建方丘，以夏至祭地于此。^①
洪武元年（1368）二月，遂"今当遵古制，分祭天地于南北郊"。^②
之后，在中都建圜丘与方丘、洪武四年对南京早期的两丘进行改
筑，也均按古制的建郊祀之制所沿袭。

（1）圜丘。吴元年（1367）建的圜丘，位于京城东南正阳门
外，钟山之阳。其规制为："仿汉制为坛二成。第一成广七丈，高
八尺一寸，四出陛。正南陛九级，广九尺五寸。东、西、北陛亦九
级，皆广八尺一寸。坛面及趾甃以琉璃砖，四面琉璃阑干环之。
第二成周围坛面皆广二丈五尺，高八尺一寸，正南陛九级，广一丈
二尺五寸，东、南、北陛九级，皆广一丈一尺九寸五分，坛面趾及阑
干如上成之制。壝去坛一十五丈，高八尺一寸，甃以砖，四面为灵
星门，南为门三，中门广一丈二尺五寸，左门一丈一尺五寸五分，
右门九尺五寸，东西门各广九尺五寸。去壝一十五丈，四面为灵
星门，南为门三，中门广一丈九尺五寸，左门一丈二尺五寸，右门
一丈一尺九寸五分，东、西、北为门各一，各广一丈一尺九寸五分，
四面直门外，各为甬道，其广皆如门。为天库五间，在外墙北灵星
门外，南向。厨房五间，西向。库五间，南向。宰牲房三间，天池
一所，俱在外墙东灵星门外东北隅。牌楼二，外墙灵星门外横甬
道东西，燎坛在内壝外东南丙地，高九尺，阔七尺，开上南出户。"^③

关于圜丘之制，吴元年（1367）朱元璋与起居注熊鼎等讨论
圜丘之制与古制有小异时称："古人于郊扫地，而祭器用匏陶以示

① 《明太祖实录》卷24、卷120，吴元年八月癸丑、洪武十一年十一月。
② 《明太祖实录》卷30，洪武元年二月壬寅朔。
③ 《明太祖实录》卷24，吴元年八月癸丑。《明史》卷47《礼志一》所载略异。

俭朴。周有明堂,其礼始备。今予创立斯坛,虽不必尽合古制,然一念事天之诚,不敢顷刻怠矣。"熊鼎称:"主上创业之初,首严郊丘之祀,既斟酌时宜,以立一代之制,又始终尽其诚敬,此诚前代之所未及。"朱元璋接着强调:"郊祀之礼,非尚虚文,正为天下生灵祈福,予安敢不尽其诚。"① 无论是建圜丘,还是此后朱元璋与熊鼎讨论圜丘之制,均已表明大明圜丘之制起源于当时的应天,即"立一代之制",也表明朱元璋欲营建宫室、扩建城墙和日后定鼎应天的政治意向。

洪武三年(1370)正月丁酉,因司天台称"朔日以来,日中有黑子,其占多端",朱元璋看了《存心录》后怀疑是"祭天不顺所致"。礼部尚书崔亮从另一个角度提出:"成周祭天,惟祀帝与日月。汉祭天,有列星一千五百十四位。唐宋及元,损益不同。"之后以"汉唐为烦渎,故止。祀日月、星辰、太岁,为简而当"。② 这种"为简而当"的改变,得到朱元璋的认同,体现在同年二月,对原先"太岁、风云、雷雨皆天神,以岳镇、海渎、天下山川、城隍皆地祇,各为坛,专祀于国城之南"进行了简化,而"合祀太岁、四季月将、风云、雷雨、岳镇、海渎、山川、城隍、旗纛诸神"。③ 经过此次变更后,明初诸多礼仪性质的建筑规制大都以唐宋之制为范。因此,洪武四年正月庚寅在中都欲建圜丘、方丘、日月、社稷、山川坛及太庙时,礼部奏:"临濠宗庙,宜如唐、宋同堂异室之制",④ 参考一年前朱元璋与朝臣关于宗庙制度"为简而当"的讨论,就不难明白朱元璋对宗庙

---

① 《明太祖实录》卷27,吴元年十一月甲午。
② 《明太祖实录》卷48,洪武三年正月丁酉。
③ 《明太祖实录》卷49,洪武三年二月甲子。
④ 《明太祖实录》卷60,洪武四年正月庚寅。

"同堂异室"认可的理由,更非中都为该项制度的创建之始。

　　洪武四年(1371)三月丙戌,诏改筑京师圜丘。其规制为:"圜丘坛二成,上成面径四丈五尺,高五尺二寸;下成周围坛面皆广一丈六尺五寸,高四尺九寸。上下二成,通径七丈八尺,高一丈一寸。坛址至内壝墙,南、北、东、西各九丈八尺五寸;内壝墙至外壝墙,南十三丈九尺四寸,北十一丈,东西各十一丈七尺。内壝墙高五尺;外壝墙高三尺六寸。"①此次改筑从制度上看变化不大,甚至比早期圜丘的规模还略有减小。洪武六年九月戊午,铸圜丘大和钟成,其规制为"仿宋景钟,以九九为数,高八尺一寸,拱以九龙",在圜丘斋宫东北建楼悬之。②中都圜丘建造时间,为南京初建与改筑圜丘之间,南京两次均载其制,且无太大的变动,而中都的圜丘之制在正史中均未提及。③由此,也可以看出洪武二年"欲"建中都时所称"如京师之制",从圜丘制度上看是专指仿南京早年之制。

　　(2)方丘。吴元年(1367)所建方丘,位于太平门外,钟山之北。其规制:"为坛二成:第一成,广六丈,高六尺,四出陛。各广

---

① 《明太祖实录》卷 62,洪武四年三月丙戌。

② 《明太祖实录》卷 85,洪武六年九月戊午:初,"礼官奏曰:昔黄帝有五钟。其一曰'景钟'。景,大也。惟功大者,其钟大,故宋之钟亦缘是以为名。请名之曰'景钟'。上曰:'古钟名宜更之。'遂取《周易》保合大和之义,更名之曰'大和钟'"。

③ 南京圜丘洪武四年的改筑,制度并无改变,仅规模缩小。疑为朱元璋草创时建造的圜丘在建材等方面,尚有诸多无奈和缺憾,故在称帝后而有条件进行适当的弥补,可能在精致方面有所提高。而且,从洪武十年将两坛合一创建的大祀殿来看,朱元璋对郊祀问题在一段时间内处在不断探索新规制的状态,其间所做均只能是探索过程中的一种轨迹。

一丈，八级。第二成，四面各广二丈四尺，高六尺，四出陛。南面陛广一丈二尺，八级。东、西、北面陛，各广一丈，八级。墙去坛一十五丈，高六尺，四面为灵星门。正南为门三：中门广一丈二尺六寸，左门一丈一尺四寸，右门一丈六寸。东、西、北为门各一，各广一丈四寸。周围为外墙，四面各六十四丈，皆为灵星门。正南为门三：门广一丈六尺四寸，左门一丈二尺四寸，右门一丈二尺二寸。东、西、北为门各一，各广一丈二尺四寸。库五间，在墙外北灵星门外南向；厨房五间，宰牲房三间，皆南向。天池一所，在外墙西，灵星门外西南隅。瘗坎，在内壝外壬地。"①

洪武四年（1371）正月庚寅，"建圜丘、方丘、日、月、社稷、山川坛及太庙于临濠"。② 同年二月甲戌至二月壬午，朱元璋在中都前后待了9天，于同年三月丙戌，下令改筑南京方丘坛。其规制为："方丘坛亦二成。上成，面径三丈九尺四寸，高三尺九寸。下成，周围每面广一丈五尺五寸，高三尺八寸。上、下二成，通径七丈四尺，高七尺七寸。下成坛址至内壝墙，南、北、东、西各八丈九尺五寸。内壝墙至外壝墙，南、北、东、西各八丈二尺。内壝墙高四尺三寸，外壝墙高三尺三寸。"③ 此次改筑，从制度上看也无太大变化，甚至坛的尺度以及外墙的规模都较之早期有所缩小。王剑英认为："从这次更改圜丘、方丘尺寸制度的过程来看，是明中都更改在前，南

---

① 《明太祖实录》卷24，吴元年八月癸丑。（宋）欧阳修、宋祁等合撰《新唐书》（武英殿本）卷12《礼乐志第二》："瘗坎，皆在内壝之外壬地，南出陛，方深足容物。此坛堳之制也。"壬地之"壬"：天干的第9位，在方位上指西北偏北方。
② 《明太祖实录》卷60，洪武四年正月庚寅。
③ 《明太祖实录》卷62，洪武四年三月丙戌。

京则如中都制度进行改建。"^①此说依据不足，中都圜丘、方丘的尺寸当朝文献俱无载，这个判断仅从两地圜丘、方丘改筑时与朱元璋赴中都的时间节点有关，但无其它改筑的实证，南京却有吴元年（1367）始建以及洪武四年改建时，留下具体尺寸的实证。

　　洪武二年（1369）至洪武四年间，圜丘、方丘有局部的增建和制度方面的微调。即在圜丘、方丘之南"皆建殿九间，社稷坛北建殿七间，为望祭之所"，^②即在祭祀日一旦遇风雨时所用的"望祭殿"。在圜丘之西、方丘之东，建斋宫；^③在斋宫之西南建陪祀官斋房55间，^④其中公侯15间，百官17间，乐舞生23间，以及各坛庙的牲房。^⑤圜丘"坛下壝内增设坛，从祭风云雷雨之神；于方丘坛下壝内增设坛，从祭天下山川之神"。^⑥南京圜丘、方丘所建的附属建筑望祭殿、斋宫等，中都均未建。

　　（3）大祀殿。洪武十年（1377）八月庚戌，对圜丘与方丘再次改建，这是朱元璋从郊祀制度上的一次大胆创新和"一项重大变革，因为合并、集中了众多的神祇"。^⑦表面的起因是"风雨寒暑屡致弗调"，朱元璋"感斋居阴雨，览京房灾异之说，谓分祭天地，情有未安"，^⑧又"以分祭天地，揆之人情，有所未安"，"周旋九年，于

①　王剑英《明中都》第86页。
②　《明太祖实录》卷44，洪武二年八月甲申。据《秘阁元龟政要》卷6称：洪武三年正月"至是，乃于坛北建祭殿五间及拜殿五间，以备不测风雨祭祀"。
③　《明太祖实录》卷52，洪武三年五月乙巳。
④　《明太祖实录》卷84，洪武六年八月乙亥。
⑤　《明太祖实录》卷58，洪武三年十一月壬子。
⑥　《明太祖实录》卷52，洪武三年五月癸丑。
⑦　廖宜方《王权的祭奠——传统中国的帝王崇拜》第381页。
⑧　《明史》卷48《礼志二》。《洪武京城图志·坛庙》"天地坛"："皇上断自宸衷（即皇帝的心意），以王者父天母地无异祭之理，乃以天地合坛而祭。"

心未安"为由,在原"圜丘旧址为坛,而以屋覆之,名曰大祀殿",[①]在宗庙制度上给予了变更,并确立"永为定礼"。由李善长等"三公率工部役梓人于京城之南,创大祀殿以合祀皇天、后土"。其实,这是基于朱元璋对传统郊祀制度方面提出质疑后的具体实施,其认知既尖锐又刻薄:"古人祀天于南郊,盖以义起耳。故曰:南郊祀天,以其阳生之月。北郊祭地,以其阴生之月。孰不知至阳祭之于阴月,至阴祭之于阳月,于理可疑。且扫地而祭,其来甚远。盖言祀地尚实,而不尚华。后世执古而不变,遂使天地之享,反不己人之享。若使人之享,亦执古而不变,则当污尊而抔饮,茹毛而饮血,巢居而穴处也。以今言之,世果可行乎?斯必不然也。"[②]这才是朱元璋此次改建郊祀的思想基础,即完全摒弃了此前遵循的古制,将圜丘与方丘合祀于一处,被"定为万世之制"。[③]这是朱元璋在稽古的基础上,敢为天下先的大胆创举,或者说是为了追求"成一代之制"的目的。(见图5)

洪武十一年(1378)十月,大祀殿告成,"命太常每岁合祭天地于春首正三阳交泰之时(即正月十一日——笔者注),人事之始也"。其规制为:"大祀殿十二楹,中四楹,饰以金,余饰三采。正中作石台,设上帝、皇祇神座于其上。……奉仁祖淳皇帝配享殿,中殿前为东西庑三十二楹。正南为大祀门六楹,接以步廊与殿庑

---

① 《明太祖实录》卷114,洪武十年八月庚戌。朱元璋所称:分祭天地,"揆之人情",语出《汉书·董仲舒传》:"孔子作《春秋》,上揆天道,下质人情。"另据祝允明《野记》卷1,25a称:"国初议郊礼,主分合者各有之,久不决。太祖曰:'非天子不议礼,朕决为合祭。'并坛屋诸制,一日悉定。"

② 《明太祖实录》卷120,洪武十一年十月。

③ 《洪武京城图志·坛庙》"天地坛"。

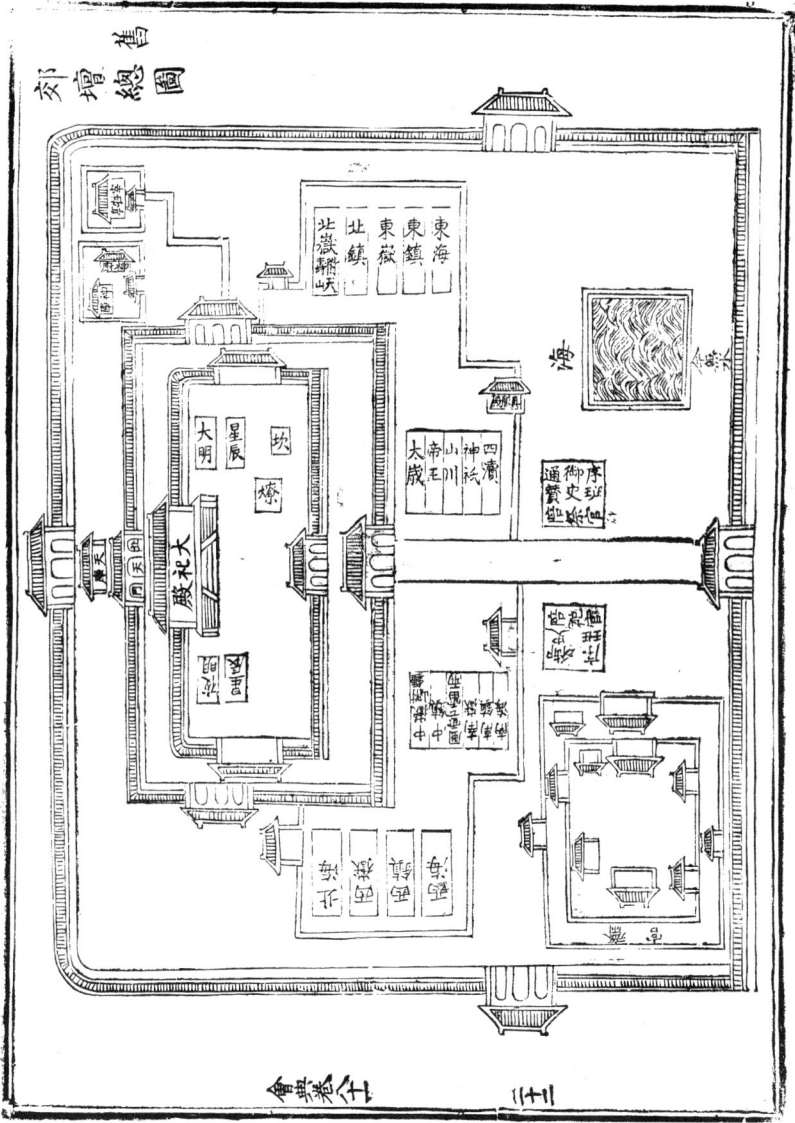

图 5：《旧郊坛总图》，引自(明)申时行等奉敕重修《(万历)大明会典》。

通。殿后为库六楹，以贮神御之物，名曰天库，皆覆以黄琉璃瓦。
设厨库于殿东少北，设宰牲亭井于厨东又少北，皆以步廊通道。
殿两庑后，缭以周墙，至南为石门三洞，以达大祀门内，谓之内坛。
外周垣九里三十步，石门三洞。南为甬道三，中曰神道，左曰御
道，右曰王道。道之两旁稍低，为从官之道。斋宫在外垣内之西
南，东向。"① 不久，又将大祀殿的黄琉璃瓦改换为青琉璃瓦。② 此
次改建，不仅在制度上有创新，外垣九里三十步的规模也远超早
年圜丘旧址的范围。

增建神乐观。洪武十一年（1378），敕建正阳门外、大祀坛
西"为郊庙习乐之所"的神乐观，③ 实为大祀殿、坛的附属建筑之
一。朱元璋称之"备五音奉上下神祇"，④ 专门为祭祀天地山川活
动时的音乐舞蹈机构，"上敬天无复毫末怠，以乐生不娶颛洁，创
神乐观居之"。对神乐观道士待遇甚优，钱粮不刷卷，朱元璋"曰
'要他事神明底人，不要与他计较。'常膳外，复予肉若干。曰'毋
使饥寒乱性'"。⑤ 且曰"朕非慕（慕）长生之法，如前代帝王。然
惟敬之以礼而已"。⑥ 洪武十七年二月乙酉，又改铸南郊大和
钟，高四尺八寸五分，口径三尺六寸五分，钮高一尺四寸五分，重
二千七百六十一斤。⑦

① 《明太祖实录》卷120，洪武十一年十月。
② 《明太祖实录》卷120，洪武十一年十月。
③ 《明太祖实录》卷122、128，洪武十二年二月戊申；洪武十二年十二月癸
亥朔。
④ 《明太祖文集》卷8，11b，《神乐观提点敕》。
⑤ （明）祝允明《野记》卷1，25a/b。
⑥ （明）黄景昉《国史唯疑》卷1。
⑦ 《明太祖实录》卷159，洪武十七年二月乙酉。

洪武二十一年（1388）三月乙酉，在"增修南郊坛壝于大祀殿丹墀内"时，对礼仪性祭祀场所也有重大改建："叠石为台四，东西相向，以为日月星辰四坛。又于内壝之外，亦东西相向，叠石为台凡二十，各高三丈有奇，周以石栏，陟降为磴道。台之上琢石为山形，凿龛以置神位，以为五岳五镇四海四渎，并风云、雷雨、山川、太岁天下诸神，及历代帝王之坛。坛之后树以松柏，外壝东南凿池，凡二十区。冬月伐冰藏凌阴，以供夏秋祭祀之用。其历代帝王及太岁、风云、雷雨、岳镇、海渎、山川、月将、城隍诸神，并停春祭。每岁八月中旬，择日祭之。日月星辰既已从祀，其朝日、夕月、禜星之祭，悉罢之。仍命礼部更定郊庙、社稷诸祀礼仪，著为常式。"[①]《秘阁元龟政要》对日月星辰四坛位置，有具体描述："左大明祀日，右夜明祀月，左曰星辰一坛，次右曰星辰二坛，以祀星辰。"[②]

至此，大祀殿这组建筑群，从祭祀制度层面将专祀一主改为合祀众主，合祀天地日月诸神于一处，开创了明初郊祀制度的先河。

2. 社稷坛。分称社坛、稷坛。洪武元年（1368）沿袭宋、元的制度分坛而设："大社设正位在东，配以后土西向；大稷设正位在西，配以后稷东向"，[③] 在宫城之西南，背北向。其规制为："社东稷西，各广五丈，高五尺，四出陛，每陛五级。坛用五色土，色各随其

---

① 《明太祖实录》卷189，洪武二十一年三月乙酉。（清）谈迁《枣林杂俎·智集》（清抄本）11a"郊灯"："南郊灯杆高十二丈有奇，灯笼大丈余，容四人。剪烛郊之夕，洪武门、皇城各灯如之。"

② 《秘阁元龟政要》卷14。

③ 《明太祖实录》卷30，洪武元年二月戊申。《元史》卷76《祭祀志五》：太社太稷"为二坛，……社东稷西，相去约五丈"。

方,上以黄土覆之。坛相去五丈,坛南各栽松树,二坛同一壝。壝方广三十丈,高五尺,甃以砖。四方有门,各广一丈,东饰以青,西饰以白,南饰以赤,北饰以黑。瘗坎,在稷坛西南,用砖砌之,广深各四尺。周围筑墙,开四门:南为灵星门三,北戟门五,东、西戟门各三。东、西、北门,皆列二十四戟。神厨三间,在墙外西北方;宰牲池,在神厨西。社主用石,高五尺,阔二尺,上锐微立于坛上,半在土中,近南北向。稷不用主。"① 其中社稷坛在宫城之西南,且二坛同一壝和社东稷西,均为朱元璋早期营建的社稷坛制度,也被中都所仿建。洪武元年二月壬子,先是朱元璋令于大社、大稷建屋,以备风雨。陶安以不符古制,大社、大稷为达天意,必不能屋。得到朱元璋认可,遇雨在斋宫望祭,并确立了早年的宗庙之礼。②

　　洪武十年(1377),朱元璋"以社稷国初所建,未尽合礼。又以大社、大稷分祭配祀,皆因前代之制",在与礼部尚书张筹等人商议历代的"社稷配祀合祭、分祭之制,及社主之设"时,对东汉郑玄和三国魏王肃在祭祀法式长期对立的观点以及汉代韩婴《韩诗外传》、唐代杜佑撰的《通典》、南宋章如愚辑的《山堂考索》以及元朝人陈澔所著的《礼记集说》有关社、稷两坛合一之论详加辨析,如引《山堂考索》所言"祭主乎诚而已。诚苟不至,分祭何益?是则社稷之祭合而一之,于古自有明证也",张筹还补充了一条:"谨奉仁祖淳皇帝配享大社大稷,以成一代之盛典,以明祖祀尊而亲之之道。"③ 这些商议最终结果和臣子们的建议被朱元璋称

---

① 《明太祖实录》卷24,吴元年八月癸丑。
② 《明太祖实录》卷30,洪武元年二月壬子。
③ 《明太祖实录》卷114,洪武十年八月癸丑。

善并采纳,遂命于午门之右改建社稷坛,即社与稷同坛而祀。因此,不能简单认为社稷坛设于午门之右是仿照中都而建,实为"皇上历考古制,互有不同,……于是合祭于一。春祈秋报,岁率二祀"。①

　　改建后的社稷坛,位于午门外御道右侧的社街门之内。其规制为:"社稷共为一坛。坛二成,上广五丈,下如上之数,而加三尺,崇五尺,四出陛,筑以五色土,色如其方,而覆以黄土。坛四面皆甃以甓。石主崇五尺,埋坛之中,微露其末。外壝墙崇五尺,东、西十九丈二尺五寸;南北如之。设灵星门于四面壝墙,各饰以方色:东青、西白、南赤、北黑。外为周垣,东、西广六十六丈七尺五寸;南、北广八十六丈六尺五寸,垣皆饰以红,覆以黄琉璃瓦。垣之北向,设灵星门三。门之外为祭殿,以虞风雨,凡六楹,深五丈九尺五寸,连延十丈九尺五寸。祭殿之北为拜殿六楹,深三丈九尺五寸,连延十丈九尺五寸。拜殿之外,复设灵星门三。垣之东、西、南三向,设灵星门各一。西灵星门之内近南为神厨六楹,深二丈九尺五寸,连延七丈五尺九寸。又,其南为神库六楹,深、广如神厨。西灵星门之外,为宰牲房四楹,中为涤牲池一、井一。"②社稷坛先后两次营建或改建,均留下规制的详实记载,中都则无载。由此可见当年营建中都所称"如京师之制",当指如南京之制又存一例。

　　3. 太庙。吴元年(1367)九月,于宫城东南建成太庙。依循

---

① 《洪武京城图志·坛庙》"社稷坛"。王剑英《明中都》第 75 页,称:"洪武八年,改作南京太庙,十年改建社稷坛,都依照了中都的设计规划。"这个观点显然与史实不符。
② 《明太祖实录》卷 114,洪武十年八月癸丑。

中国太庙祭祖分庙而设的传统，[①]其规制为："四祖各为庙，德祖居中，懿祖居东第一庙，熙祖居西第一庙，仁祖居东第二庙。庙在宫城东南，皆南向。每庙中奉神，东西两夹室、两庑三门，门皆设戟二十四。外为都宫，正门之南别为斋次五间。斋次之西，马馔次五间，俱北向。门之东，为神厨五间，西向。其南为宰牲池一，南向。"[②]洪武元年（1368）二月，再次确认："今拟四代各为一庙，庙皆南向，以四时孟月及岁除凡五享。孟春特祭于各庙。孟夏、孟秋、孟冬、岁除则合祭于高祖庙。"[③]洪武五年九月，开始修筑太庙宫墙。[④]

洪武八年（1375）七月辛酉，以改作太庙于午门外御道左侧的庙街门之内，朱元璋躬祀诸神。他在祝词中对早年所建的太庙做了反思："祖宗神室，旧建皇城东北，愚昧无知。始建之时，未尝省察，是致地势少偏。兹度地阙左，以今日集材、兴工，特告神知。"其庙制按唐、宋，为正殿同堂异室。殿东、西为两庑。殿之后为寝殿，前殿之前为正门，左、右为角门。正门之前为灵星门。[⑤]这是继距罢筑中都仅过 3 个月后对太庙的改筑，在庙制上由"分庙而设"改成了唐宋"公私之庙，皆为同堂异室"的庙制。[⑥]对"左

---

①　（元）吴澄《礼记纂言》（四库全书本）卷 12, 36b/37a 载："礼，不王不禘，王者禘其祖之所自出，以其祖配之。诸侯及其大祖而立四庙。"

②　《明太祖实录》卷 25，吴元年九月甲戌朔。

③　《明太祖实录》卷 30，洪武元年二月壬寅朔。

④　《明太祖实录》卷 76，洪武五年九月乙巳朔。

⑤　《明太祖实录》卷 100，洪武八年七月辛酉。《罪惟录·将作志》卷 28, 5a 载："初，庙在皇城（应为宫城之误，笔者注）东北。至是改于承天门之左，为同堂异室。下东西为两庑，侑亲王及功臣，前为棂星门。"

⑥　（宋）赵顺孙《四书纂疏·中庸》93a/b，清通志堂经解本。

祖右社"的布局上,从不完全对称到规整的对称,汲取了营建中都时的经验。从朱元璋对一系列宗庙制度完善和改制的情况看,此次太庙的改建,仅是朱元璋诸多探索中的一项,绝非全部照搬中都的"创制"。由于当时南京午门两阙尚未营建,因此这里所称的"阙左",说明午门增建两阙已是计划内的事了。

4. 奉先殿。朱元璋称帝后,有感于"养亲之乐不足于生前,思亲之苦徒切于身后"的内心缺憾,虽已建有"岁时致享"的太庙,无奈不能"于晨昏谒见、节序告奠",遂让礼部尚书陶凯给予考论。陶凯以宋朝太庙"一岁五享,宫中自有奉先天章阁、钦先孝思殿奉神御画像,天子日焚香。……自汉以来,庙在宫城外,已非一日。故宋建钦先孝思殿于宫中,崇政之东,以奉神御"为例,推荐于乾清宫左侧,营建奉先殿,"以奉神御,每日焚香,朔望荐新,节序及生辰皆于此祭祀,用常馔、行家人礼"。① 于是,洪武四年(1371)二月按宋制建成奉先殿,② 位于乾清宫左侧,其性质属皇家的家庙,其等级极为崇隆。朱元璋对该殿建设及陈设也十分重视,4天后朱元璋欲赴临濠,行前还嘱咐中书省臣制奉先殿四代帝、后

---

① 《明太祖实录》卷59,洪武三年十二月甲子。
② 《明太祖实录》卷61,洪武四年二月己巳,规定:"每月朔荐新:正月,用韭、荠、生菜、鸭子、鸡子。二月,水芹、苔菜、蒌蒿、子鹅。三月,新茶、笋、鲤鱼。四月,杏、梅、樱桃、黄瓜、蕨、雉。五月,来禽(即花红)、茄子、桃、李、大麦、小麦、嫩鸡。六月,莲子、西瓜、甜瓜、冬瓜。七月,梨、枣、菱、芡、蒲萄。八月,新米、粟、稷、藕、芋、茭白、嫩姜、鳜鱼。九月,栗子、橙、小红豆、鳊鱼。十月,山药、柑橘、兔。十一月,荞麦、甘蔗、鹿、獐、鹅。十二月,菠菜、芥菜、白鱼、鲫鱼。其品物,太常司官每月奏闻,送光禄寺供献。"另谈迁《枣林杂俎·智集》"奉先殿荐新"记载略有异,但荐新每项目俱有具体承办部门。

神主及冕，"须精致，朕还日视其成"。^① 洪武七年，"铸奉先殿钟成"。^② 直到此时，正在兴建中的中立府宫城内并未建奉先殿。同年八月，改中立府为凤阳府后仅过了数月，朱元璋诏令改建京师宫城内的奉先殿，^③ 改建的原因是"旧制狭隘"。^④ 洪武八年四月庚寅朔建成，以"奉安神位，永严祀礼"。^⑤ 由于改建并未达到朱元璋的要求，遂"以奉先殿弗称"为由竟下令重建，直到洪武九年六月己亥才建成。^⑥ 从奉先殿的始建到后来的改建与重建，除了制度外，还有使用的高规格的建材以及宫城内建筑群之间规模相称等因素。

洪武二十八年（1395）颁布的《洪武京城图志》中，奉先殿被列入"宫阙"三大殿建筑之后，^⑦ 可见该殿地位已超出了一般用于祭祀的坛殿，所谓"太庙象征外朝，奉先殿象征内朝"也正是如此。反观中都宫城布局与营造，奉先殿自始至终既无规划更没建造。

5. 都城隍庙。 城隍庙，源自对城隍神的信仰。至汉唐时随着道教的普及，城隍神被列入道教神祇系统中，但历史上并没有列入国家正式的祭祀体系。尽管元朝在上都建有城隍庙，^⑧ 也在大

---

① 《明太祖实录》卷 61，洪武四年二月壬申。
② 《明太祖实录》卷 88，洪武七年三月壬申。
③ 《明太祖实录》卷 94，洪武七年十一月乙丑。
④ 《明太祖实录》卷 99，洪武八年四月庚寅朔。
⑤ 《明太祖实录》卷 99，洪武八年四月庚寅朔。
⑥ 《明太祖实录》卷 106，洪武九年六月己亥。
⑦ 王剑英《明中都》第 80 页，称：奉先殿"显然是《洪武京城图志》缺载。因此，要弄清楚前后制度的增益，尚待进一步研究，……"这是王剑英疏漏了。
⑧ 《元史》卷 6《本纪》6 "世祖三"，至元五年正月庚子。

都封城隍神为"护国保宁王"，①但并没有被纳入天子的祭祀。故《元史·祭祀志》中均无城隍，仅在各地民间信仰城隍神盛行。朱元璋深谙城隍神对民众意识形态所产生的作用与功能，称之："朕立城隍神，使人知畏，人有所畏，则不敢妄为。朕则上畏天，下畏地，中畏人。自朝达暮，恒兢惕自持。夫人君父天母地，而为民父母者也。苟所为不能合天地之道，是违父母之心，不能安斯民于宇内，是失天下之心矣。如此者，可不畏哉。"②

　　洪武二年（1369）正月，朱元璋首次将城隍神纳入国家祭祀体系，设定为京都（应天府）、封王府（开封、临濠、太平、和州、滁州），以及封公府、州、县五个级别。其中京师城隍神为明灵王昇福，朱元璋称其为"聪明正直，圣不可知，固有超于高城深池之表也"，故被封之。③城隍神依传统人格化的同时，又首次颁布为城隍制度被纳入国家祭祀体系中。洪武三年六月，朱元璋出于"岳镇海渎皆高山广水。自天地开辟以来至今，英灵之气萃而为神，必皆受命于上帝，幽微莫测，岂家国封号之所可加。渎礼不经，莫此为甚"，遂改定包括城隍在内的诸神号"一体改封"。④城隍庙号在如此短的时间更改，有学者认为与中书省首脑的混乱不无关系，"传统的城隍被完全否定，城隍神的人格神属性被剥夺，偶像被废止，制定了与儒教观念相融合的城隍制度"。⑤表明朱元璋

① 《元史》卷33《本纪》33"文宗二"，天历二年八月庚子。
② 《明太祖实录》卷80，洪武六年三月癸卯。
③ 《明太祖实录》卷38，洪武二年正月丙申朔。《礼部志稿》卷84"城隍神庙式"。
④ 《明太祖实录》卷53，洪武三年六月癸亥。（明）宋濂《洪武圣政记》，16b。
⑤ （日）滨岛敦俊《朱元璋政权城隍改制考》，《史学集刊》1995年第4期。

称帝后,对包括城隍在内的宗庙制度方面进行了一系列探索和实践。数月后,由于早年位于应天府嘉瑞坊的城隍庙"旧祠卑隘",又深处"闾巷",导致"军民私窃祷祈,不由典礼,渎玩滋甚",朱元璋深恶痛绝。原本打算"度地营筑",后采纳陶凯等人建议,以"京都城隍,乃天下都会之神……然祠庙卑隘,未称朕礼神之意,遂命修饰岱宗行祠,迎神居之"。① 城隍庙新址,位于城西南斗门桥之东修缮后的原岱宗行祠。此处的城隍庙与城南郊外天子郊祀所祭祀的诸神坛中的"城隍",是两种不同的概念,前者是指京都的城隍庙,后者是指天下的城隍神。

洪武二十年(1387)六月,朱元璋在奉天门诏见刘三吾诸臣时称:都城隍庙"改作斗门桥之东,今十有八年矣。念诸王侯将臣凡有出入,悉祷于神而祀典。诸庙散在闾巷,烦嚣杂还,岂惟神弗妥灵。人之祷祀,实亦不便。欲徙钦天山之阳,久在朕衷,未之发也。已而城隍守者弗戒于火,一夕自焚,岂神隘此弗居乎,抑以潜契朕意乎"? 于是,"敕建都城隍庙于钦天山之阳"(即鸡鸣山阳的"十庙"之一),洪武二十二年五月建成,由刘三吾撰《敕建都城隍庙记》载其原委。② 每年六月二日,在京诸官均需进庙拈香供奉。

从上述几处都城重要宗庙建设的进程中,不难看出在前后两个阶段营建中,朱元璋的思想有鲜明的发展脉络,即遵循古制的同时又具有勇于创新的特点。朱元璋极力推崇神权的真实目的,在于强化已获取的皇权不可侵犯的神圣地位,从而达到集权统治下的都城政治秩序,其中也包括了南京的城建。

---

① 《明太祖实录》卷 56,洪武三年九月戊子。

② (明)刘三吾《敕建都城隍庙记》,载刘三吾《坦斋文集》卷上 20b/21a。

二、第一阶段城建

朱元璋在南京早期城建中，除了前述宗庙等主要建筑外，还先后建造了一批宫内殿宇、涉及未来都城礼仪性质的其它建筑，以及官署、街道、桥梁、粮仓、官舍、学舍、各类住宅、墓地等。据俞本《纪事录》载："上集应天、太平、镇江、宣州、广德等府民，兴筑皇城，周围八十里；及以府县各处犯罪官吏、皂隶、农民罚盖千步廊；及于青龙山采取石板，长三四丈者，阔狭厚薄，酌量用之。又于荆、湖之间采奇材异木，兴造宫殿、楼阁、院宇及城池、街道。不数月，焕然一新。"[①]俞本此记有多处与史实不符，如：皇城的八十里，实际是宫城的 3.45056 公里；[②]五府之"民"，实际为五府"民兵"；"千步廊"的营造时间被提前了；"不数月"的城建，实际的城建时间远已超出。但是，从早期城建的建筑数量、布局和规模上看，已初具了都城的规模与特点。但如欲全面揭示当年（尤其早期）京城内外所有建筑及其具体位置和样式，即便是依赖于各类正史和方志，也是奢望而不逮，择一而遗万。如吴元年（1367）建造的位于正阳门外的山川坛，[③]其具体位置，早在明万历年间（1573～1620）已无考。[④]

现以《明太祖实录》等文献记载为线索，分述该阶段城建中

---

① （明）俞本撰，李新峰笺证《纪事录笺证》第 226 页。

② 杨国庆、王志高《南京城墙志》第 160 页。

③ 《明太祖实录》卷 103，洪武九年正月庚午。

④ （明）章潢、万尚烈《图书编》卷 102，7b，四库全书本。另据（清）武念祖修，陈栻纂《（道光）上元县志》（清道光四年刻本）卷 11，1b 称"山川坛在三山门外"，此坛非洪武早年所建，实为应天府后建。

部分主要建筑如下：

1. 坛、庙、祠、观。

（1）功臣庙，朱元璋即吴王位后，命中书省绘塑功臣像于卞壶及蒋子文庙，[①] 功臣中"以（赵）德胜为首"。[②] 这是功臣庙建造之前，最早祭祀功臣的场所。

洪武元年（1368），朱元璋下令于鸡笼山[③] 下筑坛，祭祀已故文武功臣胡大海等人，李梦庚、王恺、孙炎等人附祭。[④] 随后，朱元璋以"每念诸将相从捐躯，戮力开拓疆宇，有共事而不睹其成，建功而未食其报。追思功劳，痛切朕怀"，遂下令建功臣庙，于洪武二年六月建成，序其封爵为像以祀之。[⑤] 这个阶段被列入功臣庙中的祀主，自明清两朝以来多有质疑，即并非《明太祖实录》《大明会典》《国史纪闻》和《明史》所称的 21 位。王世贞最早提出质疑，认为："生封公，死封王者，至（洪武）二十八年而始定，何以预知？……而所定位次，则据永乐初年见在者而言耳。"因此，早年祀主 21 人说，王世贞认为是姚广孝和解缙"诸公忽略之过也"。[⑥] 另据祝允明称："功臣庙正殿初有刘诚意，文皇去之。未审果否……"[⑦] 明清两朝学者质疑的是：何时确定了功臣的人数和

---

① 《明太祖实录》卷 15，甲辰九月辛巳。

② 《明太祖实录》卷 12，癸卯六月辛亥。

③ 《明太祖实录》卷 129，洪武十三年正月戊申，"改鸡笼山为鸡鸣山"。

④ 《明太祖实录》卷 37，洪武元年十二月丁亥。

⑤ 《明太祖实录》卷 38、43，洪武二年正月乙巳、洪武二年六月丙寅。

⑥ （明）王世贞《弇州史料》卷 62，12b，明万历四十二年刻本。钱谦益在《鸡鸣山功臣庙考上》中称"王氏之考核矣，而未及详也"，遂详加补考。载（清）钱谦益《牧斋初学集》卷 22，1b。

⑦ （明）祝允明《野记》卷 1，19a。

位次,但对鸡鸣山麓的功臣庙以及是"十庙"最早的一座庙,则无质疑。

洪武六年(1373)至七年,重建功臣庙,并立鸡笼山功臣庙坊,坊名"英灵坊"。①

(2)禋祀坛。洪武元年(1368)十二月,太常寺奏:"周礼以禋祀,祀昊天上帝,以实柴祀日月星辰,……"并推荐如唐、宋之制:"于秋分日祀寿星。今拟立秋后辰日,祀灵星;立冬后亥日,祀司中、司命、司人、司禄,如唐制为坛于城南",②得到朱元璋的批准,但城南"坛"的具体位置和规模不明。

(3)旗纛庙。朝廷诸臣在考察中国历代军中传统如"唐宋及元,皆有旗纛之祭"后,于洪武元年(1368)十二月庚寅设立。朱元璋"命京师立庙于都督府治之后,仍令天下卫所于公署后立庙"。③每年春天惊蛰日、秋天霜降日两次祭祀。但有时祭旗纛之神,则非进庙仅设坛。洪武七年二月,"诏皇太子率诸王诣阅武场,祭旗纛之神,为坛七……。皇太子及诸王皆具仪卫,执事者捧旗纛于马上,以序前行至坛,……"④

(4)群神祀享所。早先的群神祀享所,与正阳门外的山川坛"诸神共祭之"。⑤洪武二年(1369)正月,于城南门外建群神祀享

---

① 《明太祖实录》卷85、88,洪武六年九月己酉、洪武七年三月乙未。另据(清)顾炎武《建康古今记》:洪武十七年,又改作"功臣庙"。《明史》卷50《志》26《礼四》"功臣庙":"太祖既以功臣配享于太庙,又命别立庙于鸡鸣山。"

② 《明太祖实录》卷37,洪武元年十二月乙酉。

③ 《明太祖实录》卷37,洪武元年十二月庚寅。

④ 《明太祖实录》卷87,洪武七年二月丁未。

⑤ 《明太祖实录》卷103,洪武九年正月庚午:"初,山川坛建于正阳门外,合太岁、风云、雷雨、岳镇、海渎、山川、城隍、旗纛诸神共祭之。"

所，"中为殿五楹南向，东西相向为庑，各七楹。西北为厨库房，各五间。库之后，为宰牲房三间"。①11天后，朱元璋以"未有坛壝，专祀非隆敬神祇之道"为由，命礼官考古制呈上。在考察历代祭祀诸神后，因原先祭祀场所"既非专祀又屋而不坛，非礼所宜"，遂将"太岁风云雷雨诸天神合为一坛；岳镇海渎及天下山川城隍诸地祇合为一坛"，并"定以惊蛰、秋分日祀太岁诸神；以清明、霜降日祀岳渎诸神。坛据高阜南向，四面垣围。坛高二尺五寸，方阔二丈五尺，四出陛。南向陛五级，东西北向陛三级。祀天神，则太岁风云雷雨五位，并南向"。②同时，又因牲房靠近神坛，据礼部尚书崔亮进言，又将牲房改筑于"远神坛二百步"。③同年三月，朱元璋以春久不雨，告祭风云、雷雨、岳镇、海渎、山川、城隍旗纛诸神。"中设风云雷雨五岳五镇四海四渎，凡五坛。东设钟山两淮江西两广海南海北山东燕南燕蓟山川旗纛等神，凡七坛。西则江东两浙福建湖广荆襄河南河北河东华州京都城隍，凡六坛。共一十八坛。"④

（5）马祖诸神坛。洪武二年（1369）正月，朱元璋以"自起义以来，多资于马，摧坚破敌，大有功焉。稽古按仪，载崇明享，爰伸报本，以昭神功"为由，命于后湖立四坛以祀马祖、先牧、马步、马社之神。⑤洪武五年二月，因礼部奏请，改设一坛，专祭司马一神，

① 《明太祖实录》卷38，洪武二年正月丁酉。
② 《明太祖实录》卷38，洪武二年正月戊申。
③ （明）朱睦㮮辑《圣典》卷1，9b。
④ 《明太祖实录》卷40，洪武二年三月丁酉。
⑤ 《明太祖实录》卷39，洪武二年二月庚辰。

每年于仲春一祭。①

（6）先农坛。洪武二年（1369），朱元璋命太常官筑先农坛于京城之阳，其坛位于南郊"籍田之北，高五尺，阔五丈，四出陛。籍田在皇城南门外，御耕籍位在先农坛东南，高三尺，阔二丈五尺，四出陛。其神位先农正位，南向。后稷配位，西向"。同年二月壬午，"上躬享先农，以后稷氏配祀毕，耕籍田于南郊"。其祝文称："惟神生于天地开辟之初，创田器、别嘉种，以肇兴农事。古今亿兆，非此不生，永为世教，帝王典祀，敬不敢忘。"当天，朱元璋还"宴劳百官、耆宿于坛所"，②说明早年的先农坛还有一些其它附属建筑。

（7）朝日坛与夕月坛。洪武三年（1370）正月，将早年从祀于郊坛的日、月祭祀，依照"今既以日月从祀于郊坛，当稽古者，正祭之礼，各设坛专祀为宜"，遂各设坛专祀。朝日坛筑于城东门外，高八尺；夕月坛筑于城西门外，高六尺，"俱方广四丈。两壝：壝各二十五步，燎坛方八尺，高一丈；开上南出户方三尺。神位以松柏为之，长二尺五寸，阔五寸；趺高五寸，朱漆金字。朝日以春分日，夕月以秋分日，星辰则祔祭于月坛"。③洪武二十一年，被罢。两坛旧址，具体位置不明。

（8）泰厉坛，又称"无祀鬼神坛"、"鬼神坛"、"厉坛"。④洪武

---

① 《明太祖实录》卷72，洪武五年二月庚子。《礼部志稿》卷84《祀马祖》《祭司马》。

② 《明太祖实录》卷39，洪武二年二月壬午。（清）黄瑞图修，姚鼐纂《（嘉庆）重刊江宁府志》卷13，1a，称"先农坛在府治通济门外"。

③ 《明太祖实录》卷48，洪武三年正月甲午。

④ 《礼部志稿》卷84，7a/b。《南京都察院志》卷22《职掌十五》53b。

三年（1370）十二月，朱元璋以"兵革之余，死无后者，其灵无所依，命议举其礼"。其实，此举也与同年六月朱元璋下令禁淫祠制有关，①经礼部官员考论后，认为："天下之淫祀一切屏除，使鬼之无所归附者，不失祭享，则灾厉不兴，是亦除民害之一也。"朱元璋遂下令"筑坛于玄武湖中"，又规定："京都谓之泰厉、王国谓之国厉、府州谓之郡厉、县谓之邑厉、民间谓之乡厉，著为定式。"②

（9）龙江坛。又称"祭江坛"，设于金川门外江边，朱元璋离京外出祭祀于此。③在坛的周边筑有外垣，其西侧临江。④另据《南京都察院志》载："本坛遇太监选婚、亲王行幸、出师于此祭江。"⑤

（10）福寿祠。早年祭祀元御史大夫福寿之所，位于"城南土门冈市阓间，非官民揭虔所"。朱元璋率部攻占集庆路时，元军城守御史大夫福寿"独据胡床，坐凤凰台下，指麾左右。若将有为或劝之道去。厉声叱曰：'吾台端重臣，城存则生，城破则死，尚安往□死其所。郡达鲁花赤达尼达思不忍弃去，亦死焉"。⑥洪武四年（1371）四月，朱元璋对中书省臣曰："朕渡江以来，元之守臣如御史大夫福寿，仗义守职，保障其民，以身殉国。虽无甲兵外援，而

---

① 《明太祖实录》卷53，洪武三年六月甲子。

② 《明太祖实录》卷59，洪武三年十二月戊辰。洪武十五年，因于后湖建黄册库，遂迁至神策门外（见《洪武京城图志》"坛庙"）。《礼部志稿》卷84"设厉坛"。

③ 《洪武京城图志》"坛庙"："龙江坛，国朝新建，在金川门外。凡行幸出师亲王之国，则祀于此。"

④ （清）顾炎武《建康古今记》"祭江坛"。

⑤ （明）施沛《南京都察院志》卷22，53b。

⑥ （明）刘三吾《敕建元卫国忠肃公庙碑》，载刘三吾《坦斋文集》卷上，45b/46a。（明）焦竑《熙朝名臣实录》卷1，16a/b亦有载，明末刻本。

能临难不避。可谓忠臣矣。"[1] 遂诏令于城南立祠建庙。[2] 据《秘阁元龟政要》载，朱元璋对福寿的评价是："疾风知劲草，板荡识忠臣，其福寿之谓乎！为人臣者，当如是也。"[3] 洪武六年四月，朱元璋命中书省臣增福寿谥号，因原已追封"卫国公谥忠肃"，[4] 遂罢。仍命每年春、秋二时，遣官于庙致祭。

（11）历代帝王庙。洪武六年（1373）八月，始创建历代帝王庙于京师。依据礼部提供的方案："其制宜略，如宗庙同堂异室。为正殿五间，以为五室，中一室以居三皇，东一室以居五帝，西一室以居夏禹、商汤、周文王。又东一室以居周武王、汉光武、唐太宗。又西一室以居汉高祖、唐高祖、宋太祖、元世祖。从之。"[5] 共计 18 帝，这是中国古代都城中设立的第一座历代帝王庙。[6] 同年十一月癸丑，朱元璋又下令："建历代帝王庙于中立府皇城西，仍命于北平立元世祖庙。"[7] 据此，可看出朱元璋此时对中立府的规制和营建，仍然是原先的如"京师之制"，也是朱元璋心目中的两京制营造的必然。洪武七年秋，朱元璋亲临祭祀后，庙中历代帝王已有变动，罢周文王、唐高祖，增添隋文帝，其规制为 5 室 17 帝。[8]（见图 6）

---

① （明）黄光昇《昭代典则》卷 7，16a。
② 《明太祖实录》卷 64，洪武四年四月。（明）薛应旗《宪章录》卷 3，4a，明万历二年陆光宅刻本。
③ （明）佚名《秘阁元龟政要》卷 8。（清）夏燮编《明通鉴》卷 5，10b/11a 亦持此说。
④ （明）王浩修，刘雨纂《（正德）江宁府志》卷 6，5b。
⑤ 《明太祖实录》卷 84，洪武六年八月乙酉。
⑥ 廖宜方《王权的祭奠——传统中国的帝王崇拜》第 365 页。
⑦ 《明太祖实录》卷 86，洪武六年十一月癸丑。
⑧ （清）顾炎武《建康古今记》"祠庙"所记祀帝变更与《明太祖实录》有异，从《实录》。

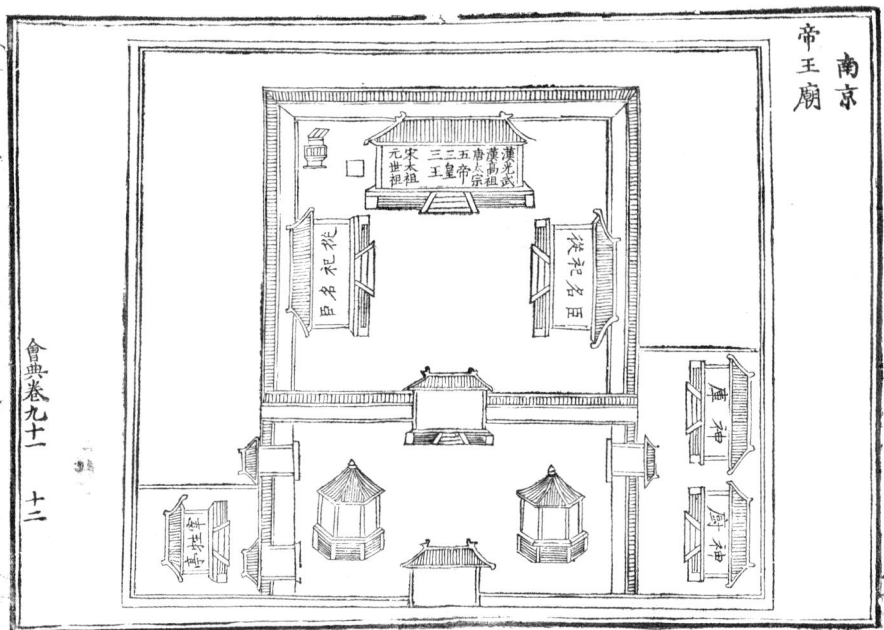

图 6 :《南京帝王庙》,引自(明)申时行等奉敕重修《(万历)大明会典》。

（12）洪武初年，在南京建造诸多祭祀场所中，有一处格外凸显，即清凉门外设置的一樯一舟，并且"有司岁修，祀给一兵，世守之，居舟傍，免其余役"。据称是因"太祖初渡江，御舟濒危，得一樯以免"而为之，又云守居之卒，"即当时操舟兵之后也"。这处场所的祭祀，由于被定为"常制"，故百余年后仍存在。[①]

2.大本堂。洪武元年（1368）十一月，于东宫靠近华盖殿之

---

① （明）祝允明《野记》卷 1，36b/37a。

间，①"建大本堂，取古今图书充其中，延四方名儒教太子、诸王，分番夜直，选才俊之士充伴读"。②这处建筑，在洪武年间意义非同寻常，用朱元璋的话称"天子之子与公卿士庶人之子不同。公卿士庶之子孙，系一家盛衰，天子之子系天下之安危"。③因此，许多名儒被调派至此任教，"洪武六年正月，以举人张唯、王辉、李端、张翀为翰林编修……是时，天下举人至京，上命中书省择其年少俊异者，皆擢侍从，赐冠带衣服，令入禁中文华堂肄业。诏太子赞善宋濂等教之"。④从国子学选出的周琦、王璞、张杰等 10 余国子生，因其"姿状明秀，应对详雅"而被取入东宫陪读。⑤

　　除上述外，还有部分是功臣子弟，康茂才之子康铎于洪武三年（1370）九月入"青宫大本堂"伴读，年仅 10 岁。洪武六年六月十三日，朱元璋亲临大本堂召见康铎、常遇春之子常茂等于台阶下，慰勉再三，御笔亲书八字："谨承祖业，爱尔勤功"。⑥

---

① （清）傅维鳞《明书》卷 65，25a。另据（清）武念祖修，陈栻纂《（道光）上元县志》卷 14，7b《古迹》称："大本堂，不详其地"，并推测为南京成贤街国学附近。从（明）甘泽纂辑，赵士让编次，王舜卿校正《蕲州志》（明嘉靖刻本）卷 9，4a/b 所载《追封功臣蕲州康茂才蕲国公谥武义诰命》补记称："洪武六年夏六月十又三日，皇帝幸大本堂。堂乃储君讲道之所"和所记"青宫大本堂"来看，《明书》所载大本堂的位置当有一定的可信度。所谓"青宫"，东方属木，于色为青，故太子所居为青宫。

② 《明太祖实录》卷 36 上，洪武元年十一月辛丑。（明）吕毖辑《明朝小史》卷 2 "大本堂记"："太祖尝赐懿文太子白玉印，方一寸二分，曰'大本堂记'。"

③ （明）吴朴《龙飞纪略》卷 4，4b，明嘉靖二十三年吴天禄等刻本。

④ （明）周应宾《旧京词林志》卷 1，9b，民国三十年辑玄览堂丛书影印明万历刻本。（清）陈诒绂《钟南淮北区域志》又据《旧京词林志》的"文华堂"推测为："太子讲学处曰大本堂，疑在文华殿之侧。"

⑤ （明）佚名《秘阁元龟政要》卷 4。

⑥ （明）甘泽纂辑，赵士让编次，王舜卿校正《蕲州志》卷 9，4a/b。

3. 府、县治。 洪武初,迁应天府治于古锦绣坊 "大军库地",旧元御史大夫宅。上元县治在 "府治东北昇平桥西"。[①] 江宁县治旧在聚宝门外西街 "越城之侧",[②] 后迁城内银作坊内,系旧府治。

4. 国子学斋舍。 元至正二十五年(1365)九月丙辰,置国子学,以秦淮河上文德桥之北故集庆路学为之。[③] 洪武元年(1368)三月,命增修国学斋舍。[④] 洪武二年三月戊午,朱元璋以早年应天府学为国子学的规制太小,对中书省臣称:"大学育贤之地,所以兴礼乐、明教化,贤人君子之所自出。古之帝王,建国君民,以此为重。朕承困弊之余,首建太学,招来师儒,以教育生徒。今学者日众,斋舍卑隘,不足以居。" 遂 "令工部增益学舍,必高明轩敞,俾讲习有所,游息有地,庶达材成德者,有可望焉"。[⑤]

洪武六年(1373),由于国子学 "天下英才会聚,四方来学者益众,充溢斋舍"。对此,朱元璋遂命礼部 "经理,增筑学舍凡百余间"。[⑥]

5. 其它各类房舍。 由于应天府城是新建的都城,人口剧增,各类住房问题随之而来,朱元璋及朝廷采取了各种办法先后给予解决。最早是吴元年(1367)九月,朱元璋下令中书省于宫城外侧置庐舍,令从军而废疾者居之,"昼则治生,夜则巡警。因给粮以赡

① (明)顾起元《客座赘语》卷 6,35a/b。
② (元)张铉纂修《(至正)金陵新志》卷 4,14a。
③ 《明太祖实录》卷 17,乙巳九月丙辰朔。(清)顾炎武《建康古今记》"学校"。
④ 《明太祖实录》卷 31,洪武元年三月辛未朔。
⑤ 《明太祖实录》卷 40,洪武二年三月戊午。
⑥ 《明太祖实录》卷 79,洪武六年二月戊子。(清)陈作霖编《金陵通纪》卷 10上,1b,原应天府学因洪武二年十月江宁知县张允昭进言:"江宁、上元在辇毂下,宜设学校以教京师子弟。"于同月辛卯,"置应天府学,生员六十人。应天有学自此始"。但是,据《明太祖实录》载,旧国子学改应天府学,时间为洪武十五年。今从《实录》。

之,使得有所养也"。① 随着皇宫建成后,这处庐舍遂被养济院所替代。洪武七年(1374),朱元璋因京畿民众"鳏寡孤独废疾无依者多",原养济院已不足以居,于龙江空旷之地建 260 间屋以供安居。② 官员们的房舍,有的是利用前代官宦人家宅院加以修缮或扩建而居,如城中和城南的徐达府邸、俞通海府邸等;有的是新建,如城中的邓愈府邸、常遇春府邸以及太平门内太平街的刘基府邸等。

洪武元年(1368)四月,孔子第 55 代嫡长孙孔克坚进京赴朝,"诏赐宅一区"。③ 洪武三年正月,建驸马都尉李贞第于西华门(外)玄津桥之西,将作司董其役。洪武三年六月,元帝王之后买的里八剌及家人,"赐第宅于龙光山",即今富贵山一带。洪武四年七月,授明昇归义侯,赐居第于京师。④ 除上述外,还有为陈友谅之子陈理建造的汉府,"明洪武初,封陈友谅子理为汉王,建府西华门外"。⑤ 以及陈友谅部将建昌城守王溥举城投诚后,朱元璋曾封他为中书右丞,并"于聚宝门外造屋,令溥居住,置立牌楼,号

① 《明太祖实录》卷 25,吴元年九月癸卯。
② 《明太祖实录》卷 92,洪武七年八月丁巳。洪武二十六年六月己亥,朱元璋又"诏习匠军人老弱残疾无子孙者,于养济院存养"。《明太祖实录》卷 228。另据《(万历)应天府志》卷 16,4b 载:"养济院旧址在通江桥柳林中,洪武间建。后毁,为民居所侵。"
③ 《明太祖实录》卷 31,洪武元年四月戊申。而《秘阁元龟政要》卷 4 称,孔克坚进京赴朝日期为四月乙巳,恐有误。疑该日为孔克坚之子孔希学进京赴朝,三日后(戊申)孔克坚"亦自来朝,行至淮安遇敕使,拜命惶恐,兼程而进。既至,召对谨身殿……"。
④ 《明太祖实录》卷 48、53、67,洪武三年正月甲辰、洪武三年六月乙亥、洪武四年七月乙丑。《(万历)应天府志》卷 15,4b 载:钟"山之支迤逦而南隐,然隆起者为龙广山。……累朝崇尚虚无,琳宫梵宇,亦穷极华丽,盖七十余所,今无复存者"。
⑤ (清)黄瑞图修,姚鼐纂《(嘉庆)重刊江宁府志》卷 8,17b。

其街曰'宰相街'。后溥为事,毁之"。①

6. 军储仓。 洪武三年(1370),当时在"京卫多积粮,以巨万计。而廪庾少,无以受之"。朱元璋遂命"户部设军储仓二十所,各置官司其事,自一至第二十,依次以数名之"。②到洪武三年八月乙酉时,在城西北(即鼓楼西至马鞍山下)散建并编号的这 20 处粮仓,已储粮达 600 余万石,每仓设官员 3 人,并增设京畿漕运司官 1 人。③

7. 兵营。 洪武年间,驻京将士人数始终是呈动态的。据《明太祖实录》记载:洪武八年(1375)之前,军人数量最多时为204900 余人,最少也有 43200 余人,④基本维持在 10 万 ~ 20 万之间。解决如此庞大的军人住宿并非一日而成,而想全面统计营造兵营数量和规模几乎枉然。吴元年(1367)九月,朱元璋以"军士行伍不可不整,进退不可无节,虽屯营庐舍,亦必部伍严整。遇有调发,易于呼召,不致失次",遂"以总旗为首,小旗次之,军人又次之,列屋而居。凡有出征,虽妇女在家亦得互相保爱……"。⑤也正因此,南京日后数量庞大的兵营房舍群,从一开始就具有整齐划一的特点,且分布于京城内外。

洪武六年(1373)时,因兵营屡遭火灾,加之驻京军人住房不足,故再"增造军营"。⑥

---

① (明)顾起元《客座赘语》卷 6,17b/18a。
② 《明太祖实录》卷 54,洪武三年七月丁酉。
③ 《明太祖实录》卷 55,洪武三年八月乙酉。另据(明)陈沂《金陵世纪》卷 2 "国朝"有载,明隆庆三年史际刻本。
④ 《明太祖实录》卷 70、61,洪武四年十二月癸未、洪武四年二月辛未。
⑤ 《明太祖实录》卷 25,吴元年九月戊子。
⑥ 《明太祖实录》卷 86,洪武六年十一月戊申。

8. 丧葬改制。洪武元年（1368），朱元璋开始对元代丧俗进行改制，起因缘于京师城内仍沿袭旧俗。先是因监察御史高原侃言："京师人民循习元氏旧俗，凡有丧葬设宴会亲友作乐娱尸，惟较酒殽厚薄，无哀戚之情……乞禁止以厚风化。"这项建言得到朱元璋认同，遂令"礼官定官民丧服之制"。① 次年，朱元璋又对葬俗改制，称："古者圣王治天下，有掩骼埋胔之令，推恩及于朽骨。近世狃于胡俗，死者或以火焚之，而投其骨于水。孝子慈孙于心何忍？伤恩败俗莫此为甚，其禁止之。"② 正式废除火葬，恢复并推行了土葬。此后，该项制度于洪武八年，被收录到《洪武圣政记》中。

洪武早期的功臣墓葬大致分为城外三处：幕府山南麓一带，葬有康茂才（位于今和平门外安怀村）③ 等；南郊一带（今中华门外），葬有俞通海、李杰等；钟山之阴，葬有常遇春等。而皇室成员皇贵妃孙氏洪武三年（1370）被"葬厝于朝阳门楮冈之原"，是否此时朱元璋已勘定附近的日后孝陵尚不得知，但将孙氏"葬厝"（暂时安葬）于朝阳门楮冈之原，恐有缘由。

9. 置关设库。洪武七年（1374）"置龙江、石灰山二关"。④ 洪武八年，"置行用四库于应天府聚宝、幕府、仪凤三门及会同桥"。⑤ 行用四库，全称行用宝钞行用库，专管宝钞发行、收换钞面字迹不

---

① 《明太祖实录》卷37，洪武元年十二月辛未。
② 《明实录·附录·明太祖宝训》卷2，洪武二年六月辛巳。自明洪武以后，诸多野史称朱元璋与陶安登上应天府城楼，闻到焚尸气味，经一番谈话后，才推行的土葬。如（明）黄瑜《双槐岁钞》卷1,13b/14a，也有类似记载。
③ 南京市博物馆《江苏南京市明蕲国公康茂才墓》。
④ 《明太祖实录》卷92，洪武七年八月丙午。
⑤ 《明太祖实录》卷98，洪武八年三月己巳。

清和钞纸损坏之钞。

10. 桥道。以南京城墙诸城门为通往城市道路的主要节点,此时各道路已初具雏形,城门外护城河上均建有大小不等的桥梁,但其结构相对于后期较简陋。

宫城御道以青石板砌筑外,市内其它新筑道路此时恐尚未铺砌砖石。而据清代赵翼在《明南北京营建》转引《水东日记》称:"洪武门外至中和桥六七里长街,乃富民沈万三家络丝石所砌。以此类推,是物料皆取之民间也。"① 即便如是,恐也为局部砌筑。野史中还有一说:当年国子学的监生入学需供石板一块,用以砌筑京师汉西门内大街道路,故被称之"监生石"。② 石城门至通济门长街数里,"铺石皆方整而厚。洪武间令民输若干予一监生,谓之监石",③ 故亦被称作"监石路"。

由于皇宫新建,在御河上建桥多座。在东长安门外建青龙桥,在西长安门外建白虎桥,在会同馆前建会同桥,以及乌蛮桥、柏川桥等诸桥。④

三、第二阶段城建

自洪武九年(1376)开始,朱元璋对京师礼制性建筑、官署等

---

① (清)赵翼《廿二史札记》卷 27《明南北京营建》。
② (清)武念祖、陈杜纂《(道光)上元县志》卷末,79b。
③ 陈乃勋辑述,杜福堃编纂,顾金亮、陈西民校注《新京备乘》第 22 页,东南大学出版社 2014 年版。
④ (明)顾起元《客座赘语》卷 6,34b/35a。

一大批城市建设项目陆续展开,可谓如火如荼,其目的就是为了实现都城"一代之盛典"的效果。许多建筑的创建和改建,无论制度还是规模也都具有鲜明的时代特征。

洪武二十四年(1391)八月,朱元璋命皇太子朱标巡抚陕西之前,南京的城建依然在大规模建造,其中包括洪武二十年至洪武二十二年建成"十庙",洪武二十三年创制龙江仪凤门、钟阜门的民房以及洪武二十四年初步建成的外郭。倘若朱元璋晚年仍欲迁都的话,城市进行如此大规模改建或兴建,似乎难以使人信服。因此,唯一的可能性,至多也是恢复洪武十一年被废除掉的两京制。

以先后建成秩序择其部分以窥一斑,罗列如下:

1. 改建群神祀享所为诸神坛、壝、殿,后称"山川坛"。[①]洪武九年(1376)正月庚午,建成太岁、风云、雷电、岳镇、海渎、钟山、京畿、山川、四季、月将、京都城隍诸神坛、壝、殿。"建正殿、拜殿各八楹,东西庑二十四楹。"并将先前的旗纛庙、先农坛迁建于此。"坛西为神厨六楹,神库十一楹,井亭二,宰牲池亭一。西南建先农坛,东南建具服殿六楹。殿南为藉田。坛东(即山川坛左)建旗纛庙六楹,南为门四楹。后为神仓六楹。缭以周垣七百一十二丈,东、西、北神门各四楹,皆甃以甓垣。东又别为周垣,甃为门一。"[②](见图7)

这组建筑群占地面积不小,仅垣内面积就达70亩、水田10亩,每年种黍、稷、稻、粱、来牟及菁、芹、葱、韭,以供祀事。该处建

---

① 《洪武京城图志》,该处建筑群已被称之"山川坛"。
② 《明太祖实录》卷103,洪武九年正月庚午。

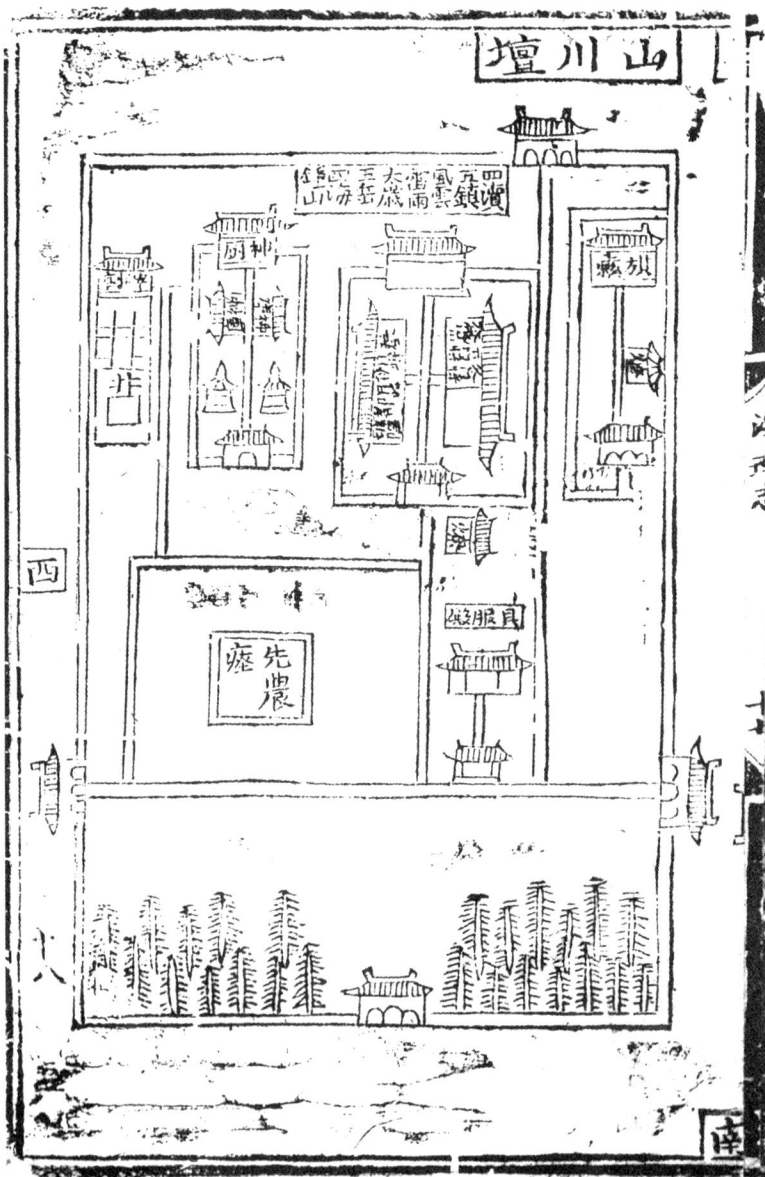

图 7 :《山川坛》,引自(明)王俊华纂修《洪武京城图志》。

筑群"周圈以墙,四面各立圈门一所"。^①至此,将原先的群神祀享的 2 坛改为正殿设太岁、风云、雷雨、五岳五镇、四海、四渎、钟山共 7 坛;东西庑各 3 坛,合计 13 坛。^②

2. 寺观。在南京第二阶段营造期间,朝廷主持重建或创建的有六大寺,即天界寺、灵谷寺、天禧寺、能仁寺、鸡鸣寺和栖霞寺,以及宫观。择部分简述如下:

（1）洪武十三年（1380）,重建天禧寺。自东吴孙权创建,名建初寺,并建阿育王塔,"有浮图层高九级,根入厚坤。……下有如来真身舍利",实江南塔寺之始。后名长干寺,历史上屡废屡兴。宋真宗天禧二年（1018）,复建寺,始名天禧。元末,天禧"寺宇稍坏"。洪武十三年,重建天禧寺后,"诏僧守仁住持。守仁,字一初,尝从元杨维祯学,以诗闻于时"。^③另据《御制黄侍郎立恭完塔记》称:"洪武十三年,胡、陈乱政。朕观七朝居是土者,皆臣愚君昏者多矣。……"朱元璋究其原因竟是:"臣下之不臣,无乃虎方坤位,浮图太耸之故。"于是,命移塔于钟山之左。塔即将建成时,有人坠于塔下身亡,于是罢役。洪武十八年,在工部左侍郎黄立恭奏请下,移塔兴役建于聚宝门外的天禧寺。"京之军民闻立恭作佛之善事,有施财以阿之者;有诚然为生死而布德者,一时从

---

① （明）章潢、万尚烈《图书编》卷 102,7b。
② 《明太祖实录》卷 103、104,洪武九年正月庚午、洪武九年二月丙申。其中旗纛庙:"其正祭旗头大将、六纛大神、五方旗神、主宰战船正神、金鼓角铳炮之神、弓弩飞枪飞石之神、阵前阵后神祇五昌等众,凡七位共一坛……"
③ 《明太祖实录》卷 134,洪武十三年十二月。另据顾炎武《建康古今记》"大报恩寺"载:"永乐十年八月丙午,重建天禧寺。二十二年三月甲辰,赐天禧寺名大报恩寺。宣德三年六月,南京大报恩寺成。命应天府当以民夫五十人及留工匠五十人备洒扫修理。"

者如流趋下。诸费折黄金二万五千两。三年而来告,塔已完矣。"洪武二十一年事成之后,黄立恭的妻女竟入佛门,"尽皆为尼"。[①]同年二月甲戌,因天界寺火灾,原设在寺内掌全国佛教事务的僧录司迁至天禧寺。据《金陵梵刹志》(卷31)"公产"条又载:"寺前房地,号房肆拾贰间半,浴堂房壹所。"其中"浴堂房",据实地考察建堂所用的城砖规制来看,推测为洪武十五年以后建造,后被称之"瓮堂",迄今尚存。

(2)改建蒋山寺为灵谷寺。洪武十四年(1381),将原位于钟山宝珠峰的蒋山太平兴国禅寺,迁址于独龙冈之左,改名为"灵谷寺",赐田150余顷。[②]据《金陵梵刹志》载:洪武十四年,"蒋山寺住持仲义奏迁蒋山寺及宝公塔于东冈,改赐寺额曰'灵谷寺',榜外门曰'第一禅林'。命度僧一千名,悉给与度牒。赡僧田贰百伍拾顷有奇。敕杭州府儒学教授徐一夔撰寺碑文"。[③]全寺有墙围合,自山门而入的中轴线上建有诸多殿堂,其中无量殿"纯甓空构,不施寸木",故又被俗称"无梁殿",迄今尚存。此后,灵谷寺僧还利用附近山地种植各类果树,以资供佛。

---

① (明)葛寅亮《金陵梵刹志》卷31,6a"报恩寺"《御制黄侍郎立恭完塔记——洪武戊辰十二月日》。"洪武戊辰"为洪武二十一年,而又称"三年而来告",当为洪武十八年始建。另据该《志》《钦录集》称:洪武十五年,"命鞍辔局大使黄立恭修天禧寺塔"。

② 《明太祖实录》卷139,洪武十四年九月己亥。另据吕毖辑《明朝小史》卷2"宝志冢碑"载:宝志的金棺银椁被迁移灵谷寺后,"立浮屠于函上,覆以无量砖殿。工费巨万,仍赐庄田三百六十所,日食其一,岁而周焉,以为永业"。

③ (明)葛寅亮《金陵梵刹志》卷2,2b《钦录集》"洪武十四年辛酉"。建成后,徐一夔《奉敕撰灵谷寺碑》时间为"洪武十六年",见(清)谢元福辑《灵谷禅林志》卷1,11a,清光绪刻本。

（3）朝天宫。洪武十七年(1384)，将元代元贞(1295~1297)时的玄妙观(后改永寿宫)重建，赐名为朝天宫，并设道录司于此，掌全国道教事务。① 洪武二十八年，朱元璋以洪武十七年"制度未备"为由，再次重建朝天宫，并成为朝廷举行盛典前习仪之所，② 也是官僚子弟袭封和文武官员学习觐见"天子"的地方。

（4）迁建天界寺。洪武二十一年(1388)二月甲戌，城中闪驾桥北的天界寺遭遇火灾。第二天主持宗泐率众僧入朝觐见朱元璋，得恩准另择城南聚宝门外能仁寺东侧宋代定林寺故址重建。③ 全寺有墙围合，并"奉圣旨，天界寺只作善世为额"，④ 称"善世法门"。⑤ 而能仁寺同月也发生火灾，迁建于城南广福山，位于善世寺西侧。⑥（见图 8）

除上述外，据《洪武京城图志》《南京都察院志》《建康古今记》等典籍载，洪武年间先后新建、改建或重建与修缮的寺观、庙宇还有位于鸡鸣山巅的鸡鸣寺(洪武二十年在寺内建普济禅寺庙，即宝志公殿)，位于石灰山东麓的百福寺，位于石头山的清凉寺，位于狮子山的徐将军庙(宋濂撰有《记》)，位于定淮门外的晏

---

① 《明太祖实录》卷 163，洪武十七年七月戊戌。
② 《明太祖实录》卷 243，洪武二十八年，重建朝天宫，"群臣习朝贺礼于其中"。
③ (明)姚广孝《天界寺毗庐阁碑》，载《金陵梵刹志》卷 16,5b/6a。碑文中天界寺遇火灾的时间为"洪武二十一年戊辰二十一日"，此据《明太祖实录》卷 188，"洪武二十一年二月甲戌"条。
④ 《金陵梵刹志》卷 2,13a "洪武二十一年八月一日"。
⑤ 《明太祖实录》卷 188，洪武二十一年二月。在《洪武京城图志》中被称"善世寺"，但据《实录》其寺额则为"天界善世禅寺"。
⑥ 《明太祖实录》卷 188，洪武二十一年二月。另据(清)顾炎武《建康古今记》载："大能仁寺在聚宝门外二里。"

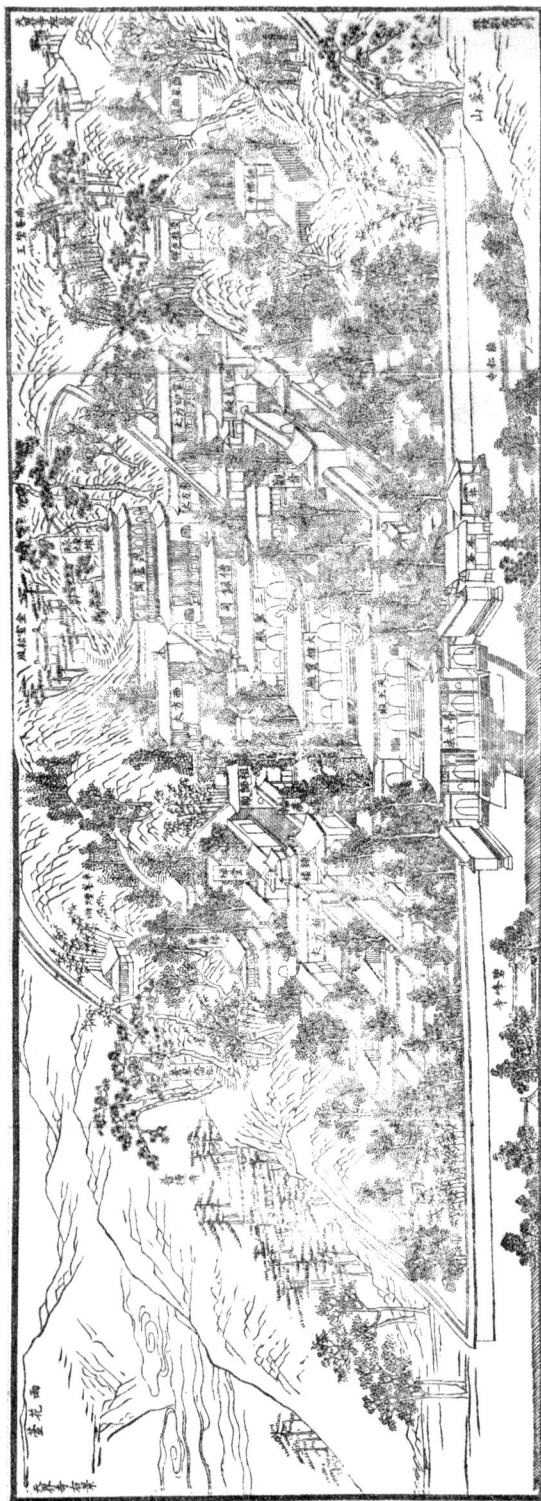

图 8：《天界寺》，引自（明）葛寅亮编辑《金陵梵刹志》。

公庙,以及洪武十五年(1382)后自后湖迁建于神策门外的无祀鬼神坛,位于能仁寺北侧的碧峰寺,位于聚宝门内的千佛寺,位于天禧寺东侧的西天寺,位于"骁骑右卫内西南,临城墙"的萧公庙,位于燕子矶的观音阁,以及位于卢龙山的卢龙观、北安门外的兴善寺、朝阳门内铜井院、京都太仓神庙、栖霞寺、玄真观、朝阳门外苜蓿庵和松山庵、神策门外建妙泰寺、太平门外神州娘娘庵和土地庙,以及其它地点所建的双松庵、圆通庵、三官堂等诸多中刹、小刹。(见图9)

　　京城内外所有大小寺、观、坛,均建有长短、高矮不一的围墙。

　　3.增建官、军、民居舍并定制。这类建筑,在京城内单体规模并不算大,但分布京城内外数量最多。洪武八年(1375),据宋濂奉敕编撰的《洪武圣政记》载,朱元璋"命中书省定官民房舍、服色等第。谕之曰:'昔帝王之治天下,必定礼制,以辨贵贱,明等威。'……以复中国之旧务,合人情,永为定式。"[1]这项制度首先在京师给予推行,直到洪武二十九年颁布《稽古定制》,不仅明确了各项具体的规定,而且条款更趋严格。

　　洪武十四年(1381),建驻京卫营军人庐舍以及官员居室。[2]次年四月,命羽林等卫造军士庐舍。共计2000间,每10间为连间,计200连间,每连间计广一丈二尺,纵一丈五尺。[3]洪武十七年,又增建府军卫军士庐舍3660间。[4]洪武十八年三月,朱元璋

---

① （明）宋濂《洪武圣政记》"定民志第六"11b/12a。
② 《明太祖实录》卷137,洪武十四年五月己酉。
③ 《明太祖实录》卷144,洪武十五年四月己丑。
④ 《明太祖实录》卷164,洪武十七年八月丁卯。另据顾炎武《建康古今记》载:"永乐三年七月丁未,徙府军右卫于鼓楼之西。旧治在西安门外,以拓皇墙故徙之。"

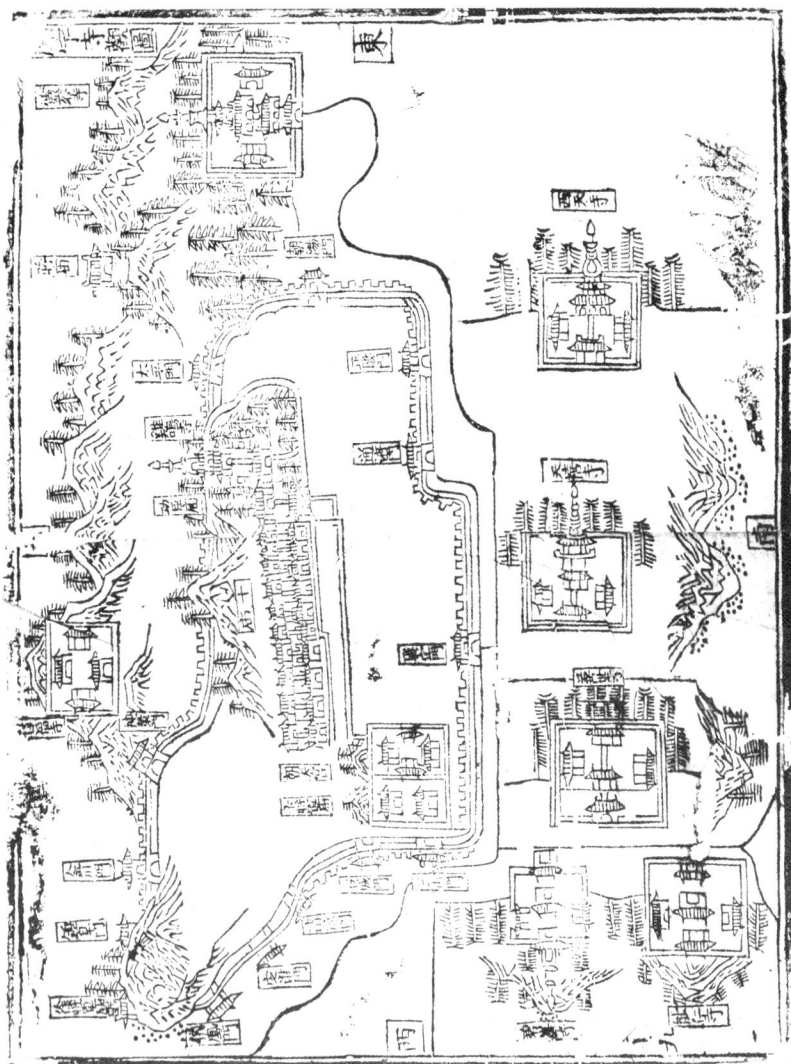

图9：《庙宇寺观图》，引自（明）王俊华纂修《洪武京城图志》。

因在"京官员多有与民杂处者,礼部主客郎中曾伯机以为言",故命工部为驻京官员"增造房舍,凡百余所"。① 洪武十九年,改建崇山侯李新、都督陈清、张宣、韦权、孙世、耿忠等人第宅。② 此后又陆续增建,至洪武末年京城内的各级官宅数量已达数千处。洪武二十三年,为鼓励市民前往城北居住,创制龙江仪凤门、钟阜门民房,奖励能自造房舍者"官给市木钞,每间二十锭"。③ 洪武二十四年六月,朱元璋对副都御史袁泰称:"重囚系狱罪,固当死,然不忍。悉真于法,且天气炎热,久系者岂能皆生,全姑宥之。"遂命狱因犯死罪者造金吾卫军舍,"以赎其罪"。④ 当时南京如此大的城市空间中,由于人口的急剧膨胀,"京师辐辏,军民居室皆官所给,连廊枅比舍无隙地",以致"商人货物至者,或止于舟,或贮城外民居,驵侩之徒,从而持其价高低,悉听断于彼,商人病之。上知其然,遂命工部于三山等门外濒水处为屋数十楹,名曰'塌房'"。⑤ 洪武二十五年,再拨款 2600 余锭,增造驻京各卫廊房。⑥

在第二次南京城建中,上述建筑数量不仅激增,而且由于"京

---

① 《明太祖实录》卷 172,洪武十八年三月壬戌朔。
② 《明太祖实录》卷 179,洪武十九年十二月乙酉。另据《明朝小史》卷 2 "击坏额署"称:洪武年间功臣之间的住宅规制,有攀比的现象:中山王徐达府邸坊表建成后,吴良、吴祯经过时见坊额"大功坊"不悦,"良乃乘醉击坏额署"。朱元璋闻后,赐其封地江阴城内建前后两府邸予吴良、吴祯。然周晖在《金陵琐事》(卷上,8b)对此批驳道:"高帝以魏国公达勋业非常,于居第左右特各建一坊,榜曰大功,以旌异之。俗传,吴祯、吴良二侯乘醉打碎,何其鄙野之甚。高帝之威、魏国之功,孰敢犯之?"
③ 《明太祖实录》卷 200,洪武二十三年二月乙未朔。
④ 《明太祖实录》卷 209,洪武二十四年六月己巳。
⑤ 《明太祖实录》卷 211,洪武二十四年八月辛巳。
⑥ 《明太祖实录》卷 217,洪武二十五年五月癸卯。

城系人烟幅辏去处,其地有限。设使官员之家,往往窥觊住宅左右前后空地,目(日)侵月占,围在墙内作园,种植蔬菜及为游玩处所,甚妨军民居住。且京城官员不下数千,若一概仿效,京城内地多为菜园。百千万军民何处居住"。[1] 朱元璋后将其归罪于胡惟庸和蓝玉,称:"岂期奸臣胡惟庸等擅作威福,谋为不轨,故意紊乱条章,是致诸功臣之家不肯遵守。……甚者无如蓝玉[2] 越礼犯分,其房屋、家奴至于数百,马坊、廊房皆用九五间数;又于本家墙垣内起盖店舍,招集百工技艺之人在内居住,与民交易。如此不才,初不知其所以,及至谋逆事发,诸功臣相继败露,然后知其不遵定制,盖欲背朝廷以待乱而已。"为此,朱元璋于洪武二十九年(1396)十一月十五日颁布《稽古定制》,先前"命翰林斟酌唐宋制度,定到坟茔、碑碣丈尺,房屋间架及食禄之家兴贩禁例,编类成书,永为遵守"。[3] 因此,《稽古定制》的颁布实际是假以遵循古制以防僭越之名,以京师城建的规范性达到震慑驻京诸功臣为目的,进而强化中央集权在京师的法统秩序。据《稽古定制》规定:

"凡官民房屋,并不许盖造九五间数及歇山转角、重檐重栱、绘画藻井、朱红门窗。其楼房不在重檐之例。"

"公侯前厅、中堂、后堂,各七间。门屋三间,俱用黑版瓦盖,屋脊用瓦兽。梁栋、斗栱、檐桷彩色绘饰,门窗、枋柱俱用黑漆油饰,及门用兽面,摆锡环。家庙三间,俱用黑版瓦盖,屋脊用花样瓦兽,梁栋、斗栱、檐桷彩色绘饰,门窗、枋柱用黑漆或黑油饰。其

---

[1] 《稽古定制》"房屋",载(明)张卤辑《皇明制书》卷 15,49b/50a。

[2] 原本作"生",此处据(明)朱国祯《皇明史概》卷 1,31a《稽古定制序》为"蓝玉"而改。

[3] 朱元璋《稽古定制序》,载(明)张卤辑《皇明制书》卷 15,43/44。

余廊庑、库厨、从屋等房，从宜盖造，俱不得过厅堂正屋制度。"

"一品二品，厅堂各七间。屋脊许用瓦兽，梁栋、斗栱、檐桷青碧绘饰。门屋三间，门用绿油兽面，摆锡环。"

"二品至五品，厅堂各七间。屋脊许用瓦兽，梁栋、斗栱、檐桷青碧绘饰。门屋三间，门用黑油，摆锡环。"

"六品至九品，厅堂各三间。梁栋止用粉青刷饰。正门一间，门用黑油，铁环。"

"凡品官房屋，除正厅外，其余房舍许从宜盖造。比正屋制度，务要减小，不许大过。其门窗、户牖，并不许用朱红油漆。"

"在京功臣宅舍地势宽者，住宅后许留空地十丈，住宅左边、右边各许留空地五丈。若见住旧居所在地势窄隘，已有年矣，左右前后皆是军民所居，止仍旧居，不许那移军民，以留空地。"

"……今后官员住宅照衣（依）前定丈尺，不许多留空地。如有过此，即便追出与军民居住。令子孙赴官告给园地，另于城外量拨。"

"在京文职官员所居房屋，临时奏请，量拨居住。"

"凡庶民所居房舍，不得过三间五架，不许用斗栱及彩色装饰。其余从屋虽十所、二十所，随宜盖造，但不得过三间。"

最后，还颁布了两条禁例：

其一，"今已往功臣之家，不守分限，往往于住宅前后左右多占地丈，盖造亭馆或开掘池沼，以为游玩。似此越礼犯分，所以不能保守前功，共享太平之福"。

其二，"今京城已故各官多有不谙道理，于住宅内自行开挑池塘，养鱼种莲，以为玩好。非惟泄断地脉，实于本家不利，以致身亡家破。今后京城内官员宅院，不许开挑池塘，亦不得于内取土筑墙,掘成坑坎”。

朱元璋当时的这种做法,在民间产生了很大影响,并流传出诸多故事:朱元璋赐徐达府第,“将落成,其大门初漆灰布。帝幸临观之,赞曰:‘好了。’至今已传数代,不敢加细漆”。朱元璋还声称:“大官人必须大宅第,即于刑部尚书开济创为之,制甚宏丽。令有司以此为式。俗因呼为‘样房’。”①

据镇江府金坛县人王僬描述:“旧例:官民不使杂居”,有“廊制”,南都官舍有二:在北者为刘基所创,其宅“据山冈,地势颇高,亦曰为‘御史中丞刘基建制’,亦弘厂(敞)”,称“都御史宅”。洪武十五年(1382)后,刑部尚书开济于刘基住宅之前建宅,“其街曰都堂街,今都堂街之名不复知,但在太平门官舍例称‘御史廊’耳”。御史廊本名称“御赐廊”,编有字号,册藏内府,三法司俱有之。官舍“在南者有二:一曰‘尚书巷’,在长安街,吏、户、兵三部之宅在焉;一曰‘柳树湾’,在正阳门之东,礼、工二部之宅在焉”。而南部两部官舍,“初亦在尚书巷,后因火而迁,制独狭小。盖拘于地不能复如样房之崇广矣”。官舍的规制为:“皆止两层。大门之内为仪门,仪门之内为正厅。正厅或七间或五间,有夹室以燕息,有川堂以退居,有垣以隔绝内外,声不相闻。后寝,制如前堂。前后俱有厢房、井灶、厕溷,隙地种蔬,各得其所。居者虽家口众多,不闻其不能容也。”②

对于诏还京师的罪臣住宅,则被安排到城外。如洪武十三年

---

① (明)吕毖辑《明朝小史》卷2“洪武纪”。(明)皇甫录《皇明记略》(载〔明〕李栻辑编《历代小史》卷85,30a):“太祖南都建文官开济等宅,甚宏丽,因呼为样房。至今犹呼‘品官房’。”

② (明)王僬《方麓集》卷11,19b/20b《南都官舍》,四库全书本。

（1380），朱亮祖就被"令居江宁之安德乡"。^①

4.增建粮仓。在原先建有 20 座大型粮仓的基础上，为提供驻京官员和各卫的官俸和军粮之需，再建的粮仓规模不大但数量不菲。洪武十四年（1381），以"在京一岁官俸、军粮之数，令各建仓储蓄，以便支给"。^②洪武二十八年，又置皇城长安、东安、西安、北安四门仓，储粮以给守御军士，仓设副使一员。^③

5.改建国子学为国子监。洪武十五年（1382）五月己未，于鸡鸣山下新建太学成。自建造以后，朱元璋曾数次前往"临视，至是落成。……命翰林院学士宋讷记其始末于石"。太学的规制为："庙学皆南向。庙在太学东，中为大成殿，殿左右两庑。前为大成门，门左右列戟二十四。门外东为牺牲厨，西为祭器库。又前为灵星门。太学正堂曰'彝伦堂'，中为祭酒司业公署。左为祭酒司业讲授之所，右西列席东向，为博士课试之所。前为太学门，又前为集贤门。彝伦堂之后，为六堂：曰率性、曰修道、曰诚心、曰正意、曰崇志、曰广业，诸生肄业居之。堂之东西皆列二馆，助教、学正、学录居之。丞簿有署，会馔有堂，厨库、井湢以次而列学之旁，以宿诸生，谓之号房。有妻子者居外，月给米赡之。"^④仍以旧国子学为应天府学；不久又改太学为监。^⑤

洪武十七年（1384）四月庚寅，因"天下府州县岁贡生员及四

---

① （明）过庭训《本朝分省人物考》卷 33,25b,明天启刻本。
② 《明太祖实录》卷 137,洪武十四年五月己酉。
③ 《明太祖实录》卷 236,洪武二十八年正月壬子。
④ 《明太祖实录》卷 145,洪武十五年五月己未。
⑤ 另据《（道光）上江两县志》卷 2 下载：洪武十四年"夏，建国学于鸡鸣山下，名国子监"。改名时间与《实录》有异，今从《实录》。

夷酋长遣子入学者,凡数千人,学舍不能容",故"命增筑国子生房舍五百间于集贤门外,谓之外号房"。[①] 洪武十九年,建造国子监围墙,由中军都督府负责以"罪人输作"。洪武二十一年,造国子监"别房"百余间,"具灶釜床榻,以处监生之遇疾病者。拨膳夫二十名给役其间,人皆称便"。[②] 洪武二十二年,再次增建有家室的国子监生居舍于监门前。[③] 洪武三十年,重建国子监孔子庙。[④] 在国子监附近建有浴室,"砌浴贤池,铜为之底,引后湖水经其中南出,俾诸生澡雪。又置水磨运机,作面以食诸生"。[⑤] (见图 10) 在国子监围墙大门外,分别建有国子监牌坊 3 座,以及成贤街牌坊、通贤桥牌坊和督储牌坊共计 6 座。[⑥]

在重视道统的社会背景下,朱元璋通过对京师最高学府国子

---

① 《明太祖实录》卷 161,洪武十七年四月庚寅。(明)吕毖辑《明朝小史》"建国学"条,因旧为古战场,阴气太重,故不许女性入;"号房无门限"条,则称:号房均不设门槛,朱元璋认为"秀才须出用,不宜限隔"。而集贤门,又被称之"成贤门","'门'字无钩"。……先是詹孟举书'门'字有钩,即以粉涂钩画";"埋督台下"条,称太学建成后,朱元璋前往视察,认为有些过于奢侈,甚怒之下"即命埋督造部官李尤馨于督台下"。另据《明太祖实录》卷 129,洪武十三年正月戊申"改鸡笼山为鸡鸣山"。而引发诸多野史和传说:(明)陆粲《庚巳编》卷 1 "太学":"相传高皇帝时初起太学,……上来时,见蛛布网屋隅,曰:'我才建屋,尔撒据之耶?!' 顾叱之出。语讫而蛛遁。从兹遂绝。"类似鸡笼山改名的传说还见有(明)施显卿辑《新编古今奇闻类纪》卷 7,40a/b,明万历四年刻本。
② (明)佚名《秘阁元龟政要》卷 14。
③ 《明太祖实录》卷 197,洪武二十二年十月壬戌。
④ 《明太祖实录》卷 255,洪武三十年十月乙未。
⑤ (明)王圻辑《稗史汇编》卷 72,1b/2a。另据(明)黄佑《南雍志》卷 1,54b 载:洪武三十一年"夏四月,置磨坊于监前,因后湖水,以铜闸启闭。署祭酒张显宗所经画也"。明嘉靖二十三年刻本。
⑥ (明)施沛《南京都察院志》卷 22,43b。

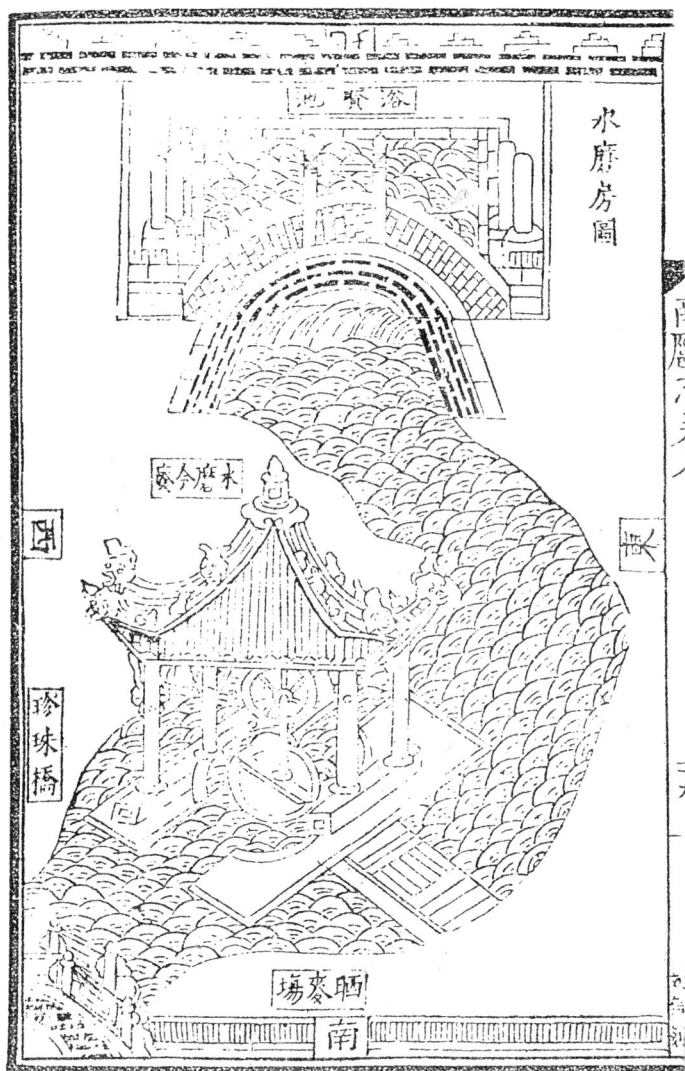

图 10 :《水磨房图》,引自(明)黄佐《南雍志》。

监校舍的建设,从一个方面体现了他重视经学教育,以彰显大明政权沿袭历代王朝尊儒重教的传统。

6. 孝陵。洪武十五年(1382)八月丙戌,皇后马氏崩,于同年九月庚午入葬钟山之阳"孝陵之左"。次年五月,孝陵礼殿建成,其它地面营建也先后展开。[①] 另据《国宪家猷》称:"孝陵城西门内有吴孙权墓。筑城者奏欲去之。诏曰:'孙权亦好汉子,留为门主。'遂止。"[②] 洪武十九年,修建在京王公坟茔。洪武二十五年八月,葬皇太子朱标于孝陵之东,称"东陵"。洪武二十六年正月,朝廷规定:"令车马过陵及守陵官民人者,百步外下马,违者论以大不敬罪。"[③] 并建下马坊。洪武二十八年九月,设孝陵神宫监,"掌洒扫殿庭及栽种果木、蔬菜之事"。[④]

洪武三十一年(1398)闰五月乙酉,明太祖朱元璋崩于西宫。同月辛卯,葬明太祖于孝陵,"遗命:丧葬仪物,一以俭素,不用金玉,孝陵山川因其故无所改。天下臣民出临三日皆释服,无妨嫁娶"。[⑤] 另据《大明会典》载:"孝陵四十妃嫔。惟二妃葬陵之东西,余俱从葬。"[⑥]

孝陵始建于洪武十四年(1381),由中军都督府佥事李新主持

---

① 《明太祖实录》卷148、卷154,洪武十五年九月庚午、洪武十六年五月甲子。(明)吕毖辑《明朝小史》卷2"马如来":"马太后既薨临葬,期风雨雷电,帝甚不乐。忽召宗泐至,帝曰:'后将葬,如此雷雨何?'泐应声曰:'雨落天垂泪,雷鸣地举哀。西方诸佛子同送马如来。'帝甚悦,赐泐白金百两。"

② (明)王大可辑《国宪家猷》卷2,25b。

③ (明)佚名《秘阁元龟政要》卷16。

④ 《明太祖实录》卷220、241,洪武二十五年八月庚申、洪武二十八年九月。

⑤ 《明太祖实录》卷257,洪武三十一年闰五月乙酉。

⑥ (明)申时行等奉敕重修《(万历)大明会典》卷90,6a。

陵墓的营建工程,两年后孝陵享殿等主体工程基本完工,因其功李新被封为崇山侯。永乐十一年(1405)建成"大明孝陵神功圣德碑"及亭,遂完成全部工程。

孝陵主体建筑除宝城和大金、棂星等诸门外,神道两侧有石人(文臣、武将各2对)、石兽(6种12对,每种4座,皆两卧两立)和石望柱一对,建有殿11间并两庑及膳房,还建有明楼等。正殿之东"有小山,其下为东陵",建祀殿二层。在孝陵四周建有皇墙(又称"红墙"),墙内植松树10万余,放养带有银牌的鹿群千余头,亦称"孝陵鹿"、"长生鹿"。①

7. 功臣墓葬。基本沿袭了南京城建第一阶段的葬地规划,特别是南京城周边明初功臣及皇室成员的墓地,并非随意安置。据《明太祖实录》《建康古今记》《孤树衷谈》以及文物部门数十年来对南京周边地带明朝墓葬的考古发掘表明,南京地区明早期大、中型墓葬主要分布在三处,包括早期墓葬在内:幕府山南麓一带,计有康茂才、汪祖兴等;南郊一带,计有李杰、邓愈、沐英、愈通海、胡大海、郭子兴、郭英、冯国用、徐忠、宋晟、廖权等;钟山一带的计有陇西长公主、常遇春、徐达、李文忠、吴良、吴桢、杨璟、吴复、薛显、梅思祖、顾时、王志、王真、高显、何德、孙世、陈清、潘原明、云奇②等。据《明太祖实录》《秘阁元龟政要》等籍统计来看,这三处墓葬区,以城东钟山区域墓葬最多,其次为城南且主要在

---

① (明)陶望龄《歇庵集》卷16,29b,明万历乔时敏等刻本。(明)丁宝《丁清惠公遗集》卷3,43a/b,明崇祯间刻本。(清)屈大均《翁山文外》卷1《恭谒孝陵记》,清康熙刻本。

② 据(明)李默《孤树衷谈》(明刻本)卷3,11a称:"南京太平门外钟山西有内官享堂一区,我太祖高皇帝所赐。今加赠司礼监太监云公奇葬地。"

洪武后期。这三处明初大、中型葬地，与明孝陵一样，应当是当年南京城池布局中的重要组成部分。

明初在南京建造的大、中型墓葬所用建材，几乎都来源于建造城墙的城砖。这种情况，尤其发生在洪武中晚期至永乐年间，如位于南京城南郊的俞通海之弟俞通源墓及俞通海夫人于氏墓，这两座墓葬均采用大砖砌筑而成；[1] 明长兴侯耿炳文夫人陈氏墓"墓室底部以一层大方砖铺地，砖长 35（厘米）、宽 35（厘米）、厚 6 厘米。墓壁及墓顶则以四层大青砖平竖相间砌造，其间夹杂少量白色高岭土胎砖，……墓砖多长 42（厘米）、宽 20（厘米）、厚 12 厘米，与明代南京城墙所用城砖规格、形制等完全相同，砖缝间抹以石灰"；[2] 太平门外"吴忠墓系城砖砌成，与明城砖相同"；"吴良墓也是用城砖砌成，有的砖上还印有'抚州提调官照磨冯维善、司吏范伯正，临川县提调官主簿许宗孟、司吏黄裳'以及'甲首张伯祥、小甲吴启、……造砖人夫朱弓二'"；[3] 明代张云墓，"墓壁及墓顶皆是以大青砖一层砌筑，砖长 42.5（厘米）、宽 20（厘米）、厚 12 厘米，这种墓砖同明代南京城墙所用城砖大小、形制等完全相同"。"此墓为前后室券顶结构，所用砖与明代南京城墙城砖相同，墓底无铺地砖，这些特点在南京地区明初大中型墓葬中较为典

---

① 南京市博物馆、雨花台区文化局《江苏南京市戚家山明墓发掘简报》，《考古》1999 年第 10 期。

② 南京市博物馆《江苏南京市南郊两座大型明墓的清理》，《考古》1999 年第 10 期。

③ 李蔚然《吴良、吴祯、吴忠墓》，载季士家、韩品铮主编《金陵胜迹大全》，第 295 页，南京出版社 1993 年版。

型。"① 其中吴良墓室城砖铭文显示的带有"甲首、小甲"的砖文，为洪武十年（1377）之后烧制（详见本书第六章第三节），这与卒于洪武十四年的吴良在时间段来看也是吻合的。

明初在南京城周边建造大中型墓室时，大量采用了为建造南京城墙所特制的城砖。这表明当时的南京城砖，不仅为建造南京城墙所用，另有一部分被挪用到其他特殊的建筑，如作为一种赏赐象征，为王公侯爵、开国元勋所建造的墓室。

8. 钟楼、鼓楼。洪武十五年（1382），于黄泥冈上建钟、鼓楼，其方位非正位，呈北偏西的斜位，与早年城市规划的"南、北斗"形的切线几乎平行。鼓楼"基成长方形，高十余丈。下辟三门，上为畅观阁"。② 洪武十七年，"重铸京城禁钟，重二万斤"，③ 而《南京都察院志》所载未言及此钟：鼓楼"上大鼓二面，小鼓二十四面，云板一面，点钟一面，牙杖四根，壶房铜缸一座，三眼画角二十四枝，接王选妃迎送诏书、表章等用"。钟楼"上悬鸣钟一口，洪武二十四年四月二十日铸造；立钟一口在于楼前，洪武二十五年十二月十四日造。卧钟一口，坐落府军后卫岗地方，洪武二十五年十一月二十四日造"。两楼设有两班，置有官二员，额军旗 200 名，轮流看守。④

9. 黄册库。据《大明会典》载："洪武初定。凡各处造到黄

---

① 南京市博物馆、雨花台区文化局《江苏南京市唐家凹明代张云墓》,《考古》1999 年第 10 期。

② （清）陈作霖《金陵通纪》卷 10 上,4a。李长传编《江苏省地志》第四编《地方志》第一章第 219 页,民国二十五年铅印本。

③ 《明太祖实录》卷 162,洪武十七年五月辛亥。

④ （明）施沛《南京都察院志》卷 22,43b。

册,每年终,后湖管册主事将查过黄册起数,造册进缴。"实为洪武十四年(1381)全国推行"里甲制"、编造黄册送京师而开始营建。另据《后湖记》称:"西北曰旧洲,今为黄册库。西南曰新洲,上有大墩,即郭璞墓。弘治十五年始建库贮册其上。言新者,别于旧也。……东洲二号荒洲,未建库也。……洪武间,册贮其中者,省直共五万三千三百九十三本。"[①]每年十一月至次年三月,不晒册。另据《秘阁元龟政要》载:洪武二十四年三月,"复定黄册法禁格式,以其册架于后湖,轮官守之。册式比前加详,今所遵用者是也"。还规定:"凡官员监生吏卒人匠,每五日一次过潮晾晒。司礼监、户部收掌锁钥,不许一应诸人往来。其各处军民人户有籍不明,解人前来挨查后湖黄册,不许将府州县全抄,止抄本户粮田、军民丁产来历明白,即便发回。亦不许而带抄别户,以泄事机。"[②]也正因如此,后湖亦俗称"禁湖"。

有明一朝黄册库属禁地,故至清代关于明初黄册库有多种传闻,择其二:"南京后湖……立黄册库。户科给事中、户部主事各一人掌之。烟火不许至其地。太祖时,有毛老人献黄册。太祖言,库中惟患鼠耗,喜老人姓毛,音与猫同,活埋于库中,命其禁鼠。后库中并不损片纸只字。太祖命立祠,春秋祭之。"[③]"南京太平门外立玄武湖中洲,贮天下黄册。鼠啮衣,不啮册。每暴册,发其下,多鼠伏死。"[④]另据《后湖志》载:后湖实则有座湖神庙,旧为

---

① (明)谢杰《后湖记》。另参见《(万历)大明会典》卷42,6b。(明)陈沂《金陵世纪》卷2,4b载"黄册库在玄武湖中洲上"。
② (明)佚名《秘阁元龟政要》卷15。
③ (清)张岱《夜航船》卷18,10a"毛老人",天一阁藏清抄本。
④ (清)谈迁《枣林杂俎·智集》4b"后湖册"。

昭明太子梁园故址,洪武年间复建毛老人庙于其上。[①]

10. 十庙。位于京城钦天山之南[②]的这处建筑群,建于洪武二十年(1387)六月,朱元璋以京城"诸庙烦嚣杂处,岂惟伸弗安灵。人之祷祀,实□不便"为由,遂将都城内的其它诸庙先后集中迁址于鸡鸣山南。洪武二十七年正月始称"十庙",[③]以便诸王侯将臣"出入书祷"之。所谓"十庙"与佛教无涉,从功臣庙始建,就已经看出具有中国传统祭祀先人的国家或者说京师祠堂性质,而并非庙宇,此后增建各"庙"亦然。

洪武二十二年(1389)建成的诸庙"栋宇森列,金碧辉映",[④]"缭以朱垣"。[⑤]此后在十庙前疏浚河道以便祭祀,故后称"进香河"。[⑥]据《洪武京城图志》载,所谓鸡鸣山南建的"十庙",实际为 11 庙:帝王庙、城隍庙、真武庙、卞壸庙、蒋忠烈庙、刘越王庙、曹武惠庙、元卫国公庙、功臣庙、五显庙、关羽庙。[⑦]这处建筑

① 胡祥翰辑《金陵胜迹志》卷 8,4a,民国十五年印本。
② 今称"北极阁"。该山与鸡鸣山同一山脉,位于鸡鸣山之西,故文献均有两山名的不同记载。但《(道光)上江两县志》(卷 2 下,24a)则称"立十庙于鸡鸣山后"。这里的"山后",易误导为"山北",实为山之西南。
③ 《明太祖实录》卷 231,洪武二十七年正月。关于"十庙"祀主和始建年代,到了晚清原先的"功臣庙"已无载,仅为"帝王庙、蒋忠烈子文庙、都城隍文天祥庙、祠山广惠张渤庙、汉寿亭侯关羽庙、五显灵顺庙、卞忠贞壸庙、刘忠肃王仁瞻庙、曹武惠王彬庙、卫国忠肃王福寿庙,俱洪武二十二年建。俗称十庙"。参见(清)陈诒绂《钟南淮北区域志》。
④ (明)刘三吾《敕建都城隍庙记》,载刘三吾《坦斋文集》卷上 20a。
⑤ (明)施沛《南京都察院志》卷 22,47a。
⑥ (清)莫祥芝等《(道光)上江两县志》卷 4,10b:水源来自后湖。
⑦ (明)施沛《南京都察院志》卷 22,51a,列举了《洪武京城图志》11 庙后,则称"以上十二庙俱洪武二十年间建",有误。(清)武念祖修,陈弑纂《(道光)上元县志》卷 11,5a:"按都城隍以下各庙皆在鸡鸣山之阳,俗呼为'功臣十庙',其实不止十庙也。"

群所列之庙,规模宏大,除整体建筑群筑有墙垣外,各庙之间也均有墙垣分隔。从时间来看有先后之别,多数建造于洪武二十年后。除本章第一节已述的京师城隍庙外,其余简述如下:

(1)功臣庙:祀洪武一朝由朱元璋钦定的诸功臣。洪武十七年(1384),再次改建鸡鸣山下功臣庙,位于"鸡鸣寺西"。[①]据王世贞、钱谦益和潘柽章等明清两朝学者先后考证,功臣庙内的六王及诸功臣位次定于洪武二十八年,庙的中殿祀主为徐达、常遇春、李文忠、邓愈、汤和、沐英6位王;配享15人,其中东序西向为冯国用、耿再成、丁德兴、张德胜、吴祯、康茂才、茅成;西序东向为胡大海、赵德胜、华高、俞通海、吴良、曹良臣、吴复、孙兴祖,总计21人。[②]此后,配祀功臣累有增添,自洪武二年十二月附祭

---

① 《明太祖实录》卷169,洪武十七年。

② (明)王世贞《弇州史料》卷62,12b对《明太祖实录》《(万历)大明会典》和《大明一统志》中洪武二年功臣庙祀21人,"死者塑像,生者虚其位"提出质疑,并认为"生封公,死封王者,至(洪武)二十八年而始定……"。(清)钱谦益《鸡鸣山功臣庙考》中称"王氏之考核矣,而未及详也",遂详加补考。又转引《罗鹤记》称"鸡鸣山庙祀,定于洪武十一年",又引《一统志》称"南京功臣庙,建于洪武二十年",遂以当年从祀太庙诸功臣和诸功臣受封的先后时间逐一考证,认为"《实录》《会典》彼此错互已不可考正,《一统志》之所载,未知何所援据,又岂可遽信哉"。载(清)钱谦益《牧斋初学集》卷22,6b。(清)潘柽章《国史考异》卷2"高皇帝中"转引《汤和神道碑》所据,认为功臣庙与太庙诸功臣位次"皆定于二十八年。《图志》之成,正值其时,盖至是六王毕"。(明)周晖《金陵琐事》卷上,5b"功臣庙"却称洪武二年列祀21人。明成化进士程敏政有《功臣庙下作》一诗,描述了明中叶庙内各主及供奉状况:"鸡鸣山侧英雄坊,朱门半掩青松长。功臣庙食自洪武,下车进谒开中堂。元勋佐命推六王,俨然并坐徐与常。左李右邓沐最少,霜鬓独见东瓯汤。秉圭服冕垂衣裳,异姓联翩如雁行。公侯十六分两傍,金貂玉带相辉光。瓣香一炷三叹行,却走苔阶观画廊。……诸将之功何可忘,礼官四时奉蒸尝。"载(清)朱彝尊编《明诗综》卷28,7b/8a。

新战死指挥于光；洪武五年附祭 124 人；[1]洪武六年六月附祭 38
人；洪武八年正月附祭 108 人；洪武九年正月附祭 131 人，同年再
附祭 108 人；洪武十二年七月附祭 193 人；洪武十三年正月附祭
280 人。

据《南京太常寺志》"故功臣庙画廊纪事"载："正室立碑，则
中山等六王；左侧冯国用等七人；右侧胡大海等八人"，又载"初
建庙时，高皇帝圣驾日临，命工缮绘。以故廊壁坚致，绘事精饬，
百数十年如新"。[2]

（2）历代帝王庙：又称"帝王庙"，祀历代帝王，为朱元璋首
创。洪武二十一年（1388），因原先历代帝王庙遭火灾，朱元璋命
崇山侯李新主持改建历代帝王庙于鸡鸣山之阳，[3]称之"凡古之圣
帝明王、下及历代开基创业之君、制治保邦之主能遗法于后世者，
皆于此祀之"。[4]并罢隋文帝，而迁唐太宗与汉光武同室，凡 16
帝。[5]南京历代帝王庙所祀帝王，文献记载略有差异，另据《旧京
遗事》称："南京帝王庙十五帝冕旒塑像，唯羲农存太古之形，轩皇
始为文明之饰，余以世次递迁，皆南面。"[6]

此前，朱元璋以原有的历代忠臣庙由于"湢处闾巷，祠宇卑
陋，弗称神居"，[7]也迁建于鸡鸣山之阳的历代帝王庙的两庑："历

---

① （明）周晖《金陵琐事》卷上，7b。

② （清）潘柽章《国史考异》卷 2 "高皇帝中"。

③ 《明太祖实录》卷 193，洪武二十一年九月庚子。

④ （明）王俊华纂修《洪武京城图志》"坛庙"。

⑤ （清）顾炎武《建康古今记》"祠庙"。

⑥ （明）史玄《旧京遗事》卷 1，2b，清退山氏抄本。

⑦ 《明太祖实录》卷 186，洪武二十年十月戊申朔。

代名臣始全节者三十七人……从祀两庑,列为四坛。"①

（3）蒋忠烈庙:祀汉秣陵尉蒋子文,原由吴孙权"立庙孙陵冈",后改迁钟山(山名遂改称蒋山)。洪武二十年(1387),再迁至钦天山之阳。建成后,朱元璋命刘三吾撰《敕建蒋忠烈庙碑》文。②

（4）真武庙:又称"北极真武庙",祀北极玄天上帝。洪武二十年(1387)后,迁建于鸡鸣山之阳,并由宋讷奉敕撰写碑文。位于"十庙"东侧最高处,"石磴三层,俱百级,一望都城如画。庙后有玉皇阁,最为十庙高处,土人呼为'高庙'",③后俗称"北极阁"。

（5）刘越王庙:又称"刘忠肃王庙",祀南唐忠臣清淮节度使刘越王,旧庙位于上元县西。洪武二十年(1387)后,改建于鸡鸣山南的元卫国公庙之西,黄子澄撰有碑记。④

（6）卞壶庙:又称"卞忠贞庙",祀晋朝大臣卞壶。原庙在冶城山,洪武二十年(1387)六月,朱元璋"命工曹鼎新其祠于钦天山之阳⑤,今已告成",遂命刘三吾撰《敕建晋卞忠贞公庙碑》并

---

① 据《明太祖实录》卷186称,历代忠臣庙为单体建筑,且建于洪武二十年十月戊申朔。此据(清)顾炎武《建康古今记》"祠庙"说:洪武"二十一年二月甲寅,诏以历代名臣从祀帝王庙"。而《洪武京城图志》所述的鸡鸣山为十一庙,也无"历代忠臣庙",说明即便原先建有单体历代忠臣庙,至次年也被废,改为从祀于历代帝王庙的两庑。

② (明)刘三吾《敕建蒋忠烈庙碑》,载刘三吾《坦斋文集》卷上41a。

③ (清)武念祖修,陈栻纂《(道光)上元县志》卷11,4a。

④ (明)汪宗伊,程嗣功修,陈舜仁等编《(万历)应天府志》卷20,2b。

⑤ 另据(清)武念祖修,陈栻纂《(道光)上元县志》卷11,3a称"在鸡鸣山东麓"。

"勒石以传后世"。据刘三吾《碑记》称:卞壸"公庙与诸神庙杂处市喧,有几乎渎非严恭神明所,圣心有所待而未发也。今年春,得今所地,乃悉徙,而更诸其庙。为制:前殿后堂,二门两庑,总若干楹。丹垩涂填,焕然一新"。[①] 冶城山的卞壸旧庙"如故"。[②]

（7）曹武惠庙:又称"曹武惠王庙"、"祠山广惠庙",祀北宋开国名将曹彬。原庙位于江宁社坛前(城东三里),洪武二十年(1387)后,迁建于鸡鸣山阳真武庙玉皇阁之西。据道光《上元县志》载:刘三吾所撰碑记中称该庙"在观象台下山之中麓。岁久颓废,里人汪铨移建于城隍庙侧"。[③]

（8）元卫国公庙:祀元南台大夫福寿,被朱元璋封为元卫国公福忠肃公。原庙位于城南土门冈(后称"凤台门"),洪武二十年(1387)迁建于钦天山之阳(道光《上元县志》则称"在鸡笼山东"),洪武二十二年五月建成。由刘三吾奉敕撰写的碑文中称:"庙庭庑门,轮奂一新。缭以垣墙,树之杉竹。是使公之忠,概与钦天山同其巇。"[④]

（9）五显庙:又称"灵顺五侯庙"、"五显灵顺庙",祀传说中唐贞观初天降五人"立双杉之上"的"五侯"神,早先位于聚宝门外来宾桥西南小巷。[⑤] 洪武二十年(1387)改建于钦天山之东侧,刘三吾在《敕建显顺五侯庙碑》文中称:诸庙宇"经始洪武二十年之夏六月,讫功二十二年之夏五月,工部尚书秦逵'各庙已完,碑已

①　(明)刘三吾《敕建晋卞忠贞公庙碑》,载刘三吾《坦斋文集》卷上 43a/44a。
②　(清)武念祖修,陈栻纂《(道光)上元县志》卷 11,3a。
③　(清)武念祖修,陈栻纂《(道光)上元县志》卷 11,3a/b。
④　(明)刘三吾《敕建元卫国忠肃公庙碑》,载刘三吾《坦斋文集》卷上 46b。
⑤　(明)王诰修,刘雨纂《(正德)江宁县志》卷 6,5b。

具,宜有文以识其朔.'上乃敕学士臣刘三吾制之"。① 另据道光
《上元县志》载,该庙另有明初宋讷的一《记》。

（10）关羽庙:又称"汉寿亭侯庙",祀汉寿亭侯关羽。洪武
二十七年（1394）,将位于玄津桥西侧（道光《上元县志》称位于
"城东南隅"）的汉寿亭侯庙,迁建于鸡鸣山南的"十庙"。② 道
光《上元县志》称"刘三吾撰碑",而《南京都察院志》则称"温阳
撰碑"。③

11. 草场。洪武二十三年（1390）,定官民田多寡输草于京师
草场。该草场其实有多处,如位于"金川门外锦衣卫晖字铺",其
中"官田每顷输料草七包,民田十四包,俱起运赴京师草场内交
纳"。④ 洪武三十年八月,朱元璋命工部于六合再建牧马草场。⑤
另据《南京五城察院职掌志》载:"清凉门里草场（洪武年建,
堆草。）"⑥

12. 桥道、市坊及河房。自洪武九年（1376）后,南京的桥道多
有修缮。洪武十七年正月,城内大中、升平、幕府、金川、百川、云
集6座桥,因年久失修将坏,应天府呈请修缮。朱元璋以"恐妨农
务"为由,遂"命犯法者输作赎罪,官给其费"。⑦ 从这件小事上,
也可以看出朱元璋在京师城建中事无巨细均在参与。洪武十八

---

① （明）刘三吾《敕建显顺五侯庙碑》,载刘三吾《坦斋文集》卷上47b。
② 《明太祖实录》卷231,洪武二十七年正月。
③ （清）武念祖修,陈杕纂《（道光）上元县志》卷11,2a。（明）施沛《南京都察
    院志》卷22,51a。
④ （明）施沛《南京都察院志》卷22,43a。（明）佚名《秘阁元龟政要》卷15。
⑤ （明）汪宗伊、程嗣功修,陈舜仁等编《（万历）应天府志》卷3,11b。
⑥ （明）施沛《南京都察院志》卷21,16a。
⑦ 《明太祖实录》卷159,洪武十七年正月壬寅。

年,甃京师街道,尤其对京师 13 座城门的主干道以及御道(一称
"天街")用砖、石给予铺砌。^①当时的南京城"辟建出街道 48 条,
纵横条陈,坦平宽阔,首次出现了路幅可容九轨的大街,通济门至
汉西门等街道还铺筑为石板路"。^②洪武十九年,修造五胜渡,起
杜家库、白水桥、双桥、高桥,并修造廊房街道,^③这是对京师城内
各辅道进行的一次修缮和铺砌。洪武二十四年,造江东桥,其跨
度为九瓮。^④洪武二十六年,重修城内的大中桥。^⑤洪武二十九
年,令役夫 2000 余人造三山门外石桥。^⑥据《洪武京城图志》展示
的京师景象,除上述提及外,城内外主要的桥有 36 座。南京各城
门外均建有跨护城河之桥,如石城门外的石城桥、三山门外的三
山桥(后称觅渡桥)、通济门外的通济桥(又称"九龙桥")、正阳门
外的夔角桥、朝阳门外的大平桥(又称"平桥"),以及修缮或新建
的诸桥:长安桥、镇淮桥、武定桥、赛虹桥(俗称"赛工桥"和"赛公
桥")、上下浮桥、复成桥、玄津桥、北门桥、斗门桥、乾道桥、竺桥、
武卫桥、景定桥、内桥、东西虹桥、珍珠桥、莲花桥、淮清桥、四象桥

① 《明太祖实录》卷 175,洪武十八年九月庚辰。(民国)张其昀《影印〈大明会典〉序》:"南京洪武门南北行之大街,称为天街,即所谓'九天阊阖开宫殿,万国衣冠拜冕旒'是也。"天街,源自天文分野。《晋书》卷 11《天文志上》(武英殿本):"昴毕间,为天街,天子出,旄头罕毕,以前驱,此其义也。"其中"昴毕",为天文二十八宿中昴宿和毕宿的合称。张其昀所称"天街",恐为衍义。
② 南京市公路管理处编著《南京古代道路史》第 162 页,江苏科学技术出版社1989 年版。
③ 《明太祖实录》卷 179,洪武十九年十二月乙酉。
④ 《明太祖实录》卷 210,洪武二十四年七月丁亥。
⑤ 《明太祖实录》卷 227,洪武二十六年五月丙寅。
⑥ 《明太祖实录》卷 245,洪武二十九年三月戊辰。

等。(见图11)

　　洪武年间,在南京除营造陆路运输的桥道外,水路航线也有拓展,尤其是长江航线向上游延伸。其航线不仅延长到四川,而且也扩展至长江中下游的一些支流,"湖广漕舟由汉、沔下浔阳,江西漕舟出章江、鄱阳而会于湖口,暨南直隶宁、太、池、安、江宁、广德之舟,同浮大江,入仪真通江闸,以溯淮、扬入闸河"。[①] 诚如谢纯所称:"太祖建都金陵,四方运舟率由大江至。"[②] 从南京城墙砖涉及到的长江中下游广袤地区产地,亦能得到当年水运畅达的印证(详见第六章)。洪武二十六年,为解决两浙赋税漕运京师"逆流而上,风涛之险,覆溺者多"而舍舟登陆转运困难,朱元璋遂命崇山侯李新督河工"役夫三十五万九千余人",开胭脂河段"四千三百余丈"成,"人皆便之"。[③]

　　元末明初开拓的南京城池,使"上元地域占城区十之八九,江宁地居十之一二而人口稠密"。[④] 另据嘉靖《南畿志》对全城坊厢并不完全的统计:"上元所治坊厢十有六","江宁所治坊厢三十有五",这个数字尽管与实际坊厢数目差距很远,[⑤] 但已经说明了当时南京人口大部分聚集城南的状况。因此,明南京城整体布局上对旧城的保护,刺激了原本就比较富庶的城南商市区,使这个

---

① 《明史》卷86《志》62《河渠四》"运河下"。
② (明)谢纯《遭运通志》卷1,4a,明嘉靖七年杨宏刻本。
③ 《明太祖实录》卷229,洪武二十六年八月丙戌。《明史》卷88《志》64《河渠六》"直省水利"。
④ 马伯伦主编《南京建置志》第146页。
⑤ (明)闻人诠修,陈沂纂《南畿志》卷4,25a/26a。葛剑雄主编,曹树基著《中国移民史》第5卷《明时期》,第30页,福建人民出版社1997年版。

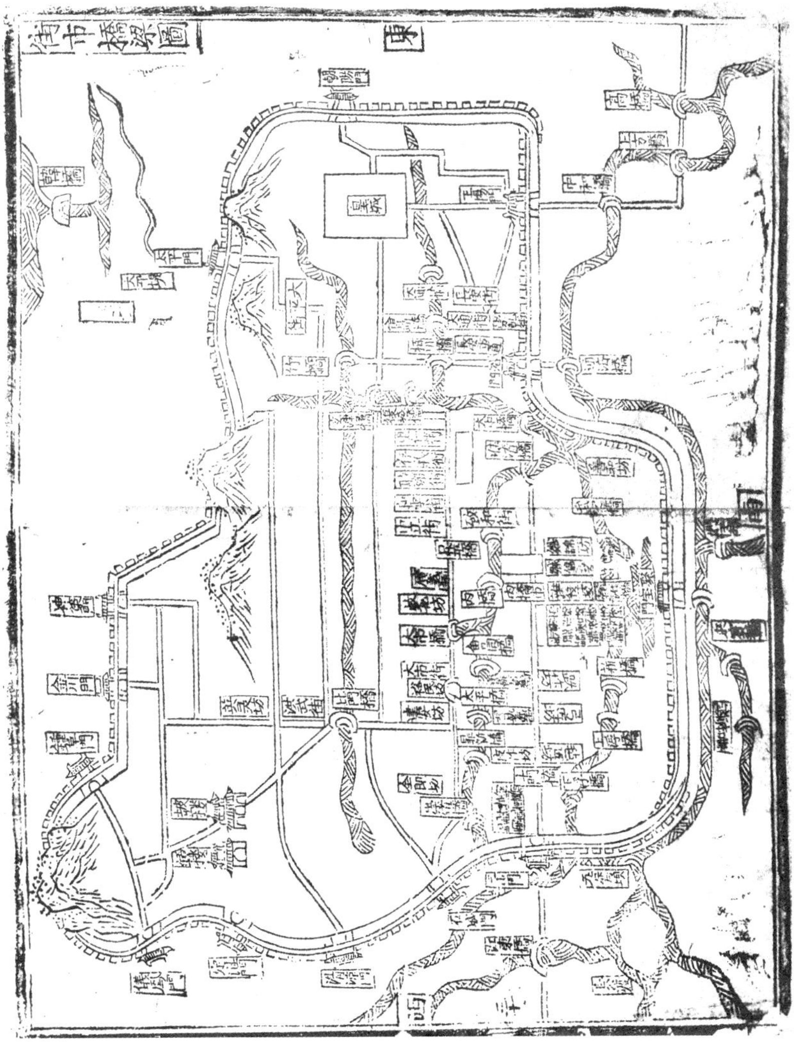

图 11：《街市桥梁图》，引自（明）王俊华纂修《洪武京城图志》。

区域有了进一步的繁荣。洪武时,城市街市坊场至少有 48 处。其中列有 17 条主要街道:长安街、大通街、太平街、里仁街、存义街、时雍街、和宁街、中正街、广艺街、致和街、大市街、大中街、习艺东街、习艺西街、洪武街、成贤街、太平街。除此,还有七里街、鱼市大街等,以及街道两侧的"官廊"(如"裱画廊"、"估衣廊"、"明瓦廊"等)。

城市中按职业种类进行区划的 13 处"坊",即按行业集中居住,所谓"国初建立街巷,百工货物买卖各有区肆":如织锦一、二、三坊,杂役一、二、三坊,以及鞍辔坊、银作坊、铁作坊、弓匠坊、毡匠坊、皮作坊、六畜坊。尚未细化织锦、杂役的分工,涉及到当时至少 9 类的手工业。其它不同功能和含有不同寓意的"坊"还有:全节坊、敦化坊、裕民坊、善政坊、英灵坊。另据顾起元称围绕南京城墙内外,坊、厢、乡的大致情形是:"凡置之都城之内曰'坊',附城郭之外者曰'厢',而原额图籍,编户于郊外者曰'乡'。坊厢分有图,乡辖有里。上元之坊曰十八坊、十三坊、十二坊、织锦坊、九坊、技艺坊、贫民坊、六坊、木匠坊。东南隅、西南隅厢曰太平门厢、三山门厢、金川门厢、江东门厢、石城关厢。其乡曰泉水乡、道德乡、尽节乡、兴贤乡、金陵乡、慈人乡、钟山乡、北城乡、清风乡、长宁乡、惟信乡、开宁乡、宣义乡、凤城乡、清化乡、神泉乡、丹阳乡、崇礼乡。江宁之坊曰人匠一坊、人匠二坊、人匠三坊、人匠四坊、人匠五坊、正西旧一坊、正西旧二坊、贫民一坊、贫民二坊、正南旧二坊、正东新坊、铁猫局坊(凤凰台下)、正南旧一坊、正西新坊、正西技艺坊。厢曰城南技艺一厢、城南技艺二厢、仪凤门一厢、仪凤门二厢、城南人匠厢、瓦屑坝厢、江东旧厢、城南脚夫厢(东城下)、江东新厢、清凉门厢、安德门厢、三山旧一厢、三山旧二厢、三山技艺厢、三山富户厢、石城关厢、刘公庙厢、神策门厢、毛公渡厢。其乡曰凤东乡、凤西乡、安德乡、菜园务乡、新亭乡、建业乡、光宅乡、惠化乡、处真乡、归善乡、铜山乡、朱门乡、山南乡、山北乡、泰南乡、泰北乡、随车乡、万善乡、训羣乡、永丰乡、葛仙乡"，[1]但该统计有些已非洪武当朝实情，且并不完全。[2]

城市中的"市"，则集中反映了当时都市生活及商贸繁盛的景象，余光称之："岛民织文、海螺成贝、锦绮縠纹、越丝吴绚，荆江之粟如云、吴浙之粳如雾，艘舻载之，蔽江而赴，舸舫输之，逆流而聚"，"北陆车骑，平达江壤。万艘云趋，千禀积穰。贡琛浮舫，既富且强。万邦丕享，洞视俯仰，猗欤都哉"。[3]该《赋》展现出当年京都水陆交通和城市富庶繁盛的景象。余光同时代的张瀚也有类似评价："沿大江而下，为金陵，乃圣祖开基之地。北跨中原，瓜连数省，五方辐辏，万国灌输。三服之官，内给尚方，衣履天下，南北商贾争赴。"[4]京城的"大市"为物货的集散地；"三山街市"为时鲜水果的集散地；"新桥市"为水产蔬菜集散地；"来宾街市"为竹木柴薪聚散地；"龙江市"为柴炭聚散地；"江东市"为往来京城商客船只的米麦等货物的聚散地；"北门桥市"为买卖鸡鹅鱼菜的市场；"内桥市"为贩卖羊只牲口的集市；江东门外的"六畜场"为买卖各类牲畜的集市；清凉门外的"上、中、下塌坊"为屯集各地运

---

① （明）顾起元《客座赘语》卷 2，28b/30a。
② 参见《永乐大典·南京》"街市"条目。
③ （明）余光《两京赋》，载（清）佟世燕修，戴务楠纂《（康熙）江宁县志》卷 14，7a、11b。
④ （明）张瀚《松窗梦语》卷 4，27a/b。

往京师的生活日用品的集散地;仪凤门外屯集伐木的"草鞋夹"。除此,还有大中街市、长安市等集市。《儒林外史》亦称:"南京乃是太祖皇帝建都的所在。里城门十三,外城门十八,穿城四十里;沿城一转足有一百二十多里。城里几十条大街,几百条小巷,都是人烟凑集、金粉楼台。"① 这些城内几百条大小不一的街巷构成了城市交通骨架,至少超半数以上建成于洪武年间,形成了"五方辐辏,万国灌输"的繁盛景象。

据吴应箕称:"南京河房,夹秦淮而居。绿窗朱户,两岸交辉,而倚栏窥帘者,亦自相掩映。夏月,淮水盈漫,画船箫鼓之游,至于达夜,实天下之丽观也……"② 吴应箕所见之繁盛虽与朱元璋时代相距 200 余年,但洪武年间的河房当已初具规模,沿秦淮河两岸的河房起造时间有差异,疏密、大小、规制也不尽相等。

13. 测候台。又称观星台、观象台。洪武十八年(1385),增建钦天监测候台于钦天山。该台"在钦天监左下层,土砖石之类。周围八八六十四丈,阔高三十三丈,下一十八层,上分三十三层。此应上观天文,下察地利。至上层周围俱是冲天栏杆,其木里方外圆,东西南北反,中央立起五处旗杆。又按天牌二十八面,写定二十八宿星主。上有天盘流转……钦天监官每看天文,立于此处"。③ "国朝于(鸡鸣)山巅筑台,置仪表以测玄纬,名'观象台',亦名'钦天山'。……其东麓为鸡鸣寺,普济塔在焉。"④ 其台上置有镀铜浑天

---

① (清)吴敬梓《儒林外史》第 24 回,11b,清嘉庆八年卧闲草堂刻本。
② (明)吴应箕《留都见闻录·河房》卷下 1a,清康熙十九年吴孟坚楼山堂刻本。
③ (明)午荣编《鲁班经》卷 1,25a/b,清乾隆间刻本。
④ (明)施沛《南京都察院志》卷 22,47a。

仪,"四隅柱各一龙蟠绕拱之。而龙各以一铜银铛系之"。[①] 另据王樵称:"铜仪乃元郭守敬所造,制度甚精。"[②]（见图 12 ）

雨花台原有测候台,归回回钦天监使用。[③]

14. 钟山三树园。洪武二十四年(1391),于钟山之麓空地栽种桐、棕、漆树 50 余万株,以每年收取 "桐油、棕、漆以资工用",[④] 顾炎武在《天下郡国利病书》称:"棕园、漆园、桐园,并在钟山之阳,园各植万株。初,海运作海舶,防倭作战舰所需甚繁,故植之。免取于民。"[⑤] 后人又称:"明初建都南京,于钟山之阳,建棕园、漆园、桐园,园各植万株,为造船原料。又于清凉门外设宝船厂,所造大船长四十四丈,阔十八丈,中船长三十七丈,阔十五丈,此即郑和所乘,泛沧海数万里,而遍历三十余国者也。"[⑥]

15. 改建中央各官署。先是洪武十九年(1386),六部各自修建了围墙。[⑦] 至洪武二十五年八月,由詹事高有常负责对皇城内全部改建工程,先后改建宗人府、五府、六部、太常司等官署。同年十月己酉朔,改建钦天监署于五府之后。同年十一月,建端门、承天门上城楼各 5 间,并改建宫城内金水桥。在承天门外改建长安东门和长安西门。前后短短 4 个月时间,对皇城内建筑从布局

---

① （清）唐开陶纂修《（康熙）上元县志》卷 24,71b,清康熙六十年刻本。
② （明）王樵《方麓集》卷 11,13b。
③ 《明太祖实录》卷 176,洪武十八年十月丙申。
④ 《明太祖实录》卷 207,洪武二十四年二月癸酉。
⑤ （清）顾炎武《天下郡国利病书》第 8 册 "南京"。另据顾炎武《建康古今记》（苑囿）载:宣德元年,钟山三园树木 "多槁死"。宣德三年五月丁卯,"南京留守左卫百户郭玘等上朝阳门外,所植漆桐棕树之数二百万有奇"。
⑥ 张其昀《影印〈大明会典〉序》。
⑦ 《明太祖实录》卷 179,洪武十九年十二月乙酉。

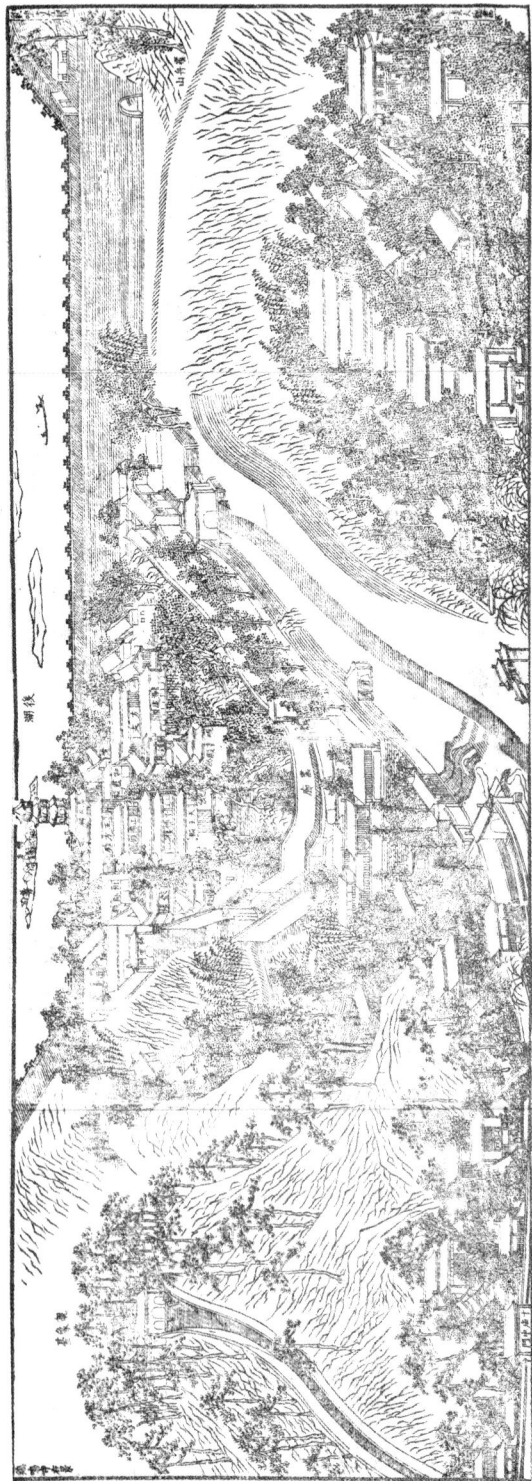

图 12：位于鸡鸣山西侧的观象台，引自（明）葛寅亮《金陵梵刹志》。

和单体建筑进行了诸多项目的增补营建,从而进一步细化、完善了有明一代的宫阙制度。① 另据《秘阁元龟政要》称:洪武二十五年,吏科给事中陈文辉奏言,称原洪武门所挂门联为"山河一统归洪武;日月双轮照大明"不妥,建言改为"大明日月光天德;洪武山河壮帝居"。朱元璋"皆从之……而改其联句"。② 洪武二十六年十月,"改建翰林院于皇城东之南",并于次年十月建成。③ 洪武二十六年,又建銮驾库于皇城东长安门之外。④ 洪武二十七年,改建通政使司及锦衣、旗手二卫于中军都督府之后;建仪礼司于长安街之东;建行人司于西华门外。⑤ 工部将作司,位于"柏川桥西南,东抵大街,西抵大中桥"。⑥

直到洪武二十七年(1394)后,中央及驻京各官署建设基本告竣。仅以在承天门外御道两侧布局为例,则按左文右武的排列分别为:在御道街东侧宗人府,向南依次分列为吏部、户部、礼部、工部;在这一府五部之后,自北向南分列为翰林院、詹事府、太医院、东城兵马司。在御道街与文职相对应的西侧为武职的中军都

---

① 《明太祖实录》卷 220、卷 195,洪武二十五年八月癸酉;洪武二十二年正月丙戌,"改大宗正院为宗人府"。

② (明)佚名《秘阁元龟政要》卷 15。该文中所称洪武门为"大明门",盖因朱棣迁都北京后将南京的洪武门改为大明门之故,改名是否与此联句有关,尚不得而知。

③ (明)周应宾《旧京词林志》卷 1,25b/26a。另据(明)吕毖辑《明朝小史》卷 2 "翰林院横列"称其牌匾"翰林院"三字为横列,与其它诸衙门"俱直书"牌匾不同。

④ 《明太祖实录》卷 230,洪武二十六年十一月癸丑。

⑤ 《明太祖实录》卷 235,洪武二十七年。

⑥ (明)刘安纂《南京工部职掌条例》卷 5,清抄本。建文四年,改将作司为营缮所。

督府,向南依次分列为左军都督府、右军都督府、前军都督府、后军都督府;在这五府之后,向南依次分列为通政司、锦衣卫、旗手卫、钦天监。据野史称:朱元璋命人将罪囚受刑痛苦状绘制在"锦衣卫外垣,俾人得见为惩戒"。[①] 在承天门外长安街西南为仪礼司、长安街东南为銮驾库。而刑部、大理寺、都察院等在太平门外"贯城"内。

先是因建太平门,故在城外筑堤,称之"太平堤"。[②] 洪武十七年(1384)三月,朱元璋诏令:"改建刑部、都察院、大理寺、审刑司、五军断事官公署于太平门之外。太平门在京城之北,以刑主阴肃,故建于此。"又称"贯城"或"三法司",在堤之北建"贯城"并将两字刻石于牌坊上。明人王偁有详实的描述:"出太平门长堤数里,蜿蜒如冈阜,上为驰道,夹道皆乔木。堤尽而西转为三法司总门,入门又迤而北有坊,曰'贯城'。东为大理寺,中为刑部,西为都察院,皆面南。"[③] 朱元璋称其"贯城"可以从天象得知执法得当与否的那段话,即仰观天象的"贯索"星座,其内有无"星"闯入贯索,成为刑官执法当否的标准,即便过了200余年在编撰《南京刑部志》时,还具有一定的震慑作用:"太祖命刑官欲其身心,法行天道。又曰:'官得其人,则海岳奠安,星纬顺轨尽寰宇,人皆居于寿域。'则灼见乎。天地人之间,属望于有官者,其意至矣。故不知乾象,不足以法天道;不知坤仪,不足以奠地道;

---

① (明)祝允明《野记》卷 1,27b。
② (明)谢杰《后湖记》:"太平堤,堤设水洞,俗称'莲花洞',中有小闸,以时启闭蓄泄湖水。"
③ (明)王偁《方麓集》卷 11《金陵杂纪》5b。

不知人官,不足以尽人道。"① 其中五军断事司和审刑司,实为洪武
十七年及洪武二十二年先后迁建。②

16. 园林。据吴应箕《留都见闻录》记载:"六部各有园,皆为
之不及百年。礼、户二部俱在洪武门之左。礼部有敞亭可憩,户
部有高楼可眺,亦引水为池……刑部有'白云高处',在太平门外,
地据钟山之麓,弥望苍茫,亦堪引目。"还有公侯诸园、士大夫诸
园、贡士诸园、宦族诸园、官吏诸园,以及商贾富商之园。③ 而都察
院院后不仅有亭,也有楼,敬亭内"立洪武八年敕谕碑,基高五尺,
栏槛四周旁多古木。敬亭之北为智居楼,左山右湖,两面皆空旷,
可以远眺,而于观山尤宜"。④

另据王世贞在《游金陵诸园》中记载,金陵名园有"中山王诸
邸所见大小凡十。若最大而雄爽者有六,锦衣之东园;清远者有
四,锦衣之西园。次大而奇瑰者则四,锦衣之丽宅东园;华整者魏
公之鹿宅西园。次小而靓美者魏公之南园与三锦衣之北园。"其
中锦衣之东园为"高皇帝所赐也"。多年居住金陵的王世贞对金
陵诸园林来历、位置、布局给予了详尽的描述,有些园林属于改建
而成。如徐达得赐宅邸时,此地"仅为织室、马厩之属。日久不
治,转为瓦砾场",之后才被改建成名园。⑤ 驻京各官员的府邸,均
建有大小不等的私家园林。如明武定侯郭英的府后,建有竹园,

① (明)高栋等辑《南京刑部志》卷首,21b。另参见《明太祖实录》卷152,洪
武十六年二月辛丑,比较原文有删节。
② 《明太祖实录》卷160、卷196,洪武十七年三月丙寅、洪武二十二年四月
丙辰。
③ (明)吴应箕《留都见闻录·园亭》卷上,6b/10b。
④ (明)王僬《方麓集》卷11《金陵杂纪》18b/19a。
⑤ (明)王世贞《弇州山人续稿》卷64,7b,明刻本。

"在竹桥西,汉府之后"。^①

洪武二十五年(1392)十月,朱元璋曾命户部于"正阳门外距板桥五里度地,自牛首山接方山西,傍河崖为上林苑"。后因担心有碍"民业,遂止"。^②在京城内外,洪武一朝还创置了具有实用价值的苜蓿园、花果园、靛园、红花地等园囿。

17. 龙江船厂。据明嘉靖年间李昭祥《龙江船厂志》载:"洪武初,即都城西北隅空地开厂造船。其地东抵城濠;西抵秦淮街军民塘地;西北抵仪凤门第一厢民住官廊房基地(阔一百叁拾捌丈);南抵留守右卫军营基地;北抵南京兵部苜蓿地及彭城伯张(昶)田(□叁佰伍拾肆丈)。"^③四周陆地均建有围墙。

18. 酒楼。洪武二十七年(1394)八月庚寅,朱元璋"以四海内太平,思欲与民偕乐",在先前京师江东等处10座酒楼"以接四方宾旅"的基础上,又增建5楼,并设宴于醉仙楼。^④同年九月癸丑,定正《蔡传》书成,揭轨赴南市楼宴后,留下《宴南市楼》诗二首:"帝城歌舞乐繁华,四海清平正一家。龙虎关河环锦绣,凤凰楼阁丽烟花。金钱赐宴恩荣异,玉殿传宣礼数加。冠盖登临皆善赋,歌词只许仲宣夸。""诏出金钱送酒垆,绮楼胜会集文儒。江头鱼藻新开宴,苑外莺花又赐酺。赵女酒翻歌扇湿,燕姬香袭舞裙纤。绣筵莫道知音少,司马能琴绝代无。"^⑤明人姜南称:观揭孟

① (清)陈诒绂《钟南淮北区域志》24b,载(清)陈作霖编《金陵琐志》,清光绪三十三年刊本。

② 《明太祖实录》卷222,洪武二十五年十月癸亥。

③ (明)李昭祥纂修《龙江船厂志》卷4,3b。

④ 《明太祖实录》卷234,洪武二十七年八月庚寅。

⑤ (明)田艺蘅《留青日札》卷25,10a,所录仅第二首,而姜南的《蓉塘诗话》则录了二首。

同的诗"则知国初搢绅宴集,与唐宋不异也,后始有禁耳"。① 明
人顾起元亦称:"国初,市之楼有十六,盖所以处官妓也。"② 明人吕
毖称:"帝在位不禁官妓,惟挟妓饮宿者有律。……诸司每朝退,
即相率饮于群楼。"③ 但另据同本《皇明小史》"富春院"条载:"文
武官舍皆不许入院,惟商贾不禁。"富春院,又称北市楼,"在乾
道桥东北,似今之猪市",④ "后因院中失火延烧,移于武定桥"等
处。⑤(见图 13)

《洪武京城图志》所载的 16 楼位置,分别为:江东门西对江东
渡的江东楼、在三山门外西关中街北和南的鹤鸣楼与醉仙楼、在
瓦屑坝西侧南和北的集贤楼与乐民楼、在三山街皮作坊西的南市
楼、在南乾道桥东侧的北市楼、在江东门内西关南街的轻烟楼和
淡粉楼以及澹粉楼、在江东门内西关北街的翠柳楼与梅妍楼、在
石城门外的讴歌楼与鼓腹楼、在聚宝门外的来宾楼与重译楼、在
三山街北的叫佛楼。

洪武一朝究竟在京师完成了多少城建项目,或囿于过于繁杂
或因资料的阙失,难以统计详实,恕不一一列举。诸如洪武十九
年(1386),创置象房、黑窑;⑥ 洪武二十三年在后湖置弓箭局,"以

---

① (明)姜南《蓉塘诗话》卷 12《燕饮用女乐》,7a,明嘉靖二十二年张国镇刻
本。对于洪武年间在南京建造的酒楼数量,自明代就多有争议,大致有"16
楼""15 楼""14 楼""6 楼"等,说法各异。其中以周吉父在《金陵锁事》
称 16 楼说甚详,诸楼皆有官妓。
② (明)顾起元《客座赘语》卷 6,34a。
③ (明)吕毖辑《明朝小史》卷 2《洪武纪》5b "六妓馆"。
④ (清)顾炎武《肇域志》"江南五",26b。
⑤ (明)不著撰者《皇明小史》卷下"富春院"条。(清)陈作霖编《运渎桥道小
志》7a,载陈作霖编《金陵锁志》。
⑥ 《明太祖实录》卷 179,洪武十九年十二月乙酉。

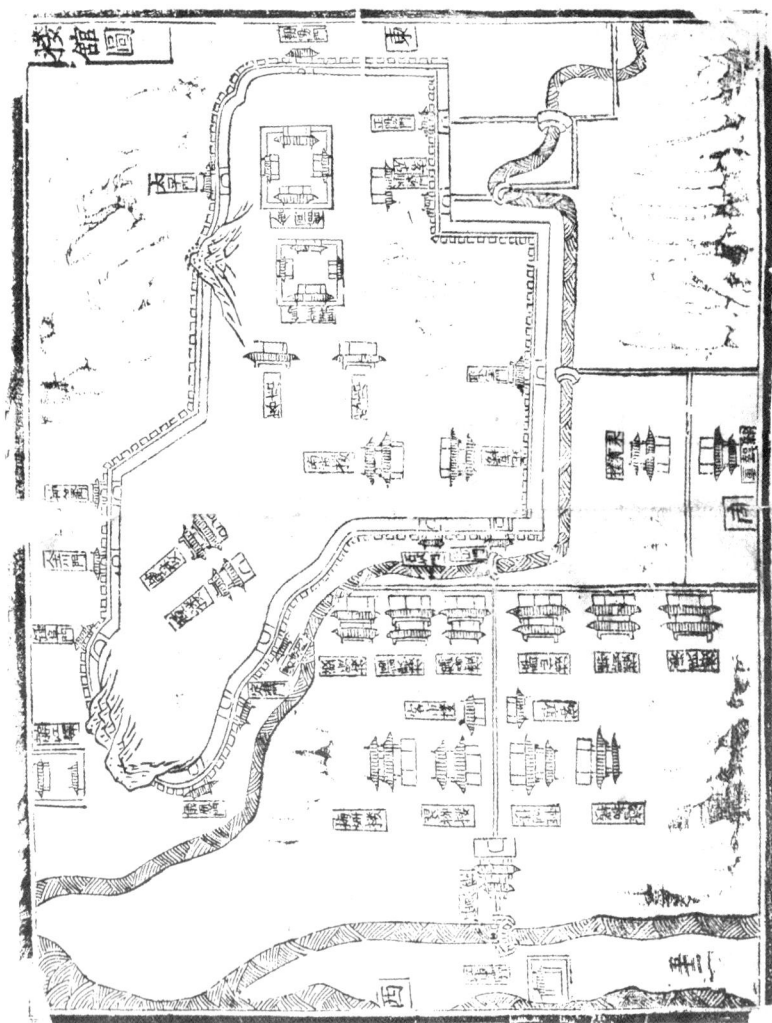

图 13：《楼馆图》，引自(明)王俊华纂修《洪武京城图志》。

工匠轮班赴京造之";①洪武三十一年朱元璋命吏部设学于虎踞关,以教习锦衣卫的已故武臣子弟。② 以及《洪武京城图志》所列的商市;小教场以及场内所置的御马监和火药局;城内外设置的收税的场所:龙江驿站、瓜埠巡检司;囤积建城各类建材的场地。以及自洪武十年设置 8 处马群,后屡有变更马匹数量不菲的马场等。

　　总之,朱元璋通过京师先后两次的城建,尤其是第二次包括城墙在内的城建,使京师成为"一代之盛典"理想中的都市家园,并以《洪武京城图志》的方式刊行天下。

---

① 《明太祖实录》卷 206,洪武二十三年十二月壬申。另据谢杰《后湖记》所述,若湖中诸岛有一供弓箭局之处,当会有载。又因湖中乃为"禁地","缙绅非公事,无敢一寓目其间",岂容工匠每日渡船前往。故此处"后湖置弓箭局"恐为近湖之所,非湖中岛地。

② 《明太祖实录》卷 256,洪武三十一年二月庚辰。

第五章　城墙营建的两个阶段

　　南京城墙自规划至建造基本竣工，实际前后历时 30 余年，除了朱元璋，几乎没有一人能从始至终见证并参与这项工程的全过程，在营建中的背后几乎都能看到朱元璋的身影。正是这个至关重要的因素，南京城墙先后两次的营建其中虽有局部调整变更，但总体上还是将当年的规划逐步得到落实和彰显。如果说当年刘基等人为都城进行了城市整体规划的话，那么朱元璋不仅是这份规划的策动和决策人，也是最终主持落实的领导者。洪武二十八年（ 1395 ），朱元璋授意组织编撰并颁布的《洪武京城图志》，体现的正是当年"上堪下舆"的南京都城最终形态和都市布局，南京城墙则是京城形态和布局的四至界定与主体架构。从这个角度来看，南京四重城墙绝非单纯是一圈圈城墙，而是整个都城布局和建设中的一项重要组成部分，包含了丰富的文化内涵和时代特征，体现的是朱元璋对"国之中土"反复认知和追求"宅中图大"的思想历程。

　　南京城墙营造过程中，并非顺利，甚至还出现砌好的墙体不久垮塌的情况，尤其在临水和包山墙的地段。在第二阶段对城墙增高加厚过程中，筑城的工匠们对这些地段的墙体进行了改进，其中在包山墙地段采取了暗沟排水的措施，以及在临水和地基松软地段增加墙体外侧地基斜插木桩以降低或分散墙体本身沉降应力等措施，终将墙体垒砌到预期的高度、厚度并使之坚固。

南京城墙营建时间的跨度,《明太祖实录》仅提供了 1366 年批准规划和开工的日期,未明确最后的完工日期。据《大明会典》称:"凡京师城垣,洪武二十六年定。"此后南京城垣"遇有损坏,……行移留守五卫,差拨军士修理"。[①] 如此说来,建造年代则前后为 28 年。但据《明史》记载,洪武"二十六年六月(严震直)进尚书。时朝廷事营建,集天下工匠于京师,凡二十余万户",[②] 其中当然也包括城垣营建未尽工程。再者洪武二十九年(1396)三月庚午,朱元璋还"令吏民有犯流罪者,甃京师城各一尺"。[③] 甃,即用砖、石加砌城墙。此时京师城已有四重城垣,"各一尺"是指四重城垣的各加一尺砖,还是仅仅限于京城部分城垣高、厚各加一尺砖,尚不明确。但从南京京城城墙实地考察来看,估计为第三重京城的部分地段的外侧墙体。因为是添补加筑,并未与原先墙体砖石咬合错砌,故又被称作"墙皮"。这道筑城令的参建人员是"吏民有犯流罪者",而非留守五卫差拨的军士。所以,无论是哪一种情况,就工程性质而言,都不能算作是城垣修理。[④] 若不计算南京城墙前期的堪舆(规划)时段,仅以南京城墙大规模营建,则自公元 1366 年开始,至 1398 年尚未完工,前后达33 年。即使按《大明会典》所称,保守估计也为 28 年。

---

① (明)申时行等奉敕重修《(万历)大明会典》卷 187,1a。

② 《明史》卷 151《列传》39"严震直"。

③ 《明太祖实录》卷 245,洪武二十九年三月庚午。

④ 至于永乐三年六月丁亥,"拓西安门外地,改筑西华门外皇墙,并重筑西安门"。从而调整和扩大了洪武时期皇城内的空间,即改变了承天门、午门、奉天门、乾清门至后宫形成的中轴线东、西建筑面积对称格局的形式,皇城西侧已被扩大。但这已不属朱元璋洪武一朝的事迹,故仅存注。

南京城墙营造,单以其工程量来看,不仅量巨且重;从涉及的范围来看,称其举国之力并不为过,其劳役至少波及到长江中下游广袤地区。

一、早期新城营建(1366～1375)

元至正二十六年(1366)八月庚戌朔,刘基等人受命朱元璋之意,完成了对南京新宫及新城城址勘察和规划,并得到朱元璋的认同与批准。随后,正式开始了早期的都城建设。在这个阶段中,建成了南京城墙的宫城、皇城和京城的雏形,具体项目包括4项工程:填湖建宫(包括城墙)、拓应天府旧城、筑新城和筑皇城等。

1. 填湖建宫与拓旧城。新宫的建设要略晚于拓旧城,庙社的建设又早于建新宫。建新宫和拓旧城这两项工程因与建造土方和新城规划有关联,故一并述之。其正式动工日期是经过"卜"而确定的动土日,是当时一种常规的做法。[①]元至正二十六年(1366)十二月甲子,朱元璋亲祀山川之神,并举行郊社、宫宇建

① 《明太祖实录》卷76,洪武五年九月乙巳朔:"太常卿陈世举言:古制,凡修理宗庙,则遣官祭告并祭土神。今择日修筑太庙宫墙,宜告祭、告礼。上从之。"(清)允禄、梅瑴成、何国宗等奉敕编撰《御制协纪辨方书》(又名《钦定协纪辨方书》)卷11,2b《用事》(一)"御用六十七事"中,分别叙述某事宜于哪些神煞值日做,某事不宜于哪些神煞值日做:"营建宫室、修宫室、缮城郭、筑堤防、兴造动土、竖柱上梁……"四库全书本。

设开工典礼，^①祝册曰："维神开辟以来，钟毓灵秀，磅礴江东。然而气运凝会之处，人莫能知。予自乙未（1355）渡江，丙申（1356）驻师金陵，抚安黎庶，于今十有二年，拓土广疆，神人翼赞。兹欲立郊社，建宫宇于旧城之东、钟山之阳。国祚绵长，惟山川气运是从。谨于是日肇庀工事，敢告。"^②其中"肇庀工事"，是指召集包括工匠在内的参建人员、各项建材的准备、新宫的动土营建。可看出朱元璋此时在应天府营建庙社以及新宫、新城，更多的在乎立国建都传统制度方面的考量，"在礼制上已表现出当'天子'的意图"。^③

新宫开工 5 天后的十二月己巳，典营缮者向朱元璋呈献宫室设计样稿图，这说明同年（1366）八月庚戌朔朱元璋批准的新宫与新城仅仅是城市的整体规划，而非是一份包括宫殿具体建筑在内的详备设计。对这份宫室设计样稿图，朱元璋认为过于奢靡，遂以"千古之上称盛德者，必以尧为首。后世竞为奢侈，极宫室园囿之娱、穷舆马珠玉之玩，欲心一纵，卒不可遏，乱由是起"为由，强调"珠玉非宝，节俭是宝，有所缔构一以朴素，何必极雕巧以殚天下之力也"。^④删除了"雕琢奇丽"部分，仅强调了宫室完固的标准。此时朱元璋强调的简朴，应该是他一贯行为准则，也是后

---

① （明）不著撰者《皇明本纪》（无卷页）："至正丁未（1367），上命以是年为吴元年。春，建宫殿及省台六部。建太庙于宫城之东北。"

② 《明太祖实录》卷 21，丙午十二月甲子。

③ （日）滨岛敦俊《朱元璋政权城隍改制考》。

④ 《明太祖实录》卷 21，丙午十二月己巳。

来对宫室营建的一贯态度。^①如元至正二十四年（1364）三月，江西行省将陈友谅的镂金宝床进献时，朱元璋联想到后蜀高祖孟知祥的"七宝溺器"^②之糜，称其"以一床工巧若此，其余可知。陈氏父子穷奢极靡，焉得不亡？……穷天下之技巧，以为一己之奉乎，其致亡也……覆车之辙，不可蹈也"，^③而下令毁之。因此，新宫早期的营建尚为简朴，但因填湖建宫又强调宫室的完固，故对地基的要求颇高。

新宫的宫址，位于钟山之阳的燕雀湖，"在旧城东白下门之外二里许"的北侧。"燕雀湖，一名前湖，今为大内。或云'白荡湖'即此。"^④宫城墙体所涉及之基础，原为湖底松软地段，采用木桩密布夯筑，或填土碎砖夯实成基。据《中国古代建筑技术史》^⑤《明清史事论集》^⑥《南京城墙志》^⑦等其它考古资料所载：南京市文物保管委员会先后于1954年、1958年在明故宫东侧发现直径均在12厘米之内的木桩；1962年在开挖大清河（接金水河）的工程中，距午门右（西）300米的城基下面，在1平方米的范围内，挖出木桩

---

① 即便在洪武十年十月改筑的宫室，也仅是"制度皆如旧，而稍加增益，规模益宏壮"，《明太祖实录》卷115，洪武十年十月。

② （宋）欧阳修撰，徐无党注《新五代史》卷64《后蜀世家》第4"孟昶"："君臣务为奢侈以自娱，至于溺器，皆以七宝装之。"武英殿本。

③ 《明太祖实录》卷14，甲辰三月庚午。

④ （明）汪宗伊、程嗣功修，陈舜仁等《（万历）应天府志》卷15，28a。《（景定）建康志》卷18，16b："燕雀湖，在城东二里，周回二里，流入清溪。"另据《（至正）金陵新志》卷5，44b载：元至正年间，燕雀湖范围未变。

⑤ 中国科学院自然科学史研究所主编《中国古代建筑技术史》第444页，科学出版社1985年版。

⑥ 季士家《明清史事论集》第13页，南京出版社1993年版。

⑦ 杨国庆、王志高《南京城墙志》第161页。

9～11根,在长约15米的一段城基下部,所挖木桩达1700余根。木桩主要系杉木,其直径16～28厘米,最粗者达36厘米。每根木桩长度一般在3～6米之间,最长达15米。木桩下端削成三角形尖头,上端均有明显被反复夯击的印痕。木桩之间的间距,一般8～12厘米,最密处2～4厘米。1972年在西安门内侧(原熊猫电子厂)的施工场地,分别发现了地表下1.5米左右夯土层下的木桩。木桩上有的还刻有"一丈五尺"、"后宫"等字样。依据木桩刻有"一丈五尺"推算,木桩长度大约4.8米。在有些地段以碎砖、黄土层层夯实为基。2004年在明故宫东侧某处遗址的工地北侧一大坑内侧的坑壁上,笔者发现其基础为一层黄土一层黑色碎砖夯实,约有九道夯层,下密上疏。[1] 其中"黑色碎砖"所用量巨且砖质细腻,其来源为拆部分旧城时所得;其整砖用于新城或新宫城垣,破损之砖用于填湖。因此,拓旧城与填湖两项工程有密切关联,正史和笔记也有记载,即拆除旧城北面及东面至今通济门北侧城墙以及填湖均为军士和民兵所为。

综上所述,明故宫的东面和南面,原有高矮不一的小丘,"推测燕雀湖的中心约当午门前后和它的西北部,而后来土丘不存的原因,当与兴建宫城时填塞燕雀湖挖取土方有关"。[2]

当年填湖建宫的不易,导致民间流传各种版本的传说。自明代开始就盛传:"圣祖初欲建都至建康,以姓与字谶为吉,遂定。但谓六朝所定吴苑及建康宫城仅可偏安,非帝室也。意欲稍东,阻于燕雀湖,召刘伯温相度。伯温乘舟入湖,前指某处可门,某处

---

① 杨国庆、王志高《南京城墙志》第156页,注释3。
② 中国科学院自然科学史研究所主编《中国古代建筑技术史》第445页。

可殿、可祖、可社,阴使人识之,明日再定。其所指之处不爽,遂塞湖水筑之。"①又如:"相传明初填燕雀湖为宫殿,中有大穴,愈填愈深。"刘基遂请朱元璋亲自来填,"忽有一妇女抱子从穴中出,至太平门外乃隐"。②再如:新宫"当玄武湖之前。其初筑也,土石随流而陷。上召中丞(刘基)问之,答曰:'此五通神所据。'上乃榜示朝门:有能出奇计空湖者,赏。一老父怀榜上谒,曰:'山下有灰。'言讫忽不见。上曰:'吾知之矣。'遂用炭千万斤应手而坚。中丞乃告于上曰:'五神不安其居矣,明旦当来诉,勿内也。'上召阁门戒之。果有黄衣峨冠五人持奏言,诉侵界事,门者不听入,号泣而去。于是,王居以成,壮伟坚朴,功省财涩,而形势逾于前代焉"。③有的称:在填湖建宫的过程中,督造工程的大臣为了保证工程进度,竟找来一位名叫田德满的老汉,活埋在湖底,作为"填得满"的"吉兆",后来还被封为"神"。④还有的称:朱元璋造皇宫时曾欲观其形势,但看不到全貌,"工部有一郎请至夜以灯数万,依宫殿墙门形势列之。上御覆舟山,一望尽得其概"。⑤从这些怪诞不经的传说来看,当年"填湖建宫"的工程巨大,并在民间造成了很大影响。

吴元年(1367)九月癸卯,早期的填湖建宫工程基本建成竣

① (明)陈沂《维祯录》"定宫城",旧抄本。
② (清)唐开陶纂修《(康熙)上元县志》卷24,71a。此时新城尚未建,何来"太平门"? 故纯属荒谬之说。
③ (明)陆采《冶城客论》,载(明)不著撰者《九朝谈纂》"太祖下"。
④ 蒋赞初《南京史话(上)》第105页。
⑤ (清)姚之骃《元明事类钞》卷29,2a"燃灯望形",四库全书本。

工。① 新宫的正殿为奉天殿,殿前为奉天门。奉天殿之后为华盖殿,华盖殿之后为谨身殿,均翼以廊庑。在奉天殿之左右各建一楼,左曰文楼,右曰武楼。谨身殿之后为后宫,前为乾清宫,后为坤宁宫,其它六宫以次序排列。这座新的殿宇布局,沿袭了中国古代自东汉洛阳开创的"坐北朝南"格局。这座"新宫"很长一段时间并非金碧辉煌,雕龙画凤,而是十分简朴。朱元璋称帝后明确告诫太子等,皇宫内空地不是不可以建楼台亭阁为游观之所,只因"不忍伤民之财,劳民之力",而令内使种蔬菜。② 但是,据《明太祖实录》载:洪武三年(1370)二月,朱元璋"行后苑,见巢鹊卵翼之劳……"③ 由此来看,当时的宫城内确已有一座后苑,位于乾清宫后,④ 但规模不大。朱元璋对一些有利于彰显新政的建筑或有意义的装饰,则是极力推崇的:在午门外建登闻楼,内设登闻鼓,"凡民间词讼皆自下而上,或府州县省官及按察司不为伸理

---

① 《明太祖实录》卷25,吴元年九月癸卯。其中对于新宫营建时段的理解,王剑英认为:"吴王时代营建新宫用了一年,后来改建又用了二年,永乐时候营建北京用了三年,南京、北京三次大规模的营建工程,加在一起共用了六年的时间。而凤阳营建中都的工程,也用了六年,相当于南京、北京三次营建工程的总工作量。"王剑英《明中都》第7页。此说不确,且不说北京,仅以南京与中都比较:其一,凤阳中都宫殿的实际营建始于洪武三年,不足6年。此事《寰宇通志》卷9、《大明一统志》卷7、《中都志》卷3等典籍均有记载;其二,南京宫殿的营造、改建和增筑,时间跨度自元至正二十六年一直延续到洪武二十六年。此据《(万历)大明会典》(卷181,10b)载"凡内府造作,洪武二十六年定"。

② 《明太祖实录》卷37,洪武元年十二月己巳。谈迁《枣林杂俎·智集》12b"番经台":"南京大内番经台,多六朝古石。"

③ 《明太祖实录》卷49,洪武三年二月壬戌。

④ (明)田艺蘅《留青日札》卷9,6b:"洪武二年十月,甘露降于乾清宫后苑苍松上。"

及有冤抑重事不能自达者,许击登闻鼓";^①择空地建亭立碑、设有戒饬之事的榜于午门外;^②按朱元璋要求在大殿墙壁上,书写了古代一些有意义、可供借鉴的事例;又将南宋理学家真德秀撰写的《大学衍义》书于廊庑间,并称:"前代宫室,多施绘画,予书此以备朝夕观览,岂不愈于丹青乎!"^③据传不仅前殿如此,朱元璋在"后宫垣壁屏障,多绘耕织像焉"。^④传说宫殿建成之际,朱元璋与刘基等前往"告以密计"。而梁上有一画工正在着色,未及避让,刘基赶去提起画工耳朵,以目示意。朱元璋问画工名字时,画工装聋不语。朱元璋"乃曰,聩者也"。^⑤遂作罢而去,免其画工一死。如传说可信的话,"简朴"的宫殿建筑还是被雕梁画栋了。

南京宫殿的所有牌额、匾额,统一由当时"善大书兼欧、虞、颜、柳",洪武初为铸印副使,后官至中书舍人的詹希原书写。^⑥

---

① 《明太祖实录》卷37,洪武元年十二月己巳。据《秘阁元龟政要》卷4载:"后移置长安门外,令六科给事中并锦衣卫官各一员,轮流直鼓。"
② 《明太祖实录》卷54、卷85,洪武三年七月壬辰"诏于午门外择空地立亭建碑,刻国家政事可为定式及凡政令之善者,著以为法";洪武六年九月甲辰"命设榜于午门外并省府台门,凡有戒饬之事则书之"。另据《罪惟录·将作志》卷28,4a:"七月,立碑午门外,额书'善政'。"
③ (明)雷礼辑《国朝列卿纪》卷1,6b。(明)薛应旂《宪章录》卷1,5b/6a。另据《秘阁元龟政要》卷16载:洪武二十八年,朱元璋有感于《尚书》对治国的重要性,令将其"书于殿壁"。
④ (明)祝允明《野记》卷1,8b。
⑤ (明)陆采《冶城客论》,载《九朝谈纂》"太祖下"。
⑥ (清)陈梦雷《古今图书集成》卷117《字学典》"詹希元",称其书法"端庄严整,中寓苍劲雅秀之趣"。(明)祝允明《野记》卷1,21a载:"詹舍人希原,书殿、公署榜。最后写太学集贤门,门字右文稍钩其末。上曰'吾方欲集贤,希原欲闭门,塞吾贤路,邪以此,杀之'。"又载:"南京兵部门无署榜。太祖一夕遣人侦诸司,皆有宿卫者。独兵部无之,乃取其榜去。(转下页)

吴元年（1367）九月，新宫周围建宫城城墙，设城门4座：南曰午门，东曰东华，西曰西华，北曰玄武。"午门"一名，始见吴元年朱元璋所筑的"新宫"正南门，以位当子午而得名。午门，作为君主制时代的帝都宫城正门并形成制度，由来久远，但名称各异。西汉长安未央宫虽有东、北两阙，但皇帝"皆诣北阙"，故"以北阙为正门"；东汉洛阳有南、北两宫，正门均称司马门；唐长安（西安）太极宫正门为承天门；北宋东京（洛阳）宫城正门为宣德门；南宋临安（杭州）皇宫正门为丽正门；元大都宫城城门为崇天门。作为六朝和南唐时在南京建造的所有宫城正门，均各有其名，惟不称"午门"。此后，"午门"一名，被明中都和明清北京的午门所沿用。

午门初建的规制，仅为3座拱券之门，均设对开城门一道，内门设闸一道。中门拱券高8米，宽6米。午门基座为石质须弥座，高1.2米。须弥座上下均有勒腰，中间为方胜、卷云等少量纹饰的浅浮雕。[①] 午门墙体内均为城砖砌筑，但城砖质地较差，甚至还发现部分城砖烧制中有欠火现象的"夹心砖"（表层青灰

（接上页）俄有一吏来追夺，不能得。侦者以闻，上召兵部官问谁当直？对曰，职方司某官某吏卒。又问夺榜吏为谁？乃职吏某也。遂诛官与卒，即以此吏补其官。不复补榜，以迄于今其后。"此说为《罪惟录·将作志》卷28,3b 所引，略有异："诸司前门俱有署额，惟兵部无之（相传太祖夜侦六部，独至兵部，竟缺守门，遂以额去，吏争之不得。明日罪兵部，乃以吏补其官，遂不复设额）。诸司门额皆直书，惟翰林院三字横书。是时，宫殿匾额及各衙门与敕建寺观，皆谈希源笔。"

① 洪武八年改建大内时，仅在原有的午门左右增建两阙。民国时期拆除两阙时，午门与左右掖门尚存，从墙体看两阙与午门之间并无砖与砖之间的咬合错砌，而是阙体贴着午门墙体砌筑。故可以看出午门本体至少下端为吴元年后所筑造。

色,砖芯部分呈暗红色),绝大部分无砖文,反映出早期建造的午门用砖的状况和特征。此时的午门尚无两阙,故亦无左、右阙门和左、右掖门。至洪武二年(1369)置城门官时,宫城城门官有:午门、东华门、西华门、玄武门、奉天门、左右顺门、左右红门;皇宫门(由于早期宫城有被称皇城的原因,这里的"皇宫门"即后宫门)为坤宁、宫左门、宫右门;东宫门官为春和门、东宫后门、宫左门、宫右门。[①] 在洪武三年及四年定"皇城城门官秩"时,[②] 实际"皇城"仍为宫城。[③] 就其宫城城墙周长而言,虽有之后的洪武十年改筑宫殿之举,但主要是针对宫城内的建筑以及城门制度上的改变,对城墙四至而言并无增减。故据《(万历)大明会典》载:宫城"南北各二百三十六丈二尺,东西各三百二丈九尺五寸",合计城垣周长一千七十八丈三尺。折合今制:南北各为 0.75584 公里,东西各为 0.96944 公里,合计为 3.45056 公里。[④]

皇城与宫城中轴线上的城门,从皇城正南门以其年号命名的洪武门之后,分别与"天"相关的是承天门、端门、午门和奉天门,其中有的城门为第二阶段增建或改建,如改建的午门与增建端门等。宫城前朝三大殿的奉天殿是宫城中的核心建筑,是皇帝登极并接受文武百官朝贺大典之所在,也是朱元璋给臣子们下达诰、敕的地方。朱元璋创造的诰、敕的"奉天承运皇帝"启首语,也与

---

① 《明太祖实录》卷 44,洪武二年八月己巳。

② 《明太祖实录》卷 56、卷 63,洪武三年九月乙巳、洪武四年闰三月乙丑。

③ 杨国庆、王志高《南京城墙志》第 154 页"注释 1"。

④ 《(万历)大明会典》卷 187,1b。另据明"量地尺"一尺 =0.3265 米;吴承洛提供的明尺,一尺 =0.311 米;按东南大学潘谷西教授称:此换算比较复杂,一般以明代一尺约等于今制 0.32 米为宜,以下同。

"奉天殿"[①]蕴含的尊天思想有关,且有别于元时诏书启首语"上天眷命"。[②] 朱元璋使用"奉天"一词的记载,有的称最早见诸至正二十一年(1361)八月亲率舟师讨伐陈友谅:"上以所乘船县(通"悬"——笔者注)大蓝旗于中桅,缯制'奉天'二字于上,悬黄号带于旗端,书云'奉天征讨,纳顺安民';或以大蓝旗红制'美'字,悬二桅上。"[③] 但《明太祖实录》称:"上御龙骧巨舰,建大旗于前,署曰'吊民伐罪,纳顺招降'。"[④] 与《笺证》一说有异。推测1361年朱元璋就敢公开使用"奉天"一词可能性不大。晚明沈德符称之:"太祖'奉天'二字,实千古独见,万世不可易。以故《祖训》中云:皇帝所执大圭,上镂'奉天法祖'四字,……以至臣下诰、敕命中,必首云'奉天承运皇帝'。"[⑤] 所云皆为称帝之后的故事了。

连接宫城内外的道路称御道(今称御道街,宫城东华、西华、玄武三门的中门道路,亦称御道。而宫城在第二阶段建造的左掖门、右掖门进出所设之道不属御道),位于午门外,向南直抵皇城

---

① (明)黄景昉《国史唯疑》卷1:"太祖以'奉天'名殿,意义精正,为前代之所未及。"
② 《明太祖实录》卷29,洪武元年正月丙子:"上以元时诏书首语必曰'上天眷命',其意谓天之眷佑人君,故能若此,未尽谦卑奉顺之意。命易为'奉天承运',庶见人主奉若天命言,动皆奉天而行,非敢自尊也。"另洪武三年二月定制:"省、部议……诰织文曰'大明官诰',敕织文曰'大明敕命'。……上命……诰织文曰'奉天诰命',敕织文曰'奉天敕命',俱用升降龙文左右盘绕。"载《明太祖实录》卷49,洪武三年二月辛酉朔。
③ (明)俞本撰,李新峰笺证《纪事录笺证》第139~140页。
④ 《明太祖实录》卷9,辛丑八月庚寅。
⑤ (明)沈德符《万历野获编》卷2,17a。

洪武门,"门当辇道,设谠木,止车骑中突,进之设下马牌"。^①中道是皇家御道,任何人不得横穿御道行走;御道两侧为官吏、中外使臣之行道。先是洪武二年(1369)二月丁丑"诏随驾伞、扇仪仗,俱由正门中道两旁出入",又于洪武四年四月之后规定:"直驰中道者,罪之。横度者,勿论"。^②

　　宫城外四周开濠,为朱元璋所筑之宫城护城河。因近临天子所居之地,故称御河、金水河。民间以"御"与"玉"同音,故俗称"玉带河"。另一说:"金水河即古燕雀湖也。王宫既宅,则是水萦络宫墙,如古之御沟矣。我圣祖乃取其鱼,以荐奉先殿,此渔船所由设也。"^③此说较为可信,填湖建宫时依据风水需要特留下燕雀湖部分地段的遗存,稍加修整遂成护城河。其护城河的水源,也有当年"卜"的考量,即城市的净水自东向西、自北向南(除鼓楼以北之水,经金川河汇入长江)汇入秦淮河而入江。故来自京城东面护城河及青溪、中湖(今称琵琶湖)、前湖之水,自京城朝阳门涵闸、^④太平门涵闸、琵琶湖涵洞、半山园涵闸入京城,经皇城护城

① (清)顾炎武《天下郡国利病书》第8册"南京宫殿"。"谠木"为纳谏之木,供题写谏言用的木柱。谠言,正直的言论。"立纳谏之木,以开谠言之路",语出(唐)房玄龄等《晋书》卷109《载记第九》"慕容皝"条。
② 《明太祖实录》卷64,洪武四年四月辛丑:"上御午门,有二人由御道西偏南行,左右执之。上以律未有禁条,命释之。仍命省部臣定议。省部臣言:西汉天子所行中道,曰驰道,人臣不敢横度。东汉南宫御道三,天子从中道,百官从左右道。元崇天门外亦分三道,中为御道,左右则百官以下行之。请如汉元之制为三道,其有辄度御桥从中道、东西偏行者,杖流之。卫士见而不举者,罪减三等。上曰:'直驰中道者,罪之。横度者,勿论。'"
③ (明)李昭祥《龙江船厂志》卷2,30b。
④ (明)顾起元《客座赘语》卷6,34b:"此水自朝阳门外钟山南流,穿城为'铜宝'而出(实为水入城——笔者注)。"

河流入宫城。由午门、承天门南北而分成两支,北为御河支流,流经宫城内外;南为御河干流,流经皇城外护城河,入杨吴城濠。当时宫城内河道上设桥数不详,仅知午门内建有金水桥一座。^①

金水河流入宫城之水,由宫城内西垣北端入,沿西垣内侧向南,经西华门、午门内五龙桥向东,在南垣东端与东垣内侧之水相汇,由南垣东端出,入宫城外护城河。这条小河,在宫城布局上秉承了周代都城旧制,因此意义非同一般。在营建中都“悉如京师之制”时,还特意按南京宫城这条小河的形制人工开挖了中都宫城内的金水河。

早期宫城所设的涵闸数量、具体位置亦不详。

2. 筑新城。对于这座“新城”的认知,由于文献记载不详,且仅存世约 10 余年,故多为世人所忽略,甚至误将第二阶段增高加厚的城墙营造工程混淆于新城阶段,也包括了参建人员构成、建材及城门名、数量和位置。在这个期间,增筑的新城(即城东与城北)与旧城(即城南)城墙同期存在,从外观上看具有鲜明的不同特点。

吴元年(1367)二月丁未朔,“拓都城讫工,命赏筑城将士”。^②这里的“拓”,是指旧城的北面及与之相连的东、西各一段城墙,其中包括这些地段的原有城门也相继被拆除,如白下门、^③元武门。^④由于新城内的城东与城北此前属郊外,故多有墓地,也被迁出城

---

① 《明太祖实录》卷 148,洪武十五年九月己巳,孝慈皇后梓宫将发前,还遣官致祭金水桥、午门等神。洪武二十五年时,金水桥被改建。
② 《明太祖实录》卷 22,吴元年二月丁未朔。
③ 该城门又称“东门”,坐西向东。
④ 该城门又称“北门”、“玄武门”,坐南向北。

外或被夷平。^①洪武元年（1368）正月乙亥，新城的城垣筑造尚未完工，仅营建新宫初见雏形，便被朱元璋登基皇位后作为开国的都城而正式启用了。

　　新城的始建和竣工年代，据《明史》称："洪武二年九月始建新城。六年八月成"，^②此说始建年代不确。洪武二年（1369）九月癸卯，"诏以临濠为中都。……始命有司建置城池、宫阙，如京师之制"。^③其一，如果南京新城才"始建"，中都城池与宫阙又何"如京师之制"？其二，即便南京当时城池、宫阙尚未全部完工，但规划形成的制度已立，^④故中都有"如京师之制"之说。实则新城的营建，至少在吴元年（1367）二月丁未朔拓旧城讫工后就陆续开始，拆除旧城完好的城砖用于新宫城墙和少部分新城地段；而位于钟山之麓与新宫之间的草堂川城300余丈一段城墙，^⑤也于

---

① （明）王大可辑《国宪家猷》卷2,25a："京师不许有墓,虽古者发之。"笔者于1998年采访曾于20世纪50年代在文管会工作过的金琦时,得知:在拆除南京部分城墙时,曾在城墙上发现过几块石质的古墓碑。
② 《明史》卷40《志》16《地理一》"南京"。
③ 《明太祖实录》卷45,洪武二年九月癸卯。
④ 《明太祖实录》卷21,丙午十二月己未、十二月甲子、十二月己巳。
⑤ 《明太祖实录》卷34,洪武元年八月丙申。关于"草堂川城",据《明太祖实录》卷44"洪武二年八月癸亥朔"条载,常遇春灵柩运抵南京后,朱元璋"命择地于钟山草堂之原营墓建祠",常遇春墓今犹存,位于富贵山隧道外侧。另据《景定建康志》卷17,4a/b："齐周颙亦于钟山西立隐舍,遇休沐则归。仍造草堂寺,以处僧慧约,寺即颙之所居也。"该《志》卷28,2b转引《宫苑记》载："儒学在钟山之麓,时人呼为北学,今草堂是也。"《(至正)金陵新志》卷11,60a称："隆报宝乘禅寺,即旧草堂寺,在上元县钟山乡,去城十一里。"另据何孝荣《明代南京寺院研究》(第100页,中国社会科学出版社2000年版)称："洪武七年(1374年),原在钟山的草堂寺被迁往南京城东慈仁乡唐家渡,而以其地为开平王常遇春墓。"常遇春墓地若为草堂寺旧址营建,则非洪武七年。见宋濂《忠武神道碑铭(有序)》,为洪武二年"冬十月九日始葬"。载宋濂《宋学士文集》卷2,1a。

洪武元年八月丙申开始筑造,并烧制了带有"洪武元年"砖文的城砖。在今解放门东、西走向的城墙内部,20 世纪 70 年代前后曾因挖防空洞而发现过在块石上用石灰、红土书写的"洪武元年"、"洪武"、"元年"等字样。[①] 关于城砖在内的各类建材征集和运输,以及南京城墙建造两个阶段的城砖从砖文和规制来看,也存在着显著的区别;与同期建造中都城砖的砖文也有不同程度的区别,尤其反映在军砖的砖文上(详见第六章)。

朱元璋对南京初期"新城"的规划,仅仅是根据当时的条件拟订,与最终建成的都城城垣相比尚属雏形阶段。史料仅提供了规划及建成的长度,并没有提供"新城"其它更为详实的资讯,诸如城墙的高度、宽度、用材以及城门的情况。自 20 世纪 50 年代以来,先后在明南京城垣的北、西北、东北和东边,相继发现城墙中还"隐藏"着一堵小墙(即所谓"墙中墙"、"墙中土"、"墙中石"、"两重墙",本文若无特指,均以"小墙"代之)。非常"巧合"的是迄今发现的这些小墙,均处在公元 1366 年朱元璋下令所筑的"新城"位置上,即从通济门向东包括了整个城东城垣至今解放门,再从神策门向西包狮子山折向南至整个城北部分。在上述地段因 20 世纪 50 年代拆城取砖后,许多地段留下了小墙。如 1958 年至 1963 年,在狮子山南侧经钟阜门至金川门长约 1.5 公里的地段,发现该段高矮残存不一的小墙,"所用砖绝大多数长 29 厘米,宽 16 厘米,厚 4 厘米,砖的侧面印有几何、莲瓣等纹饰,有的并印有'官录''王□田'等字样。个别砖较厚(7—8 厘米),一端印'北

---

① 杨国庆、王志高《南京城墙志》第 294 页,图 5—15。王少华《南京明代城墙的建造》,《东南文化》1997 年第 3 期。

闰'或'南'字。字体具有汉隶遗风,这种砖以往很少见,估计当在隋唐以前"。还有砖文印有"靖安塘湾水军"、"池司前军"等字样。据《中国古代建筑技术史》推测:该段城墙遗址为"唐时白下城的故址,也是南京靖安塘湾水军寨的驻地"。(见图14)解放门向西一段被称之"赘城"长约290米,城墙内也有小墙,当为洪武十九年(1386)十二月乙酉"新筑后湖城"时,因城墙改筑而被废弃的一段。"1957年在这段城墙的东端近后湖小门处,拆除一段城墙所看见的内部情况,发现前一种砖(指明以前砖——笔者注)多用在城墙的内部,砌铺也不太规律,砖与砖之间用黄泥浆,而后一种砖(指明洪武间城砖——笔者注)多用在城墙的外表,均为平

图14 :2008年7月4日,南京明城垣史博物馆、南京城墙管理处联合考察钟阜门至金川门段城墙遗址,疑似白下城遗址。杨国庆提供。

图 15 :中央门向西段小墙。2007 年杨国庆摄。

铺,其厚度约 1.11 米左右,砖与砖之间施以石灰等的混合浆。"[1]

　　这些小墙地段,有的在 20 世纪 50 年代拆城时被发现,有的在 20 世纪末 21 世纪初大规模修缮城墙时被相继发现:在"小东门——金川门"(今下关一带)段城墙内发现"以小城砖砌有矮墙",[2] 砌筑方式和用砖,显然早于明初。2000 年以后,在"月牙湖"南侧城墙外、太平门遗址南侧城墙残断处、后宰门城墙豁口处(两重城墙,均为砖砌)、中央门向西处等地,(见图 15)定淮门向南

---

① 中国科学院自然科学史研究所主编《中国古代建筑技术史》第 446 页。

② 杨国庆、王志高《南京城墙志》第 189 "注释 2"。该段城墙砌筑技术主要以小砖呈平砖丁砌错缝(亦称"玉带墙")砌筑,不规则的石块表面找平等砌筑方式,均与明初城墙一顺一丁错缝砌筑技术不同。

（与城墙走向一致的小山体）均发现了用块石垒砌的小墙，或者前期城砖砌筑，甚至内外两重墙体，即墙体之间无城砖相互咬合错砌，明显为两个时段建造。如：位于今琵琶湖至前湖段，以及九华山拐角处（20世纪末修缮时，已被保护）。因此，新城保留了旧城南部和东、西部分地段，或利用旧有的城垣（如今武定门向南城墙内展示的一段旧城，以及原钟阜门至金川门之间地段）；城垣筑造的结构与用材，则因陋就简，有砖亦有石；城垣高度与厚度，大体参照了旧城的尺度。而所谓"两重墙"的一面，即是当年"新城"城墙的遗存。初建的新城，高约7～10米，厚约5米（有些地段更窄），这个尺度大致与旧城城墙"高三丈"的尺度比较接近。[①]"新城"墙体大体采用了六朝墓砖、旧城砖（即所谓"小城砖"，其规制大都为长29厘米、宽16厘米、厚4厘米）、规格不一的无铭文城砖（如2006年笔者在解放门向东的"人防工事"里，就发现过此类城砖，其中最大一块无砖文的砖尺寸为长49.5厘米，宽23.5厘米，厚12.5厘米），以及部分洪武年间烧制带简略砖文（包括军砖与民砖）的城砖和大小不一的块石等建材，其中尤以块石为主，并直接用于城墙的贴面。至于小墙所用灰浆，不同地段也不尽相同，除用黄泥浆外，有些地段也使用了石灰混合浆。

　　1999年，对南京城墙东面"前湖"段（今中山门一带）坍塌豁口进行前期抢救性清理时，发现"隐藏"在大墙中的一段小墙。笔者在该段小墙距地面1米左右墙体上，找到了"洪武三年"及

---

① （宋）陆游《老学庵笔记》（明崇祯津逮秘书本）卷1，3b："建康城，李景所作，其高三丈。"另参见《南京城墙志》第134页：当时城墙周长二十五里，顶宽二丈五尺，底宽三丈五尺，高二丈五尺。折合今制：周长14020米，顶宽7.75米，底宽10.885米，高7.75米。

"临江府新淦县洪武四年均工夫造"的纪年砖。① 根据相关史料和对南京城墙小墙的实地考察,初步推断前湖段的小墙是洪武四年(1371)至洪武七年之间,对该段城墙进行改筑修缮的遗存。该段小墙高 10 米左右,宽 2.4 米至 4.8 米,暴露部分长约 55 米,两端延伸至未塌的南北走向的第二阶段增高加厚的城墙内。在其墙的顶部靠外一侧的城砖上,发现有多道被绳子一类经年勒磨过的槽沟。城砖中既有明初的城砖,也有不少六朝时期或之后的砖,是当年建新城时,将城东这一带出土的墓砖或旧城的城砖挪用而来砌筑所致。对于此段小墙上城砖外侧的槽沟,初步判断是明初修建半山园涵闸时,或者是明初修建皇宫时在这里汲水供工地之用的遗迹。根据《明太祖实录》洪武四年十月"修筑京师城垣……"记载,这处小墙应是早期的新城(如半山园涵闸在内的地段)因有坍塌而重新修筑的遗存,并在第二阶段城墙增高加厚中被砌筑于大墙之内。

该段墙体由于临水,地基松软,加之被水长期浸泡,曾出现了垮塌。为避免墙体再次发生坍塌,最简单的办法应将该段墙体外侧填土夯实,但在重修时却没有改变墙体临水的状态。只有一个解释:这片湖水,是皇宫金水河最重要的净水来源;而该段墙体用砖又有特殊的需要。因此,依据入城的需水量,在其附近设置了一座石质水闸,而非涵洞。石质水闸的入水口处还设置了铁栅栏,以防水草及漂浮物入洞日久塞堵。如今墙体下的石质水闸已被保护展示,水闸的涵道早年近乎封堵,铁栅栏也已无存,但入水口处两侧的石质闸槽迄今尚存。

① 杨国庆《南京明代城墙》第 37 ~ 39 页。

将上述这些小墙走向相连并与旧城保留地段链接,即为早年"新城"的规模和形态。

对于洪武十九年(1386)新筑后湖城时,废弃鸡鸣寺后的赘城(内有小墙),过去有两种说法:

其一,认为是向西,过鼓楼岗与城西城垣相连。这一说法,据目前所知最早出现在明晚期陈仁锡的《纪备留都六议》的第"五议"中:"……不如自钟鼓楼一带至清凉山后止,横筑城一道,势既直捷、守力简省。则宜议五也。"[①] 然而,这仅仅是因当时南都留守兵力不足,而提出的一份缩小城墙规模以加强城防的建议,与洪武年间"新城"并无瓜葛。

此后,这种依据城防地形衍生或判断新城北部走向之说,自民国以来几乎没有中断。1949 年劳榦在《对于南京城市的几点认识》一文称:明代的南京城最终呈现的是"葫芦城"形状,"然而这种不规则的葫芦形,却可看出改过几次。最先可以看出的,他(朱元璋)只准备在东面加一个宫城,而北边则凭覆舟山、鸡笼山,经过鼓楼而西至清凉山,包石头城在内。其神策、金川、仪凤各门的城墙,并未在计划之内。所以鸡鸣寺北的一段所谓'台城'和覆舟山的城墙正相连接,而与现在玄武门附近的城墙不相连接。并且鼓楼正与此所谓'台城'成一直线,可见鼓楼正是准备建筑的北门。后来计划变了,才一直修到狮子山"。[②] 劳榦对于鼓楼以北早期未建城墙之说,来源于"这是我听见胡小石先生说过的";又称:"这是我听见 C.P. Fitz Gerald 先生说的。Fitz

---

① (明)陈仁锡《无梦园初集》车集 3,35b,明崇祯六年张一鸣刻本。

② 劳榦《对于南京城市的几点认识》。

Gerald 先生观察的出发点和胡先生不同,而和胡先生的结论可以互证,可以想到这个观察是有相当的可靠性。"(引自该文注释"14""15")其实,城北的神策、金川、仪凤各门以及城墙,早在洪武十九年(1386)十二月乙酉"新筑后湖城"之前已经筑成,并且在 20 世纪 50 年代拆除该段部分城墙时发现内部早期的"墙中墙"。劳榦听胡小石和 Fitz Gerald 之说推论之时,并不了解该段城墙内还有"墙中墙"。然而,这种拼图式的说法,开创了学界持赘城城墙向西过鼓楼岗与城西城垣相连说的先河,并迄今未绝。①

　　但是,上述观点依据文献记载和实地考察来看,均不能成立。元至正二十六年(1366)规划的"五十余里"以及洪武六年(1373)城墙"周一万七百三十四丈二尺,为步二万一千四百六十八有奇,

---

① 最具代表性的是美国学者牟复礼,他在《明初南京城的变迁》一文中基本沿袭了劳榦观点:"……最初的意向可能是想在至正十六年(1356)时的这座旧南唐时代的城市东边增加一个巨大的突出部,这一突出部内将包含一个新的宫城,并建一'新城'与旧城并排,其大小为旧城之三分之二,而旧城则在实质上保持不变。……如同我们所知道的位于该城内的鼓楼,原来想作为城墙的北门,在一条新而直的北墙中部略向西的位置;但在兴建的过程中,又拟定了一项新计划,决定将城墙扩展约三哩,将远在西北部的狮子山包括在内,此山为长江附近之战略制高点。如此则将原计划兴建之新墙西北增加了一个巨大而不规则的突出部,而此一地区主要用于驻防军伍。"参见 F・W・Mote(牟复礼)、马德程译《元末明初时期南京的变迁》(下),载《明史研究专刊》第 7 期,台湾明史研究小组印行,1984 年。牟复礼在《元末明初时期南京的变迁》(载《中华帝国晚期的城市》,第 148 页)中的描述,略有不同。尤其在第 149 页"地图 1"中,将金川门至神策门段城墙标注为"1373 年城垣",明显有误。该段城墙实为南京城墙第一阶段建造。详见本章第一节"筑新城"。当代学者季士家先生与劳榦观点基本相同,但称南京城墙形状为"呈非方、非圆的不规则的多角不等边的粽子形"。载季士家《明清史事论集》第 5 页。

为里五十有九"。如按劳榦等人的说法,新城的长度绝不会超过
50里,而且在城北今中央门向西地段以及定淮门向南地段均发现
了小墙(有的呈小土山状,有的尚有块石垒砌的遗存)。更何况在
洪武八年前后城北均已建成了几座城门:洪武四年四月壬辰,"置
金川、太平二门千户所";洪武七年正月,置马鞍门千户所,寻改为
定淮门;洪武九年九月戊寅,设三山、神策二门千户所,说明城北
的金川门、马鞍门和神策门以及小墙均早已存在。

其二,认为是向北,以旧金川河为护城河与城北城垣相连。
该说亦不能成立,因今中央门向西不仅有大段"墙中土"坡的遗
存,在土坡外侧还有早年块石砌筑的遗存。依据2002年9月12
日笔者在现场考察:玄武湖隧道城墙被开挖成豁口后,看到城墙
墙体内部存在小墙,其所用块石及白色灰浆与其它大部分地段小
墙相吻合;墙体外侧城砖拆除时还被编号,以便隧道建成后墙体
保持原先状态。因此,洪武十九年(1386)从解放门向北至神策
门段的墙体,仅有部分是"新筑后湖城"墙体,至少玄武湖隧道段
向北延伸至神策门段有"新城"小墙的存在,故此次"新筑"长度
一定有限。

至于为何当年保留了鸡鸣寺后的一小段赘城,这很可能是
洪武十七年(1384)至洪武十九年间发生的改变,并因钦天山设
有钦天监、鸡鸣山上有鸡鸣寺而将北部的一段赘城当围墙得以留
存,并将早期小墙包砌在大墙之内。当然,科学的结论有待今后
史料的发现和对该区域的城市地下考古验证。

洪武二年(1369)中都开始营建后,南京筑城并未停止,其
间还因"朝廷视城为最重,岁必遣使巡行天下。凡惰渝者,重罪

之"。① 这是当时社会的筑城大背景。从洪武三年至洪武六年南京均有城墙造作之役,其中包括近京五府之民参与京城"高城垒、深壕堑"② 的常年劳役。除此,洪武五年十二月甲申,南京新城三山门外的护城河疏浚工程接近尾声,朱元璋带领丞相汪广洋等一行人来到施工现场视察,"见有役夫裸行水中,若探物状。上令人问之,则督工吏掷其锄水中,求之未得。上命别取,偿之。且复问之曰:'此类汝锄乎?'曰:'类,但比所掷者差短耳。'因命壮士赴水求得之,果如所言。上曰:'农夫供役月余,手足皲裂,亦甚劳矣,尚忍加害乎?'即捕吏杖之。顾谓丞相汪广洋曰:'今日衣重裘,体犹觉寒,况役夫贫困无衣,其苦何可胜道。'命罢其役。仍命临濠行工部:惟留窑冶及烧石炭匠,其余夫匠悉遣还家"。③ 朱元璋不仅下令停止疏通三山门外护城河工程,还命工部将正在中都参建人员仅留下窑匠和烧石灰的工匠,其余民夫、工匠全数遣返回乡。

新城完工的日期,大约于洪武六年(1373)之后,但确切的时间不明,多为推测。洪武三年二月,由留守卫指挥使司,"专领军马守御各城门及巡警皇城与城垣造作之事"。④ 洪武四年十月,修筑京师城垣。⑤ 洪武六年六月辛未朔,朱元璋诏令:命留守卫都指挥使司修筑京师城垣"周一万七百三十四丈二尺,为步

① (明)乌斯道《春草斋集》卷1《雷州卫指挥张公完城记》3a,四库全书本。
② 《明太祖实录》卷76,洪武五年十月。
③ 《明太祖实录》卷77,洪武五年十二月甲申。
④ 《明太祖实录》卷49,洪武三年二月丁亥。(清)谈迁《枣林杂俎·智集》8b"夜铃":"南京皇城巡夜金铃百枚,摇讫即曙,数之未尝阙一。"
⑤ 《明太祖实录》卷68,洪武四年十月。

二万一千四百六十八有奇,为里五十有九"。^①这个数据表明,元至正二十六年(1366)新城规划中的"延亘周回凡五十余里"^②的约数,此时已经有了可以丈量出如此精准具体墙体或墙基的长度。但是,从这份新城筑城诏令来看,说明南京与明中都同属于并建阶段,而非放弃南京的京师地位,至多是在营建"两京"。同时,南京的新城当时并未竣工,仍需"留守卫都指挥使司修筑京师城垣"。因此,《明史》称其同年八月竣工,仅两个月就已建成,尚未发现其它文献记载,估计可能性不大。

新城墙体的构造比较紊乱,大致可分几种类型:(1)沿用了以城砖砌筑的旧城墙体,如2001年在维修武定门南侧城墙时发现的一段宋元旧城城砖墙体与墙基(后进行墙内保护并展示);(2)以块石砌面而内部夯土的墙体,如今中央门西侧至黑龙江路西侧一段、月牙湖一段、太平门向东一段等;(3)以新城阶段烧制的城砖和旧砖混筑,分别有城砖包山墙和平地起筑两种类型,前者如狮子山段至定淮门、前湖段,后者如龙脖子至琵琶湖附近通道豁口段、通济门至光华门段。洪武八年(1375)以后的改建,由于墙体东部用城砖而南部用条石砌筑,故使早年规划的"南斗"与"北斗"文化寓意得以彰显。同时,增筑后的墙体,也将早年"新城"大部分墙体砌入其中。近人从南京城墙"宽窄至不一律"的表象上,也有类似认识。南京城墙"在建造中曾受到过朝廷的干预,城墙营建工程时缓时急,不断增补改筑,有的逐步趋于完善,还有的城垣尚未竣毕,即因朱元璋故世、靖难之役

① 《明太祖实录》卷83,洪武六年六月辛未朔。
② 《明太祖实录》卷21,丙午八月庚戌朔。

和迁都北京等因素而停工"。^① 因此,新城城墙的墙体,除了形态和规模之外,此时均谈不上日后所见的"高坚甲于海内"。甚至由于各段城墙外观用材的不同,既没有日后城高和厚度,也无城墙观瞻的美观,更没有将"上堪下舆"的文化寓意在墙体用材上得到彰显。

如果说对"新城"的认知,依据《明太祖实录》和近现代实地勘查还有些许了解的话,那么对新城城门的数量、位置以及名称,就因文献缺失详实记载,且多含混不清难以辨识了。"古人言:城门者,多寡不同。《考工记》则十二门。《月令》则九门。《齐策》言:卫之城门,则十门。参差不一,此不能合者也。"^② 对于南京早期新城文献中并未明确记载或混乱不堪的城门,大致可分为三类:

(1)将后建的城门名误冠或便于记载方位而提前挪用的城门名。如元至正二十二年(1362)南京新城尚未建造,就出现了"三山门"^③ 的名称,该城门位置为宋代的龙光门(又称龙西门),元代称水西门,^④ 显然这是《实录》不确之处。类似情况还有洪武三年(1370)十二月甲子"凤台门军营火,延烧民舍及武德卫军器局甲杖"^⑤ 的凤台门,属于洪武二十三年建造并命名的外郭城门。这两

---

① 杨国庆、王志高《南京城墙志》第 153、190 页。
② (清)黄以周《礼书通故·宫室二》15a,清光绪十九年刻黄氏试馆本。
③ 《明太祖实录》卷 11,壬寅七月丙辰。这种情况在《明太祖实录》卷 44 "洪武二年八月庚寅"亦同,当时临川守御千户胡朝宗受略法当死,朱元璋"出幸三山门,朝宗父母拜伏道左涕泣,哀诉'惟有此子,死则老无所依'"。朱元璋起怜悯之心,免其死罪,以终养父母。直到洪武九年九月戊寅,正式设三山门千户所。
④ 杨国庆、王志高《南京城墙志》第 136 页。
⑤ 《明太祖实录》卷 59,洪武三年十二月甲子。

座城门在以后才冠名，实属《实录》编撰者以图述事方便所致。

（2）出现以方位命名的城门。吴元年（1367）十月甲子，朱元璋祭祀"上下神祇于北门之七里山"^① 中的北门；洪武二年（1369）正月丁酉，"建群神享祀所于城南门外"^② 的南门；洪武三年正月甲午，"礼部奏定朝日夕月礼"，并筑朝日坛于"城东门外"、筑月坛于"城西门外"的东门与西门。

（3）新城门名且不为洪武中、后期所沿用的城门名。洪武二年（1369）五月乙巳，"上幸钟山归。由独龙冈步至淳化门，始骑乃入"^③ 中的淳化门；洪武六年六月丙戌，"置清凉、马鞍等门兵马司"中的马鞍门；洪武八年三月己巳，"置行用四库于应天府聚宝、幕府、仪凤三门及会同桥"^④ 中的幕府门。

在上述城门的文献记载中，新城城门名分别有：金川、聚宝、淳化、太平、^⑤ 马鞍、清凉、仪凤、正阳、南门、东门、西门、北门、幕府、金陵等。其中被《洪武京城图志》所沿用并确定的城门名有 6 个：金川、太平、聚宝、清凉、仪凤、正阳。剩余有 8 个：淳化、南门、东门、西门、北门、马鞍、幕府、金陵。其中洪武七年（1374）"置马鞍门千户所，寻改为定淮门"；^⑥ 洪武十年八月癸酉，"革在京幕府、

① 《明太祖实录》卷 26，吴元年十月甲子。
② 《明太祖实录》卷 38，洪武二年正月丁酉。这里的"南门"，是沿用了旧城城门名。该城门名在洪武初年有混用现象，如《明太祖实录》卷 55，洪武三年八月乙丑，"命赈聚宝门外军民被水者"。
③ 《明太祖实录》卷 42，洪武二年五月乙巳。
④ 《明太祖实录》卷 98，洪武八年三月己巳。
⑤ （清）陈诒绂《钟南淮北区域志》（载陈作霖编《金陵琐志》）4a："龙尾坡在（龙广山）麓之西北。明筑太平门，城跨其上，半在城闉以内。"
⑥ 《明太祖实录》卷 83、卷 87，洪武六年六月丙戌、洪武七年正月。

金陵二门";① 洪武十一年十二月丁巳,改东门为钟阜门。②

剩余 4 个城门名简析如下:

(1)南门。新城有 3 座沿用了旧城的城门:"皇明定都,大建城阙,城之。城惟南门、大西、水西三门因宋之旧,更名聚宝、石城、三山。"③ 因此,南门当为更名后的聚宝门。

(2)西门、北门。这两门是城门名,还是特指城门的方位? 如是前者,当如"南门"与"东门"必有记载。故"西门",最有可能是指旧城"大西"或"水西"的俗称其中之一门,惜难以考识。而吴元年(1367)十月甲子朱元璋祭祀神祇于北门之七里山之"北门",为旧城之玄武门(当时已拆除)。"七里山"位置亦不明,据《(至正)金陵新志》卷 5 载"覆舟山,一名龙山,又名龙舟山。在城北七里……",是否民间有将此山俗呼"七里山"之称,待考。如是,则此北门为旧城之城门,同元末的"白下门"一样被拆除,仅沿用城门地名而与新城无涉。

(3)淳化门。据《实录》载:洪武二年(1369)五月乙巳,朱元璋从独龙冈步行至淳化门后,改骑马入城。淳化门与独龙冈应相距不远,且是从独龙冈回城途径的一座城门。"独龙冈",即为今明孝陵宝城位置,朱元璋前往独龙冈目的是否是勘查百年后墓地,尚不可知。但从洪武七年九月庚寅,贵妃孙氏薨,命"有司营葬,厝于朝阳门楮冈之原"④ 来看,城东钟山南侧诸冈已有建皇家墓园

---

① 《明太祖实录》卷 114,洪武十年八月癸酉。
② 《明太祖实录》卷 121,洪武十一年十二月丁巳。
③ (明)陈沂《金陵世纪》卷 1,9b"国朝都城"。
④ 《明太祖实录》卷 93,洪武七年九月庚寅。在此前后均无置朝阳门千户所的记载,疑为《实录》编撰便于记载挪用。

的意向，且首次提及到"朝阳门"。依据南京早期军砖砖文提供的信息，一般城门千户所烧造城砖反映在砖文上的惯例有：石城门、幕府门、神策门、聚宝门、太平门、三山门，即分别标有"石城二号"、"幕府三号"、"神东"、"宝六号"、"太平二号"、"山字六号"[①]字样。迄今未见有"朝阳"字号砖文，故"淳字六号"[②]砖文，极可能是守御淳化门军士烧造的军砖。至于洪武七年提及的"朝阳门"，是否也是《实录》编撰者以图述事方便所致，待考。

　　洪武十年（1377）八月癸酉被"革"之幕府、金陵两门，究竟是仅废除城门名，或是废除城门？ 如是前者当必以"改"而无需用"革"字，故笔者倾向后者的理解。这两座城门，曾被"新城"使用至少 10 年以上的时间，依据当年取城门名的一般规律，即依照城门附近河流名、山名或吉祥之意，"幕府门"之名因可望幕府山而得名。2002 年夏季，笔者进入南京城墙解放门小门（玄武湖入口）外侧防空洞考察时，在防空洞内向东约百米处发现"瓮室"一座："该室呈拱顶、南北向，高约 4.50 米、长 9.70 米，南北被堵之底宽各 6.50 米，壁面城砖均无南京城墙砖常见的铭文，城砖尺寸较大，以青砖为多"，[③]而封堵的两面墙体城砖带有砖文。这座"瓮室"在洪武十年被废（或暂未封堵，只是关闭不再使用）之前，应是敞开

---

① 南京市明城垣史博物馆编撰《南京城墙砖文》第 255、257、259、260、261、263 页，图 0839、0846、0851、0855、0859、0865，南京师范大学出版社 2008 年版。

② 《南京城墙砖文》第 263 页，图 0866。（宋）周应合《景定建康志》卷 16，1a 载："淳化镇，在上元县东四十五里凤城乡，淳化五年置。"据此记载，是否当年这座"淳化门"应遥对淳化镇而得名，亦不可知。

③ 杨国庆、王志高《南京城墙志》第 220 页。

状（即为城门状），与幕府山可隔湖相望；瓮顶虽呈拱状，但在拱的中部有明显的尖状收缝，砖缝间的灰浆留下苇席编织的印记，这种现象与第二阶段建造城门拱圈时的砌筑方法和技术不同。如：现存明代聚宝（中华）门、石城（汉西）门、清凉门和神策门的拱圈与这座"瓮室"拱圈就有明显的区别；"瓮室"地面城砖有被常年踩踏磨损的迹象；瓮内西壁尚存一疑似的灯龛。再则，洪武八年三月己巳"置行用四库于应天府聚宝、幕府、仪凤三门及会同桥"，行用四库分别位于城南（聚宝）、城西北（仪凤）、城中（会同桥）、城东北（幕府），也符合京城钞库区域管理的需要。上述种种迹象表明，此"瓮室"极可能是洪武十年被革的幕府门，在洪武十七年七月己酉的"甃后湖城垣"[①]时被封堵成了"瓮室"。[②]然而，幕府门被封堵前的洪武九年九月即便建造了神策门，还是给湖民进出城带来诸多不便，故在洪武十九年"新筑后湖城"[③]时，竟特意在幕府门最近处的"后湖城"段留下一座无名的小城门，后称之"后湖小门"，[④]以便湖民进出城之需。至于此处城下设有穿城而过的涵道，为北水关（又称"通心水坝"、台城水关，即今武庙闸）引湖水入城之涵道，是城内珍珠河的主要水源，应是早年新城建幕府门时所铺设。另据高启在《送徐先生归严陵序》称：徐大年曾应诏参与修编《元史》《大明集礼》，书成后乞老还乡，"都之大夫、士相

---

① 《明太祖实录》卷 163，洪武十七年七月己酉。
② 笔者曾提出："据初步推测，这两座城门（即幕府、金陵两门）不属于更改城门名一类，很可能在南京城墙第二次大规模建造中将这两座城门给堵塞了。"杨国庆《南京明代城墙》第 110 页。
③ 《明太祖实录》卷 179，洪武十九年十二月乙酉。
④ 杨国庆、王志高《南京城墙志》第 214 页。

与祖饯幕府门外"。① 由此可知,洪武三年时幕府门还是出城送客的一座城门。而那时的后湖尚未被列为"禁湖",可乘舟过后湖转入金川河道再入长江。

　　至于金陵门的位置,则更难以考辨了。据(明)李流芳《扇头见林天素诗画因次其韵》载:"沙边柳色已知秋,多少琳宫在上头。曾向金陵门外望,莫愁湖水不胜愁。"② 此诗如属写实的话,金陵门当位于新城的西侧。又据宋濂《杜环》传载:兵部主事常允恭死于九江,其母无所归,遂寻访允恭旧友至京师,"复哀泣从人至金陵门",杜环"其家直鹭洲坊……"。③ 据方志记载:鹭洲坊后称金沙井,也位于城西南。再者(明)方孝孺《大笑生传》载"……间之京师,与余握手金陵门外,辨上下古今数千载事",④ 也未得知具体位置。

　　总之,对于朱元璋早年新城的城门名以及数量、确切位置的考析,仍需日后新材料的发现。

　　新城护城河蜿蜒屈曲近乎自然的形态,表明筑城设计者对南京地形地貌熟悉的程度,反映出当年城市堪舆中的"天、地、人"思想理念与南京山水的完美结合。南京城内外的水系,基本是由城东作为入城水口(净水),流经城内后再由城西作为出水口(污水),在进、出水口与城墙相连处,又依据水量大小设置水关(通船且可调节水量)、涵闸(不可通船但可调节水量)和涵洞(不可通船

---

① (明)高启《高太史凫藻集》卷 2,16a/b,明正统甲子长洲刊本。
② (明)李流芳《檀园集》卷 6,四库全书本。
③ (清)黄宗羲编《明文海》卷 403,1b。
④ (明)方孝孺《逊志斋集》卷 21,52a。

也不可调节水量)。在当时条件下,新城护城河能以很短时间修浚,与筑城设计人员充分利用南京原有水系有关。明初南京的水系,主要由秦淮河、金川河以及大小湖泊组成。秦淮河自通济门一分为二,由东水关入城为内秦淮河,"横贯城内南部;外秦淮河环绕城垣东、西、南三部,名曰护城河,至水西门外二流复合"。"城外护城河较城内秦淮河,特为宽阔,货物之运输,多在城外。"① 金川河源于黄泥岗(今鼓楼偏北一带)北麓和五台山北麓,上游曾与后湖(今玄武湖)相连,下游汇入长江。明初建新城后,或将其下游一段治为护城河,由金川门出转而向西,经长平桥、水关桥、钟阜门、仪凤门、宝塔桥附近而入江;城东一带护城河由玄武湖以及原燕雀湖在城外的遗存,即今月牙湖一段、前湖(又称燕尾湖)、中湖(今琵琶湖)加以人工开壕勾连而成。其余地段护城河,大体由人工开挖、疏浚,使护城河得以相勾连贯通。后人有南京城池"实则城系因河而筑,非河因城而曲折也"之说,这只是沿袭了清代"沿冈垄之脊"筑城旧说的同义异说,且也只说对部分特征,与南京城墙和护城河的关系以及史实相距甚远。

新城护城河,最早于洪武元年(1368)冬天在河床干枯、地下水位有所下降的季节,开始逐段疏浚。洪武元年十月,浚后湖(今玄武湖)及石灰山龙湾(即今幕府山至今下关一带)河道,凡千余丈。② 这个地段河道的疏浚,一方面是因设护城河的需要,另一方面也是筑城需要大量石灰从河道运输的需要。洪武七年十二月辛丑,再次凿石灰山河,贯通城北护城河(即金川河下游一段)至

① 张其昀《首都之地理环境》(中),《地理杂志》第 3 卷第 3 期(1930 年)。
② 《明太祖实录》卷 35,洪武元年十月丁酉。

长江,以利水运。因占用"民地六千余亩,上命给白金偿之,除其税"。^①在营造新城的同时,或稍后一段时间内,护城河、涵闸以及桥道就已被定位并初具规模。洪武五年十二月甲申,大体完成京城护城河修浚工程。对太平门外未浚的护城河,也于洪武六年十一月戊申动工,由于"其地并湖,多侵民田。乃诏以公田给之;有麦苗者,亩给银五钱赏之"。^②这段记载其实只是为了在太平门外"增造军营",所谓"浚太平门外城濠",恐指自太平门至朝阳门部分地段,其中太平门过龙脖子段至琵琶湖段的护城河并未贯通。^③据传说称:被称之"虎踞龙蟠"的南京,其"龙"为首尾相衔的"蟠龙",钟山为龙之首,向西则为龙广山(即"龙尾山"),^④太平门向东为龙脖子(另一说"龙膊子"^⑤)。如若在龙脖子开挖护城河,会挖断"龙脉"而破坏了皇家风水。此传说恐并非空穴来风,依据当年城市以及城墙的设计意图,当有其可能性。

　　为解决南京城内水系的进出水与城垣之间的矛盾,保障城内居民用水和控制城内河道的水位,避免涝时灾旱时涸,在一些地段根据水量的大小,分别设置可以通水通船的水关、可以调节进出水量的涵闸及仅能通水的涵洞。这些设施在筑新城阶段大部分确定了位置,有些重要的地段则在建城的第二阶段加以改筑或

---

① 《明太祖实录》卷95,洪武七年十二月辛丑。
② 《明太祖实录》卷86,洪武六年十一月戊申。
③ (清)黄瑞图修,姚㴋纂《(嘉庆)重刊江宁府志》卷8,1b/2a:"其城外之河,自正阳门西因杨吴所凿淮流,绕城为池,西流北转抱城至仪凤门外流入江;城之东北倚山冈无城河,而正北则后湖,当其曲偎矣。"
④ (明)朱之蕃《金陵图咏·国朝都城图考》,明天启三年刊本。
⑤ 陈诒绂《钟南淮北区域志》称:"同治三年六月,曾忠襄公国荃用地道轰城,蚁附齐上,俗呼为龙膊子者是。"

补筑。

3. 初筑皇城。皇城建造要晚于宫城和新城,最早先筑有皇城的正南门,并于洪武元年(1368)九月戊申,置洪武门千户所。[①]皇城正南门洪武门的建成,不仅表明两年前规划中"新宫"外皇城南面"点"的定位与落实,也是对整个明都皇宫南北中轴线以及皇宫规制的确认,其重要意义不言自明。洪武六年六月辛未朔,朱元璋诏令留守卫都指挥使司修筑皇城,"周二千五百七十一丈九尺,为步五千一百四十三,为里十有四",[②]折合今制为 8.23008 公里。皇城东安门、西安门[③]及北安门,均在洪武六年至洪武十年之间先后建成。

洪武七年(1374)时,朱元璋在《阅江楼记》中对初建的新城陈述道:"……是命外守四夷,内固城隍,新垒具兴。"宋濂在《阅江楼记》中也称之"城池之高深",虽有夸张之嫌,但也不乏褒义。无论是朱元璋本人所说,还是当时城建的实际状况,一座新兴的都城包括配套设施已然初见雏形。就城墙规模而言,已建成宫城、皇城和京城三重城垣。此时的南京城建尚未完工,就城墙、城门以及皇宫和礼制性等建筑来看,都没有达到日后所见的效果,更没有朝臣们在《洪武京城图志》的序与记中描述的那般壮丽恢弘。

---

① 《明太祖实录》卷 35,洪武元年九月戊申。皇城的始筑,当以洪武门为标识。除洪武门外,皇城其它各门及墙垣尚未建造,故洪武二年在设置"内侍诸司官制,置门官"时,宫城各门均详,而皇城仅以"皇宫门"一语代之。

② 《明太祖实录》卷 83,洪武六年六月辛未朔。这个阶段皇城及其它城门尚在营造中,延续到洪武十年十二月才竣工并设各城门官。

③ 该城门于永乐三年(1405)拓皇城西垣时被拆除,并于改筑的皇城西垣新建西安门,至今尚存。

二、城墙的加高增厚（1375～1398）

洪武八年（1375），朱元璋对国都当处"国之中土"有了新认知并罢筑中都城后，在军事上统一全国，政局日趋巩固，中央集权制开始建立，并获得来自人力、物力诸方面保障的基础上，得以实现都城大规模再建工程。洪武八年之前，朱元璋对南京新城的评价仅仅是"……低昂依山而傍水，环绕半百余里，军民居焉"。[①]这座新城除了规模之大和形状奇特之外，尚看不出有什么特别之处。但是，到了洪武十一年朱元璋则称之："王倚金陵而定鼎，托虎踞而仪凤凰。天堑星高而月辉沧海，钟山镇岳而峦接乎银潢。"[②]把南京城及地形地貌与象征国家昌盛、吉利和祥瑞联系起来，短短3年从立意上已超出了几年前对南京新城的评价，也可看出朱元璋内心"宅中图大"的昭示。朱元璋高度重视南京城第二阶段的大规模增建和改筑的进度，甚至连他生日朝臣进贺也因大祀殿等建筑工期紧而被免。[③]说明这个阶段的工程已经有了明确的方向，就是出于从制度和城建上追求"一代之盛典"的目的，反映了称帝后的朱元璋"为了巩固和加强自己的统治，突出儒家天命神授的思想有了非常明显的上升"。[④]

在这个阶段，就其工程量和动用的人力与物力来看，均远超第一阶段的营建。其主要工程项目为完善并增筑皇城、宫城及一

[①]　（明）朱元璋《阅江楼记》。

[②]　（明）姚士观等编校《明太祖文集》卷14，4a。

[③]　《明太祖实录》卷119，洪武十一年九月丙戌："敕谕韩国公李善长等曰：卿等董工大祀殿已有日矣，尚当善抚工匠，令早完之。"

[④]　王剑英《明中都》第75页。

批礼制性建筑;对"新城"增高加厚,并建造或改筑与之配套的城门瓮城、城楼及水关、涵闸等项目;完善南京城垣的宫城、皇城、京城和外郭的四重城垣整体格局。分述如下:

1.完善并增筑皇城、宫城。洪武八年(1375)九月辛酉,朱元璋下诏改建大内宫殿。此次改建,朱元璋仍强调"但求安固,不事华丽,凡雕饰奇巧,一切不用。惟朴素坚壮,可传永久,使吾后世子孙守以为法",[①]甚至皇宫内的"台榭苑囿之作"也被禁止,这个标准似乎成为此后改建、增筑包括宫城在内的其它建筑(如南京城墙)施工中的标准。据《明宫史》记载:"我太祖高皇帝御极时,首崇节俭,内廷宫室不尚华饰,内监所居尤为朴质。"[②]两年后的"十月丙午朔",在宫城上建造惟一亭式建筑"观心亭",但并不奢华:"设甓为墉,涂以赭泥,中置黼坐,前辟彤户。越七日壬子落成。"[③]按朱元璋的说法:是因"人心易放,操存为难。朕日酬庶务,罔敢自暇自逸。……尤用祗惕,是以作为此亭,名曰观心",[④]并让宋濂写记,以传示后裔。

大内宫殿营建经过两年多的时间,改作完成。新增项目有:(1)在原有的午门左右增建两阙,并增建左、右掖门和左、右阙门;[⑤](2)奉天门左右增筑东、西角门;(3)奉天殿左、右,增筑中左

---

① 《明太祖实录》卷101,洪武八年九月辛酉。
② (明)刘若愚编述《明宫史》卷1《内廷宫室琐记》,载徐蜀编《〈明史〉订补文献汇编》第595页,北京图书馆出版社2004年版。
③ (明)宋濂《观心亭记》,载宋濂《宋学士文集》卷4,3a。
④ 《明太祖实录》卷115,洪武十年十月壬子。
⑤ 掖门与阙门位置不同但相通,掖门位于午门左右;阙门位于两阙下相向。顾炎武在《天下郡国利病书》第8册"南京宫殿"称:"进至午门,两观雄丽,俗称五凤城楼也。左置钟鼓,下承以砖垩,高皇帝御枪及他锁子革纸铠甲在架,楼窗缭丝,日映其上尤夺目。"

门、中右门；(4)两庑之间的左、右增建文楼① 与武楼；(5)东华门门内建文华殿，西华门内建武英殿。此次宫殿建筑的改建效果，是"制度皆如旧，而稍加增益，规模益闳壮矣"。② 这里所称的"制度皆如旧"，指的是保留了早年朱元璋做吴王时创建的宫城制度，即前朝后宫、宫城内建筑依中轴线对称布局等，而"规模益闳壮"则主要指午门增筑的两阙，在承袭唐宋传统规制的同时，增强了宫城正大门的观瞻性，因此"稍加增益"的项目并不多。③ 对此，

① 　文楼位于奉天殿旁左庑的东边，嘉靖年改为"文昭楼"。据《春明梦余录》（卷 7）载：文昭阁"在皇极殿之东，即文楼也"。《双槐岁钞》（卷 4,3b）称："我太祖皇帝始创宫殿于南京，即于奉天门之东建文渊阁。"所云名称与文楼不同，其位置与文楼亦稍偏南。据朱偰编绘的《明代宫禁图》和《紫禁城平面图》两图所示，文昭阁即"文楼"，文渊阁则位于文华殿后。"文渊阁"虽不见《会典》所载，但《万历野获编补遗》（卷 2,1a）云："洪武十五年，以王大中败事革四辅，置殿阁大学士，以备顾问。刘仲质为华盖殿，吴伯宗为武英殿，宋讷为文渊阁，吴沉为东阁，俱称大学士。"

② 　《明太祖实录》卷 115，洪武十年十月。据顾炎武《天下郡国利病书》转引："吴人黄省曾尝记《大内略》曰：循城之东，经八宝库、古今经籍库、东华门内，观太孙宫。东宫之前多梅，宫各有宝座龙床，床皆五彩雕镂。前阶三梁以上，凡宫隔以□壶。入文华门，殿制颇小。西观奉先殿，殿亦有灵床座，如太庙寝室，以岁时荐享。"

③ 　《南京城墙志》（第 158 页）称："后宫正门，第一次兴建宫城时，仅有宫左门、宫右门；东宫后门、宫左门、宫右门，未见'后宫正门'记载"，有误。《实录》卷 44，洪武二年八月己巳，置门官时称"皇宫门为坤宁门"，即坤宁门为后宫正门。《明中都》（第 79 页）称此次增筑有"后宫正门；奉天门外两庑之间增筑左顺门、右顺门"，有误。《实录》卷 44，洪武二年八月己巳，置门官时已见左右顺门的记载。《明中都》将此次增筑项目列为 18 项之多，恐不实。如奉先殿，并非是增筑，而是改建。春和殿在洪武二年设门官时已有春和门，为东宫正门，春和殿当已存在。再如"奉天殿前有金水桥"也列为增建范围，似乎不妥。早在奉天殿建成之际，该桥已建成，否则每天朝臣们如何从奉天门跨河入奉天殿上朝。因此，可能是改建，但无文献记载，《明中都》也没提供相关线索。

朱元璋因宫殿"制度不侈,甚喜",随以此告诫侍臣:"人主嗜好,所系甚重。……故凡有兴作,必量度再三,不获已而后为之。"又称:"节俭二字,非徒治天下者当守,治家者亦宜守之。"① 这番话既是对此次改建宫殿崇尚节俭的自我评价和标准,也是针对当时曾出任中立府行大都督府事江夏侯周德兴因"私取材木,广营室宇"② 获罪后对其他朝臣们的告诫。

洪武九年(1376)五月,南京发大水,"水溢入午门,百官乘船以朝"。③ 估计因此也对皇宫内的排水设施有过改筑和完善。据马生龙《凤凰台记事》云:朱元璋"筑京城……又于城外起土城,以为不测屯守之计。宫中阴沟直通土城之外,高丈二,阔八尺,足行一人一马,以备临祸潜出,可谓深思远虑矣"。④ 黄云眉在《明史考证》中称:"其说仅备参考。"⑤ 这些所谓的"宫中阴沟",在南京历年考古中亦相继有零星的发现,在汇集宫城内的雨水和废弃生活用水后,经沟流出宫城之外,一般需要设置涵闸或涵洞一类的设施。

---

① 《明太祖实录》卷 116,洪武十年十一月乙亥朔。
② 《明太祖实录》卷 116,洪武十年十一月,朱元璋还称:"国家除宫室外,未尝作一台榭,以为游观燕乐之所。"另据(清)黄之隽等编纂,赵弘恩等监修《(乾隆)江南通志》卷 30,9a:嘉靖二十四年户部云南司郎中郑普《恭跋第一林泉后》记载:"旧阙苑外花园者,我太祖高皇帝时游息之所也。内宫监太监张宣适率人扫除其中,因得入观之。修竹十竿,老树百余。本土山一堆,环湖石数层,上有御亭一屋,仅数楹,旁立'第一林泉'一石。又一石刻'龙穴'二小字,中有龙形。无奇花怪石、崇台深沼,以为乐园说。然,有感于吾高皇帝之垂询,立国其俭,实类如此。"
③ (明)李默《孤树裒谈》卷 2,12b。
④ (明)马生龙著,罗晓翔点校《凤凰台记事》第 53 页,南京出版社 2021 年版。
⑤ 黄云眉《明史考证》第 2 册第 314 页,中华书局 1980 年版。

　　这次因改建宫阙,有不少殿宇的梁柱被置换成香楠木。2006年7月,在得知云南省昭通地区存有明初为营建南京宫殿采伐楠木摩崖石刻后,笔者遂前往实地查勘,找到4处摩崖石刻,还发现了一块未能辨识的大碑,合计5处。(见图16)即洪武八年(1375)十一月由宜宾县官部领当地夷人夫180人,进入深山采伐香楠木140根;在同一处摩崖石刻上刻有永乐五年(1407)采伐楠木的数量是400根。[①]从南京与北京先后在此地取楠木数量上,似乎亦可见南京改建宫阙的规模确实不大,仅"稍加增益"。但采伐、运输楠木之艰辛,非常人所想象:明嘉靖年间,龚辉在《采运图说》中有详细的记载,[②]黄云眉先生归纳为15图:(1)山川险恶;(2)跋涉艰苦;(3)蛇虎纵横;(4)采运困顿;(5)飞桥渡险;(6)悬木吊崖;(7)饥饿流离;(8)焚劫暴戾;(9)疫疠时行;(10)天车越涧;

[①]　《南京城墙志》第302至303页之间插页。该处摩崖石刻位于云南省昭通市盐津县滩头乡界牌村附近大山处石刻:(1)"大明国洪武八年乙卯十一月戊子上旬三日宜宾县官部领夷人夫一百八十名砍刹宫阙香楠木植一百四十根。"其中"十一月戊子"恐笔画不清导致有误,若以洪武八年十一月丁巳朔计算,十一月无戊子,应该是十二月戊子;(2)"大明国永乐伍年□四月丙午日,叙州府宜宾县县主簿陈典史何等□头人夫八佰名拖运宫殿楠木四佰根。"(3)永乐五年"阿奴领夫壹百壹拾名在此拖运木植"。(4)永乐五年"八百人夫到此间,山溪险峻路艰难。官肯用心我用力,四百木植早早完"。而碑于20世纪80年代当地村民修建水渠时被利用。现压在水渠石槽下,文字大部无法辨识,从显露出的字迹笔画看,字体为正楷,字型比之上述四处摩崖石刻的字体规范。年代与内容不详。从地点上看,此碑极可能与当年采伐或运输楠木有关。另据(明)施显卿辑《新编古今奇闻类纪》卷4,27b载:"永乐四年,文皇将营北京宫殿。工部尚书宋礼建于蜀之马湖府山中采得楠木数万株。"

[②]　(明)龚辉《采运图说》,载(明)陈子龙辑《皇明经世文编》卷211"川蜀采木",8b/11b,明崇祯平露堂刻本。

图 16：云南省昭通市盐津县滩头乡洪武八年与永乐五年砍伐楠木的摩崖石刻拓片。杨国庆提供。

（11）巨浸漂流；（12）追呼逮治；（13）鬻卖偿官（谓山林材木外直而中空者十之八，毁折而遗弃者十之九，侥幸苟且，百才一二。故不得不鬻卖田宅子女妻妾以偿官也。）；（14）验收找运；（15）转运疲弊。[①] 由于"楠木皆生于深山穷谷，大箐峻岅之间。因其险远，人迹罕到，所以能存至于今日。当砍伐之时，必须构厢起架，使木有所倚，且便削其枝叶。多用人夫缆索维系，方无堕损之虞。故明时必召募架匠、斧手于湖广辰州，始能施工，此伐木之难也。拽运之路，皆险窄悬崖，侧足空手尚苦难行，必须垫低就高修栈开路，上坡下坂辗转数十百里，始至小溪。又苦水浅不能浮木，遇怪石林立，必待大水泛涨始得出江。故拽运于陆者在冬春，拽运于水者在夏秋，非可计日而至。此拽运之难也"，[②] 故被称"为有明一代虐政"。[③] 朝廷从各地采木运来南京后，主要集中地为洪武八年七月设立的江边工部的广积场以及南京抽分场、龙江提举司，后被民间称作"皇木场"。又据王樵《金陵杂纪》称："禁垣古木多数百年物，夹道清阴，池光映日。陪京宫阙之制甚俭。"[④] 也可想见当时的宫阙营造强调的是制度的完善和坚固，而非建筑样式及装饰的奢华。

皇城城墙营造时间不算很长，但跨越了南京城墙先后两个阶段。自洪武六年（1373）始建后，直到洪武十年建成，并置皇城门

① 黄云眉《明史考证》第 3 册第 739 页，中华书局 1984 年版。
② （清）何源浚《采运川木五难状》（康熙二十四年），载（清）贺长龄编《皇朝经世文编》卷 95《工政一》"土木"，清道光刻本。
③ 王陵基修，于宗潼纂《（民国）福山县志稿》卷 7，24a，民国九年修、民国二十年铅印本。
④ （明）王樵《方麓集》卷 11，1a。

官,分别为"端门、承天门、东长安门、西长安门;东安门、东上门、东上南门、东上北门;西安门、西上门、西上南门、西上北门;北安门、北上门、北上东门、北上西门"。[①]其中以洪武门、承天门、东长安门、西长安门、东安门、西安门、北安门为皇城主城门。几个月后,定诸门名,将门官由正七品升为六品,给官印。[②]而皇城正南门的洪武门,因先前已建成并设官,故未在此次置官范畴。洪武二十五年,"建端门、承天门楼各五门。复于承天门外建长安东、西二门"。[③]洪武二十八年正月,置皇城4门(承天门、东安门、西安门、北安门)厨房,配设恩军。[④]

皇城高度与厚度,文献未载。根据对皇城西安门南侧遗址实地考察,其基础宽度为3米。以《营造法式》计算,其墙高度为6米,若按20%收缝计算,皇墙顶宽为1.4米。顶部有檐,铺设琉璃瓦筒。皇城的城墙形状,略呈长方形,该形制沿袭到永乐三年(1405)拓皇城西垣,[⑤]才改变了洪武年间皇城对称的形态。(见图17)

南京的皇城,从规制上看大于北京,但"伟丽不如"北京。[⑥]秦国经考历代宫廷建筑后认为:"虽然大都依照儒家的天命观和

---

① 《明太祖实录》卷116,洪武十年十二月戊申。

② 《明太祖实录》卷117、卷175,洪武十一年三月丁酉;洪武十八年九月丙寅:"置午门、端门、承天门、东上门、东中门、东安门、西上门、西中门、西安门、北上门、北中门、北安门门吏各四名。"

③ 《明太祖实录》卷223,洪武二十五年十二月"是岁"。

④ (明)沈德符《万历野获编》,卷17,1b:"洪武二十七年,诏兵部以罪谪充军者,名为恩军。意以免死得戍,当怀上恩也。"

⑤ 《明太宗实录》卷43,永乐三年六月丁亥。

⑥ (明)史玄《旧京遗事》卷1,1b。

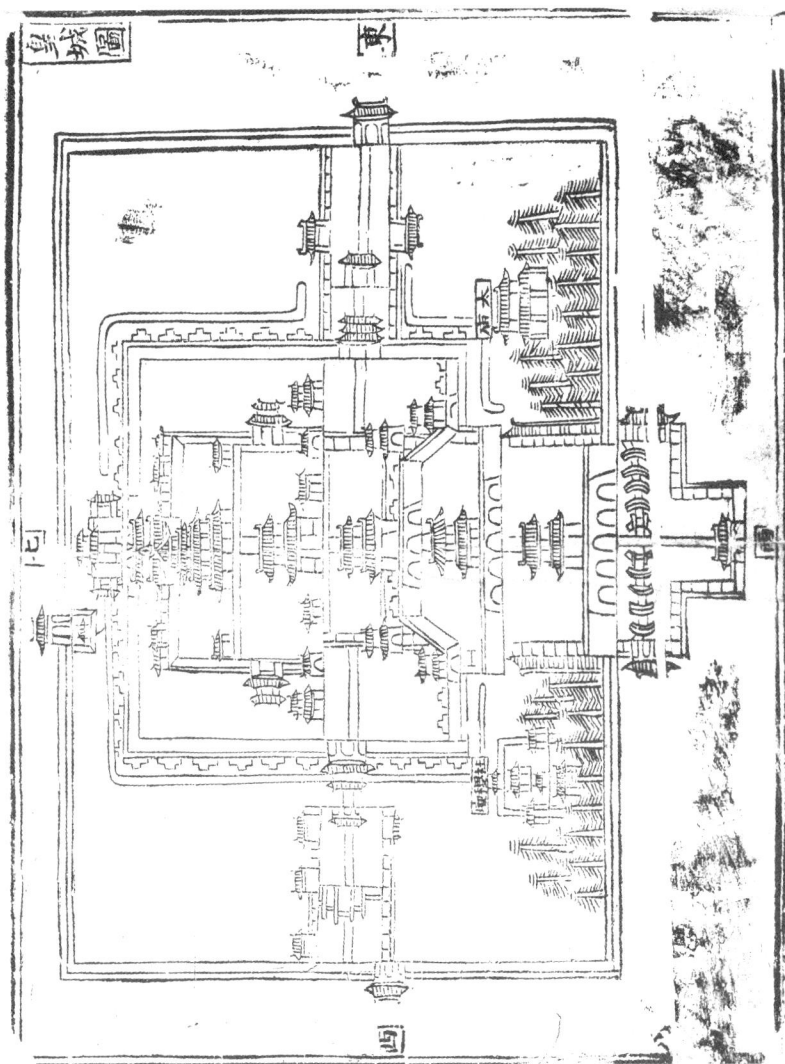

图 17：《皇城图》，引自（明）王俊华纂修《洪武京城图志》。

礼序思想建立,但因时地不同、背景各异而取舍不一,代有不同,但总的趋势是越来越完善和壮丽。到了明初的南京宫殿,和以此为蓝本的北京紫禁城宫殿,从宫殿建筑的选址、规划设计,到建筑技术及艺术,都达到了历史最高峰,成为中国历史上布局最严谨、规模最宏伟的宫廷建筑群。"①

2. 对"新城"增高加厚,并建造或改筑与之配套的城门瓮城、城楼及水关、涵闸等项目。 如前节所述,洪武八年(1375)九月辛酉朱元璋下诏改建大内宫殿"但求安固"、"朴素坚壮,可传永久"、制度如旧、稍加增益,使之规模闳壮的标准,也成为对新城加高增厚及改建工程的标准,但城墙大规模建设相对较晚。工程大致包括几个方面:(1)大量使用各地烧造的特供城砖和巨型条石,对原有新城墙体实施加高、增厚,甚至重筑,以体现当年"卜"之文化内涵;(2)扩大南京应天府新城城墙东北城池的范围,使南京后湖成为东北面城墙的护城河;(3)对传统筑城规制进行改进和摈弃;(4)建造南京城墙外郭,完成南京城墙四圈城墙的整体布局。

南京城墙的加高增厚工程,文献疏载,至少在20世纪90年代以前并无定论。笔者经过20多年的实地考察,尤其对南京城墙砖文结合当年各地建置变化、各地方志等途径,才逐渐得以认清洪武年间南京城墙的第二次建造。②

---

① 秦国经《明代文书档案制度研究》第32~33页。
② 《南京城墙志》第268页:南京城砖出现带"甲"的格式,"大致在洪武六年以后,至少在直隶和江西等地已经出现"。这是2008年笔者的认知。2011年笔者在《南京明城墙砖文中的基层组织研究》(《东南文化》2011年第1期)修正为:"以'甲'为建制的基层组织形式最早出现在洪武十年,不久各地全面推广实行。"

南京城墙砖存有大量以"□□府提调官□□□□□司吏□□
□□县提调官□□□司吏□□□总甲□□□甲首□□□小甲
□□□窑匠□□□造砖人夫□□□"格式的砖文,这类书有"甲"
格式的砖文一般没有纪年(仅有少数地区有纪年),在中都城砖也
无发现,为洪武十年(1377)之后南京城墙加高增厚工程时所特
制。这批砖文带"甲"格式涉及的地区,均为南京城墙第二阶段
烧制城砖的147府州县,这仅是一份不完全也不可能完全的数
据,实际涉及的地区一定会超过这份数据。①但是,通过这个数
据,似乎已经可以得出这样一个基本结论:南京城墙第二阶段营
造工程之巨、用材之精、涉及范围之广,都超过了早期营建的"新
城";而城砖的烧制,已经具备了标准和制度化的机制与能力,其
重要特征就是砖文上的府州县官员与基层组织到具体制作人的
实名制(详见下章)。

除了城砖外,建材中最大的一项还有主要用于南京城南地段
墙体的条石。大宗石料分为块石(包括砾石)、条石,用于筑城;少
数用于柱础石、旗杆石、绞关石、排水石槽等石材构件。石料中的
石质,主要为石灰岩、花岗岩(俗称青石)。关于石料的产地,史无
记载,据近人考证有多处,来源不一。其一,南京东郊沧波门外

---

① 在这147府州县中,仅有为数不多的府州县没有出现后来带"甲"格式的城
砖。由于带"甲"格式的砖文普遍分置于城砖两侧,故在城墙墙体上无法可
知砌筑在墙体内侧一面的砖文;目前大都是因20世纪50年代拆城取砖用
于当时的城建,而20世纪80年代随着旧城改造将当时一批建筑拆除时,
才获取这部分的城砖,也有大量城砖因未被收集又被城墙维修时砌筑于墙
体上。因此,《南京城墙砖文》收集的仅是当年拆城和修城时发现的部分
砖文。

诸山和汤山,距离南京城在 15 公里至 30 公里。南京麒麟门乡窦村,数百户农民"至今人人都工石匠……笔者走访他们得知,他们祖籍均为北方河南等省人氏,因筑南京城,而从四面八方一个个地'窦'来,最后定居于青龙山之下,便把此定居点起名为'窦村'"。① "明初窦村石匠主要担负的是修建城墙(包括城门及墙体)、明故宫、明孝陵等重要项目的石作部分。"② "在条石中有花岗岩和石灰岩两种,石灰岩与南京附近青龙山一带的石质相同,当系采自该地。"③ 其二,在溧水县东庐乡涑湖山北麓,距县城 13 公里的涑湖山采石场遗址,"明代曾在此大量采石"。④ 其三,1999年南京市明城垣史博物馆组队前往安徽繁昌考察明代采石场及明城砖窑址,在崔山乡董家村调查时,发现境内数处被称之为"明代采石场"遗址。笔者在采石场遗址附近村民交谈中,获取许多民间故事、传说等,均称朱元璋为建造南京城采石于此,并运往南京的水西门建造城墙。在采石场遗址宕口的剖面岩石上,曾经留下大面积的、清晰可见的凿痕,⑤ 其岩石质地为石灰岩。但是,2018 年笔者再赴当地考察时,该山体因建设需要已遭破坏。

南京城墙砖以及其他建材(如石材、木材等),主要通过水路,

---

① 季士家《明清史事论集》第 17 页。
② 王磊、赵辰《"石匠村"的意义——窦村的石工传统与南京传统建筑地方性的关系》,《东南文化》2005 年第 3 期。
③ 中国科学院自然科学史研究所主编《中国古代建筑技术史》第 444 页。2003 年 8 月 23 日,笔者曾采访早年居住在沧波门前街已经 72 岁的王广学先生,并前往沧波门一带考察。据王先生介绍,小时候据老人讲当年青龙山一带曾采石运往南京建造城墙。
④ 南京市地方志编纂委员会编《南京文物志》第 326 页。
⑤ 南京市明城垣史博物馆《安徽繁昌明城砖窑址调查报告》。

或顺江而下,或溯水而上运抵南京。水上运输通道,是以长江中下游水系为主要运输通道。所涉及的这些河流、湖泊,大致有今天的长江、赣江、袁江、禾水、汝水(建昌江)、鄱阳湖、大运河、太湖、秦淮河、肥水、巢湖、滁水、漳河、昌江、霸水、贡水、洞庭湖、湘水、汉江等,涉及大小湖泊、河流多达几十处。这些府县,均处于长江水系之中,承担南京城墙城砖的烧造和运输。有的县尽管与为南京城墙烧造城砖的县比邻,但由于不属于长江水系,故迄今尚未发现这些县烧造的城砖。[①]

洪武初年,为解决各地烧造的大量城砖运往南京的问题,朝廷采取了各种办法。其一,沿江过往船只顺带城砖。"凡顺带砖料,洪武间,令各处客船,量带沿江烧造官砖,于工部交纳。"[②]其二,朝廷下令相关郡县富户造船运砖。江西泰和县人萧自成因"田税及等"、"家裕"而被选为总甲,"会有旨,起均粮城甓。自成以田税及等任总甲事,造运舟,命莳往莅之"。[③]

安徽省繁昌县烧造城砖窑址,分布在临江近河的坡地,"明代,小淮、旧县等地有砖瓦窑20多座。洪武年间,太平府差官监制,所产砖瓦运往南京建造宫殿、城郭",[④]其中漳河等河流是通往长江的主要水上运输通道。1984年10月,在赣江河床中打捞出两块城砖:"城砖质地分青灰色和米黄色二种,坚硬厚重。砖长

① 杨国庆、王志高《南京城墙志》第309页。
② 《(万历)大明会典》卷190,4b/5a,又称:"永乐三年,定每百料船带砖二十个,沙砖三十个。"弘治八年后,过往船只还实行了"砖票"的办法。
③ (明)刘崧《槎翁文集》卷2,28a,明嘉靖元年徐冠刻本。
④ 繁昌县地方志编纂委员会《繁昌县志》第236页,南京大学出版社1993年版。

40、宽 20、厚 10 厘米,其中一青灰色砖砖侧有双行铭款清晰可见,铭曰:'赣州府提调官同知朱敏司吏彭民安宁都县提调官主簿安僧司吏陈直'。"另一块砖文为:"……潭九皋,司吏×××窑匠黄,合和□户□□。"① 比对南京城墙砖文,全文为"赣州府提调官同知朱敏吏彭民安宁都县提调官知县王敬吏陈真总甲郭唐贤小甲杨世中人夫杨世龙杨世允肖应宗作匠严禄"。② 而另一块仅有"潭九皋"不多信息的砖文,同样依据南京城墙砖文而知:潭九皋为南昌府丰城县的提调官县丞。③ 这两块城砖在赣江丰城县段河床中被发现,应是当年运送城砖船只在这里遇险沉没所致,而非运往明中都。④

洪武十七年(1384)正月己亥朔,因朝廷下令"定军士修城,毋得役民"后,运砖之役也由军士承担。洪武二十年六月甲申,留守卫军士在运送官砖时,与渔人小舟相撞而溺死。官军将渔民拘后打算问罪。朱元璋则说:"两舟相触,而军士不谨致溺死,岂渔者故害之耶?"⑤ 遂将渔民释放。永乐十二年(1414)正月己亥,朝

---

① 万良田、万德强《丰城发现明代营建南京城城砖》,《江西历史文物》1985 年第 2 期。
② 南京市明城垣史博物馆编撰《南京城墙砖文》第 210 页,图 0692。
③ 《南京城墙砖文》第 80 页,图 0255:"南昌府提调官通判王武司吏万宗程丰城县提调官县丞谭九皋司吏王宪总甲熊文博甲首熊本中小甲熊本怡窑匠甲首黄德窑匠程敬造砖人夫陈德乙"。
④ 夏玉润《字砖》中依据王少华《南京明代城墙的建造》对南京城砖的描述,认为"南京城砖的尺寸长度在为 40 厘米占极少比例",而称这两块砖"更可能是运往中都、而非运往南京的城砖"。载《凤阳明中都字砖》(下,第 32～33 页)。此说有误,南京城砖长度以 40×20×10 厘米的砖最多,详见《南京城墙砖文》,且这两块城砖的砖文,在南京的砖文中均有发现。
⑤ 《明太祖实录》卷 182,洪武二十年六月甲申。

廷正式下令："命工部停运营造砖。罢遣军夫,悉归休息。"① 自此,
朝廷终止洪武以后因建造南京城征派军士运送建材的劳役。

　　除了水路运输外,还有临近南京部分地区可能采用了陆路。
句容的百培山曾设有砖窑:"明初,张斗南以富户分筑南京城垣。
自洪武门至通济门,乃置百窑于此。其运砖,但以手传之,七日
毕,集所分筑处。此山窑余砖甚多,盖时不复敢他用也。"② 句容县
曾在南京城墙建造两个阶段均提供过城砖,③ 这条"以手传之"信
息尚无旁证,倘若可信的话,说明陆路运输的存在。但"洪武门至
通济门"中的"洪武门"当为正阳门(详见下文),而正阳门至通济
门段确为城砖砌筑;当时城砖为皇砖、贡砖之故,"余砖甚多"而
"不复敢他用",当为实情;但以句容富户张斗南分筑正阳门至通
济门一段,有过誉夸大之嫌,该段城墙所耗砖材绝非一地就能满
足需求,其用砖量也绝无靠人手相传而"七日毕"的可能。另据
传:"明故事:官吏有罪,不问轻重,许运砖还职。"④ 但这类说法,
尚未得到其它史料佐证。各地建材采办后,有些是直接运往南
京,有些则是囤积在当地或途径某处的码头,稍后才运抵南京。

　　洪武九年(1376)秋,钦天监报五星紊度,日月相刑。朱元璋
诏求直言,叶伯巨上书:"太过者三:分封太侈也,用刑太繁也,求
治太速也。"其中称:"古之为士者,以登仕为荣,以罢职为辱。"而
"今之为士者,……以屯田工役为必获之罪……。洎乎居官,一

---

① 《明太宗实录》卷147,永乐十二年正月己亥。
② (清)张绍棠修,萧穆纂《续纂句容县志》卷20,76b,清光绪刊本。
③ 《南京城墙砖文》第10页,图0031、图0033。
④ (清)孙宝瑄《忘山庐日记》卷1,9b,抄本。

有差跌,苟免诛戮,则必在屯田、工役之科。"① 赵翼认为:"是工筑,并及于官吏也。当开国之初,劳民动众固非得已。"② 即便有叶伯巨等臣的直言劝阻,但罪人赴京参役并未终止,形成洪武年间第二阶段京师役作(尤其是筑城工役)劳力的重要来源与补充。洪武十八年十二月,朱元璋令"甃京师城垣"③ 时,"尽逮天下官吏之为民害者,赴京师筑城"。④《明朝小史》亦称:"帝在位,严格有司之。为民害者,至京论罪并作筑城役。"⑤ 在这些犯罪官员中,有两例见载于《余冬序录》⑥:

(1)洪武十年(1377)之前,饶州知府叶宗茂"坐事罢官,徙濡须(今安徽巢县)久之,提取赴京使城筑。所赋寻仞十倍,其家产不给也"。尽管其子上书后得免,但本人也因病而卒。

(2)洪武十八年(1385),福州知府朱季用"视事仅五月,以例起入京。论罪作城,役严偿重,日数十缗。季用病痢被楚,顾赀力弗任,旦夕乞死"。朱季用之子朱熙经多方斡旋,同役僚者有 14 人才得免复官。

后一则案例被《明史》采信:"朱熙,仙居人。父季用,为福州知府。洪武十八年,诏尽逮天下积岁官吏为民害者,赴京师筑城。季用居官仅五月,亦被逮,病不能堪,谓熙曰:'吾办一死耳,汝第收吾骨归葬。'熙惶惧不敢顷刻离。时诉枉令严,诉而戍极边者三

---

① 《明史》卷 139《列传》27 "叶伯巨"。
② (清)赵翼《廿二史札记》卷 27《明南北京营建》。
③ 《明太祖实录》卷 176,洪武十八年十二月丁酉。
④ (清)赵翼《廿二史札记》卷 27《明南北京营建》。
⑤ (明)吕毖辑《明朝小史》卷 2 "筑城役"。
⑥ (明)何孟春《余冬序录》卷 24,10a/b,明嘉靖七年郴州家塾刻本。

人,抵极刑者四人矣。煦奋曰:'诉不诉,等死耳。万一父缘诉获免,即戮死无恨。'即具状叩阙。太祖悯其意,赦季用,复其官。"[1] 由此,何孟春叹道:"呜呼! 当时事如宗茂、季用辈,不有孝子动天听,而骨肉为城下土者,不知其几。"[2] 南京城墙在第二阶段营建中,除了军人参与筑城外,罪人参与筑城也成常例,且罪人死后家人仍需"补役"。直到洪武二十八年(1395)二月戊子,才免除这项罪人死后家人"补役"劳作,但罪人参役仍未被免。[3]

南京城墙增高加厚工程全面展开,后世所见"高坚甲于海内"的南京第三重城墙为此时所建。如同城砖全面实行实名制一样,这个阶段对筑城工程质量要求也很高,甚至一些地段还拆除旧城的砖墙改筑为条石墙,如集庆门地段;有些地段则将早年新城的石头砌筑地段全部改为城砖砌筑,如太平门向西地段。由于这个阶段强调了筑城质量,甚至达到了苛刻的标准,故野史传说又增添了一例:"太祖筑京城,用石灰秫粥锢其外。时出阅视,监掌者以丈尺分治,上任意指一处击视,皆纯白色。或稍杂泥壤,即筑筑者于垣中,斯金汤之固也。"[4]

在这次营建中,刻意将城砖与石材加以区分,运用于城墙的不同地段。"南都城高坚甲于海内。自通济门起至三山门止一段,尤为屹然,聚宝门左右皆巨石砌至顶,高数丈。吾行天下,未见有坚厚若此者也",这是顾炎武看到的南京城墙第二阶段营建后城

---

① 《明史》卷296《列传》184 "朱煦"。
② (明)何孟春《余冬序录》卷24,11a。
③ 《明太祖实录》卷236、卷245,洪武二十八年二月戊子、洪武二十九年三月庚午。
④ (明)祝允明《野记》卷1,19b/20a。(明)马生龙《凤凰台记事》亦有载。

南一段(即"南斗斗魁")的效果。但顾按旧志记载又称:"国初,拓都城自通济门东转北而西至定淮门皆新筑。通济门以西至清凉门皆仍旧址。然则前所言坚固巨石者,当犹是(李)景之遗植也。"① 此说与近年考古和实地勘察及研究成果多有不合,该段墙体实为第二阶段墙体增高加厚时,才改用条石砌筑。所谓"坚固巨石"的墙体,并非南唐前后城墙的遗存,而是第二阶段增高加厚所致。

南京城墙第二阶段的墙体具有一定的规律性,大致可分为三类:

(1)城砖墙。用于当年所"卜"的"北斗斗魁"段,即自通济门过正阳门、朝阳门、太平门至今解放门全段。这段城墙的特点是从外观(墙体的内外表面)看全部为砖墙,自城根的地平面至城顶均采用城砖砌筑,而在临水地段的涵闸部位则采用水平面以下用石材,水平面以上用城砖砌筑,如前湖段的"半山园涵闸"最为典型(部分遗存现已得到保护)。其它地段则地基与墙体均使用城砖砌筑,据笔者所见及当年拆城资料所载,如武定门向南一段城墙内包有宋元时期的砖砌的城墙残存、通济门内瓮城地基、正阳门外瓮城地基、太平门向东段等段落。只有排水系统(城顶明沟、包山墙体暗沟和悬溜)及城顶设置的幡杆颊采用石材。

(2)条石墙。用于当年所"卜"的"南斗斗魁"段,即通济门向南过聚宝门至三山门段。这段城墙墙体的内外表面自基础至墙体(城垛、宇墙、城顶步道及城门部分除外)全部采用条石砌筑。在1981年和1998年,先后在龙蟠里至汉中门、集庆门段修筑城

---

① (清)顾炎武《肇域志·江南五》10a/b。

西干道和考古中,发现城墙内外均为条石铺砌,中间分层平铺块石,石缝中以黄土拌石灰嵌填。其中集庆门段 6 层地基"地层清晰明确,均为明代遗存,根本不见南唐土城的痕迹"。[①] 另依据台北故宫博物院藏《仿宋院本金陵图》所绘该段墙体(即南唐杨吴时都城的西墙),亦为砖墙并非"土城";而南唐杨吴时都城的东墙,发现明城墙条石墙体内被包砌的该段砖墙,位于今武定门南侧明城墙内的旧城遗址。

(3)砖石混筑墙。被用于"两斗杓"之间的墙体,基本依据地形使用建材,故略有差异。临水地段墙体下部约近 3 米采用条石上部使用城砖,如玄武湖段外侧(内侧使用城砖);包山墙地段全部使用城砖,如狮子山段以及定淮门北侧地段。

在此次大规模营建之前,来自各地的城砖曾一度被集中屯放于某处,营造城墙时再统一调配。如在一块袁州府高岭土的城砖正面用墨书写的字样"留守中卫常州府无锡县□长江□壹仟伍伯□",(见图 18)当为城砖送抵南京后的收条。而标有"袁州府提调官通判隋赟"的高岭土城砖基本被用于城墙内侧,外侧再用普通青砖覆筑。如笔者所见:前湖至琵琶湖拐弯地段、太平门至解放门段、神策门主墙体东侧等处,墙体内均发现了完整的色泽如玉般的高岭土城砖。洪武十七年(1384)七月己酉,"命留守卫军士甃后湖城垣,凡四百四十三丈",[②] 折合今制为 1377.77 米,这段城垣的起止地点不详。根据相关资料和实地勘察,结合文献中

---

① 王志高《从考古发现看明代南京城墙》,《南方文物》1998 年第 1 期。
② 《明太祖实录》卷 163,洪武十七年七月己酉。

图 18：书写在洪武十年高岭土城砖上的"留守中卫常州府无锡县□长江□壹仟伍伯□"字样。1999 年杨国庆摄。

的"甃"字的含义，应是对长度为 1388.8 米①的解放门（即赘城一段）至太平门段增高加厚，同时封堵了被弃的幕府门。洪武十九年"新筑后湖城"时，出现来自各地城砖相对混乱的情况，如位于解放门东侧向北延伸短短约 50 米的墙体上，就发现了来自至少 22 个不同县烧制的城砖。②倘若城砖即到即用，这种情况就可能不会发生。

在南京城墙营造的第二阶段中，在筑城技术层面既有创制，也有创新。仅以（宋）陈规的《守城机要》③为例，突出的至少体现

①　南京市文物普查办公室《南京城墙长度测量统计表》，载《南京文物志》。
②　杨国庆《南京明代城墙》第 162 页"注释 1"。
③　（宋）陈规《守城录》卷 2，5a/b《守城机要》，四库全书本。

在三个方面：

其一，南京城墙不筑传统的敌台（又称"马面"、"墩台"等）。城墙每隔一段间距建一凸出的形状各异（以矩形为主）的敌台，守城人便于从两侧攻击进犯之敌。据《守城机要》称："马面旧制：六十步一座，跳出城外不减二丈，阔狭随地利不定。两边直觑城脚，其上皆有楼子……"洪武年间，在南京的筑城人放弃了这种传统筑城规制，其因不详。王樵在《阅内城记》中称："通济之外，秦淮为池。雉堞不甚高，径不甚阔，仅容两马，俯视甚峻，而基实弘阔，瓴瓶两面厚可丈余。而附墉之土，则长坂天成，阔十余丈，虽不设敌台，亦无虑也。"[①] 这是目前已知南京城墙不设敌台唯一的解释，即因城墙部分顶面的超长宽度。从十余年攻城掠地战争中登极皇位的朱元璋，是否对城墙建造的传统规制有自己想法，尚不得而知。当中国筑城发展到 14 世纪中叶时，在京师城垣敢于摈弃传统规制，绝非寻常的作为。洪武四年（1371），筑造西安城墙时，修造了敌台；永乐时期营建的北京城，也设置了敌台。

其二，南京城墙在第二阶段营建中，一味追求城高池阔。这一点也与《守城机要》所言不合："城不必太高，太高则积雨摧揭（塌），修筑费力；城面不可太阔，太阔则炮石落在城上，缓急击中守御人。"陈规对城墙高度、宽度的警示，在南京城墙筑造期间不幸被一首《筑城谣》所言中："朝筑城，暮筑城，筑城欲高高辄崩。江南五月盛霖雨，随崩随筑人人苦。"[②] 这首《筑城谣》据称为王

---

①　（明）王樵《方麓集》卷 7,41b。

②　（明）王祎《王忠文公集》卷 3,9b。

祎所撰,如果可以采信的话,那么包括前湖段城墙崩塌又被维修
则成一证。因王祎于洪武五年（1372）十二月二十四日在云南遇
害,[①]此时南京城墙筑造尚处第一阶段,即便朱元璋下令"留守卫
都指挥使司修筑京师城垣",也是洪武六年后的事情。因此,这首
《筑城谣》恐非王祎所撰,而是后人针对南京第二阶段筑城所写,
冠以王祎之名罢了。南京城墙筑造在第二阶段显然摈弃了陈规
的说法,而是不断加高增厚城墙。

其三,随着墙体的加高增厚,原有城门与墙体已不协调。为
了彰显京都城墙的宏伟和"一代之制",洪武十九年（1386）十二
月诏中军都督府"督造通济、聚宝、三山、洪武等门",由"罪人输
作"。[②] 这条记载中的"造"字比对这几座城门的规制,显然是"创
造"之义,最突出的是创造了城门附属建筑的"内瓮城"。最早从
理论上提出"内瓮城"的构想,是南宋初年的陈规（1072~1141）。
绍兴九年（1139）,陈规出任顺昌府知府,在抵御南侵金兵坚守顺
昌城时,与刘锜合作,完成了著名的顺昌保卫战。[③]之后,他撰写
了《守城机要》。

陈规在《守城机要》中,从理论上否定了外瓮城这种传统的
建筑形式,提出了设置内瓮城的构想:"城门旧制,门外筑瓮城,瓮
城上皆敌楼,费用极多。以御寻常盗贼,则可以遮隔箭凿;若遇敌
人大炮,则不可用。须是除去瓮城,止于城门前离城五丈以来,横
筑护门墙,使外不得见城门闭启,不敢轻视,万一敌人奔冲,则城

---

① 《明史》卷 289《列传》177 "王祎"。
② 《明太祖实录》卷 179,洪武十九年十二月乙酉。
③ （明）冯琦编《宋史纪事本末》（明万历刻本）卷 16,29a/b "顺昌柘皋之捷"。

上以炮石向下临之。更于城门里两边各离城二丈,筑墙长五六十步,使外人乍入,不知城门所在,不可窥测;纵使奔突入城,亦是自投陷阱。故城门不可依旧制也。"在这段论述中,陈规视外瓮城为旧制,从城池防御的角度提出了城门内需建"墙",使入城之敌"不知城门所在",应该说是有了"内瓮城"最初的构想。"更于大城里开掘深阔里壕,上又筑月城,即是两壕三城。"① 这就可以明了陈规所说的"墙"的后面,还有里壕上筑的月城(即瓮城),这与"内瓮城"的建筑形制,只是提法上的差异了。但陈规的"内瓮城"构想,并未被南宋偏安政权采纳,不仅京城临安(即杭州)城垣的东青门、便门与艮山门城门筑的是外瓮城,② 而且一些县城城门设置的同样是外瓮城,如定型于南宋至今尚存的安徽寿县城垣四座城门的外瓮城。③ 元代统治者在营建元大都城垣时,起初并不设瓮城,直到元末群雄四起、战火连绵之际,才在城门外加筑瓮城。④

　　南宋及元两代没筑内瓮城,仍然沿袭旧制,而朱元璋及南京城垣设计者们为何打破常规,在都城城门设置了内瓮城? 原因是多方面的,但一个不容忽略的事实是:中国古代兵器虽然在宋代由于弩和火药管形兵器的出现、发展,但相对还处在冷兵器与火兵器互融的阶段,直到元末明初开始出现了威力较强的金属管形

---

① （宋）陈规《守城录》卷 2,1a/b ;7a。
② 周峰《南宋京城杭州》第 57 页,浙江人民出版社 1997 年版。
③ 华永正《寿县——中国古代筑城文化的明珠》,台湾东海大学《中国文化月刊》第 149 期(1992 年)。
④ 杨宽《中国古代都城制度史研究》第 458～472 页,上海古籍出版社 1993 年版。

火器,对城垣特别是对城门构成了极大的威胁。朱元璋在营建南京城垣过程中,不可能无视火器的发展以及火器在未来攻城中所发挥的巨大作用。因此,南京城墙无论其墙体,还是城门附属建筑的瓮城,都顺应了当时火器发展的总趋势。另一方面值得强调的是,朱元璋及南京城垣建造者们对陈规"内瓮城"构想,如同南京其它城建项目(无论是宗庙建筑还是城墙)一样,始终在追求传统制度方面的继承与创新。由于内瓮城设置在城门的里边,就有条件设置藏兵洞,将城门守御这一明显的薄弱部位,变成防御作战中的坚固堡垒,这是外瓮城所无法做到的。以留存迄今的明代南京京城 13 座城门中的聚宝门内瓮城为例,完全可以看出当年城垣建造者在瓮城设置问题上的独到匠心。

聚宝门(今中华门)的内瓮城所设的 27 个藏军洞(或称瓮洞、藏兵洞),就是典型的例证:第一道城门左、右各 3 个,城门上的楼基中共设 7 个,均坐南朝北,以城基中洞为最大,面积达 310 平方米;东西礓礤下面各设坐西向东和坐东向西的藏兵洞 7 个。过去有人说南京聚宝门的瓮城设在城门内,是因聚宝门外有条外秦淮河,这个说法显然不能让人信服。明代南京京城城门 13 座,每座城门外均有护城河;纵观中国古代其它城垣(包括明以前南京的旧城)设有瓮城的城门,城门外有河(或利用天然河,或人工开筑,以作护城壕堑)乃是定制。[①] 聚宝门及内瓮城,还有一个特点是:除了主城和内瓮城设置对开城门外,在主城的城门顶上,前设闸楼 1 座,后设城楼 1 座。3 座内瓮城上,分别都设有闸楼 1 座。这

---

① 参见乔均主编《中国古建筑大系》(10)《城池防御建筑》,中国建筑工业出版社 1993 年版。

前后 4 座闸楼,分别用来上下启闭各自城门的闸门。故明代南京
巡夜官兵查巡各城门时,被称之"点闸"。

　　洪武十九年(1386)在对聚宝门、三山门瓮城改造时,首先拆
除了原有的外瓮城,[①]并将河道拓宽取直,改筑为内瓮城。改进后
的明代南京京城 13 座城门中,并非均设置了瓮城,设有内瓮城附
属建筑的大致有通济门、聚宝门、三山门、石城门、正阳门等。这
些瓮城的规模不一,形制大小也有异,除前述的聚宝门外,通济门
与三山门内瓮城为"船形",前者占地面积大,后者占地面积略小,
在增强城门防御能力的同时,又融入了一定的艺术性和思想性,
反映了当时人的审美情趣和某种愿望;石城门内瓮城的南侧利
用主城墙为瓮城墙体;[②]正阳门为外一内二的复合型瓮城,[③]位于
南京城南,与皇城正南的洪武门呈同一条中轴线,坐北朝南。取
名"正阳",是取"圣主当阳,日至中天,万国瞻仰"之意;另有一
说,因为朱元璋的大明王朝在"五行"中属"火",主南方,故称"正
阳",是洪武京城的正门,也就是俗称的"国门"。

　　正阳门设复合型瓮城,即由内瓮城两座、外瓮城一座组成,均

①　参阅(宋)周应合《景定建康志·府城之图》及台北"故宫博物院"藏《仿宋
　　院本金陵图》。
②　杨国庆《南京城墙》第 132 页,译林出版社 2013 年版。
③　笔者曾于 2002 年在正阳门外临近护城河岸边考古工地发现其外瓮城的砖
　　砌的基础;在 1908 年《陆师学堂新测金陵省城全图》中绘有该城门及复合
　　型瓮城的制式。据此,笔者在《南京城墙》(第 129 页)中,首次提出正阳
　　门为复合型瓮城的概念,为国内城墙瓮城样式的首创。据《南京都察院志》
　　(卷 24《职掌十七》13b/14a)载:"正阳门内卫宸居,府部拱侍于左右,外有
　　天坛郊祀大典之故基,神乐、玄真二观,新任缙绅驻节之区,神机并及大营,
　　练武官军操演之地,倒牌楼脱衣故址尚存。新河岸商贾通贩正道,中河桥
　　水势多衡,铜桥圩屯田。……"

为长方形。共有主城门与内、外瓮城城门计四门；内瓮城主城门与京城的城门呈直线而设，外瓮城城门开于瓮城正南，另于东侧墙体设小城门，皆为拱券城砖砌筑，无条石。由于是国门，故"孝陵大祀牲牢、国学二丁祭品，户部粮长勘合，俱由正阳正门入"。①这里的"正门"即指正阳门以及外瓮城的正南门。但是，在《明太祖实录》"造通济、聚宝、三山、洪武等门"中，并没提到正阳门，却提到了"洪武门"，综合此次所"造"的几座城门均带有特殊规制的内瓮城以及参考中都新城的12座城门名②来看，这里所提及的洪武门应该是正阳门之误。正是此误，给明清两朝无论是方志或是野史，在正阳和洪武两门名称上带来诸多的混淆。捡举各朝数例名称之误，简述如下：

（1）方志："高皇帝定鼎金陵，刘诚意实相厥役。因取九阳江之水，自天生桥折而北，拱洪武门绕京城出龙江口，于是筑东坝，断西南下太湖之水"，③正阳门外护城河水才有"绕京城出龙江口"的可能，显然这里的洪武门名有误；神乐观"在都城外，天坛西、东城地，去洪武门一里许"。④"神乐观在洪武门外。……乃命建神

---

① （明）李良栋纂《巡视门禁职掌》，载（明）施沛《南京都察院志》卷24,12a。
② 据（明）黄瑜《双槐岁钞》卷2,1a载，中都"新城门十有二：洪武、朝阳、元武、涂山、父道、子顺、长春、长秋、南左甲第、北左甲第、前右甲第、后右甲第。于洪武门外立圜丘……"。这里"洪武门外立圜丘"提供一份重要的信息：仿南京之制营建中都时，可能将南京与皇宫中轴线上新城中皇城的"洪武门"城门名挪用。虽不可定论，但南京将正阳门误称为洪武门却值得关注。
③ （明）张德夫修，皇甫汸纂《长洲县志》卷2,5b，明隆庆五年刻本。（明）张国维《吴中水利全书》（明崇祯九年刻本）卷22,87a，所载相同。
④ （明）佚名《金陵玄观志》卷13,1a，明刻本。

乐观于郊祀坛西"，^①"真武行宫在府东南洪武门外，旧为神乐观，明初郊祀习乐之所"，^②南京神乐观位于正阳门外、大祀坛西，此处洪武门也为正阳门之误；"神乐观在城外天坛西东城地，去洪武门一里许。明初举郊庙之祀，合用大乐，乃就坛近地设观。……后永乐即北，郊庙行于京师，观所存，止祀先师孔子，……其地出正阳门迤逦在望，古木松荫夹道，远带钟山之麓"，^③清《(康熙)江宁县志》则将同一处地标以皇城洪武门与京城正阳门异名述之。"吴元年间，(山川)坛址无可考。今坛在洪武门外正南……"^④其实，在清代除少数记载正确外，将正阳门误称为洪武门现象极为普遍，不多赘述。^⑤直到清光绪年间，洪武门因"今圮，以正阳门当之"，^⑥这才基本终止了包括地方志在内的误载。

（2）野史："南京都城……城门凡十有二：洪武、太平、石城、金川、神策、仪凤、定淮、清凉、朝阳、三山、聚宝、通济"；^⑦"南京洪

---

① （清）顾炎武《建康古今记》"寺观"。

② （清）黄之隽等编纂，赵弘恩等监修《(乾隆)江南通志》卷43,29b。

③ （清）佟世燕修，戴务楠纂《(康熙)江宁县志》卷5,60a。（清）黄瑞图修，姚鼐纂《(嘉庆)重刊江宁府志》卷8,12a 称"明天地坛在洪武门外，今驻防城南、正阳门外"，两城门名共述，明显在规避历史之误；而卷15,4b，"洪武门局"又被列入京城城门十局的序列。

④ （明）章潢、万尚烈《图书编》卷102,7b。

⑤ （清）福隆安等奉敕撰《钦定八旗通志》卷117,32a "江宁府驻防"："大教场，在府城洪武门外……"四库全书本。（清）唐开陶纂修《(康熙)上元县志》卷12,14a "明天地坛"："在洪武门外，坛制辟四门，而缭以朱垣。"（清）文秉《甲乙事案》（清抄本）卷下："……钱谦益引大清官二员、从五百骑入洪武门，候开正阳门，索匙不得，乃引进东长安门。"将明正阳门误称洪武门，而明皇城洪武门被误称为正阳门。（清）陈作霖《金陵通纪》卷3,10a："咸丰四年闰七月，……他股由雨花台洪武门扑七桥瓮营。"

⑥ （清）陈诒绂《钟南淮北区域志》1a，载陈作霖编《金陵琐志》。

⑦ （明）邓球编《皇明泳化类编》卷80,4a。

武门、朝阳门、通济门、旱西门皆不许出丧"；^① "南京洪武、朝阳、太平三门禁出枢。魏国公家葬钟山，许太平门倒出"。^② 关于沈万三的故事，在明清时期误传更甚："国初，南都沈万三秀者，甚富。……京城自洪武门至水西门乃其所筑也。"^③ 这类野史的讹传纷呈不绝，故略而不赘。（见图 19）

造成上述误传的根因，最终可能还是与《明太祖实录》"造通济、聚宝、三山、洪武等门"这条记载有关。作为皇城的洪武门在洪武十九年（1386）以前已经存在，不存在"造"之说，只有通济、聚宝、三山、正阳等门因改建特创不同制式的瓮城，才会有创建之"造"一说。

京城最后定制的 13 座城门，除了上述通济门、聚宝门、三山门、石城门、正阳门外，还有城东朝阳门、西北太平门、北面的神策门、金川门、钟阜门、仪凤门和城西的定淮门、清凉门。洪武十三年（1380）正月癸卯，朝廷废大都督府，改为五军都督府。原先隶属留守卫指挥使司的城门千户所，于同年五月丙辰改为依《周礼》创设并被汉代、唐代沿袭的"城门郎"，郎正各一人，副各四人。^④

---

① （明）陆容《菽园杂记》卷 4，5b，四库全书本。
② （清）谈迁《枣林杂俎·智集》13a "门禁"。
③ （明）郎瑛《七修类稿》卷 8，6a，清乾隆耕烟草堂刻本。明清以来，多有此说，如（明）宋岳《昼永编》下集，明嘉靖四十三年阎永光刻本；（明）王大可辑《国宪家猷》卷 1，45b；（明）田艺蘅《留青日札》卷 35 "沈万三秀"；（明）吕毖辑《明朝小史》卷 2 "沈万三资产缘由"。至清代，此说甚至被地方志所采信，见（清）陶煦纂《周庄镇志》卷 4《人物》"明沈富"，清光绪八年元和陶氏仪一堂刻本。
④ 《明太祖实录》卷 131，洪武十三年五月丙辰。（唐）杜佑《通典》（北宋本）卷 21，12a "城门郎"。

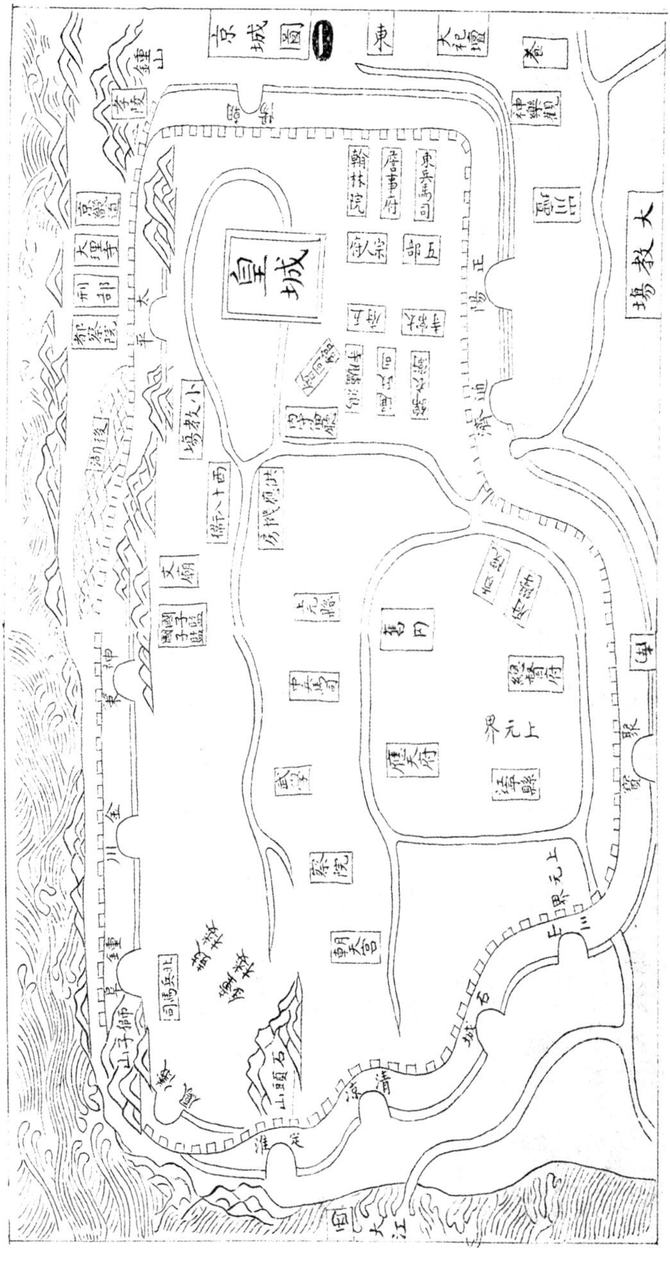

图19：《京城图》，引自(明)程三省等修、李登等纂《(万历)上元县志》。

洪武十八年十一月庚午，革城门郎，门禁锁钥、铜牌归由中军都督府统一掌管。^① 京城 13 座城门均建有规模大小不一的城楼和闸楼，^② 城门门额估计也由中书舍人詹希原书写。^③

洪武十九年（1386），新筑后湖城。^④ 此次"新筑"长度不明，据《南京城墙志》载：当为扩建，即自今解放门至神策门之间的一段，其长度约为 3 里，此后虽屡有加高增厚但再无扩建。南京城墙最后建成的总长，洪武一朝的文献并未记载。此后，历代以来南京京城城墙的各种长度说法不一，据《南京城墙志》载："多种说法比较起来，不计瓮城、'台城'等，仍以 1928 年《首都计划》的 33.5 公里和 1958 年南京市城市建设局《南京城墙现估表》统计的 33.676 公里数据相对公允。"^⑤ 前者，为南京城墙尚存完整状态下，由国民政府公布；后者，为南京城墙拆城期间由南京城建部门所测量。^⑥ 后者的长度，被 1988 年国家文物局公布的全国重点文物保护单位时所采信。今人所称的南京城墙长度为 35.267 公里，并不具备科学依据，有近三分之一被拆除墙体改建道路及现代建筑的地段，并未使用任何仪器勘探，甚至连手工测量的皮尺也没用，

---

① 《明太祖实录》卷 176，洪武十八年十一月庚午。
② （明）吕毖辑《明朝小史》卷 2 "掩骸"："帝尝与学士陶安登南京城楼，闻焚尸之气。……"
③ （清）桑灵直《字触补》卷 6，40a "南京宫城门额皆詹孟举所书"，清光绪十七年小嫏嬛书库刻本。参考胡广《游阳山记》所称外郭麒麟门名由詹希原所书的记载，推测京城城门名也为詹氏所书。
④ 《明太祖实录》卷 179，洪武十九年十二月乙酉。
⑤ 《南京城墙志》第 193 页《京城城墙周长历年统计表》，以及该页"注释 2"。
⑥ 2004 年，笔者曾因撰《南京城墙志》，就城墙长度测绘一事询访当事人南京市城市设计院高工麦保曾先生，据他回忆当年是分若干小组，各自骑车分段测量，最后汇总其总长度。

仅是人为的估算。①

京城城墙的高度与厚度不一，最高处为 26 米，最宽处为 17 米。但由于史料缺乏详实记载，城墙本体又屡遭损毁，今人所述其高度与宽度方法不一，加之现存墙体已不完全，故南京城墙整体的原始高度与厚度，仅属参考数据，不足定论。②

在南京城墙营造期间，曾发生过墙体垮塌事故。除了筑新城阶段已经发现的前湖段小墙曾被修缮外，推测其它地段恐也有发生。这类筑城发生的事故，显然不被正史记载，目前仅从当朝人的文集中查到一例，即王祎所撰的《筑城谣》，全文为："朝筑城，暮筑城，筑城欲高高辄崩。江南五月盛霖雨，随崩随筑人人苦。大家筑城多卖田，小家卖产来助钱。朝筑一寸暮一尺，尽是齐民膏血积。争道城高可防贼，民力已穷何所益。君不见陛下盛德犹如天，四海一家千万年。金汤之固非所恃，何乃坐令民力敝。"③ 王祎与同门宋濂齐名，至正二十五年（1365）授侍礼郎兼引进使。洪武元年（1368），被谪贬漳州通判。洪武二年，王祎奉诏归京，与宋濂同任《元史》总裁官。洪武五年正月，奉旨出使云南，被把匝剌瓦尔密所杀。王祎在南京时间很短，洪武三年朝廷才开始向地方征派均工夫役，此时又怎会出现"大家筑城多卖田，小家卖产来助钱"的现象？再者，南京城墙尚未进入加高增厚阶段，仅 10 米高度在建中的"新城"又如何谈得上"筑城欲高高辄崩"？最后，

---

① 2008 年笔者在《南京城墙志》编撰期间，并未将此数据收录该《志》，仅在第 193 页的注释 2 留下一句："……此后，因拆毁城墙数段，再测绘的数据更难以使人信服，包括 2006 年公布的'35.267 公里'数据。"

② 《南京城墙志》第 194、195 页《京城城墙高度、宽度统计表》。

③ （明）王祎《王忠文公集》卷 3，9b/10a。

谣词中的"君不见陛下盛德犹如天,四海一家千万年"一句与全谣为民申述艰辛的语境完全不合,南京城墙的营建不仅是朝廷的事,更是朱元璋关注的事情,已被朱元璋谪贬过的王袆又怎胆敢撰此饱含怨意的《筑城谣》? 因此,这首被收录在《王忠文公集》中的《筑城谣》极可能为后人有意或无意的误植。

从《筑城谣》内容上看,当为洪武年间京城第二阶段筑城时所流传,类似的歌谣在洪武年间还有不少,有些尚不能确定与南京城墙有关。如程国儒(字邦民)的《越城谣》:"越州城,城何高?四十五里之周遭。洼地填为基,坡垆凿成濠。白昼鞭笞夜击橐,石民之骨灰民膏。越城虽高越民劳。越民劳,劳未已,我田未耕又科米。忙忙筑城归种禾,又恐无米供官科。禾苗未青得秋雨,城吏打门夜如虎。为言雨后新城摧,要我荷锸城上来。城泥不干不敢回,又恐夜半闻春雷。城头一雨城一动,越民登城向天恸。民心似与雨有仇,天意实谓城无用。当年当年天下平,天下无贼越无城,乃知在德不在兵。愿无修城愿修德,使民复睹无城日。"[1]程国儒为元末明初人,官至洪都太守。该《谣》所称"越城"显然不是程国儒所任职的洪都城,元至正二十二年(1362)朱文正守御此城期间,曾将旧城临江一面向内缩小了近1/5。[2]而旧城原先长度为31里,南宋绍兴年间缩小城东隅约3里,实际长度为28里。从谣词中"越州城"来看,是指今浙江绍兴城。元至正十三年曾大规模对原"宋城"进行过修城,并用石头补筑城墙外侧。但是原宋城仅为24里,距

---

① (明)程敏政《新安文献志》卷50,25a/b,明万历四十二年刻本。
② (清)许应鑅、王之藩修,曾作舟、杜防纂《(同治)南昌府志》卷9,2a,清同治十二年刻本。

谣词中的"四十五里之周遭"相去甚远。南京古称"越城"，①朱元璋所筑南京城墙虽已超"四十五里"，但修筑如此长度城墙在程国儒在世时，尚无它例。再以"洼地填为基，坡垅凿成濠"来看，也符合南京"填湖建宫"的特征。因此，程国儒所言的越城"四十五里之周遭"断不是洪都城，极有可能是指在建的南京城。

　　除了民谣，传说中筑城时也有墙体坍塌的故事："洪武中，京城自洪武门至水西门坍坏。下有水怪潜窟，筑之复颓。帝向忌沈万三，年命相同而大富。召谓曰：'尔家有盆能聚宝，亦能聚土，筑门乎。'万三不敢辨，承命起筑，立基即倾者三。乃以丹金数片暗投其内，筑之始成，费盖巨万。"②传说故不足信，但城墙"筑之复颓"的事恐为不妄。

　　上述几则民谣和传说，其它暂且不论，可反映筑城期间出现城墙坍塌可能性的存在。③朝廷与当时负责筑城官员及工匠们对此采取了一系列的对策，诸如墙体设置明沟排水外，又增设了"包山墙"地段的暗沟排水系统，以及对墙体地基进行加固，甚至拆除旧墙体后重新筑造（如集庆门段）。

　　暗沟排水，主要集中在城墙的包山墙地段。在20多年南京城墙大规模修缮期间，先后于清凉山段、石头城段、狮子山段、富

①　杨国庆、王志高《南京城墙志》第2～3页。
②　（清）李西月编《张三丰先生全集》卷1，23b"滇南践约"，清道光刻本。
③　笔者依据对南京城墙20余年的实地考察，以为主要原因有两点：其一，在第二阶段城墙加高增厚时，新城与旧城并无砖石之间的咬合，新加的甏砖与石形成相对独立墙体，故极易坍塌，俗称"脱皮"；其二，南京城墙许多地段属于"包山墙"，汛期山体汇水如不及时排泄而汇聚在墙体内侧形成侧压力，一旦这种侧压力超过墙体承受力时，就会发生墙体坍塌。

贵山段均有发现。2003 年 12 月 8 日，在西长干巷城墙维修中，发现距中华门西约 700 米城顶排水石质暗沟一道。该沟宽 0.2 米，沟中心距城墙外口 1.1 米，与城墙顺向而设，沟体在间隔 7 至 9 米（根据汇水量的大小来确定间距，故不等）处，设有一道向城内延伸的暗沟（与城墙纵向），规制与顺向暗沟相同。暗沟排水，是以石灰岩石料凿成暗沟式排水槽，槽沟直径 0.2 米，置放在与城墙平行距外墙面约 1.1 米处，暗沟所放的位置低于城内山体的高度，以便将山体的汇水能顺利通过暗沟排出墙体。暗沟的增设，对于及时排泄包山墙内的山水，甚为科学周密。①

　　对墙体地基的加固，视具体情况而定，有的地段在加高增厚之前以打木桩等形式加固城墙内外侧的地基，② 有的地段则将原先旧城拆除重建，重筑地基，并非一致。（见图 20）自汉代以降，城

---

① 《南京城墙志》第 201～203 页。清代维修时，也曾在包山墙地段墙体设有暗沟。如龙脖子段墙体，城墙内外落差近半，清代在修缮被战火毁坏墙体时，在城内山体与墙体结合部直接设若干暗沟通向城外，在外墙体上出水口设石质吐水槽，已非明制。但今人在维修这类包山墙墙体时，往往忽略了暗沟的重要性，修建不久的墙体便因汛期雨水大量汇聚城内，而导致墙体的坍塌。如 2004 年之前，南京绣球公园段墙体维修不到两年，就因一场暴雨导致垮塌；再如龙脖子段城墙维修前，墙体在汛期没有出现"吐水"现象，而在维修后由于墙体采用注浆加固将暗沟完全封堵，导致墙体向外"吐水"，被称之"龙吐水"。有人还称之是朱元璋时代的创造，甚至还被多家媒体竞相报道。南京城墙所谓"龙吐水"现象，是因包山墙维修时破坏了明代暗沟排水系统所致，与朱元璋时代筑城毫无瓜葛。

② 2002 年 9 月 12 日，在玄武湖隧道城墙豁口处勘察时，发现城墙豁口以及外侧距现存地面以下 1.5 米左右处，有成排杉树原木木桩。木桩直径 16～28 厘米，残长 2 米，下部削成三角形，每根木桩相距 8～12 厘米。虽然长期置于带水的淤泥中，出土的木桩依旧坚硬。当时选取 2 根残桩，存于南京市明城垣史博物馆。

墙地基的宽度呈不断缩小状态，[①] 主要是与对地基采取了更为复杂的措施有关。

　　上述这些措施的采纳并改进，说明南京城墙建造者们针对出现的问题，善于找出应对的办法，反映了当时负责筑城官员和工匠们的聪明才智。在南京城墙建造第二阶段中，对城门拱券也有明显改进，如早年新城的"幕府门"拱券样式与后期建造城门拱券样式就有了明显的改进（如弧形拱券：前者中间有接缝，后者则圆润无接缝；前者砖隙间灰浆留有芦席编织印痕，后者则无），这也是洪武十七年（1384）"修筑京城仪凤门"原因之一；

图 20：2007 年开挖玄武门隧道时，发现城墙外侧密集的木桩基础。杨国庆摄。

① 刘永海《宋代军事技术理论与实践——以攻城、筑城、守城为中心》第
　　88～89 页，人民出版社 2020 年版。

针对早年城砖质量出现不符合要求的情况,在这个阶段实行了更为苛刻的实名制,以杜绝先前出现的城砖质量问题(详见第六章)。

关于南京城墙城门的具体构造及附属建筑,洪武当朝记载甚少。据明天启年间(1621~1627)南京湖广道监察御史李良栋称:因"以门禁之役,遍阅内外城而得此中形胜之概。因以知高皇帝绵亘区画、巩固基图亿万载无疆之业,其在斯乎。略据所知者,逐门私拟赘述,备赋南都者采焉。……城垛共计一万七千五百九十七座,城堡共计二百四十七座"。① 由于撰写各城门禁的需要,李良栋参阅了南京都察院资料和《南京兵部会典》,撰写了《巡视门禁职掌》。② 李良栋与施沛对城墙长度与垛口统计数据各异,据施沛《南京五城察院职掌志》③载:城墙总长为9709.25丈,城垛总计为13890座。李良栋《巡视门禁职掌》则载:城墙总长为9610.55丈,城垛总计为17597座。城墙的总长与洪武六年(1373)六月所称的"京师城,周一万七百三十四丈二尺"已不符。其实自洪武以后,该城墙长度始终各异,详见《南京城墙志》"京城城墙周长历年统计表"。④ 由此可见,尽管为同时代的统计数据,亦差异很大,其中既可能有不同版本在流传中后人之笔误,也存在当时测量方式以及使用测量器械的不同,导致结果

---

① (明)施沛《南京都察院志》卷24,39b/40a。
② (明)李良栋《巡视门禁职掌》,载(明)施沛《南京都察院志》卷24《职掌十七》。
③ (明)施沛《南京五城察院职掌志》,载《金陵全书》乙编史料类35,南京出版社2016年版。
④ 杨国庆、王志高《南京城墙志》第192、193页。

出现差异,故仅可作参考而已。

　　尽管此时的南京早已成为南都,但城门一些祖制仍被沿袭下来:京城 13 门守军均需从各卫"拣选精壮官军守把";各城门均"设有字号圆令牌贰面";各城门的"锁钥握之中府经历司";每门"额设把总指挥二员以督军";孝陵大祀牲牢、国学二丁祭品,户部粮长勘合,俱由正阳正门入;神机火器俱由通济、双桥门出入;鲫鱼荐新由观音、太平门入;鲟鱼荐新由江东、三山、石城三门入,其赴京荐新果品等项俱石城、三山二门出运;神帛进表接诏,俱于石城、三山、江东三门出入。

　　据李良栋的描述,南京京城 13 城门建筑及配置分述如下:

　　正阳门。城垣东至朝阳门界止,计 574 丈,垛口 822 座,城铺 7 座,旗台 3 座,穿城水闸 1 座;城垣西至通济门界计 334 丈,垛口 504 座,城铺 10 座,旗台 2 座,城楼 1 座,月城 1 座,锁钥 4 副。城门地处"帑藏密迩,防范最所宜……当不时按临门禁,首为繁巨"。

　　通济门。城垣东至正阳门界,西至聚宝门界,共长 414 丈,垛口 750 座,城铺 23 座,旗台 2 座,上城矼礤①2 座,杉栏 4 扇。城下券 4 层(重)城门 8 扇,锁钥 4 副,门内外各类房舍数十间。月城券内有藏军洞 2 券,鹿角 12 座。水关 1 座,共 33 券,下 11 券通水,上二层 22 券,城里不通,里外直房 6 间,"绞关闸板俱全"。

　　聚宝门。城垣东至通济门界,西至三山门界,共长 953 丈,垛口 1202 座,城铺 34 座,旗台 4 座,官厅 1 座,界牌 8 座,矼礤 2 座,杉栏 4 扇,上下藏军洞 28 券。4 层(重)城门 8 扇,锁钥 4 副,门内外各类房舍十余间,里外鹿角 6 座。据《巡视门禁职掌·按》

_____

①　矼礤,又称"磋礤",小台阶儿。

称:"聚宝门内多闹市,外多禅林,长干雄镇于一方,宝塔耸插于云外。天界寺率皆古迹,普德山人多登览。雨花巍然一台,士女春日无虚。但以乡宦贵族,车马辐辏于冲衢,出入遨游往来,尽乎勋戚,虽为佳境,似非美俗。"

三山门。城垣南至聚宝门界,北至石城门界,共长 715 丈,垛口 864 座,城铺 20 座,旗台 3 座,鹿角 10 座,城券 4 层(重),锁钥 4 副,城门内外各类房舍 30 余间。水关 1 座,锁钥 1 副。

石城门。城垣南至三山门界,北至清江门(即清凉门)界,共长 397 丈,垛口 654 座,铁窗棂水洞 1 座,南、北、中杉栏 3 座,旗台 2 座。

清江门(即清凉门)。城垣南至石城门界,北至定淮门界,计长 725 丈,垛口 1050 座,城券 1 座,门 2 层 4 扇,外有锁钥 1 副,内止门扇。[①] 城门内外各类房舍和库、庙、庵计近 30 间,城铺 20 座,旗台 3 座,鹿角 12 座,水洞 4 座。

定淮门。城垣南至清江门界,北至仪凤门界,共长 1075 丈,垛口 5070 座,城铺 35 座,旗台 5 座,水洞 4 座,各类房舍 18 间。

仪凤门。城垣南至定淮门界,北至钟阜门界,计长 580 丈,垛口 800 座,旗台 2 座,水洞 2 座,券门 1 座,门 4 扇。城铺 16 座,各类房舍 10 余间。该城门"外,无重郭"。

钟阜门。城垣南至仪凤门界,北至金川门界,计长 514 丈 5 寸,垛口 750 座,城铺 17 座,旗台 2 座,水洞 2 座,各类房舍 15 间,锁钥 1 副。据《巡视门禁职掌·按》称:钟阜门位于仪凤门和金川门"二门之交,行迹似为多设。创自圣祖制度,坐井难以

---

① 这也是南京俚语"里十三、外十八,一座城门向外插"的由来,即指该城门。

观天"。

金川门。城垣西至钟阜门界,东至神策门界,计长 735 丈,垛口 1050 座,城铺 17 座,旗台 3 座,东边矴礁栅栏 1 座。西边水关 1 座,房舍 45 间,鹿角 8 座,锁钥 1 副。

神策门。城垣西至金川门界,东附后湖小门界,长 995 丈,垛口 1559 座,西有方垛 64 座,以镇后湖下沙壅,城上方垛 108 座,城楼 1 座,旗台 2 座,城铺 15 座,左右矴礁栅栏 2 座,鹿角 10 座。各类房舍 23 间。月城 1 座,锁钥 4 副。自后湖小门界东至太平门界,长 100 丈,垛口 1000 座。"后湖小门,止有房形。祖制砌塞,不通行走,并无锁钥门扇。"又称:"祖制并辖乎小门,实重北门之锁钥。"[①]

太平门。城垣东至朝阳门界,西至神策门下后湖小门界,共计 845 丈,垛口 1327 座,水洞 2 座,旗台 2 座,城铺 8 座,锁钥 1 副。各类房舍若干,城门头实砌垛口 31 座,鹿角 10 座。

朝阳门。城垣南至正阳门界,北至太平门界,长 754 丈 5 尺,垛口 1005 座,城楼 1 座,城铺 7 座,旗台 3 座,水洞 3 处,水闸 1 座,栅栏门 1 座,鹿角 8 座,锁钥 1 副。各类房舍 31 间。据《巡视门禁职掌·按》称:"朝阳门密迩禁城,切邻陵寝。奉先殿上膳蔬菜,五更入门,每日启关最早。"

上述记载,虽不周全,或有毁圮,或有增改,且距洪武一朝百余年,但城门以及大多数建筑基本规制还是被留存下来,录此仅为备考。

3. 建造南京城墙外郭,完成南京城四圈城墙的整体布局。洪

---

① (明)施沛《南京都察院志》卷 24,28a。

武二十三年（1390）开始营建外郭，"西北据山带江，东南阻山控野"。^①外郭的建造，是对京师城建（包括原先三重城垣）的补充与完善，^②也是朱元璋对南京处于"国之中土"理想都城的诠释，同时也是城池战略防御的思想以及构建新型都城的再现，反映出当时国力增强、经济复苏的社会局面，对后世的都城营建产生了一定影响。^③

　　洪武二十三年（1390），初置京师外城门，设城门15座，^④计有驯象、安德、凤台、双桥、夹岗、上坊、高桥、沧波、麒麟、仙鹤、姚方、观音、佛宁、上元、（外）金川。洪武二十四年二月甲子，外郭城门建成后为"京城外十六门并置千户所，各铸印给之"。^⑤比一年

---

① （明）陈沂《金陵世纪》卷1，10a。永乐三年秋，胡广在《游阳山记》（载〔明〕胡广《胡文穆公文集》卷10，46b/47a，清乾隆十五年刻本）中称："己未，早朝罢，由朝阳门出，过十里铺，……直抵沧波门外……桥西北有土沟，问之沟傍人，云国初取土筑拒马墙，就以疏墙内流水。由拒马墙折北而行，至麒麟门。"中山陵园管理局、南京孝陵博物馆编《明孝陵志新编》第109页，对"拒马墙"的注释为："指外郭土城。"黑龙江人民出版社2002年版。

② 近年来，学界逐渐关注南京城墙外郭，且从不同角度多有论述。先后出版有杨国庆、王志高《南京城墙志》和（日）新宫学《中国近世的罗城——以明代南京的京城、外郭城为例》（载《南京古旧地图集·文论》第61～69页），以及南京城墙保护管理中心、南京大学文化遗产与自然遗产研究所主编的《南京明外郭遗址研究》（南京师范大学出版社2021年版）。

③ 朱元璋筑造的外郭，虽未被永乐皇帝朱棣在营建北京时所仿效，但嘉靖二十一年七月戊午，掌都察院事毛伯温等上奏，建议仿"太祖高皇帝定鼎南京，既建内城，复设罗城于外"，被明世宗朱厚熜所采纳，后出于财政窘迫等因仅建北京京城南面的外郭。参见（清）徐开任辑《明名臣言行录》卷53，19a，清康熙刻本。

④ 《明太祖实录》卷201，洪武二十三年四月庚子。

⑤ 《明太祖实录》卷207，洪武二十四年二月甲子。

前始筑时多出一座城门,按《南京城墙志》考析,此门为江东门。[①]
此时,外郭虽显其廓,城门亦建,但尚未竣工。外郭利用丘陵岗
阜的有利地势和人工建造,墙体构筑以夯土和块石垒砌为主,城
门附近砌筑了城砖,[②] 所以有"土城头"之俗称。[③] 王樵《阅外城
记》有一段记载:外郭"垣皆国初蒸土所筑,极坚厚,上以蜈蚣木
出檐,覆之以瓦。岁久土有剥落、木瓦有颓坏则修之,至今垂三百
年。外郭周百八十里,包罗山谷,诚前代所未有也"。[④] 外郭土城
上"蜈蚣木出檐,覆之以瓦"的建筑样式,未见其它典籍文献记
载。从外郭防御角度来看,如此的垣顶不能行走,也不能站人,仅
仅是蜿蜒达百余里的一道墙,若不是王樵亲眼所见,实难以置信。
因此,推测王樵所见外郭顶部可能建有"串廊"式建筑,人可在廊
内行走。

　　外郭形状大致呈菱形,范围大致从城西的江边向西南过江东
门,至夹岗门转向东北,将南郊雨花台一线岗阜制高点圈入郭内,
并延伸至外郭最东端筑麒麟门,转向西北,将钟山及其余脉和玄

---

① 《南京城墙志》第 233 页。
② 《南京城墙志》第 229 页注释 3:"洪武初年,因营建南京城垣,朝廷曾摊派
　　长江中下游各地为南京烧制城砖。这项任务一直延续到永乐十二年正月己
　　亥,供应给南京的'营造砖'才正式停止供应,并且罢遣参与劳役的军夫。"
③ 《上元江宁乡土合志》卷 1,7a 称:外郭"周一百八十里,仅立标识,而未及
　　起筑,即迁于北。至今冈阜络绎。俗呼为土城头者以此"。朱偰在《金陵古
　　迹图考》第 176 页(中华书局 2006 年版)也云:"外郭一百八十里,利用天
　　然土坡,未起城垣。"这类说法,有误。笔者在德国国家图书馆发现的一张
　　年代不详南京外郭观音门旧照中,可以清晰看出城门两侧墙体是用块石垒
　　砌,佛宁门段城墙遗址亦为条石砌筑。见载杨国庆《南京城墙》第 140 页、
　　139 页。
④ (明)王樵《方麓集》卷 7,39a。

武湖等河道、湖泊全部囊括郭中;沿郭垣至最北端开观音门,并顺江岸转向西南,于京城金川门外筑外金川门,并将郭垣延伸至江边,把京城北面的幕府山等"高岗逼岸,未易登犯"的江防高地悉收郭内。最北的城门为观音门,最东的城门为麒麟门,最南的城门为夹岗门,西边的外郭城垣未合围,留下的南北豁口分别延伸至长江边。[①] 外郭长度,古今说法不一,旧称 180 里,实际长度约 60 公里,[②] 外郭占地面积约 230 平方公里。

洪武二十四年(1391)四月辛未,应天府江宁县沙州乡修筑土城时,由于侵占"蕲春侯唐铎、左军都督佥事沈镛公田及民田二十余顷",朱元璋诏"增蕲春侯禄米三百余石,沈镛及民拨官田地偿

---

① 据《南京都察院志》卷 24,33a:"江东门至堂子巷河六十丈,北至石城关九十丈,垛口三十"来看,石城关已存在。《(同治)上江两县志·明应天府外郭门》"图第九"所绘外郭西南江东门向北的城垣上,也有石城关一座,城垣过石城关仍向北延伸。另据《(乾隆)江南通志·江宁省城之图》卷 1,6b/7a 所绘:外郭西南的城门是驯象门,西北的城门为外金川门,而江东门为独立的一座城门。但同本《(乾隆)江南通志》卷 20,2b 在叙述明外郭城门时,未言"石城关",却增补"……又有栅栏门二:一在仪凤门西,一在江东门北,共十八门"。显然江东门北的栅栏门,应为该志所绘图中的"石城关"。石城关未见《洪武京城图志》载,应为洪武年后所增筑。另据(明)庞尚鹏《守城事宜》(载《天一阁明代政书珍本丛刊》第 16 册,第 239~240页,线装书局 2010 年版)称:"南方城多临江近河,贼大舟猝至,即据高临城,矢石并发,城夫不能站立,须于江岸密埋坚大木桩,如栅栏状,使贼舟不得近城。"南京二处栅栏门,均位于城西的江边,但沿江有无全线设栅栏不明,却与万历年间刊发的《守城事宜》所述吻合。

② (明)陈沂《金陵世纪》卷 1,10a "国朝都城":"外郭……周一百八十里。"(日)新宫学依据《明宪宗实录》(卷 263,成化二十一年三月乙未)记载"南京外罗城周围一百三十余里",认为与今人实测的 60 公里"几乎一致"。

之"。^①就在同年,江宁县沙州乡被划属江浦。^②洪武二十八年九月
丁酉,朱元璋在《免直隶应天等五府秋粮诏》称:"朕年二十八渡江,
二十九入建业,秣马厉兵与群雄并驱。凡军兴所需,皆出我江东五
郡之民。以此平定天下祸乱,海内康宁。朕今老矣,思民效力,无
可抚劳,今特以洪武二十八年官民秋粮尽行蠲免,少报前劳。"次
日,户部尚书郁新进言:"昨奉诏免应天等五府州秋粮,其应天府属
县江浦、六合本居江北,非原供亿之民,难免其租。"朱元璋称:"与
沙洲乡受赏之民,一体蠲免。"^③由此可见当年朱元璋在南京都城营
建期间,大到各项制度的承袭、创新以及城建工程,小到一个乡的
民夫参役而被免征粮租,朱元璋都曾直接或间接地插手过问。

由于洪武一朝对外郭城门名已有异同,加之有明一代文献记
载也多有出入,故列表备考如下:

年代	城门名	资料来源
洪武二十三年	驯象、安德、凤台、双桥、夹岗、上坊、高桥、沧波、麒麟、仙鹤、姚方、观音、佛宁、上元、(外)金川	《明太祖实录》
洪武二十四年	江东门	《南京城墙志》
洪武二十八年	沧波、高桥、上方、夹岗、凤台、大驯象、小驯象、大安德、小安德、江东、佛宁、上元、观音、姚坊、仙鹤、麒麟	《洪武京城图志》
永乐七年	江东、驯象、安德、凤台、双桥、夹岗、上方、高桥、沧波、麒麟、仙鹤、姚方、观音、佛宁、上元、(外)金川	《明太宗实录》^④

① 《明太祖实录》卷208,洪武二十四年四月辛未。
② 《(同治)上江两县志》卷2下"大事"27a载:洪武二十四年"是岁,割江宁沙洲属江浦(陈志:按沙洲今上新河地。恐旋割而旋复也。俟考)"。
③ 《明太祖实录》卷241,洪武二十八年九月丁酉,洪武二十八年九月戊戌。
④ 《明太宗实录》卷88,永乐七年二月丙子。

年代	城门名	资料来源
洪熙元年	江东、驯象、安德、凤台、双桥、夹江（岗）、上方、高桥、沧波、麒麟、仙鹤、姚坊、观音、佛宁、上元、(外)金川	《明仁宗实录》[①]
天启年间	江东、驯象、安德小门、安德大门、凤台、双桥、夹岗、上坊、高桥、沧波、麒麟、仙鹤、姚坊、观音、佛宁、上元、(外)金川	《巡视门禁职掌》[②]

从城门数量上看，自洪武创制 16 门以后，基本一直被沿袭，仅名称有异。至迟在天启年间，增出"安德小门"1 门和"石城关"1 关，故后有"18 门"（其中"石城关"其实与外郭无关，仅为一座江边的关城）之说。外郭诸城门的建制洪武一朝基本无载，李良栋在《巡视门禁职掌》中所述，相对记载较详实，据此分述如下：

江东门。南边城垣 60 丈，至堂子巷河止，北城垣 90 丈，接石城关界。城楼 1 座，垛口 30 座。各类房舍 4 间，锁钥 1 副。

驯象门。城垣北至赛公桥，南至安德小门，长 742.5 丈。各类房舍与庙计 11 间，锁钥 1 副。

安德小门。城垣北至训象门界，南至安德大门界，长 272 丈。"安德小门原非开创，始设续因烧造运薪不便，始立此门。"各类房舍与庙计 8 间，锁钥 1 副。

安德大门。城垣西至安德小门界 20 丈，东至凤台门界 500

---

① 《明仁宗实录》卷 6 下，洪熙元年正月丁酉。
② （明）李良栋《巡视门禁职掌》，载（明）施沛《南京都察院志》卷 24《职掌十七》。

丈,各类房舍 6 间,锁钥 1 副。

凤台门。城垣西至大安德门界,东至夹岗门界,共长 920 丈。垛口 148 座,东边围墙 11 丈,西边围墙 15 丈,护门栅栏 1 座,各类房舍 14 间,锁钥 1 副。沿城水洞 5 座。

双桥门。城垣东边起至清水塘止计 50 号,共长 150 丈,西边至丁字墙计 80 号,共长 240 丈。各类房舍 9 间,锁钥 1 副。

夹岗门。城垣西至凤台门丁字墙 1 号起,东至上坊门界,共计 1018 丈。西边水洞 1 处,各类房舍与庙计 4 间,锁钥 1 副。

上坊门。城垣西至夹岗门界,东至高桥门界,共计 555.5 丈。各类房舍与庙计 15 间,锁钥 1 副。

高桥门。城垣西至上坊门界,东至沧波门界,共计 1050 丈。垛口 37 座,小关 1 座,水洞 2 处。各类房舍与庙计 8 间,锁钥 1 副。

沧波门。城垣南至高桥门界,北至麒麟门界,共计 1603 丈。各类房舍计 29 间,锁钥 1 副。

麒麟门。城垣右至沧波门界,左至仙鹤门界,共长 1350 丈。城楼 1 座,月墙一道,各类房舍与庙计 7 间,锁钥 1 副。

仙鹤门。右至麒麟门界,左至姚坊门界,共计 1280 丈。门楼 1 座,各类房舍与庙计 7 间,锁钥 1 副。

姚坊门。城垣南至仙鹤门界,北至观音门界,共长 1490 丈,大门楼 1 座,大水关 3 券。各类房舍与庙计 12 间。

观音门。城垣南至姚坊门界,北至佛宁门界,共长 1651 丈。城门名因地处观音山而得名,[①] 有门券 1 座,垛口 6 座,水洞 3 座。

---

① （明）王樵《方麓集》卷 11,2b。

各类房舍与庙计 8 间。

佛宁门。依山为郭,东至观音门界,西至上元门界,共长 1145.2 丈。城门 2 扇,上系坚实板枋,下系透明通水栅栏(一旦山水爆发,即为出水之所),水洞 1 座。各类房舍与庙计 10 间。

上元门。北边依山为城至佛宁门山界,原无丈尺;南边砖石城至外金川门界止,长 713.5 丈。垛口 80 座,水洞 1 座,城楼 1 座。各类房舍与庙计 7 间。

外金川门。东城垣 620 丈,西水城系木栅栏 29 丈,在城河之中。门券 3 座,垛口 41 座,里外设有挡马墙,水洞 3 处。各类房舍与庙计 14 间。

石城关。南至水洞城 40 丈,北至圩埂城长 37 丈。各类房舍与庙计 7 间,锁钥 1 副。

洪武二十八年(1395)秋,当时"内库见贮铁凡三千七百四十三万余斤。上以库内储铁已多,诏罢各处铁冶"。[1]但是,仅过两年多,即洪武三十一年正月,在朱元璋晚年"失调受疾"时,内库的存铁就因京师各宗营造而"所费甚多,恐岁用不敷。上令暂开炉冶一年,仍复住罢"。[2]单从营造所耗用铁量来看,可以看出若不是因朱元璋洪武三十一年闰五月乙酉驾崩,也许南京包括城墙在内的城建项目还在继续。

---

① 《明太祖实录》卷 242,洪武二十八年闰九月庚寅。
② 《明太祖实录》卷 256,洪武三十一年正月丙子。

第六章　南京城墙砖文释读

　　洪武年间,为了京师城建这一重大工程,朝廷先后两次在全国征调大批工匠、军夫和民夫,以及各级官吏、罪囚,其总用工量至少达数百万。[①]单从建材来看,也十分惊人,其涉及区域之广、数量之浩繁,都令人叹为观止。据《明史》记载:"明初,工役之繁,自营建两京宗庙、宫殿、阙门、王邸,采木、陶甓,工匠造作以万万计。所在筑城、浚陂,百役具举。"[②]这里的"两京"是指南京与北京,其实还漏掉了营建几年便被罢筑的中都。当然,无论从营造时间、参建人员以及城建规模来看,中都均无法与"两京"相比。在这"万万计"的"工匠"中,南京的城建(包括填湖建宫和建城墙),估计至少占了半数左右。[③]《明史》又载:"采造之事,累

---

① 杨国庆《明南京城墙筑城人员构成及用工量初探》称"总计筑城人数在百万以上",是指筑造南京城墙人数,非参与南京城建全部的人数。《东南文化》2002 年第 1 期。

② 《明史》卷 78《志》54 "食货二"。所谓"万万计",应该是指一个概数,表明极大的数量。因为,洪武年间全国的工匠大约有 20 万户,显然不能称"亿"。因此这里"工匠"的概念,可能包括了所有的参建人员。

③ 王剑英《明中都》第 31 页:"在这以'万万计'的数字里,中都所费,估计占半数左右。"显然,对中都的估计人数过高了。《明史》所称的明初"两京"之制,实际只有洪武初年的北京(大梁)与南京以及永乐十八年北京与南京,明中都营建前后仅 6 年时间(包括了规划和调集人工与材料),用工量绝占不到"万万计"的半数。而"大梁"京都并没有营建;永乐年间建造的北京城,前后跨时约 15 年,由于城的大部分范围在元大都城的基础上改建、增建,用工量也不会超过南京。南京则新增城市面积超过三分之二,城东皇城区大批皇家及官署建筑更是新建,从城建规划到最后完成前后历时 30 余年。

朝侈俭不同。……其事目繁琐，征索纷纭。最巨且难者，曰采木。岁造最大者曰织造、曰烧造。"① 朱元璋先后两次对南京城的营建，几乎历洪武一朝，所耗人力与物力甚巨。

在开国之初，只有逐步采取严密且有效的征役组织架构并形成制度，才有可能为这项京师城建的役作提供重要保障。南京城建的两个阶段营造，朝廷在人力组织和物资调配方面，从组织形式到相关制度，有一个从简到繁逐步完善并加以推广的过程。朝廷主持京师城建的主管部门，开始由中书省下设的营造部的"将作司"负责。洪武元年（1368），将中书省下设的四部，扩充为吏、户、礼、兵、刑、工六部，原"将作司"改隶工部。② 在这个组织层面下，则由各地府州县的提调官和基础组织具体负责其事。尽管当年文献并没有给予完整的记载，但现存的南京城墙砖文，似乎可以成为我们窥斑观豹的一个途径，从而弥补这方面的认知。通过南京城墙砖文，结合相关文献以及方志、传记、家谱和墓志的记载，对当年南京城墙各类参建人员、砖料产地及运输就可以获得一个大致的了解；同时，对如今散落在长江中下游广袤地区的明

---

① 《明史》卷82《志》58"食货六"。

② 工部，是南京城建期间最高的主管部门。洪武十三年以前，工部尚书至少有12人担任，黄云眉在《明史考证》（第1册第18页）称："太祖任六部官，不拘资格是其长，任期太促是其短。"甚至有的尚书并未被记载，如"刘维"。据（明）徐学谟《湖广总志》（明万历十九年刻本）卷52,2a/b载："刘维，咸宁人。洪武初，定鼎金陵，诸司营构征辟（甓），草创事宜，授工部尚书。"然，《明太祖实录》与《国榷》《明史》等典籍均未见记载。清康熙六年刻本与清光绪八年刊本《咸宁县志》亦称："明工部尚书刘维墓，在东山麓。"在（明）薛纲纂修，吴廷举续修《湖广图经志书》（明嘉靖元年刻本）卷2,102b中，则称："刘维，国初经营治定，洪武元年授工部尚书。"

城砖窑址群遗址、散落各地的当时遗留的明城砖，以及当年的烧制工艺就有了一个重要比对和推论的实物依据。[①]

南京城墙砖数量约上亿块，[②] 其中绝大部分带有字数不等的砖文或符号，具有鲜明的时代特征，是最早反映洪武年间赋役制度演进的实证，也是最直接的第一手材料。其中"提调官"以及"总甲、甲首、小甲"等项制度的形成与完善，是一条朝廷与上百万民夫之间联系沟通的重要渠道，也是提供规模空前的南京城墙建材的制度保障。在这两项针对参役官、民的制度实行进程中，砖文由简到繁、从单一的产地名到官与民的实名制。依循这一线索，再与方志等文献记载相互印证，基本可以厘清南京城墙营造先后两个阶段的史实；洪武年间劳役组织形式的演进过程，反映了洪武初期基层组织的纷繁复杂。

一、早期砖文中的提调官制

南京城墙早期营建的城砖，少量利用旧城砖外，主要来源于新烧制的军砖（即军队烧制的城砖）。参役军士除了应天府驻军外，还包括了应天府及周边府县的民兵。梁亿《传信录》称："太祖既得建康，以兵力尚寡，集太平、建康、镇江、宣州、广德五府民户为军，谓之民兵。及既即位，曰：'亏了五府供给，永远饶了他

---

① 杨国庆、王志高《南京城墙志》第五章"明城墙的工役与建材"。
② 南京城砖准确数量无法统计。至于有文章称"3.5亿"的数字，纯属臆造。

秋粮,止当均徭夫役。至今以为定例。'"① 朱元璋称:"朕乘群雄
鼎沸之时,率众渡江,兵屯建业十有八年,其间高城垒、深濠堑,军
需造作,凡百供给,皆尔近京五府之民率先效力,济我时艰。民力
繁甚,朕心不忘。"② 朱国祯在《涌幢小品》载:"太祖集诸地师数万
人,卜筑大内,填燕尾湖为之。"依据这类材料略加分析,便可知当
时参与筑城人员的构成主要来自于军人或民兵。所谓"夫修城,
役军不役民,制也",③ 说的就是这个意思。

　　南京早期的砖文也提供了实证,如"洪武元年李造飞熊卫右
所"、"洪武元年造"、"元年□幕一号"等一批军砖砖文。④ 南京早
期的军砖与中都的军砖存在差异,中都城砖"发现的数量最多、分
布最广的字砖是五行砖和军队烧造的砖"。⑤ 中都军砖砖文中除
了有"卫"、"所",还有"总旗"、"小旗"、"军匠"的名称,南京军砖
中迄今没有发现这类带"旗"和"军匠"的砖文,也没有完整的所
谓"五行字号砖"、"五德字号砖"、"五常字号砖"之类砖文。正因
早期均由军人或民兵充役,吴元年(1367)二月才会有朱元璋的

---

① (明)李默《孤树裒谈》卷2,40b。
② 朱元璋《免应天太平镇江宁国广德五府秋粮诏》(洪武五年十月),《明太祖
　 文集》卷1,9a。
③ (明)朱国祯《涌幢小品》卷4,3a、15a。
④ 《南京城墙砖文》"明洪武军队砖文",第254~271页。
⑤ 王剑英《明中都遗址考察报告》,载王剑英《明中都研究》,第390页,中国青
　 年出版社2005年版。据《凤阳明中都字砖》载,其砖文大致为"长淮卫后所
　 百户徐贵军匠陆官保"、"凤阳卫中右所百户张□憁(总)其□□小其□安住
　 军□□□□"、"留守□中□所百户王□所洪武十年"、"留守司□中右所□百
　 户杨□总旗陈智小旗□□□军人□□德洪武十年造"、"凤阳卫后所监工百户
　 徐瑢(玺)摠(总)旗□全砌城一丈四尺八寸北至百户成雄南至百户阮泰洪武
　 十七年十月 日"、"凤阳中卫左千户所监工百户陈聚憁(总)旗郈兴砌城二丈
　 八尺四寸南至本所百户付成北至本所带管百户谷成洪武十七年三月"等。

"拓都城讫工,命赏筑城将士"一说,[1] 早期南京城墙砖文亦无"提调官"一名。洪武元年(1368)正月开始,因太史令刘基奏呈《军卫法》,军人参役需要有"特旨",否则获罪。[2] 说明此时军人参役南京城的营建,为朝廷所指派。

　　元末明初,常年的混战兵燹以及最后的统一战争,随之而来的京师城建,导致军士苦不堪言,惟一出路就是弃军而逃。据大都督府言:"自吴元年十月至洪武三年十一月终,军士逃亡者计四万七千九百八十六人",[3] 朱元璋下令各地诸司追捕之。据明人黄瑜在《双槐岁钞》称:"国初,民出涂炭,乐于从军。后因征调,率多逃绝,谪配者尤甚。惟垛集最为良法。户三丁以上垛正军一名,别有贴户,正军病死,贴户丁补役。"[4] 从"乐于从军"到"率多逃绝",正是元末明初营造南京新城所致。而"贴户丁补役"之法,就是针对逃役而定。既然连退路也没有,只好充军服役。

　　先前仅仅是应天府一地的城建,不仅有军士参与还有临近数府的民兵参与。自洪武二年(1369)九月开始营建中都,朝廷同时建造两座都城后,在劳役成倍陡增情况下,直到洪武三年朱元璋才启动了原先中书省提出的均工夫役。洪武元年,朱元璋曾"以立国之初,经营兴作必资民力。恐役及贫民,乃命中书省验田出夫"。中书省经商议后,提出了"均工夫"役法:"田一顷,出丁夫一人。不及顷者,以别田足之",并且以直隶应天等18府

---

① 《明太祖实录》卷22,吴元年二月丁未朔。
② (明)宋濂《洪武圣政记》"肃军政第四"9b/10a。
③ 《明太祖实录》卷59,洪武三年十二月丙子。
④ (明)黄瑜《双槐岁钞》卷4,18b。

州及江西饶州、九江、南康三府开始编制"均工图册"。^①而该条
记载则称:"直隶应天等十八府州及江西饶州九江南康三府,计田
三十五万七千二百六十九顷。"如此准确田亩之数,在开国之初
不可能厘清,故此处当为开始商议与实施编制"均工图册"阶段。
而《明太祖实录》"洪武三年秋七月辛卯"条所称"均工图册"地
域完全相同,却又未载数据。因此,这两处在相同地域表述田亩
数的记载,存在时间上的颠倒之嫌。虽然洪武元年时朱元璋称:
"民力有限,而徭役无穷。当思节其力,毋重困之。民力劳困,岂
能独安"而罢,但以此清查户口、田地,建立户帖制度,确立新政
权下的人口与土地之间关系则由此开始。洪武"二年,置直隶应
天府等十八府州及江西九江、饶州、南康三府均工夫图册",^②"计
田三十五万七千二百六十九顷"。而实际征派均工夫役,则在洪
武三年,具体办法是:"每岁农隙,其夫赴京供役。岁率三十日遣
归,田多丁少,以佃人充夫,其田户出米一石,资其费用。非佃人
而计亩出夫者,其资费则每田一亩出米二升五合,百亩出米二石

---

① 《明太祖实录》卷30,洪武元年二月乙丑。但(清)嵇璜等《续文献通考》
(四库全书本)卷16,31a/b,则称:上述区域的"均工图册"编制成的时间
为洪武"八年三月"。《明太祖实录》卷29,洪武元年正月甲申:"诏遣周铸
等164人往浙西复实田亩。"也说明洪武元年刚开始查验各地田亩。唐文
基在《明代赋役制度史》(第103、105页)称:"明朝还有一项重要的徭役制
度——均工夫。它创置于洪武元年二月……均工夫是明朝中央向应天府等
地方派征的徭役,从事的是'经营兴作'即修城垣、浚河道、盖宫殿等。它显
然是适应明初兴建国都需要而制定的一项杂役。"并认为:"洪武八年三月
'诏计均工夫役'时,承役的直隶府州只有十七个,其中减少的一个,可能就
是凤阳府。"中国社会科学出版社1991年版。
② (明)申时行等奉敕重修《(万历)大明会典》卷206,1a。

五斗。"① 这里明确规定的是,均工夫每年赴京供役 30 天。但从南京城砖砖文来看,有为数不少的均工夫早期是在当地为南京和中都造砖服役。由此,南京及中都的来自均工夫烧制的城砖(即"民砖")开始出现,提调官制也随之出现。

从目前获知的南京城墙纪年地方砖文来看,"提调官"一名出现最早的是"九江府湖口县提调官□□作匠洪武五□",②(见图 21)但实际情况要早于洪武五年(1372)。南京城墙民砖中出现最早的砖文,一般仅注明产地。现依据《南京城墙砖文》汇表如下(见下页):

这类涵盖直隶、江西及湖广行省数量还不算太多的南京城墙砖文,在明中都砖文中也有发现(其中湖广行省较少见)。这类砖文中"造"、"承造"、"样"等透露出如下信息:各地府州县已有造砖任务,且有专

图 21:"九江府湖口县提调官□□作匠洪武五□"砖文拓片,引自《南京城墙砖文》图 0306。

---

① 《明太祖实录》卷 54,洪武三年秋七月辛卯。明人张洪在《义役仓记》中言:"古之役民,岁不过三日。……至隋文帝时,威为纳言,奏减赋役,人每岁不过三十日。"载(明)姚崇仪辑《(万历)常熟县私志》卷 23,民国二十三年抄本。
② 南京市明城垣史博物馆编撰《南京城墙砖文》第 96 页,图 0306。

1	应天府上元县道德三保	19	安庆府桐城县殷窑
2	句容县	20	吉安府永丰县造
3	全椒县(反体)	21	吉安府永宁县
4	安庆府(反体)	22	万安县(刻画砖文)
5	青阳县	23	吉安府万安县造
6	南昌府	24	吉安府吉水县造
7	南昌府南昌县	25	吉安府泰和县
8	南昌府宁县	26	临江府造
9	九江府湖口县城砖	27	临江府新喻县烧造
10	南康府都昌县	28	袁州府萍乡县造
11	广信府永丰县造	29	袁州府宜春县造
12	建昌府	30	赣州府造
13	南城县	31	湖广行省
14	建昌府南城县	32	汉阳县造
15	建昌府南丰县	33	黄州府麻城县
16	广昌县	34	黄州府黄冈县造
17	抚州府承造	35	蕲州府样
18	抚州府临川县造	36	蕲州府样黄梅县造

人(即"提调官")负责;从砖文"蕲州府样"中,[①]似乎可以推测朝廷在征派制砖任务同时,也给各府提供了城砖的样制,只是开始并没有实名制的要求。依据洪武三年(1370)编制的"均工图册",湖广行省并未在册,但从上述列举的砖文可以看出,湖广行省在此时或之后不长的时间也被征派徭役,只是《实录》未载。

随后,砖文中出现了"临江府新淦县洪武四年均工夫造"、[②]"建

---

① 《南京城墙砖文》第230页,图0759、760、761。
② 杨国庆《南京明代城墙》第161页。

昌府人匠王□□”，^①以及“崇仁县提调官奚天□”^②这类“均工夫”、"窑匠"和提调官实名制的砖文。提调官出现实名制的砖文，为我们留下了一条间接获知城砖烧制年代的信息渠道。仅举二例为证：（1）萍乡县早期砖文仅出现地名，之后出现了“□州府萍乡县提调官县丞徐成美司吏陈瑛作头汤丙匠人易和七”^③砖文。据明御史简迪洪武六年（1373）所撰的《重建县治记》^④载：洪武“辛亥（即洪武四年），朝廷遴选文学之士以充司牧之官。是年冬，乃有承事郎知县李顺英、将仕郎县丞徐成美……，下车之初，经理民事之余”，将废弃或不足的公舍祠宇逐一加以修缮。由此推论洪武四年至洪武六年间，县丞徐成美在此期间主持烧制过提供京师营造的城砖。（2）再以上述崇仁县提调官奚天□为例，据《崇仁县志》载：“奚天□”全名为“奚天才”，无为州人。元至正二十六年（1366）出任崇仁县县丞时为奚天才，洪武三年升任直隶崇仁县知县时为奚坊，其名下注：“本名天才”。^⑤他的接任知县为张成，洪武五年任。另据《抚州府志》明崇仁县知县表序，“章贞、门时中、游钦祖、奚方、张成……”，奚坊已改名“奚方”，并称“本名天才”；该《府志》明县丞秩官为：“杨宾、奚天才、王锡、刘穆、李宝臣、刘冲霄、蔡琮……”。^⑥由此可见，奚天才任提调官一职的时间，当

---

① 《南京城墙砖文》第 126 页,图 0412。
② 《南京城墙砖文》第 140 页,图 0445。
③ 《南京城墙砖文》第 188 页,图 0612。
④ （清）锡荣撰修《萍乡县志》卷 6 上,34a,清同治十一年刊本。
⑤ （清）盛铨修,黄炳奎纂《崇仁县志》卷 6《职官志》14b,清同治十二年刻本。
⑥ （清）许应鑅、朱澄澜修,谢煌等纂《（光绪）抚州府志》卷 36《职官志》5b,清光绪二年刻本。

在其出任知县（即洪武三年至洪武五年间）期间，改名时间应在知县的任上或离任以后，这块城砖当在此间烧制并运往南京用于建造城墙。另据《崇仁县志》明职官中洪武年间县丞的最早记载为："王锡，山西屯留人，洪武五年壬子任。刘穆，直隶江阴人，洪武六年癸丑任。李宝臣，河南巩县人。刘冲霄，山西崞县人。蔡琮，浙江东阳人。洪武十三年庚申任。"其中明县丞中的"李宝臣"，在南京砖文中为"崇仁县提调官县丞李保辰司吏舒太安粮户黄名可募人范先窑匠邓万七黄□"，[①] 只是"保辰"名字有异（或是后人编撰县志记载有误，或是主持烧砖的当事人砖模刻写有误），该砖与奚天才任县丞时的砖文已经发生了变化，不仅出现了司吏，还出现了"粮户"、"募人"、"窑匠"以及带"甲"的实名制。如果以李保辰任县丞前后该《志》"职官"提供的官员任职明确纪年推算的话，李保辰任职最早在洪武六年以后，至迟在洪武十三年之前，砖文中出现带"甲"格式前后出任提调官主持烧制城砖。在李保辰任上时，砖文格式发生了变化：从"崇仁县提调官县丞李保辰司吏舒太安粮户黄名可募人范先窑匠邓万七黄□"转变为"抚州府提调官照磨冯惟善司吏范伯正崇仁县提调官县丞李保辰司吏舒太安总甲张貌详甲首徐名得小甲邓伯礼窑匠牌头邓万七匠人□龙正人户许忠民□□□"[②] 的格式。这两块带有"李保辰"砖文的格式，也与上述推论的时间吻合。（见图 22）

南京城墙砖文中官、民实名制的出现，为保证砖料质量提供

① 《南京城墙砖文》第 140 页，图 0447。
② 《南京城墙砖文》第 142 页，图 0453。

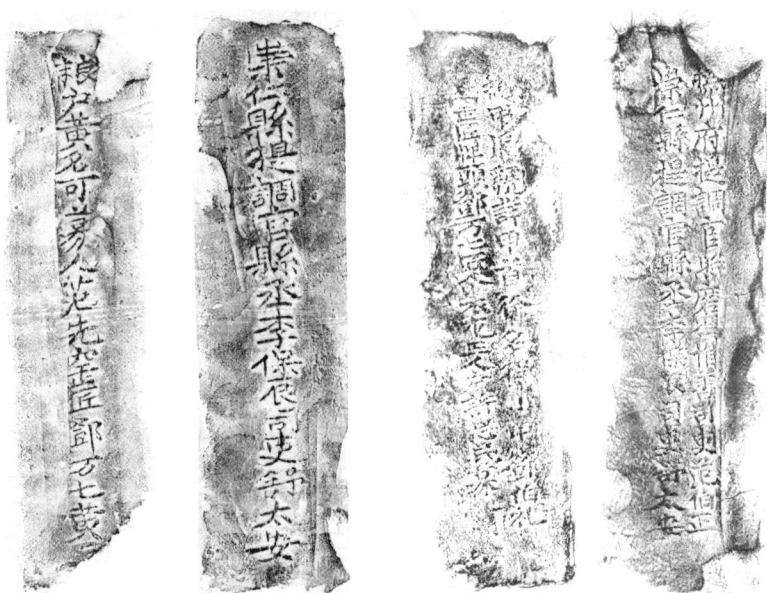

图 22：“县丞李保辰”前期砖文拓片（左边两幅）与后期砖文拓片，
引自《南京城墙砖文》图 0447、0453。

了重要的追责依据，并成为明初的一项制度被沿袭。[①] 提调官的
实名制有一个逐渐完善的过程，大致在洪武五年（1372）各地提
供的城砖上开始出现提调官实名，但并不规范，或者开始实行时
遇到了阻力，一些官员并非愿意将姓名留在城砖上，如“九江府湖

---

① 据《孤树裒谈》（卷 3,5b）载："凡一应造作□，造作所物，皆书监工官吏及
　作者姓名。输者、受者皆精加检点。有滥恶者，既交纳再加倍偿。重者，
　即斩。"另《（万历）大明会典》（卷 200,39a/b）亦载："附册开写看验提调
　官吏并匠作姓名，日后有不坚固者，照名究治。"（清）赵翼在《明南北京
　营建》亦称："时方事营造，集天下工匠二十万户于京师。震直请（ 转下页 ）

口县提调官作匠洪武□□",^① 提调官不仅无名无姓,且官职也未标注。再如"九江府彭泽县提调官周清作匠余信",^② 提调官周清的官职不明。"周清",康熙与同治《彭泽县志》均无载,仅从万历《福州府志》有些许透露:"洪武四年辛亥,林谷显榜。……周清,字谷漾,彭泽县丞",^③ 说明周清洪武四年中举后,被派往彭泽县任县丞后出任了提调官。有极少数地区直到洪武七年,在砖文上仍未注明提调官,仅有"监工"的实名:"吉安府庐陵县洪武七年监工熊友文窑匠作头王宣"。^④ 吉安府这种做法,直到洪武十年仍然沿用,但其它地方并不多见。

洪武五年(1372)后,砖文上的提调官实名制及官职出现并逐步得到推广,如"应天府上元县道德乡一保提调官县丞田泰洪武六年月日"、^⑤ "常州府宜兴县提调官主簿许穆司吏杨仲仁作匠张安洪武七年月日"、^⑥ "荆州府公安县□□官知县□大用司吏王琪作匠姚李华洪武七年九月日";^⑦ 中都为"淮安府海洲提调判官

（接上页）户役一人,各书其姓名,术业按籍更番役之。是工匠悉取之民间也。"载赵翼《廿二史札记》卷27。洪武年间,最早的"物勒工名"制度,大致起源于南京城砖的征派之役。

① 《南京城墙砖文》第96页,图0306。

② 《南京城墙砖文》第94页,图0300。

③ (明)林燫纂《福州府志》卷18,1b,明万历二十四年刻本。

④ 《南京城墙砖文》第166页,图0535。

⑤ 《南京城墙砖文》第8页,图0021。

⑥ 《南京城墙砖文》第20页,图0061。

⑦ 《南京城墙砖文》第242页,图0798。据(清)倪文蔚、蒋铭勋修,顾嘉蘅、李廷鈺纂《(光绪)荆州府志》卷32,8a "公安县知县":"贾大用,洪武间任。"清光绪六年刻本。

刘子实司吏徐庸作匠朱惠山洪武七年 月 日造"。①从纪年民砖
（即地方烧制的城砖）来看，洪武五年与六年南京均有发现，而中
都纪年砖中目前尚未发现，在中都数量不多的民砖中发现较多的
是洪武七年的纪年民砖的砖文，以及数量更少的洪武四年民砖，
这与中都建造城墙的时间与进度也相吻合。②自洪武二年九月开
始营建中都城到洪武八年四月罢建中都，其间筑造皇城及中都城
9门，以及大量城内外的建筑，用砖的数量"不可胜数"，"地方砖
在整个城砖中所占的比例不算很大，仅在中都午门洞内、鼓楼门
洞内发现比较集中的地方砖，城墙残垣上则为数极少"。③尽管如
此，也发现了68个县的地方砖，④这些地方砖在南京城墙的砖文
中绝大部分均有发现。⑤说明当时各地烧制的城砖，在洪武八年
之前分别运往两地使用，⑥其背后有一套严密的调配运输组织系
统在运作。洪武八年罢筑中都城后，各地民砖仅运往南京一地使
用，所以洪武十年之后实行的以"甲"为建制的劳役基层组织形
式在中都城砖文中也就不可能出现了。

① 凤阳县文物管理所编著《凤阳明中都字砖》上，第74页。
② 王剑英《明中都》第48页："洪武五年定中都城址，七年筑土城，八年开始
　 砌砖。"
③ 王剑英《明中都遗址考察报告》。
④ 刘思祥《会有丰碑立世间》，载王剑英《明中都研究》第733页。
⑤ 王剑英在《明中都遗址考察报告》称："凤阳有的淮安府、吉安府、临江府、袁
　 州府、赣州府的砖，在南京也没有发现"，其实所列诸府城砖均在南京城墙
　 砖文上发现。详见王克昌、韦立平、杨献文编著《明南京城墙砖文图释》，南
　 京出版社1999年版；《南京城墙砖文》。除上述之外，在南京城墙上将来一
　 定会有新的产地被发现。
⑥ 如前所引"临江府新淦县洪武四年均工夫造"砖文，不仅出现在南京，也出
　 现在明中都。

再从南京城砖砖文来看,具有明显的前后两个阶段的区别,即以砖文中出现"总甲、甲首、小甲"为节点。王剑英在《明中都遗址考察报告》中称:"南京城砖有仅列总甲、甲首、小甲并窑匠、造砖人夫姓名的砖,中都没有见到过这样的砖。也没有见过'总甲'、'甲首'、'小甲'这样的名称。"[①]我在20余年对南京城墙砖窑遗址调研中,先后实地勘察了安徽青阳、繁昌,武汉江夏、新洲区杨家湾,江西抚州、宜春、新余、万载、黎川,湖南岳阳君山区,江苏南京栖霞区等地砖窑遗址,除了黎川窑址群外,大都能在窑址群附近甚至在残窑内找到带有"甲"格式的残砖。2017年2月,笔者首次赴江西省黎川县中田乡洪门水库下游淹没区(因修坝放水得以显露)砖窑遗址调研中,在乡长程木兰以及黄幼根等当地人帮助下首次发现窑址群散落标有砖文"建昌府"、"新城县"的残砖,[②]在随后数次对黎川县调查中均没有发现以"甲"为建制的基层组织形式,也没有提调官实名制的砖文。窑址群现场所目睹的砖文,与南京城墙砖文比对基本相符;与明中都城砖砖文比对,虽未见"新城县"但有"建昌府"属县,均仅标明产地,而没有实名制的格式。该地窑址群均无带"甲"格式的砖文现象,据此推测有几种可能:其一,建昌府所属县继续为南京提供城砖,只是砖文没有更改,也没有实行实名制。但比对其它府州县的砖文来看,这种可能性不大。其二,建昌府所属各县带"甲"格式的城砖,在南京城墙上尚未发现。建昌府当时辖有4县,迄今尚未发现其中4

---

① 王剑英《明中都遗址考察报告》。2008年,笔者再次赴凤阳专项调研时,也未见到砖文以"甲"为建制的基层组织形式。

② 《南京城墙砖文》第128页图0417,误将南康府的建昌县列为建昌府之属。

县中的任何一例，因此这种可能性似乎也不大。其三，由于某种尚未查明的缘故，洪武十年（1377）后建昌府所属各县（包括新城县）不再为南京提供城砖，这种可能性要大些。这种现象似乎提示我们：洪武年间南京城墙先后两次筑造，所征派砖料的地区并非自始至终由一地区提供，而是有的地区在洪武八年后停止了征派。在黎川县中田乡窑址群遗址，还首次发现了一处尚未烧制的砖坯堆积层，说明该处窑址曾因未知情况被"突然"终止。

荆州府和袁州府分宜县砖文中也有类似特征："荆州府江陵县提调官庞司吏赵作匠沈老"、"荆州府潜江县提调官主簿孙好孝司吏王德作匠鲁四洪武七年九月日"；[①] "袁州府分宜县提调官主簿桑以时司吏黄原作头邓名十匠人汪仁一"，[②] 除此格式外，荆州府与袁州府分宜县迄今也未见"总甲、甲首、小甲"完整格式的南京城墙砖文。据《荆州城文字砖》载：砖文中虽出现"总甲、小甲"或"甲首"的砖文，但同一块砖文上不见完整的"总甲、甲首、小甲"格式；纪年砖主要为"洪武十三年"、"洪武十六年"，出现"监造的当人"或"的当人"为取代原先"总甲、甲首、小甲"基层组织的另一种形式。[③] 洪武年间，荆州这类砖文在明南京城墙砖文中均未发现。

因此，可能当年建昌府、荆州府和袁州府分宜县等地，在洪武十年（1377）之后已不再为南京城墙提供城砖（部分府县开始为当地修建城墙烧制城砖）；当然，也可能我们迄今尚未发现这些地区

---

① 南京市明城垣史博物编撰《南京城墙砖文》第 242、240 页，图 0795、0791。
② 南京市明城垣史博物编撰《南京城墙砖文》第 198 页，图 0651。
③ 张世春编著《荆州城文字砖》第 6～69 页，武汉出版社 1999 年版。

的南京城墙第二次营造时带有"甲"格式的砖文。① 换句话说,南京城墙建造前后两个阶段,征派各地的城砖产地并不完全相同。而继续为南京第二阶段烧制城砖的地区,在窑址及附近大都能发现带"甲"格式的城砖或残砖,反而早期烧制的城砖却难见踪迹了。当然,也不能完全排除迄今尚未发现上述地区带完整"甲"格式的城砖,这种推论仅是目前依据近 30 年累积的城砖实物作出的初步判断。

关于明洪武年间的窑址群有遗留残窑或残砖现象,早在明代就屡见记载:万历三年(1575)三月,时任蒲圻县知县胡其高在梦中"有雷文祥者与言:'建城事,亡何?'父老于西江获古砖,上有见梦者姓名。风闻当途,相诧灵异"。② 自然雷文祥托梦于胡其高不可信,但西江边"得石砖一窑"并残砖有"雷文祥"名可信,这块砖全文在南京城墙砖文中为"武昌府提调官通判张勦司吏徐用蒲圻县知县雷文祥司吏王景原总甲贾余冒甲首□宣小甲窑匠张七造砖人夫王茂孙"。③ 说明蒲圻县知县雷文祥曾出任提调官,主持过为

---

① 如荆州府城墙上的一块纪年砖文为"荆州府潜江县提调官知县刘浩司吏蔡铭监造人王兴礼张兴作匠鲁四小甲余文彬人夫余文彬洪武十三年 月"(《荆州城文字砖》第 65 页),砖文中"作匠鲁四",曾在洪武七年为南京城墙烧制过城砖,南京城墙砖文为"荆州府潜江县提调官主簿孙好孝司吏谭华作匠鲁四洪武七年□□日"(《南京城墙砖文》第 240 页,图 0792)。迄今也没有发现荆州府潜江县城砖带有南京城墙第二阶段营建时完整"甲"格式的砖文,而"作匠鲁四"烧制的城砖至迟在洪武十三年已经运往荆州府修城。同时,从荆州府的砖文中也可看出洪武十三年荆州府修城征派砖劳役的组织形式,并没有南京城墙第二阶段营建时征砖劳役组织严密。

② (清)王云翔修,李日瑚纂《(乾隆)蒲圻县志》卷 14,1b/2a《纪异志》,清乾隆四年刻本。

③ 《南京城墙砖文》第 220 页,图 0722。

南京城墙烧制城砖的劳役。除此,万历十年(1582)吉安府永丰县在修建厉坛时,也发现当地遗留在土中的为南京城墙烧制的残砖(详见下节)。这种情况,与20世纪末至21世纪初南京市明城垣史博物馆多次组队对各地南京城墙砖窑遗址实地调查情况相吻合。1999年初在安徽繁昌县"新淮乡董仓村的村头通往南陵县的淮宁路路基东侧,濒临漳河的西岸,窑址顺漳河堤岸排列有序,两窑之间相隔3.5米。砖窑结构亦呈地穴式馒头形",尤其在现场还发现了整窑的城砖,通过窑内残砖与南京城墙砖比对砖文完全一致。①

　　洪武四年(1371)正月,据中书省统计上报的各府州县有1239处,官员数为5488人。②这是朱元璋实行官员荐举制多年以后的情况,仅洪武三年3个月中,朱元璋至少两次下达了荐举令。③由于京师及中都两地的城建需要,洪武年间征调各宗主要建材的行政区域,大致为直隶、江西行省、湖广行省等所属大部分的府、州、县。这些地区官署的官员,在处理所属地域政务的同时,其中一部分官员要充当"提调官"。提调官并不代表官职,也不是常设机构,仅表明某(有官职的)官员在受朝廷委派承担征调事务中的临时身份,负责征调和运输各类建材、征派民夫赴京造作等具体事务。《南京城墙砖文》中已查明的各府州县提调官官员为231人,除了尚未查明的16人外,明中都以及《南京城墙砖文》未及罗列的也不在此数据中。其中府级提调官34人,州级

---

① 南京市明城垣史博物馆《安徽繁昌明城砖窑址调查报告》。杨国庆《南京明代城墙》第153页,第152页照片"繁昌县明代城砖窑址"。
② 《明太祖实录》卷60,洪武四年正月己亥。
③ 《明太祖实录》卷49、52,洪武三年二月戊子、洪武三年五月丁酉。

提调官 8 人,县级提调官 173 人。官职中府级任提调官最多的是
通判和同知,州级任提调官最多的是判官,县级任提调官最多的
是知县、县丞、主簿和典史。在府级提调官中,有少数以其属州县
官员被委派充任提调官的现象。如安庆府委提调官潜山县丞赵
德、吉安府委提调官刘延、吉安府委提调官王庸、吉安府委提调官
主簿沈宣。从提调官的官职来看,主要是由辅官担任,诚如有学
者称:"南京城砖的烧造及运送,在当时是规模最为宏大的系统工
程。尽管朝廷指定府州辅官担任各级提调官,来具体负责城砖的
烧造和运送事宜,但大量的工作仍需要依靠农村基层组织来进行
协调。"① 而县级提调官中主官知县充任提调官的也不少,目前发
现至少有 24 人。提调官的实名制,对我们进一步了解当年的官
制以及烧砖年代的推断等诸多领域具有极大的帮助。

　　通过提调官的实名制比对方志、墓志记载,可以看出荐举制
是洪武早年职官的一项重要补充。朱元璋对各级官职的任用及
设置,有其独到的认知:"任人之道,因材而授职。譬如良工之
于木,小大曲直各当其用,则无弃材。……故国家用人,当各因
其材,不可一律也。不然则人材不得尽其用,而朝廷有乏人之患
矣。"② 洪武四年(1371)朱元璋令礼部:"今岁各处乡试取中举人,
俱免会试,悉起赴京用之。"③ 洪武六年,他还对来朝的诸县令提
出:"凡赋敛、徭役、诉讼,皆先由县次至府。若县令贤明,则赋敛
平、徭役均、诉讼简。一县之事既治,则府可无忧矣。"又称:"朕

---

① 夏维中《洪武初期江南农村基层组织的演进》,《江苏社会科学》2005 年第
　　6 期。
② 《明太祖实录》卷 34,洪武元年八月丙子。
③ 《明太祖实录》卷 70,洪武四年十二月辛巳。

之任官,所用惟贤举廉,兴孝惟欲厚俗崇德,劝善惟欲成风。"①朝廷向全国摊派赋敛、徭役,主要依靠各地的府、州、县地方官员督办完成。南京城墙营建中所需大宗建材而在各地所推行的提调官制,同样依赖于这种建制。由此可见,荐举为官是当时官员的重要来源,南京城墙砖文为"袁州府分宜县提调官主簿桑以时司吏黄□作头邓名十匠人王云四"②中的"桑以时",正是被荐举而获职的。据《(增修)分宜县志》载:主簿"桑以时,武义人,父惠家贫,惟课以时读书。母项氏,岁掇所织布帛贸之,使购佳书。人笑其愚。未几,以时贤良,主分宜簿,有政事闻于时。数督运万里外,兢兢自持,无所遗失。历官至集贤郎"。③同时,这则材料似乎能看出早期提调官不仅督造城砖烧制、征派均工夫役,有些还兼任督运建材赴京的事项。

提调官安排均工夫参役,通过当时基层组织无疑是最便捷的途径,也是此前学界普遍的认知。还有另一种情况,就是由提调官指认当地有好名声的某人代为主其基层的赋役。据明初金幼孜撰《孔处士立夫墓志铭》载:"公讳克宽,字立夫,姓孔氏。……洪武初,命下造城砖。有司以公董其役,昼夜尽瘁,以身先之,而人皆乐于趋事。上无稽违之责,下无疾怨之声。"④由此可见,以孔克宽"董其役"是受"有司"指派而任,在百姓的眼里"提调官"就

<hr>

① 《明太祖实录》卷78,洪武六年正月乙巳。
② 《南京城墙砖文》第198页,图0650。
③ (清)李寅清、夏琮鼎修,严升伟等纂《(增修)分宜县志》卷6,3a,清同治十年刻本。
④ (明)金幼孜《金文靖集》卷9,70b/71a,四库全书本。按,据该《墓志》载:孔克宽生于元丙寅(1326),卒于洪武壬午(即建文四年,1402),由此得知孔克宽"董其役"时约40余岁。

是衙门"有司"的官员,所指认"董其役"的人,也并非是农村基层组织负责人,仅是因其"资性笃厚、器识弘达"等因而赋予其责。

当然,我们也注意到,由于早期实名制尚未严格,官职未注明或者方志记载的不确,加上有可能相同的人名,导致相关的判断带来一定的辨识难度。"庐州府无为州提调官王应麟司吏时敏作匠陶承祖",[1] 其中提调官"王应麟"的官职不明。据《(乾隆)无为州志》"职官·江防同治"载:明万历"王应麟,江西金绤(溪)人,由举人二十二年任"。[2] 从砖文上比对其它地区没有人夫实名的类似砖文,基本可以看出属于洪武早期的砖文,但砖文与方志中的"王应麟"就难以判断,恐属同名两人,或清代方志记载年代有误。

总之,洪武三年(1370)实行均工夫役后,相应的提调官制也随之得以配置,并在征派城砖赋役中发挥了重要作用,实名制也在砖文中逐渐形成固定格式。

二、早期砖文中的基层组织

自砖文中出现"提调官"实名制后,提调官为完成征砖之役,通过基层组织将造砖之役摊派到具体的造砖人,继续贯彻推行实名制是一种行之有效的办法,尤其针对当时面广量大的征派砖料烧制之役。洪武三年(1370),实行均工夫役之后,尽管朝廷指定

---

① 《南京城墙砖文》第 32 页,图 1010。
② (清)常廷璧修,吴元桂纂《无为州志》卷 11,16b,清乾隆八年刻本。

府、州、县各级辅官（有的是主官）担任各级提调官，但基层的徭役相应配套组织体系尚未建立，故大都依靠农村现有的组织体系给予征派并具体负责城砖的烧制和运送事宜。正因如此，南京城墙砖文就出现了比较纷繁复杂的各种基层组织形式，尤其在洪武四年至洪武十年间。从现有砖文来看，在这个时段中，农村基层组织形式的演进具有一定的区域时差性。

明初，沿用宋、元时南方地区乡级以下形成的地域区划"都"的形式，成为烧制城砖赋役编发的基层组织。目前南京与中都收集到"都"的砖文涉及的区域，主要分布在江西和湖广行省。南京城墙的砖文如下：

（1）袁州府分宜县^①

袁州府分宜县提调官主簿桑□□司吏黄原作□□□□匠人黄辛七五都里长李敏德□福兴

袁州府分宜县提调官阑桑□司吏□□□□黄□□⊕廿七都

袁州府分宜县提调官主簿桑□司吏黄原作头邓□□匠人罗吉三□□都里长袁晓□□

袁州府分宜县提调官主簿王□时拾贰都□

袁州府分宜县提调官主簿桑以时司吏黄原匠人萧□十十六都里长□□□□□□

（2）广信府铅山县^②

铅山县提调官知县张原司吏□□四十九都

（3）临江府新喻县^③

① 《南京城墙砖文》第198~200页，图0652、0656、0653、0657、0658。
② 《南京城墙砖文》第114页，图0378。
③ 《南京城墙砖文》第178页，图0578、0579。

临江府新喻县十一都均工夫造

新喻县四十一都洪武四年均工夫造

（4）长沙府善化县 ①

长沙府善化县提调官主簿明理洪武七年八月日司吏凌原富作匠黄宗原柳万一三十六都

（5）吉安府庐陵县 ②

吉安府委提调官□□□司吏吴彬庐陵县提调官县丞章道庸司吏刘孝礼总甲高希良甲首高士□小甲黄汉中窑匠羊丁一三十九都人夫黄真祥

吉安府委提调官沈宣府吏吴彬庐陵县提调官县丞章道庸司吏刘孝礼总甲高希贞甲首高士□□□□德远三十九都人夫李应真窑匠□丁一

（6）南康府都昌县 ③

南康府提调官通判赵斌司吏吴思□都昌县提调官主簿房秉正司吏张伯行四都人户利子成

南康府提调官通判赵斌司吏游清都昌县提调官主簿房秉正司吏张伯行十都人户曹韶吉

南康府提调官通判赵斌司吏吴思义都昌县提调官主簿房秉正司吏张伯行十都人户余均正

南康府提调官通判赵斌司吏游清都昌县提调官主簿房秉正司吏张伯行十都人户赵伯胜

---

① 《南京城墙砖文》第 232 页，图 0762。

② 《南京城墙砖文》第 166 页，图 0537、0538。

③ 《南京城墙砖文》第 96～98 页，图 0309、0313、0314、0315、0316、0317、0318。

　　南康府提调官通判赵斌司吏游清都昌县提调官主簿房秉正司吏张伯行十三都人户李敬

　　南康府提调官通判赵斌司吏游清都昌县提调官主簿房秉正司吏张伯行窑匠□远十六都人户江付

　　南康府提调官通判赵斌司吏游清都昌县提调官主簿房秉正司吏张伯行四十四都人户余显

　　（7）南康府星子县 ①

　　南康府提调官通判赵斌司吏游清星子县提调官主簿张德司吏王昭十三四都人夫潘保住

　　南康府提调官通判赵斌司吏游清星子县提调官主簿张德司吏王昭十五都人夫陶□

　　南康府提调官通判赵斌司吏游清二十三四都人夫曹锁住星子县提调官主簿张德司吏王□

　　我们注意到中都也留下此类信息的砖文,但由于中都的民砖数量不多,故涉及到"都"的砖文更少。目前据《凤阳明中都字砖》统计,仅发现了"南昌府新建县二十九都"和"临江府新喻县九都"、"临江府新喻县十一都均工夫造"两地,其中南昌府新建县涉及到"都"的砖文在南京尚未发现,总计有7县(当然,可能还有我们迄今尚未发现的地区)。在上述7县带"都"的砖文中,我们注意到有几个特征:首先,从最早的临江府新喻县洪武四年(1371)的纪年砖文,到吉安府庐陵县已具备"总甲、甲首、小甲"格式的砖文(即洪武十年或之后,详见下节),说明洪武早期基层建置"都"的存在,不仅代表地域的区划,也曾是洪武早期徭役征派的基层组

---

① 《南京城墙砖文》第 104 页,图 0345、0346、0347。

织重要的一个环节。① 其二,随着朝廷对城砖质量提出要求后,仅仅标注某"都"已然不能达到追责的效果,随之出现了"都"以下的"里长"实名制:"袁州府分宜县提调官主簿桑□□司吏黄原作□□□□匠人黄辛七五都里长李敏德□福兴"、"袁州府分宜县提调官主簿桑□□司吏黄原作头邓□□匠人罗吉三□□都里长袁晓□□"、"袁州府分宜县提调官主簿桑以时司吏黄原匠人萧□十十六都里长□□□□□"。② 其三,上述 7 县出现了"都"的形式,在直隶所属的府州县中目前尚未发现,而在应天府所属上元县、江宁县两县却出现了"乡"、"保"的基层建置形式,这一组织形式在其它地区砖文中并无发现。其砖文为"应天府上元县道德乡一保提调官县丞田泰洪武六年月日"、"应天府上元县道德三保"、"□天府江宁县提调官县□程司吏□□彰横山北乡中保洪武六年"。③ 换句话说,洪武初年各地农村基层组织并非完全一致,其演进具有地域的时序性与差异性,在南京砖文中部分地区就可得到实证。④

　　需要关注的一点是,在早期民砖征集中,出现了一些质量问题:从砖土采集方面来看,与《天工开物》所列"埏泥造砖"取土、制泥繁杂的各道工艺不符,有些地区的砖土含沙量过大,甚至还夹杂不少的小石子(尤其早期在江西袁州府和沿江一带),导致城

---

① 夏维中《洪武初期江南农村基础组织的演进》:"……经宋元以来长期衍变而日趋成熟的农村基础组织,被朝廷稍加改造后,就在当时城砖烧造以及相关的徭役征发中,发挥着巨大作用。而'都'这一地域区划,又恰恰是农村基础组织编制和运行的关键。"

② 《南京城墙砖文》第 198～200 页。

③ 《南京城墙砖文》第 8～10 页。

④ 唐文基在《明代赋税制度史》(第 29 页)中,依据洪武十二年刊《苏州府志》乡村基层建制也发现:当时"就没有里甲组织的记载"。这个观点,在南京城墙砖文中也可以得到其它地域的实证。

砖酥松、强度不够。再如夹心砖,即窑匠烧制过程中火候不足或时间过短,导致砖芯部分尚未烧透,成为"嫩火砖";有的砖面出现裂隙、弯曲现象,则为窑"火候多一两"出现裂隙,"多三两则砖形缩小、拆裂屈曲不伸"有关;或者窑工在烧砖结束后,"使水转渗"不足,导致砖芯呈红土状。^①对于宋应星论及的工匠技艺以及他本人的研学态度,德国汉学家薛凤认为:"宋应星显示出他对技艺的兴趣,展现了他对匠人技艺和学者天赋、实践者在社会中担当的角色及其与学术研习的关系等问题上的态度。"^②从《天工开物》城砖制坯、烧制工艺等环节记述来看,此论恰如其分。这些问题都牵涉到窑匠和造砖人夫的工作质量,因此在第二阶段征砖中首先从制度上给予了改进,以便追责到基层各级负责人及具体的造砖人和窑匠(详见下节)。验收城砖合格的标准为"敲之有声,断之无孔",前者针对的是窑匠,后者针对的是造砖制坯的人。

洪武四年(1371)九月,朱元璋"以郡县吏每遇征收赋税辄侵渔于民,乃命户部令有司料民土田,以万石为率,其中田土多者为粮长,督其乡之赋税。且谓廷臣曰:此以良民治良民,必无侵渔之患矣"。^③洪武六年,"诏松江、苏州等府于旧定粮长下,各设知数一人,斗级二十人,送粮人夫千人,俾每岁运纳,不致烦民"。^④洪

---

① (明)宋应星《天工开物》中卷"砖"2b/3b,明崇祯十一年刻本。烧造城砖所用芦柴量,可参考(明)刘安纂《南京工部职掌条例》卷1载:"城砖二万五千四十个,每十个该芦柴二束,计五千零八束。"笔者在21世纪初维修南京午门期间,发现这类内部呈红色的"夹心砖"。
② (德)薛凤著,吴秀杰、白岚玲译《工开万物:17世纪中国的知识与技术》第127页,江苏人民出版社2015年版。
③ 《明太祖实录》卷68,洪武四年九月丁丑。
④ 《明太祖实录》卷85,洪武六年九月辛丑。

武四年，"户部奏：浙江行省民一百四十八万七千一百四十六户，岁输粮九十三万三千二百六十八石，设粮长一百三十四人"。^①显然，粮长之设与田赋的征粮纳税直接有关，但也牵涉到当时的赋役。当时的赋役制"大约以田为经，以人户为纬。人户之丁粮有消长，而田无消长。照田起赋，照赋著役，至今遵行"。^②唐文基认为："明初太祖设粮长，又将田赋征收权交给乡间地主"，^③也说明粮长主责是征收田赋。从南京和中都砖文中，就有标明"粮长"的砖文：南京砖文为"抚州府临川县提调官主簿许宗孟司吏黄常粮长□□□"、^④中都砖文为"镇江府金坛县提调官主簿田仁美司吏□粮长行昇作匠□□□□□"^⑤等，这一现象说明在一段时间和一定区域内，粮长在征收田赋的同时，还承担了朝廷征派烧砖的基层组织领导职责。

早期民砖中基层组织混杂的现象，大致持续到洪武十年（1377），即因南京城第二阶段营造需要再次大规模征派城砖初始阶段，在少部分地区仍然存在。尽管时间不长，但却为我们留下了明初农村基层组织征役演进过程中的重要信息。主要分布在袁州府、黄州府、抚州府等地，^⑥如：

① 《明太祖实录》卷70，洪武四年十二月丙戌。
② （清）任源祥《赋役议上》，载《皇朝经世文编》卷29《户政四》"赋役一"。
③ 唐文基《明代赋税制度史》第12页。
④ 《南京城墙砖文》第136页，图0438。
⑤ 《凤阳明中都字砖》上，第95页。
⑥ 《南京城墙砖文》第190、192、226、138页，图0617、0624、0746、0444、0443。据《南京城墙志》第270页称："从目前掌握的南京城墙砖文中，'里长'与'总甲'之类的称谓，出现在同一块城砖铭文中并不多见，目前仅发现一例。如'总甲严孟高里长黄大四窑匠黄原三人户李如三'。"当然，除所列之外，今后还会有新的发现。

（1）袁州府万载县提调官主簿韩及古司吏黎焕张粮长喻□□烧砖人刘仲七人户宋□祥洪武十年月日窑匠龙□

（2）袁州府万载县提调官主簿韩及古司吏黎焕张粮长俞□翁烧砖人刘仲七人户宗仁祥洪武十年月日窑匠龙□

（3）黄州府提调官同知曹司吏黄玑蕲州提调官州官马立司吏倪琦广济县□调官主簿□伯岩司吏张桧里长吴朝宗人户余原林作匠□□洪武十年月日

（4）抚州府临川县提调官主簿许宗孟司吏黄裳□长□□知数□福寺总甲朱景明里长梅□□窑匠胡受二人夫□□七

（5）抚州府临川县提调官主簿许宗孟司吏黄裳粮长饶伯□饶从□总甲赵仕安里长于□一窑匠周信一□户赵□□

　　其中（4）（5）号砖文所披露的信息似乎更具价值：同一块砖文中的"粮长"出现了两人；且有粮长之下会计人员（为"□福寺"承担）的"知数"，以及"里长"和"总甲"的实名制，这表明当时有些地区所有各类性质的基层组织已一并存在。同时，也似乎表明洪武十年（1377）正在形成一种新的赋役征派基层组织形式，即砖文的中"总甲、甲首、小甲"格式。从该县另一块砖文中可以寻觅到一丝踪迹："抚州府提调官照磨冯惟善司吏范伯正临川县提调官主簿许宗孟司吏黄裳总甲饶从轮甲首饶盛二小甲赵礼三窑匠付思三造砖人夫饶逊二"，其中充任总甲的"饶从轮"，很有可能就是上述（5）号砖文充任粮长之一的"饶从□"。此推论如可以成立的话，表明洪武十年后砖文中的"总甲、甲首、小甲"，是另一种专项赋役征派基层组织形式，与粮长制、里长制以及洪武十四年后全国推行的里甲制虽有一定的关联，但不属于同一性质的基层组织，"而是一种劳役制度。这种自上而下建立起来的'各级提调官、总甲、甲首、小甲、窑匠、人夫姓名'一套完整体系,旨在加强城砖烧造管理、提高城砖的烧制质量"。① 但是,也不能忽视这套劳役体系成型过程中,原先农村基层组织中"都"、"粮长"、"里长"、"乡"、"保"在早期征役中的组织功能和作用,即在"总甲、甲首、小甲"形成之前,上述各类基础组织仍需发挥各项赋役的组织功能与作用。换句话说,当朱元璋洪武八年决定南京第二次城建,并于洪武九年再次向各地征派烧造城砖劳役后,于洪武十年"总甲、甲首、小甲"的形制正式诞生,即在原先基层组织之外形成了另一种临时性的赋役组织。

当然,无论是"粮长"、"里长"或者是"总甲"之职,还是需要赋役,② 但被赋予了诸多的"特权"。洪武八年(1375),"上谕御史台臣曰:比设粮长,令其掌收民租,以总输纳,免有司科扰之弊,于民甚便。自今粮长有杂犯死罪及徒、流者,止杖之,免其输作,使仍掌税粮。御史台臣言:粮长有犯,许纳铜赎罪。制可"。③ 在法律上给予减罪。再者,"由于粮长历年赴京能受皇帝召见,有机会被选拔任官,又有法律减免罪的特权,因而,粮长成了乡间地主乐于担任的具有殊荣的职务"。④ 乌程人严震直,就是"以富民择粮长,岁部粮万石至京师,无后期",⑤ 而得到朱元璋赏识,洪武

---

① 　陈瑞、王裕明《南京明城墙砖铭文三题》,《东南文化》2004年第1期。
② 　《明太祖实录》卷134,洪武十三年十二月丁巳朔,"上命户部移文诸郡县:凡功臣之家,有田土输纳税粮并应充均工夫役之外,如粮长、里长、水马驿夫等役,悉免之。"
③ 　《明太祖实录》卷102,洪武八年十二月癸巳。
④ 　唐文基《明代赋税制度史》第15页。
⑤ 　《明史》卷151《列传》39"严震直"。

二十六年升任工部尚书。

　　总之，在洪武八年（1375）至洪武十年间，早期均工夫役的基层组织从"都"、"粮长"、"里长"，或者是"乡"、"保"，开始转向以"甲"赋役的基层组织转变。而这一基层组织的转型，也正是洪武八年以后，南京城墙进入第二阶段营造时由于对城砖质量提出更高要求，并在洪武十年基层赋役组织得以具体落实的见证。

三、第二次征砖中的"总甲、甲首、小甲"

　　洪武八年（1375）以后，朱元璋虽称"户、刑、工三部，庶事浩繁"，"土木之工屡兴，烦劳愈甚，内郡多被艰辛，而外郡疲于转运"，"有不得已而劳民者，营造之类是也"，[①] 但出于营建"一代之兴"的大明京都需要，还是启动了京师大规模城建的第二次劳役。经过短期的筹备，[②] 即诏令各地征调包括烧制城砖、采伐木材、石材在内的各宗建材。在组织调配方面尤其对提调官的委任，朝廷也提升了官职的品级。

　　据目前南京城墙砖文提供的信息所知，在第二阶段城墙营造

---

① 《明太祖实录》卷 102、105、106，洪武八年十一月丁丑、洪武九年三月己卯、洪武九年五月壬戌。

② （清）陈莫缵修，倪师孟纂《吴江县志》卷 26，4b/5a "莫礼"条载："洪武初，尝召见参大臣谋议。又奉诏于京师营建，费巨万计。"清乾隆修，民国年间石印本。另据（明）莫旦纂《吴江志》（明弘治元年刊本）卷 9 "莫礼"条载："洪武二十一年，以人材授户部员外。"未言参与京师营建事。因此，即便莫礼参与京师营建，也是洪武二十三年营建外郭的事了。

中征派城砖的提调官,职位最高的当是郴州府"廉勤有守"的知府王恪。他被调至应天府任府丞,并充任提调官一职。(见图23)其砖文为:

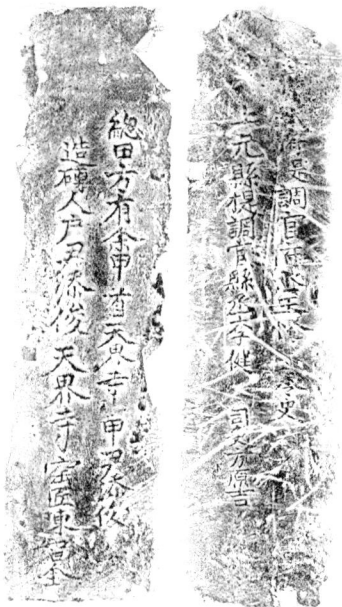

图23:应天府提调官府丞王恪主持烧造城砖的砖文拓片,引自《南京城墙砖文》图0022。

应天府提调官府丞王恪令史□□□上元县提调官县丞李建司吏方原吉总甲方有余甲首天界寺小甲尹添俊造砖人户尹添俊天界寺窑匠陈智全[①]

砖文中府丞"王恪",明万历《应天府志》职官中无载,《湖广图经志书》称:"王恪,浙江绍兴人。洪武六年为郴州府知府。廉勤有守,且工大字,今墨迹有存者。洪武九年改府为州,赴京别任。"[②]而在《郴州总志》秩官"明知府"条载:王恪,"绍兴人,元年任。九年改府为州,赴京别任"。[③]另据《郴州志》载:"王恪,绍兴人,(洪武)元年任(知府)。九年改府为州,赴京

① 《南京城墙砖文》第8页,图0022。
② (明)薛纲纂修,吴廷举续修《湖广图经志书》卷14,29b。
③ (清)陈邦器修,李嗣泌、刘带蕙纂《郴州总志》卷5,16b,清康熙二十四年刻本。

别任。"又称其府学元代已毁圮，"国朝洪武贰年，诏建学。知府王恪即故址创建"。[①]据此可知王恪出任郴州知府当为洪武元年（1368），《湖广图经志书》却将"元"字误写成"六"字。郴州府改郴州，具体时间为洪武九年四月甲午。[②]由此可推断这块城砖，为洪武九年四月后，王恪出任应天府府丞期间主持烧制的城砖。由于洪武三年监察御史郑沂的提议，认为"京师为天下根本，四方之所瞻仰"，[③]当与在外散府有别，遂将应天府知府改称府尹，正三品；又设府丞一人，正四品。原郴州府知府亦为正四品，从职级官品上看王恪属平调，但由外府调至京师充任该职，还是有被重用之意。这是南京城砖砖文中目前所见级别最高的提调官正四品官员，在此前南京城墙营建第一阶段砖文"提调官"呈现最高的职官为知县正七品提调官，无府州两级。这并不意味南京城墙第一阶段营造征砖劳役时府州两级未设提调官，仅为砖文中未体现而已。至于砖文中"上元县提调官县丞李健"，未见载于历代上元县方志。

应天府府丞王恪的这块砖文，从另一个角度印证了明人乌斯道在《骈义传》中透露的征砖信息："洪武丙辰（九年）冬，朝廷诏江西、湖广郡县民，验田多寡陶大甓。家裕饶者，又造舟运甓之京师"，[④]这条记载漏了直隶所属的各府州县。这是朝廷在继洪武八年（1375）三月壬戌，诏计均工夫役，得均工夫540523人[⑤]参与南

① （明）胡汉纂修《郴州志》卷2，25b；卷13，3a，明万历刻本。
② 《明太祖实录》卷105，洪武九年四月甲午。
③ 《明太祖实录》卷53，洪武三年六月辛巳。
④ （明）乌斯道《春草斋集》卷2，2a。
⑤ 《明太祖实录》卷98，洪武八年三月壬戌。

京城建后,又于洪武九年再次向长江中下游各府州县征派烧制和运送城砖之役。同时在提调官官员的配置上也给予了加强:洪武八年充调提调官的还有安庆府提调官通判王士廉、^①武昌府嘉鱼县的知县吴启文、^②赣州府雩都县提调官知县苏恪^③等一批官员。在洪武八年至洪武十年间,雩都县不仅有提调官,还出现了"监造官",其砖文为"赣州府雩都县提调官苏恪监造官□惟诚司吏孙顺成窑匠蔡敬宽"。^④加强提调官官员的配置,以及随后实行的征砖劳役基层组织"总甲、甲首、小甲"实名制,是针对早年征砖时,城砖出现不少质量问题而从组织架构上改进的一项措施。

上述应天府砖文中的"天界寺",元代为龙翔集庆寺,位于会同桥之北。^⑤元至正十六年(1356)朱元璋进驻应天时曾会见并听过觉原昙禅师说法,印象很深,称他为"福德僧",并给予器

① (明)李士元修,沈梅纂《铜陵县志》(明嘉靖刻本)卷7,2a:王士廉,陕西兴平人。洪武七年任铜陵县知县,后因"莅政廉勤、民安盗息,升安庆府通判"。其砖文为"安庆府提调官通判王士廉司吏邓由己桐城县提调官主簿夏仲寅司吏俞祥总甲吴胜甲首王兴小甲于子宽窑匠李大造砖人夫于子宽",载《南京城墙砖文》第42页,图0132。
② (清)汪云铭修,方承保、张宗轼纂《重修嘉鱼县志》卷3,3b《秩官志六》称吴启文任知县为"洪武乙卯"(即洪武八年),清乾隆五十五年刻本。其砖文为"武昌府提调官通判张勘司吏徐用嘉鱼县提调官知县吴启文司吏丁可用",载《南京城墙砖文》第220页,图0723。
③ 据(明)董天锡等纂《赣州府志》卷7,21b载:"苏恪,洪武八年任,以贤能升福建福州同知。"明嘉靖刻本。另(清)李祐之修,易学实纂《雩都县志》卷6,5a亦载:"苏恪,洪武八年任知县,持己廉能,吏民无不畏怀,四境之内,乐有升平。升福州府同知。"清康熙元年刻本。
④ 《南京城墙砖文》第206页,图0674。
⑤ (明)三山林瀚《重修天界寺记略》,载《金陵梵刹志》卷16,8b。

重。^① 第二年，朱元璋下令将龙翔集庆寺改为大天界寺。洪武元年(1368)春设立善世院，以慧昙禅师统领释教之事，^② 机构就设立在天界寺内。因此，天界寺也被称作"天界善世禅寺"。洪武初年，南京天界寺"荷蒙圣恩，钦赏上元县丹阳乡靖安湖塾镇田地二十九顷有零、溧水县永宁乡相国圩田三十七顷有零、溧阳县永城等乡黄芦雁□西赵三圩田三十九顷有零，每顷田一夫……"，^③ 因有赏赐田地合计 105 顷，故每年需应役 105 人。役夫参役所需口粮，须有各地田户自行解决，也并非朝廷供给。如上述天界寺在溧水县的田地，每年"一庄收粮五百有零，除纳官粮外，余肆百贰拾贰石玖斗陆升，□为役夫之用"。^④ 天界寺参役的僧人，在朝廷第二次征砖赋役中曾任"甲首"并烧制过城砖，由于田产属于庙产，故无僧人实名仅署庙名。目前发现南京砖文中涉及的寺庙有 20 多座，除极少数外，大都署以庙名而非僧名。^⑤

自 20 世纪 90 年代以来，通过对南京城墙砖文中"提调官"和"总甲、甲首、小甲"实名制的收集并结合地方建置名称的更迭，以及方志、族谱等文献记载，如今可以得出这样一个结论：砖文中出现"总甲、甲首、小甲"的组织形式在洪武十年(1377)形成，并

---

① （明）宋濂《觉原昙禅师志略》，载《金陵梵刹志》卷 16，25a。

② 《明太祖实录》卷 188，洪武二十一年二月："洪武元年春，即本寺开设善世院，以僧慧昙领教事，改赐额曰大天界寺。"

③ （明）葛寅亮《金陵梵刹志》卷 2，8a，洪武十六年正月二十一日。

④ （清）李斯佺纂修《高淳县志》卷 8《赋役考·天界寺田租粮缘由》3a/b，清康熙二十二年刻本。

⑤ 杨国庆《明初寺院参与南京城墙造砖工役考析》，载《南京城墙砖文》，第 350 页。

被推广;但时间不长,最多约三四年的时间。此时出任的"提调官",均在洪武九年前后到任,或者是延任。仍以部分南京城墙带"甲"的砖文为例:

1. 兴国州提调官连敏

武昌府提调官通判张勘司吏徐用兴国州提调官连敏张善庆司吏王仲祥总甲首胡景贤甲首黄荣夫人户汪福[①]

据《兴国州志》记载:兴国府洪武九年(1376)降为兴国州。砖文中提调官连敏,为洪武十年"由江西瑞昌知县升"任知州。[②]

2. 南昌府丰城县

南昌府提调官通判王武司吏万宗程丰城县提调官县丞谭九皋司吏汪宪总甲过自名甲首张北舟小甲张介翁窑匠甲首黄德窑匠甘小俞造砖人夫熊均瑞[③]

丰城县元代称"富州",洪武九年(1376)十二月己卯,改名丰城县,仍属南昌府。[④]然清代丰城地方志则称:"洪武二年复改为丰城县,称知县。"[⑤]且该《志》"县丞"竟无"谭九皋"之名。对照《明太祖实录》和南京城墙砖文,清代县志显然为误载和疏载,谭九皋曾在洪武九年十二月之后出任丰城县县丞,并主持烧制运往京师的城砖。

3. 永丰县提调官未写官职

吉安府委提调官沈宣府吏吴彬永丰县提调官李铭司吏程璟

---

① 《南京城墙砖文》第220页,图0726。
② (清)刘凤纶、王凤池续纂《兴国州志》卷12,10b,清光绪十五年刻本。
③ 《南京城墙砖文》第80页,图0254。
④ 《明太祖实录》卷110,洪武九年十二月己卯。
⑤ (清)徐清选修,毛辉凤纂《(道光)丰城县志》卷6,11a,清道光五年刊本。

总甲陈子宁甲首艾允恭小甲黄好学窑匠彭文受人夫黄好学^①

　　南京砖文自出现"总甲、甲首、小甲"这类形式后,提调官仅有实名而无官职的现象并不多见。据方志载:"李铭"为洪武九年(1376)任永丰县主簿,另据永丰县修建厉坛的记述:"洪武庚申(洪武十三年),主簿李铭建"厉坛,^②而得知这块城砖烧制年代在洪武九年后,至迟在洪武十三年前。

　　4. 岳州

　　岳州提调官同知皇甫从龙司吏荣惠华容县提调官县丞董思名司吏芦祐□甲首熊发才甲首杨成小甲杨先窑匠苏胜一造砖人夫严伯恭^③

　　洪武九年(1376)四月甲午,"改岳州府为岳州,革所属巴陵县"。洪武十四年正月戊子,"复改湖广岳州为岳州府"。^④由此可知,该城砖为改名"岳州"期间的洪武九年至洪武十四年间烧制。砖文中"皇甫从龙",据明隆庆《岳州府志》载:"皇甫从龙,□□人,国初府同知。卒于任,家焉。今改黄姓。"^⑤皇甫从龙应为蒙古人或为色目人,未见载其任提调官时赋役均工等业绩。砖文中的华容县县丞董思名,乾隆《华容县志》称其为"董思铭",仅载"思铭,间有修建功焉"^⑥一语。而"董思名"与"董思铭"同音,估计为同一人。

---

① 《南京城墙砖文》第 148 页,图 0471。

② (明)林策棁修,周广纂《(嘉靖)江西通志》卷 25,23a;卷 30,38a,明嘉靖刻本。

③ 《南京城墙砖文》第 240 页,图 0787。

④ 《明太祖实录》卷 105、135,洪武九年四月甲午、洪武十四年正月戊子。

⑤ (明)钟崇文纂修《岳州府志》卷 14,82b,明隆庆刻本。

⑥ (清)狄兰标修,罗时暄纂《华容县志》卷 5,18a,清乾隆二十五年刻本。

5. 武昌府德安州随县

武昌府提调官通判张勘司吏□□德安州判官翟大易司吏靳时中随县知县段博司吏林忠作匠李祥人户王时能程辉李从善李德[1]

随县，据《随州志》载："洪武元年降为县，属黄州府。十三年五月，复升为州，以应山属。隋(州)还属德安府，隶湖广布政司。"[2] 该《志》(卷20)"知州"职官载："段博，洪武三年任，是年降州为县。陈萃，年无考，见府志。刘率右，洪武十三年任，是年复升为州。"但该《志》(卷21)"名宦"中称陈萃"横州人，永乐中知隋州"，显然该《志》职官所载不可信。再对照《明太祖实录》载：洪武九年(1376)四月甲午，"改德安府为德安州，隋州为隋县，隶黄州府"。同年十一月戊申，"以德安州隶武昌府"。[3] 德安州同属武昌府应山县的纪年砖文也可得到旁证："武昌府提调官通判张勘司吏徐用德安州判官翟大易司吏薪时中应山县丞吴□典吏吴忠作匠□英人户汪□吴□洪武十年三月 日"。[4] 洪武十年五月，"湖广并黄州府之随县入应山县"，[5] 由此便可确认：这块"随县"城砖为洪武九年十一月至洪武十年五月之间烧制，砖文纪年无误，而《随州志》的建置变革记载有误。

6. 南康府提调官通判赵斌与都昌县提调官主簿房秉正[6]

（1）南康府提调官通判赵斌司吏游清都昌县提调官主簿房秉

---

① 《南京城墙砖文》第222页，图0729。
② （清）孙文俊修，史策先纂《随州志》卷2,8b，清同治八年刻本。
③ 《明太祖实录》卷105、110，洪武九年四月甲午、洪武九年十一月戊申。
④ 《南京城墙砖文》第222页，图0731。
⑤ 《明太祖实录》卷112，洪武十年五月戊寅朔。
⑥ 《南京城墙砖文》第98页，图0315、0319。

正司吏张伯行十都人户赵伯胜

（2）南康府提调官通判赵斌司吏游清都昌县提调官主簿房秉正司吏张伯行总甲段常甲首冯世中小甲于京原窑匠黄昇造砖人夫陈阿刘

这两块砖文中府县提调官均同，但任职时间不明。据正德《南康府志》载，江西行省南康府通判："彭仲显，洪武六年在任；赵斌，洪武十一年在任；李守中，洪武十四年在任。"[1] 另据《都昌县志》[2] 转载王天策所撰《重建柴棚御碑亭记》：都昌县柴棚镇设有朱元璋鄱阳湖战绩碑并建亭，称御碑亭，"旧无记，故其创建始末岁月俱不可考。掘出所遗砖，仅有'提调官南康府通判赵斌都昌县主簿房秉正'等字样。按《府志》赵斌，洪武十一年任，乃知是亭盖，斌抵任以后所筑"。对照正德《南康府志》所称赵斌"洪武十一年在任"，并非上任年代，故（1）砖最晚烧制年代当为洪武十年（1377），砖文中"甲"的形制尚未落实。（2）砖最早烧造年代当为洪武十年之后，但不会超过洪武十四年。

7. 常州府无锡县窑匠章裕的两块砖文[3]

（1）常州府无锡县提调官县丞贾从善司吏朱原作匠章裕洪武七年月日

（2）常州府提调官通判汤德知事彭源司吏张廷珪无锡县提调官县丞周炳司吏高彦总甲邓可仁甲首李章小甲冯进二窑匠章裕谢成坯匠汤□□造砖人夫陈长张福一□福严隆三佘□

---

① （明）陈霖纂修《南康府志》卷6,4b,明正德十一年刻本。
② （清）狄学耕修,刘庭辉、黄昌藩纂《都昌县志》卷12,32a/33a,清同治十一年刻本。
③ 《南京城墙砖文》第22页,图0067、0070。

　　这两块砖文出自同一窑匠(即作匠)"章裕",洪武七年(1374)时尚无以"甲"为建制的基层组织形式,而后一块在府级"提调官通判汤德"出现时,已实行了"甲"为建制的基层组织形式。明万历《常州府志》载:"汤德,字德器,高邮人。洪武中通判常州,敷政严明而持法不苛,吏民畏爱之。升知苏州府。"① 另据《姑苏志》载:"汤德,洪武十一年以中顺大夫、常州府通判升授(苏州知府),八月二十六日到任。坐实封事,逮赴京师。"② 由此可见,该砖为洪武十一年八月二十六日之前烧制。其中(2)砖文中出现的"坯匠",为第二次征砖中出现。以常州府为例:除无锡县坯匠汤□□外,还有坯匠管寿八、官奴坯匠张□四,以及宜兴县坯匠陈荣七,武进县坯匠金九三、坯匠叶□七和江阴县坯匠李华,③ 表明此阶段征砖时对砖土以及砖泥和制坯每个工艺环节也有了更严格的要求,并由坯匠给予技术层面的指导。但我们也发现,有不少地区的坯匠实名制并非全部落实在砖文中,或另有它因。

　　8. 沔阳 3 块砖文 ④

　　(1)沔阳府玉沙县提调官知县□□司吏杨□□

　　(2)沔阳州提调官州判焦德司吏朱兰□□景陵县提调官县丞宋廷凤司吏刘中陶信作匠赵□人户王世□

---

① (明)刘广生修,唐鹤征纂《常州府志》卷 10,37b,万历四十六年刻本。
② (明)王鏊纂《姑苏志》卷 3,39a,正德元年刻本。按:仍据该志卷 3 载:苏州知府自洪武元年至洪武十八年计 24 人,因"坐事"而逮赴京师参役或获它罪竟有 12 人之多。
③ 《南京城墙砖文》第 20～24 页,图 0062、0068、0070、0071、0076、0079,其中武进县"坯匠叶□七"未收录《南京城墙砖文》一书,为南京城墙博物馆藏品,编号为"295"。
④ 《南京城墙砖文》第 242 页,图 0802、0801、0799。

（3）沔阳州提调官焦德司吏朱兰□□景陵县提调官宋廷凤司吏陶信刘中总甲首苏章甲首□继祖小甲首高□窑匠赵先造砖人夫黄□

据《明太祖实录》载：洪武九年（1376）四月，"改沔阳府为沔阳州，革所属玉沙县"，^①故（1）砖文的城砖当在洪武九年之前烧制。砖文（2）中"焦德"，据光绪《沔阳州志》职官"起自洪武九年"载："州判"条中"韩梦播、焦德……"。^②表明焦德任职当在洪武九年或稍晚，并经历了砖文带"甲"格式化的转变。

9. 瑞州府新昌县窑匠易伏的3块砖文^③

（1）江西省瑞州府新昌县提调官主簿孙惟一司吏付政作匠易伏洪武七年月日

（2）江西省瑞州府新昌县提调官主簿崔仲郁司吏胡平实人户甘□作匠易伏洪武十年 月日

（3）江西瑞州府提调官通判程益司吏艾诚新昌县提调官主簿崔仲郁司吏胡平实总甲胡伯温甲首谢伏春小甲王俊用窑匠易伏造砖人夫晏子海

从（1）（2）号纪年砖文中得知新昌县提调官主簿在洪武七年（1374）至洪武十年间已更换人，而窑匠"易伏"未变。虽万历《新昌县志》"主簿"无载"孙惟一"和"崔仲郁"两人，但砖文却留下了记载。从（3）号砖文"程益"来看，尽管《（正德）瑞州府志》

---

① 《明太祖实录》卷105，洪武九年四月甲午。另据（明）孙文龙纂辑《承天府志》卷8,53b 称沔阳州"洪武十年改为州"。在明"州判"条亦见"韩梦播、焦德……"，日本尊经阁文库藏明万历三十年刻本。本文此据《实录》。

② （清）葛振元修，杨钜纂《沔阳州志》卷7,22b，清光绪二十年刻本。

③ 《南京城墙砖文》第88页，图0279、0280、0282。

"通判"条目中无载,在该《志》上高县"知县"中却有记载:"程益,洪武五年任"。^①另据《(同治)重修上高县志》"知县"载:"程益,洪武五年任。黄权,七年任"。^②《(正德)瑞州府志》又载:"大明洪武十年,程益新文庙及明伦堂。"^③由此可知,程益自洪武七年调离上高县,升任瑞州府通判,至迟于洪武十年出任该府提调官,并与新昌县的崔仲郁共同经历了洪武十年征砖基层劳役制的改革,而在洪武十年初瑞州府一级实名制尚未落实。

10. 池州府"彭子冲"砖文^④

(1)池州府东流县提调官陈瑞千作匠金真洪武七年月日

(2)池州府提调官同知彭子冲司吏朱忠实建德县提调典史胡永秀司吏欧原吉总甲冯佯之甲首陈谷仁小甲陈玉俊窑匠苏胜祖造砖人夫胡寿□

上述砖文,因(1)号纪年为洪武七年(1374),故无异议。但对(2)号砖文中出现的"池州府提调官同知彭子冲",有学者根据嘉靖《池州府志·官秩》所载该府明代历任同知:"彭子冲,洪武初任;聂茂先,洪武七年任",^⑤因此推论彭子冲在洪武七年之前就任池州府同知时,已经出现了以"甲"为建制的基层组织形式。^⑥

---

① (明)熊相纂《(正德)瑞州府志》卷6,10a,明正德十年刻本。
② (清)冯兰森修,陈卿云纂《(同治)重修上高县志》卷5,33a,清同治九年刻本。
③ (明)熊相纂《(正德)瑞州府志》卷4,11a。
④ 《南京城墙砖文》第56、60页,图0174、0191。
⑤ (明)王崇纂修《(嘉靖)池州府志》卷6,6b,明嘉靖刻本。
⑥ 王裕明《明代总甲设置之考述》,载《第十届明史国际学术讨论会论文集》第166页,人民日报出版社2005年版;杨国庆、王志高《南京城墙志》第268页。

其实,这是文献有误而导致的错误推论。^①据乾隆四十四年《池州府志》"秩官年表"载:聂茂先任池州府同知时间是戊戌年(1358),知州是孙炎;在聂茂先上任的前一年(1357)任池州府同知的是孙炎,知州是刘行任;所谓彭子冲的记载是"彭子冲,洪武初任(同知)",洪武十四年之前,知州是王祖顺。^②彭子冲出任池州府同知的时间,并非是洪武七年之前,而仅仅是"洪武初任",这样依据砖文中的"总甲"格式的形成,可以推断在洪武十年至洪武十四年之间出任同知。这是清代乾隆刊本《池州府志》纠错明代嘉靖《池州府志》的地方,而池州府的"聂茂先"一名既没出现在早期的南京与中都砖文中,更不会出现在带"甲"格式的砖文中。因此,彭子冲主持烧制城砖至迟当在洪武十四年之前。

11. 饶州府提调官同知"金声"砖文

饶州府提调官同知金声司吏程克昭余干县提调官主簿董伯修司吏赵□总甲蒋思和甲首丘孔旺小甲施文窑匠谢□造砖人夫黄执中^④

据《(同治)饶州府志》明同知条载:"金声,华亭人。洪武十年任,有文学名。"^④说明洪武十年(1377)金声出任饶州府同知并担任提调官期间,砖文已出现带"甲"的造砖劳役的完善的基层组织。

12. 临江府新喻县的砖文演变^⑤

---

① 杨国庆《南京明城墙砖文中的基层组织研究》。
② (清)张士范纂修《(乾隆)池州府志》卷27,17b,乾隆四十四年刻本。
④ 《南京城墙砖文》第108页,图0359。
④ (清)锡德修,石景芬等纂《(同治)饶州府志》卷9,14a,清同治十一年刻本。
⑤ 《南京城墙砖文》第176、178、174页,图0572、0577、0579、0580、0564。

（1）临江府新喻县造

（2）临江府新喻县均工夫役造五

（3）新喻县四十一都洪武四年均工夫造

（4）新喻县提调官知县□□□武七年八月烧造均工城砖匠人张□造

（5）临江府提调官照磨李好正司吏宋征新喻县提调官知县李公让司吏简澄总甲李仲达甲首叚秀端小甲周辛窑匠胡文富刘成五造砖人夫陈相达

上述（4）砖文为洪武七年（1374）"提调官知县□□□"，据《新喻县志》载当为洪武四年任知县的"闵焕"，[①]洪武四年至洪武七年间任知县期间主持烧制过城砖。而（5）砖文中新喻县提调官知县李公让，是"山东濮州人，由中书省椽，洪武二年除稷山知县，建饬治廨、学校、坛庙。后调江西新喻县，稷山民攀留不忍其去"。[②]另据《（同治）新喻县志》载：李公让为洪武八年任知县，称其"廉节有能名，……凡事务在便民安农，邑人至今传其善政。以造作城砖，拂督造者命，诬以'毁坏砖坯、重劳民力'，得罪死。民咸冤之"。[③]这块城砖当在洪武八年以后、李公让得罪"督造者"之前烧制，迄今南京砖文中尚未发现该县李公让之后提调官的官员。据此，可以看出提调官之上，还有一级"督造者"的存在。同时，这则案例也佐证了俞本在《纪事录》所言："上感（惑）天师言，

---

① （清）符执桓纂修《新喻县志》卷 8, 8a/b, 清康熙十二年刻本。

② （明）李侃修, 胡谧纂《山西通志》卷 8, 64b, 民国二十二年景抄明成化十一年刻本。

③ （清）文聚奎、祥安修, 吴增逵纂《（同治）新喻县志》卷 7, 37a, 清同治十二年刻本。

天下府、州、县官吏多被诛戮,名曰'钦录官吏'。其中纵有一二廉洁,则贪婪贿赂因之日盛,玉石难分。识者惜之。"①说明洪武十年(1377)后,朝廷对各地提供的均工城砖有了更高的要求,其"督造者"的权力某种程度上超过了当地的提调官,但身份各异。

朱元璋在《大诰续编》列出一案:"周金保等八名,为催办城砖事差往常州等府,至彼受财无厌,又行脱放有罪囚徒,受彼赃私,经九月不至。差人诣所在捉拿,本人已于本处娶讫妻室,盖造院宅,置买牲口,就彼为家。"②周金保等人虽无官职,但受朝廷指派赴地方仅为"催办城砖事",竟有机会"受财无厌",说明其手中掌有一定的权力。再举两例:(1)洪武十一年(1378)朱元璋命作《祭元幼主文》,钱甦所作深得朱元璋赞许欲官之,而钱甦以母老固辞。太祖许之,乃命其返乡。途中为其警示各地有司官员的故事,更被各地渲染而真伪难辨。③(2)"丁巳(洪武十年)夏,朝廷遣胄监生廉其事(指造砖和造船运砖),以造舟事,鸠财耗民复命。

---

① (明)俞本撰,李新峰笺证《纪事录笺证》第338页。
② 朱元璋《大诰续编》卷1,67a/b《力士催砖第八十一》,明洪武内府刻本。
③ 这类记载颇丰:(明)冯汝弼修,邓韍纂《常熟县志》(明嘉靖刻本)卷9,3b称朱元璋赐钱甦杖,"俾所过谕其吏民,以国家更化之意"。(明)管一德《皇明常熟文献志》(明万历三十三年刻本)卷10,17a称:"高皇帝特矜释还家。因命传旨,所过州县官吏俱要安民均赋。"(明)李默《孤树裒谈》(卷2,35b)则称钱甦是"遣归临川",行前朱元璋"面谕之。'尔归于经过府县,为我宣谕官吏,我百姓个个要安徭役,处处要均。百姓所以不安徭役,所以不均者,皆贪官污吏坏我法度,今后犯者不饶。'"(清)黄廷鉴修《(道光)琴川三志补记续编》(清道光十五年刊本)卷6,12a称:钱甦行前,朱元璋"乃曰'子行为我告诸有司,明主在上,宜悉心奉公,毋虐我民、乱我法,自取诛灭。'凡数百言,甦备书之以行。初至句容,直入公廨,诵其语而退。次至丹阳,尹未辨其真伪也,设酒羁留而飞骑以闻。上乃召二尹并甦谓曰:'吾令汝谕有司,而不与汝符,吾之过也。'遂给牒付之"。

上敕廷臣莅吉安按之,民咸伏辜。"① 这类"监生"是否就如同前文中提到的"督造者",尚无法确定,但这类人的权力高于各地提调官的人确实存在。在第二次征砖徭役中,朱元璋利用各种手段或途径监督地方官员秉公征派徭役之事,恐怕是不争的史实。

2021 年 12 月 2 日,湖南省人民政府门户网站发布的《怀化市中方县发掘出国内第二大明代砖窑群遗址》称:"湖南省文物考古研究所对中方县中方镇顺福村的明代窑址群进行抢救性考古发掘,目前已发现窑址 60 座,已发掘砖窑近 20 座,墙砖数量数百块。"其中一块城砖砖文为"辰州府提调官黄载"和"沅州提调官判官庞栋"等及相关司吏姓名;背面刻总甲、小甲、造砖人户、窑匠等工匠姓名,并称"本次发掘的城砖,目前可以确定被使用于荆州的城墙上"。这块城砖的砖文目前尚未见于南京城墙的城砖。洪武九年(1376)四月,"改沅州府为沅州,隶辰州府,革所属卢阳县"。② 因此,这件砖文中带有"总甲、小甲、造砖人户、窑匠等工匠姓名"的样式,也表明该砖烧制于洪武九年之后。另据《(光绪)荆州府志》载:"明太祖甲辰年,平章杨璟依旧基修筑,周一十八里三百八十一步,高二丈六尺五寸。"③ 甲辰年,即公元 1364 年,故此次修城用砖肯定不是怀化市中方县出土之城砖。至于荆州城墙上的"辰州府"城砖何时被用,另待查考。

综上所述,基本可以清楚看出砖文的"总甲、甲首、小甲"的完整组织形式出现在洪武十年(1377)之后。但是,由于方志记

---

① (明)乌斯道《春草斋集》卷 2,2a。
② 《明太祖实录》卷 105,洪武九年四月甲午。
③ (清)倪文蔚、蒋铭勋修,顾嘉蘅、李廷鈜纂《(光绪)荆州府志》卷 8,2a。

载存在许多遗漏或因征砖之役时间不长,加之不可能对南京城墙砖文全部掌握,这些都为进一步的考证带来诸多的缺憾。如"抚州府提调官照磨冯惟善司吏范伯正金溪县提调官主簿张泰司吏何伯初总甲刘公茂甲首刘□合小甲刘汉六人夫用原窑匠黄良"①中的"主簿张泰",明崇祯七年本《抚州府志》无载,而光绪《抚州府志》主簿条仅载:"张泰,洪武年任",②详情不明。常州府宜兴县的两块砖文亦有类似阙载或错误的记载:

(1)常州府宜兴县提调官主簿许穆司吏杨仲仁作匠张安洪武七年月日

(2)常州府提调官通判汤德知事彭源司吏张廷珪宜兴县提调官县丞邓跃司吏高瑄总甲吕□清甲首□□五小甲吴□五窑匠张安坯匠陈荣七造砖人夫高敬□□□黄贵陈贵□□□

砖文(1)中的"许穆",方志虽有载,并称其"乐平人,工于诗。洪武初任,佐理有声,百姓欣戴。秩满代去,父老遮留之"。③任职与离任均无载。砖文(2)中的"邓跃",万历《宜兴县志》载:"邓跃,字九渊,吉水县人。佐理有方,吏民畏服",④康熙《重修宜兴县志》⑤沿用明万历旧志记载。清嘉庆《重刊宜兴县旧志》则称:"明邓跃,字九渊。宣德间宜兴县丞。佐理有方,吏民畏服",⑥且称"参王升旧志",参考该砖文前文引述的"常州府提调官通判汤

---

① 《南京城墙砖文》第 142 页,图 0456。
② (清)许应鑅、朱澄澜修,谢煌等纂《(光绪)抚州府志》卷 36,2b。
③ (明)刘广生修,唐鹤征纂《常州府志》卷 10,94b。
④ (明)陈遴玮、王升纂修《(万历)宜兴县志》卷 3,19a,明万历十八年刻本。
⑤ (清)李先荣、徐喈凤纂修《重修宜兴县志》卷 2,11b,清康熙二十五年刻本。
⑥ (清)阮升基修,宁楷纂《重刊宜兴县旧志》卷 5,59a,清嘉庆二年刊本。

德"，显然嘉庆《旧志》将洪武时的邓跃误作了明"宣德间"。

南京城墙砖文中的提调官任职时间，有不少未见方志记载，但也可依据相关信息加以推断："抚州府乐安县主簿李贞司吏邓焕甲首周景仁人户夏延年窑匠袁兴一"[①]中的主簿"李贞"（有的砖文为"李真"），明清《乐安县志》无载。洪武年间，乐安县任主簿的仅有张遇、丁文、王忠3人，其中有"戴智"的记载："蕲州人，举贤良，洪武初知县事。约己爱民，礼士兴学，核税均徭，时称贤宰。"[②]其中"核税均徭"可能与当时征砖赋役有关，但迄今南京砖文尚未发现"戴智"一名，或者为乐安县早年未实行实名制时的供砖，待考。另据《江西通志》载："李贞，字世贞，山东蒲台人。初以才学举任大名主簿、改乐安。操执清慎，始终如一。当道闻而重之，委任砖窑于金鸡城，董役过勤，卒于工次。贫不能还其家，遂占籍于明贤乡。"[③]在乐安县"李贞"的砖文中，仅出现"甲首"，既无府级提调官实名，也无"总甲"、"小甲"的建制。故推测为洪武八年（1375）至洪武十年间烧制，是否该县在洪武十年后停止征派城砖，暂不得而知。再如砖文"铅山县提调官知县张原司吏□□四十九都"[④]中的"张原"，据《（乾隆）铅山县志》记载，洪武八年任知县，他的后任是吴仲晦洪武十五年任。[⑤]依据铅山县另一砖文为"广信府提调官通判郑祐司吏徐政铅山县提调官知县王恳司吏王达总甲祝名远甲首祝季和小甲詹原敬造砖人夫吴德

---

① 《南京城墙砖文》第146页，图0464。
② （清）朱奎章修，胡芳杏纂《乐安县志》卷6，26a，清同治十年刻本。
③ （明）林策楣修，周广纂《（嘉靖）江西通志》卷19，73b。
④ 《南京城墙砖文》第114页，图0378。
⑤ （清）阳浩然纂修《（乾隆）铅山县志》卷7，10a，清乾隆四十九年刻本。

宝窑匠诸开五"，①知县王恳并不见诸方志(包括《广信府志》)记载,但从砖文的"总甲、甲首、小甲"格式来看,铅山县知县王恳当在洪武十年至十五年间曾有任职并主持烧制过城砖,而张原当在洪武八年至洪武十年间主持当地烧制城砖。铅山县知县吴仲晦在南京城墙砖文中迄今尚未发现,据此推测南京城墙第二次营造而征派的地方城砖很可能早于洪武十五年已停止烧制。总之,依靠方志信息比对砖文,确实能查询到许多有价值的资讯,但并非全部,有的甚至还有疏舛。

洪武三年(1370)七月辛卯,为建造南京城池征调全国部分地区均工夫后,开始在全国推行户帖制②和官员的"南北更调之制"。这两项制度的实行均涉及到提调官,前者需在查勘户田颁发的户帖上署以提调官及姓名;后者参与了京师与中都城建的建材采办。一年后,吏部铨选官员时,"南北更调,已定为常例"。由于官员"有厌远喜近者,往往以南籍改冒北籍,以北籍冒南籍",被朱元璋"禁绝之"。③宛平县主簿刘赓因"明初定鼎建造金陵城"而被派往繁昌县主持烧制城砖,刘"赓营基度地扞于陈冲埠、回龙矶"。④在南京及中都砖文中,尚未发现"提调官刘赓",而是因刘"赓亡,复命子权袭其职,父子继美,曲体民情,地脉坟茔,必加保护"。刘氏父子在繁昌主持城砖烧制的数年中,恪尽职守,体恤民

① 《南京城墙砖文》第112页,图0375。
② 《明太祖实录》卷58,洪武三年十一月辛亥。
③ 《明太祖实录》卷70,洪武四年十二月丙戌。
④ (清)曹德赞撰,张星焕增修《(道光)繁昌县志》卷5,22a/b,清道光六年增修本、民国二十六年铅字重印本。该《志》中"陈冲"字迹模糊不清,待考。又据其称该条目引自《旧志》,但康熙十四年刊本的《繁昌县志》却无载。

情,受到当地民众的爱戴,多年后"合邑高其义,请刘隶籍于繁"。在南京城墙砖文中,标有"刘权"的砖文为:"太平府提调官照磨钱仁司吏施祥繁昌县提调官主薄刘权司吏何泽总甲桂□福甲首吴良天小甲郭必胜窑匠范宁官造砖人夫何华三"。[①] 虽然刘庚及刘权父子负责造砖年代不详,但依据"总甲、甲首、小甲"格式出现的时间,以及洪武十年三月乙未朝廷颁布的新政策"凡官员亡故者……子孙年长方堪任用"[②] 的新规,估计刘权任"提调官主薄"的时间当在洪武十年之后。

仅以"□□府提调官□□□□司吏□□□□县提调官□□□司吏□□□总甲□□□甲首□□□小甲□□□窑匠□□□造砖人夫□□□"格式中标明完整"甲"的基层组织形式的砖文,所涉地区依照《南京城墙砖文》所列至少涵盖了以下府州县:

直隶:

应天府:上元县、江宁县、句容县。

扬州府:江都县、泰兴县、高邮州、兴化县、泰州、通州、海门县。

常州府:宜兴县、无锡县、武进县、江阴县。

镇江府:丹徒县、丹阳县、金坛县。

庐州府:庐江县、合肥县、巢县、舒城县。

安庆府:太湖县、宿松县、潜山县、桐城县、望江县、怀宁县。

太平府:繁昌县、芜湖县、当涂县。

---

① 《南京城墙砖文》第 46 页,图 0147。
② 《明太祖实录》卷 111,洪武十年三月乙未。

池州府：石埭县、东流县、贵池县、铜陵县、青阳县、建德县、南陵县。

宁国府：宁国县、泾县、宣城县。

广德州：建平县。

江西行省：

南昌府：南昌县、奉新县、靖安县、武宁县、宁县、进贤县、丰城县。

瑞州府：上高县、高安县、新昌县。

九江府：瑞昌县、德化县、彭泽县、湖口县。

南康府：都昌县、建昌县、星子县、浮梁县。

饶州府：余干县、乐平县、安仁县、德兴县、鄱阳县。

广信府：铅山县、玉山县、贵溪县、永丰县、上饶县。

抚州府：临川县、崇仁县、金溪县、乐安县、宜黄县。

吉安府：永丰县、永新县、万安县、龙泉县、吉水县、安福县、庐陵县、泰和县。

临江府：新喻县、清江县、新淦县。

袁州府：萍乡县、万载县、宜春县。

赣州府：龙南县、会昌县、石城县、信丰县、雩都县、赣县、兴国县、瑞金县、宁都县。

湖广行省：

武昌府：武昌县、江夏县、汉阳县、咸宁县、武宁县、蒲圻县、通城县、兴国州、大冶县、通山县、德安州、应山县、随县、孝感县。

黄州府：蕲州、蕲水县、广济县、麻城县、黄冈县。

长沙府：湘潭县、湘阴县、宁乡县、长沙县、浏阳县、华容县、景陵县。

上述统计带完整"甲"格式的砖文,为 147 府州县所涉的地区。而当时苏州府所属 6 县,[①]迄今尚未发现为南京城墙烧制城砖的砖文。本世纪初,在对南京东华门城顶修缮期间,笔者曾发现城顶铺设的虽未见款识的方砖(即俗称"金砖"),其方砖的规制(方砖上面与下面的尺寸相差约 1 厘米,呈倒"八"字形)与苏州御窑金砖博物馆所藏永乐初年烧制的方砖基本一致,故推测南京皇宫各大殿以及宫城与皇城各城门顶面所铺设的方砖,为苏州府烧制。也正因如此,南京城墙砖文中也就不会出现苏州府及所属县烧制的城砖,而苏州府周边其他府州县均为南京城墙烧制了城砖。

当然,洪武十年(1377)开始实行砖文"总甲、甲首、小甲"实名制时,有不多的地区存在两种制式短暂共存的现象。"庐州府无为州巢县提调官□□□司吏秉□总甲杨遇□甲首苏原兴小甲孙原梅人户苏原兴窑匠苏兴旺洪武十年□月□日",[②]虽有"总甲、甲首、小甲"和县级提调官的实名制,甚至还有纪年,但未见府、州两级官吏。同县的另一砖文为"庐州府提调官通判刘克逊司吏李直巢县提调官知县陈烨司吏叶礼总甲杨遇春甲首蒋原兴小甲孙原隆窑匠罗志安造砖人夫刘砚□保一",[③]据《巢县志》载:"陈叶,本名火旁署华,洪武初来令。当开设之初,百务且举,公才思通敏,捷于应务,辅理有成绩。未几以事去。邑民思之。"[④]也未提及任

---

① 苏州府所领 6 县:吴长洲、吴江、常熟、昆山、嘉定、崇明。见载(明)卢熊纂修《苏州府志》卷 1 "沿革",明洪武十二年刊本。
② 杨国庆、王志高《南京城墙志》第 267 页。
③ 《南京城墙砖文》第 32 页,图 0099。
④ (清)邹理纂修《巢县志》卷 12,3b,清雍正八年刻本。

职年代,估计陈烨在"洪武十年"纪年砖之后或当年任职。袁州府的砖文,①也能找到相关的例证:

（1）袁州府万载县提调官主簿韩及古司吏黎焕张烧砖人陈信人户钟民八洪武十年月日窑匠许伏

（2）袁州府提调官通判隋赟司吏任俊万载县提调官县丞张子恭司吏黎焕张总甲周宏远甲首高丘中小甲徐德窑匠龙□□杨兴造砖人夫杨□□

（3）袁州府宜春县提调官主簿高亨司吏陈廷玉烧砖人李受人户张富洪武十年月日

（4）袁州府提调官通判隋赟司吏任俊宜春县提调官主簿高亨司吏陈廷玉总甲袁渊正甲首彭隆小甲易和仲窑匠杨信造砖人夫易英

上述（1）号与（2）号砖文,据《袁州府志》载:万载县主簿韩及古以及县丞张子恭任职时间均在洪武十年（1377）,②而"司吏黎焕张"未换,推测在这一年中两人任职时间略有先后,或因袁州府提调官通判隋赟的到任,而将万载县负责此项赋役的提调官由正九品主簿韩及古,更换成正八品的县丞张子恭担任,提高了充任提调官的官职,故砖文中随之出现了官、民二级完备的实名制。（3）号宜春县纪年砖文中有"高亨"实名时,尚没有府一级的提调官,当隋赟到任并任提调官后,宜春县出现了（4）号砖文的格式。自隋赟出任袁州府提调官后,该地区烧制的城砖质量有显著

---

① 《南京城墙砖文》第 192 页,图 0622、0623。
② （清）黄恩浩修,萧玉铨纂《袁州府志》（清同治十三年刻本）卷 6,81b、83a,均称张子恭与韩及古为洪武十年任职。

提高,这可能也是隋赟在短短二年多时间里能从正六品跃升至正三品的缘由。同时,分宜县由于早期城砖土质含沙量过大,而在洪武十年后终止了征派烧制城砖劳役,虽未成定论,但在南京城墙上或散落的城砖上,迄今没有发现分宜县带完整"甲"格式的砖文。

据《明太祖实录》洪武十二年(1379)闰五月庚申条载:隋赟,"字从礼,山东即墨人。性果断,有才略。洪武初,以元故官赴京,授六安州英山县主簿。时陈友谅余孽王玉儿者,以妖言惑众为乱,杀掠吏民。赟集民兵捕之,擒玉儿并其党与数百人,获伪印器仗,俱送京师。上召见,赐宴劳之,加赐白金五百两,绮帛各八匹,升知县。县民有为虎害者,赟移文于城隍之神,虎遂死于民所被害所。斩其首悬之城隍庙门,虎患遂息,升通判。袁州政简而事治,流民归业,田野垦辟,郡人德之,立碑以纪善政"。故洪武十二年"以袁州府通判隋赟为广东按察使"。[①]隋赟离开袁州府的时间明确,而升任通判时间不明。据《英山县志》载:英山县学"明洪武初,知县朱陵重建。九年,知县隋赟葺补,未备"。[②]换句话说,就是洪武九年隋赟出任英山县知县,曾主持过英山县学的修葺,但未竣工即离任,由此推断隋赟上任袁州府通判时间应在洪武九年之后。再从上述的袁州府洪武十年砖文来看,隋赟任职提调官后,洪武十年万载县主簿韩及古主持烧造的城砖砖文格式已不再出现,凡是标有"提调官通判隋赟"的砖文,已全部为完备的府、

① 《明太祖实录》卷125,洪武十二年闰五月庚申。另据(明)李懋桧纂修《六安州志》卷6,7b载:隋赟"洪武元年,由茂才授英山主簿。……秩满升江西袁州府通判"。明万历十二年刻本。
② (清)张海修、姚之琅纂《英山县志》卷6,1b,清乾隆二十一年刻本。

县两级"提调官"、"总甲、甲首、小甲"、"窑匠"、"造砖人夫"的实名制。同时,砖文的制版也基本统一了样式。一改此前袁州府砖文既有阳文,也有阴文;既有砖文在侧面,也有砖文在正面;既有模版,又有戳印混乱不一的现象,[①]表明在南京城建第二个阶段时对城砖有了更加严格的标准化要求。明清两朝地方文献中,都没有记载袁州府提调官隋赟主持为南京城墙烧制城砖之政,直到民国年间才被当地修志者通过城墙砖文增补录入《(民国)宜春县志》:"隋赟,据洪武十年城砖补"。[②]2007年深秋,笔者赴江西宜春、新余两地考察明代城砖窑址时,在《宜春市彬江镇镇志》(未刊稿)中,首次发现有关明南京城砖窑址的记载:"彬江镇东偏北三公里小山坡上,居曾、宋二氏。……村后袁河边上有明洪武年间南京城墙砖窑遗址。"[③]正是这段文字,在当地镇、村干部帮助下,终于发现当年袁州府彬江镇宋家村在该地的窑址群,并征集到与南京城墙砖文相吻合带有"甲"建制砖文的城砖,确为隋赟充任当地提调官期间所造。该砖后被收藏于南京市明城垣史博物馆(现改名南京城墙博物馆)。

隋赟任袁州府通判主持烧制城砖,也有百密一疏的个案发生。袁州府宜春县送往南京的城砖中,就出现了错版砖文:城砖两面均为"总甲潘□关甲首谢清远小甲熊□升窑匠易丙一造砖人

---

① 《南京城墙砖文》第 186 ~ 201 页。

② 谢祖安修,苏玉贤纂《(民国)宜春县志》卷 15《职官·郡官·通判》,《中国地方志集成·江西府县志辑》第 34 册,第 449 页,江苏古籍出版社 1996年版。

③ 杨国庆执笔《江西宜春、新余两地明代城砖窑址考查报告》,载《南京城墙砖文》第 369 ~ 373 页。

夫黄子保"。① 参考同一"甲首谢清远"、"窑匠易丙一"而不同"造砖人"的另一块砖文,为"袁州府提调官通判隋赟司吏任俊宜春县提调官主簿高亨司吏陈廷玉总甲潘□关甲首谢清远小甲熊添升窑匠易丙一造砖人夫吴仁一"。由此可知,错版砖出现在隋赟的任上,出自"造砖人夫黄子保"。

上述砖文中宜春县提调官主簿"高亨",未见载方志。2007年春安徽省安庆市岳西县文物管理所在征集民俗文物时,意外征集到两块完好的明城砖。该砖由当地农民汪德中于2001年在主簿镇废弃的老屋基下所得,一直珍藏在家中。"两块砖通体呈黄白色,由白灰泥烧制,质地坚硬,敲之有金属音。两砖规格均为长40厘米、宽20厘米、高11厘米。一块侧面刻内框,框内自右至左竖刻三行字,右刻:'袁州府宜春县提调官主簿高亨司吏陈廷玉';中刻'烧砖人彭暑人户周普□';左刻'洪武十年月日'。"当地文管所的同志查阅岳西县志,此地并无建城烧砖的记录。历史上岳西境内建过一些山寨类的防御工事,不可能从宜春调运官窑的城砖。因此,他们根据《岳西县志》对"主簿镇"名字来由的所载:"明朝此地曾出主簿官,故取名主簿",初步推论砖文所刻"提调官主簿高亨"是当地主簿镇人,可能"当初千里迢迢带两块城砖回乡纪念"。②

洪武年间因南京城池的建造,各地府、州、县所设提调官的职官,与明代常设官制有差异,反映出洪武年间"提调官"的临时

---

① 《南京城墙砖文》第198页,图0649。
② 杨国庆执笔《江西宜春、新余两地明代城砖窑址考查报告》,载《南京城墙砖文》,第370页。

性特征。如某府委派县级官员出任本府提调官："安庆府委提调官潜山县丞赵德"、"吉安府委提调官王庸"、"吉安府委提调官刘延"、"吉安府委提调官沈宣"。在带"甲"的砖文中,还有些府根据实际情况由多人同时出任提调官,分管不同的属县。如：

池州府同知彭子冲,属下县为东流县、贵池县、建德县；池州府知事贺彬,属下县为石埭县；池州府通判陈翰宗,属下县为铜陵县、青阳县。

安庆府通判王士廉,属下县为潜山县、桐城县、望江县、怀宁县；安庆府委提调官潜山县丞赵德,属下县为宿松县、太湖县。

太平府同知林永龄,属下县为当涂县；太平府照磨钱仁,属下县为繁昌县、芜湖县。

南昌府通判王武,属下县为新建县、南昌县、进贤县、丰城县；南昌府知事戴礼,属下县为奉新县、靖安县、武宁县；南昌府经历丘质深,属下县为宁县、丰城县。

九江府同知陈渊,属下县为彭泽县；九江府知事张懋华,属下县为德化县、彭泽县、湖口县。

吉安府委提调官刘延,属下县为永新县、安福县；吉安府委提调官王庸,属下县为万安县、龙泉县、泰和县；吉安府委提调官沈宣,属下县为永丰县、永宁县、吉水县、庐陵县。

临江府同知张着,属下县为清江县、新淦县；临江府照磨李好正,属下县为新喻县、清江县、新淦县。

上述 7 府中,除少数(如临江府)外,大都为府衙内部对提调官分工的情况,而非先后任职的结果。[1]

---

[1]　杨国庆《南京明城墙砖文中的基层组织研究》。

以砖文"总甲、甲首、小甲"实名制形式究竟终止于何年？目前据掌握的砖文结合方志记载综合分析,最多的集中在洪武十年（1377）至洪武十二年间,之后呈迅速递减状态。即便洪武十八年四月,"造应天府赋役册,定民户上中下三等,凡徭役取验",[1]这也是参役京师城市建设,而非参建当时筑城工役。此时城墙工役主要由罪人充役。目前仅查到一例,疑似洪武十七年期间烧制的城砖,且存在不确定因素。其砖文为:

> 长沙府提调官经历高耀司吏杨原善浏阳县提调官知县傅理司吏周仲威总甲刘祖仁甲首胡添云小甲李茂功窑匠王继孙汤祥造砖人夫谢辛[2]

砖文中提到"浏阳县提调官知县傅理"。明万历本《湖广总志》"浏阳知县"的职秩为"史希贤、傅理、赵贯、陈宗铭、蔡常、黎庸",[3]均无任职年代。清康熙本《长沙府志》的明洪武浏阳知县职秩为"史希贤、赵贯、陈宗铭、黎庸、傅理、蔡常德……"。[4]此后几乎均沿此说,而清同治《浏阳县志》则有较详记载:"史希贤（无为人,洪武初任,见政略）、赵贯（本籍,出身失考。洪武二年任,见政略）、陈宗铭（浙江丽水人,洪武七年任）、黎庸（龙阳任,交趾籍。进士,洪武十六年任）、傅理（洪武十七年任）、蔡常德（江西乐平任。

---

① （明）汪宗伊、程嗣功修,陈舜仁等编《（万历）应天府志》卷3,8a。
② 《南京城墙砖文》第238页,图0783。
③ （明）徐学谟《湖广总志》卷20,64b/65a。
④ （清）苏佳嗣纂修《长沙府志》卷2,80b,清康熙二十四年刻本。

洪武二十七年任)……"同本县志"杂志"转引明初汤荥《儒学记》称:"洪武元年,史希贤来知州事。二年,改为县,赵贯来。史在浏仅一年。……"① 如此,说明《湖广总志》浏阳知县的职秩有误,傅理定在赵贯之后任职。也正因此误,清代县志在辨析时,有没有将傅理任职时间也推迟了,目前尚难定论。因为,在砖文"总甲、甲首、小甲"实名制砖文中其他提调官任职的时间均早于洪武十七年(1384),这份孤例使我们对清代县志中知县"傅理(洪武十七年任)"存有怀疑。如同另一块砖文:

　　□沙府提调官经历高耀司吏杨原善醴陵县提调□典史王思恭司吏凌德总甲丁民甲首赵彪小甲曹清窑匠唐真造砖人夫杨李受②

　　砖文中"醴陵县提调典史王思恭",据同治《醴陵县志·典史》载:"王思恭,十七年任。以上成化朝任。"③ 同一县同一官职又同名却不在同一朝,推测或是非同一人;或是将洪武年间的王思恭,舛误为成化十七年(1481),尚不得而知。但从砖文的内容到双线刻的格式,与长沙府其它县基本吻合,当属洪武期间烧制。

　　洪武十二年(1379),有部分因主持烧制南京城砖的提调官升任它职,除上文中提及的袁州府通判隋赟该年升任广东按察使

---

① （清）王如惺等修,邹焌杰纂《浏阳县志》卷15,4a;卷24,5a,清同治十二年刻本。
② 王克昌、韦立平、杨献文编著《明南京城墙砖文图释》第157页。
③ （清）徐淦修,江普光纂《醴陵县志》卷7,31a,清同治九年刊本。

外,砖文为"扬州府提调官同知竹祥司吏陶旭泰兴县提调官县丞王鼎司吏吴亨总甲叶春甲首孙敏小甲蔡頔窑匠张正四造砖人夫施文二"①中的"竹祥",也于洪武十二年升任南京太仆寺少卿。②迄今为止,我们在南京城墙砖文中均未发现此后"总甲、甲首、小甲"格式中袁州府、扬州府以及其它"提调官"实名官员的砖文。这种现象似乎在提示我们:以实名制提调官的"总甲、甲首、小甲"格式终止于洪武十二年。换句话说,南京城墙第二次营建所需的城砖,可能大部分地区在洪武十年至十二年间征砖赋役中已突击完成。有些地区烧造好的城砖并非即刻运往南京,而是暂存于当地,依据南京城墙营造的需要再另行运送。迄今尚未发现洪武十四年任职"提调官"的砖文,也没发现相关文献的记载,故推测第二次城墙加高增厚的征砖之役(而非其它项目的劳役),终止于洪武十四年之前。

当然,赴京参役的人与上述砖文论及的"总甲、甲首、小甲"虽有一定的关联,但不能完全画上等号。洪武十年(1377)十月,"有虎白日入汉西门伤人。诏释在京徒役",所伤之人为军人,③其中在京"徒役",就与"总甲、甲首、小甲"无涉。即便洪武十二年后南京砖文中的"总甲、甲首、小甲"形制虽不存在,但是赴京参

① 《南京城墙砖文》第 12 页,图 0037。
② (明)雷礼《南京太仆寺志》卷 7,5b,明嘉靖刻本。另据(明)凌迪知《万姓统谱》卷 112,21b 载:"竹祥,昌黎人。洪武中任太仆寺少卿。"明万历刻本。
③ (明)汪宗伊、程嗣功修,陈舜仁等编《(万历)应天府志》卷 3,7a。另据(明)李默《孤树裒谈》(卷 2,13b)称:"十年十月初三日,虎白日入汉西门,伤二军人,其一死矣。"

役城建（包括筑城）的均工夫役仍在被征派，并为明初的役法奠定了基础。

　　洪武十四年（1381）实行的"里甲之役"和之后实行的"丁田之役"，[①] 仍以当时南京天界寺为例：洪武元年受朱元璋赏赐得田 105 顷，洪武三年又按"每顷一夫"，导致洪武十六年正月二十一日天界寺住持行椿向朱元璋奏以"常住盘费艰难"，愿"将田土献纳还官"，最后被朱元璋罢免了赋役，[②] 比其他地方的均工夫赴京赋役早了一年。[③] 因此，洪武十七年七月，"甓后湖城垣" 443 丈的役作全由驻京留守卫的军士承担。[④] 洪武十七年闰十月，礼部尚书赵瑁言："自设置僧道二司，未及三年天下僧道已二万九百五十四人。今来者益多，其实假此以避有司差役。请

---

① 《明太祖实录》卷 135，洪武十四年正月，"命天下郡县编赋役黄册。其法以一百一十户为里，一里之中，推丁粮多者十人为之长。余百户为十甲，甲凡十人。岁役里长一人，甲首十人，管摄一里之事。城中曰坊、近城曰厢、乡都曰里，凡十年一周。先后则各以丁粮多寡为次，每里编为一册，册之首总为一图。其里中鳏寡孤独不任役者，则带管于百一十户之外，而列于图后，名曰畸零。册成为四本，一以进户部，其三则布政司、府、县各留其一焉"。

② （明）葛寅亮《金陵梵刹志》卷 2，8a，洪武十六年正月二十一日。但据（清）李斯佺纂修《高淳县志》卷 8，3a/b《天界寺田租粮缘由》载，天界寺被免差徭于洪武十五年二月十三日："……奉圣旨，天界寺与他岁收叁千石粮、蒋山寺与他岁收肆千石粮，一应差徭都免他。钦此。" 此说与《金陵梵刹志》所载被免差徭的时间提前了近一年。

③ 《明太祖实录》卷 159，洪武十七年正月癸卯："陕西秦州卫奏修理城隍，请兼军民为之。上谕都督府臣曰：'修治城隍借用民力，盖权时宜役之，于旷闲之月耳。今民将治田之时，而欲兼用其力，失权宜之道。止令军士修理，毋得役民。'" 10 天后（正月甲寅），工部尚书麦至德言："天下工匠多有隐为民籍，而避役作者，宜起至京役之。"上以匠籍既定，不可复扰于民，不听。

④ 《明太祖实录》卷 163，洪武十七年七月巳酉。

三年一次出给度牒,且严加考试,庶革其弊。从之。"① 说明洪武十六年应天府天界寺和蒋山寺被免差役,但其它各地僧道之差役仍未被免。洪武十七年正月,免除的仅是外府赴京参役的均工夫,而非其它差役。诚如朱元璋对户部大臣所言:"民有田则有租,有身则有役,历代相承,皆循其旧。今民愚无知,乃诡名欺隐,以避差徭,互相仿效,为弊益甚。自今有犯者,则入其田于官,能自实者免罪。"② 因此,应天附近5府赴京参役的均工夫则仍需赴京参役,洪武十八年四月,应天府民户被分为上中下三等并编册,遇有"徭役取验"。③ 这上中下三等的民户,"五岁均役,十岁一更造。一岁中诸色杂目应役者,编第均之,银、力从所便,曰均徭"。④ "总甲,每图(以一百十户编为一图——笔者注)设总甲一名,统管小甲十名,本县总甲六十二名。已(以)上二项亦皆正役。"⑤ 再如前章所述洪武二十三年修筑外郭时,这5府均工夫均需赴京参役。至洪武二十九年,朱元璋虽蠲免太平、宁国、应天、广德、镇江五府州不分官民田地的秋粮,但还是要求这5府"均工夫役,依期来赴"。⑥ 此时赴京参役的均工夫,与以往砖文中的"总甲、甲首、小甲"制恐已无直接关联,但与以此派生出

---

① 《明太祖实录》卷167,洪武十七年闰十月癸亥。
② 《明太祖实录》卷165,洪武十七年九月己未。
③ 《应天府志》卷3《郡纪下》。
④ 《明史》卷78《志》54"食货二"。
⑤ (明)曾才汉修,叶良佩纂《太平县志》卷3,29a,明嘉靖刻本。
⑥ (明)佚名《皇明诏令》卷3,《再赐兴王五郡秋粮诏》(洪武二十九年八月二十九日),明嘉靖十八年刻、二十七年浙江布政司增修本。另据(清)傅维鳞《明书》卷51《仍免江东五郡秋粮诏》所记日期为"洪武二十九年八月二十二日",其它内容大致相同,现取《皇明诏令》一说。

的"里甲"制还是有关。

　　砖文中的"总甲、甲首、小甲",主要取决于拥有田税的多寡,这与洪武十四年推行里甲制遴选里长和甲首标准有类似之处。明人刘菘在《五荆传》中所载:"会有旨,起均粮城甓。(萧)自成以田税及等任总甲事,造运舟……"[①]南京砖文:"岳州提调官同知皇甫从龙司吏荣惠总甲石继先甲首金受七小甲殷受六窑匠李保二造砖人夫□□",其中的"总甲石继先甲首金受七",2010年笔者赴湖北武汉、湖南岳阳两地实地调查期间,从《岳阳市君山区志》和《金氏族谱》以及当地遗留的残砖中,均发现了相关记载和实名城砖砖文(见图24)。据宗谱和方志记载:石继先和金受七并非一般普通百姓,而是拥有一定田产的富裕人户。[②]

图24：当地村民家中藏"石继先"砖文的残砖。

　　南京城墙参建人员,人数众多,身份复杂。从大类划分,大致包括官吏、军士、人夫、工匠、囚犯等。这几类不同身份的参建者,在人数的比例上,不尽一致;在社会地位的统治与

---

① （明）刘菘《五荆传》,《差翁文集》卷2,28a。

② 马俊、杨国庆《湖北、湖南两地明代南京城城墙砖窑址群调查报告》,载陈建明主编《湖南省博物馆馆刊》第8辑,岳麓书社2012年版。

被统治属性上,也有本质的区别。劳动人民所承受的负担非常沉重,当时流传的一首民谣称:"毁我十家庐,构尔一邮亭。夺我十家产,筑尔一佳城。官长尚为役,我曲何时直。本是太平民,今愿逐捕客。"① 为"筑尔一佳城",就连官吏们也因占有田产而避免不了,更何况普通百姓。因此,倾家荡产,逃役现象时有发生。在劳民耗银惊人的南京城墙建造中,很多人为此付出血汗,甚至付出生命,即便是甲首亦不能幸免。明人张洪在《义役仓记》中言:"昔时甲首应役,一年腿无完肌,家业荡尽。"为何出现这种情况,张洪举例称:"如所需之物,直米五百石,每里该征一石,里长则每甲每征一石,已十倍矣。甲首征于编户,又加倍徙,一概动摇,民不堪命。至有鬻妻卖子,又不足供,则举家而逃者。民既逃散,所征皆出于甲首,有举债而累岁不偿,役一年而破家者也。"② 《明史》亦称:"明初……编之里甲……又大工营缮,祠官祝釐,资用繁溢。""大工肇兴,伐木榷税,采石运甓,远者万里,近合亦数百里。小民竭膏血不足供费,绝筋骨不足任劳,鬻妻子不能偿贷。"③ 正因如此,在朱元璋中央集权统治下无论再完善的劳役制度,对天下百姓而言都是一场难以避免的灾祸。

上述仅以南京城墙砖文为例,论述了南京城墙建造两个阶段砖文中的差异性,以及通过剖析提调官制和"总甲、甲首、小甲"实名制的由来,亦可以清晰看出当年朱元璋对"国之中土"有了新的认知后、在追求"宅中图大"进程中,对南京城墙乃至这座城

---

① (清)朱彝尊编《明诗综》卷44陆诠《民谣》,19a/b。

② (明)张洪《义役仓记》。

③ 《明史》卷78《志》54"食货二"。《明史》卷234《列传》122"刘纲"。

市所产生的直接或间接的影响。至于窑匠、罪犯以及运输、城砖囤积发往南京城墙各处筑城等项制度，有的已在《南京城墙志》《南京城墙砖文》《南京城墙》叙述过，有些则与本书内容关联不大，故不赘述。

结　论

　　朱元璋在南京的 42 年,做出过许多令人瞠目结舌的创举,在改变中国历史的同时,也彻底改变了南京城的历史。

　　朱元璋时代,就南京城市规划和建设而言,它是中国古代惟一在江南建造的大一统时期的都城,展示了中国历史上城市建设发展中的一个重要阶段,也是中国古代都城建造巅峰时期的代表作之一。南京城墙是城建中的一个重要组成部分,四重城垣区分的城市空间,蕴含着公元 14 世纪中叶一代人对新王朝都城的理解、期盼和诅咒,涉及范围上至朝廷,下至百姓;在继承中国古代都城遴选营造传统思想的同时,创造性地将自然界的山水与人工营造的城池给予完美结合,在中国数千年城市规划和城墙建造史上占有重要地位。

　　从朱元璋到南京前后为发端,归纳其脉络为:根据地—规划—实施—定都—两京制—废除两京制—再次营建。其中有诸多所谓“定论”的课题值得思考和商榷。朱元璋建都称帝的想法萌生于何时? 对于尚未踏足集庆路的朱元璋又何谈建都称帝?只有当朱元璋以应天府为根据地,并苦心经营数年自立吴王后,建都称帝才有可能被提上日程。洪武初年,南京的京师地位、两京制及中都建与罢的根因,也是学界的一个热点话题。朱元璋所批准的城市上堪下舆,属于一次规划,分两次建造最终得以实现。但其过程并不顺利,甚至因朱元璋的“见浅识薄”而付出过建、废中都的高昂代价。大明开国后,朱元璋以及臣子们对中国古代传统都城应位于"国之中土"的争辩和考量纠结了数年。自洪武七年(1374)朱元璋提出南京为"国之中土"新论后,朝野择都的舆情声浪才戛然而止。洪武八年罢筑中都以及洪武九年在南京开展的第二次城建(包括城墙)均为"果",其"因"发轫于洪武七年朱元璋对"国之中土"的新认知和他思想深处的"宅中图大"。对此,学界以往多有疏略,关注不足。

当年朱元璋批准的新宫与新城之"卜",是解读这份城市规划的关键,"卜"的背后蕴含着中国古代象天法地(即"上堪下舆")都城规划的传统。朱元璋对堪舆认同的思想基础与知识来源,则是这份规划得以批准并实施的根因所在。当年所"卜"城市规划的象征意义,不仅符合朱元璋当时建都称帝的欲望,也契合了朱元璋后来的"国之中土"新论,故在第二次南京城建中仍可得到继续补充和强化。其内容包括了宗庙制度的重大改革和营建、京师其它各类建筑的增补并形成制度、古代天文"三垣"文化在皇宫以及京城城墙的象征意义更加凸显、为确保城砖征造质量对劳役基层组织制度的改革与落实。朱元璋晚年颁布的《洪武京城图志》,与其说是朱元璋对开国京师从规划到城建给予的肯定,并借《志》存史、借《志》寄情,莫如说是朱元璋在利用南京城的形制与规模,为帝都大造声势,以壮新王朝一统天下之威,具有深刻的政治目的和传统文化层面的意义。

纵观朱元璋在南京的城建,依循的是"先宗庙,后宫室"的儒家都城营造秩序理念。因此,南京城墙的建造与宗庙、宫室及城市的建设均有密切关联,无论是"新城",还是第二阶段的城建,都有迹可寻。南京的两次城建,与朱元璋"敬天"及"国之中土"、

"宅中图大"的认知和追求有着密切关系,尤其是第二次大规模城建,一代都城之宏伟壮阔才得以充分展现。南京城墙留存迄今大量带完整"甲"格式的砖文,其征役制度最后定型正是在第二次城墙建造中得以完成;而城砖生产全过程中的"物勒工名"现象,是当年实行官、吏、民、匠实名责任制的实物见证,体现了明初这项征役制度的形成和逐步完善的进程。

回顾朱元璋在南京的 42 年,不仅终结了南京以往所谓偏安"短命王朝"的谶语,即朱元璋为了"宅中图大"而称当时的南京已"非古之金陵,亦非六朝之建业",同时也奠定了大明王朝 277年的基业。在中国君主专制时代,皇权是根魔杖:它凌驾于神权、宗主权和"民权"之上,惟一"忌惮"的"天"也是皇权臆造出的神,因此既能打碎一切,也能创造一切。正因如此,朱元璋不遗余力地大肆宣扬"天"的至高无上和神圣尊崇。从南京城建来看,包括了城市规划与建设、相关制度以及地名、建筑名称等诸多方面,使这座大明开国都城终成"一代之典"。朱元璋一代在南京营建的都城格局,是以"墙"的建筑形态,诠释了一代都城法律与秩序的象征。大到四重城垣、孝陵、皇家祭祀场所,小到官署、园囿、庙宇和宅院,每一处都被长短、高矮不一的"墙"所围合,形成各自相对独立又相互关联的中央集权统治下的都市等级空间。

在朱元璋时代,就南京城墙以及城市建设而言,其堪舆之隐讳、格局之非凡、规模之恢弘,均超越了南京以往历代帝王之作为。人尽其谋、地尽其利、事尽其功,在四重城垣文化寓意的围合中,朱元璋实现了他开一代之先河的帝都城市构想,体现了朱元璋"一代之兴,必有一代之制作"的政治主张以及他理想中的都市家园。

参考书目

一、文献典籍

（春秋战国）管仲撰,（唐）房玄龄注,（唐）刘绩增注《管子》,明吴郡赵氏刊本。

（汉）刘安撰,许慎注《淮南子》,上海涵芬楼藏景抄北宋本。

（汉）阙名撰,（清）张元济撰校勘记《三辅黄图》,元刊本。

（汉）王充《论衡》,上海涵芬楼藏明通津草堂刊本。

（汉）许慎《淮南鸿烈解》,明正统道藏本。

（汉）赵晔撰,（宋）徐天祐注《吴越春秋》,古今逸史本。

（汉）张衡《张河间集》,明末刊七十二家集本。

（吴）韦昭注《国语韦氏解》,明金李刻本。

（晋）干宝《搜神记》,四库全书本。

（晋）孔晁注,（清）卢文弨校编《逸周书》,抱经堂本。

（晋）佚名《元始无量度人上品妙经》,载（清）彭定求等辑《道藏辑要·角集一》卷2,二仙庵版刻。

（北魏）郦道元撰,（清）王先谦校,（清）赵一清录附录《水经注》,长沙王氏合刊本。

（唐）杜佑《通典》,北宋本。

（唐）孔颖达《周易正义》,清嘉庆阮刻《十三经注疏》本。

（唐）李淳风《乙巳占》,清光绪十万卷楼丛书本。

（唐）李淳风《观象玩占》，明抄本。

（唐）李吉甫《元和郡县图志》，清武英殿聚珍版丛书本。

（唐）瞿昙悉达《开元占经》，四库全书本。

（唐）杨筠松《撼龙经》，四库全书本。

（宋）陈规《守城录》，四库全书本。

（宋）程颐《伊川易传》，元刻本。

（宋）林岊《毛诗讲义》，四库全书本。

（宋）陆游《老学庵笔记》，明崇祯津逮秘书本。

（宋）王应麟《玉海》，元至元六年庆元路儒学刻玉海明修本。

（宋）王洙等撰，金明昌抄本《图解校正地理新书》，集文书局 2003
  年版。

（宋）乐史《太平寰宇记》，四库全书本。

（宋）赵顺孙《四书纂疏》，清通志堂经解本。

（宋）赵彦卫《云麓漫钞》，清咸丰涉闻梓旧本。

（宋）周应合《景定建康志》，清嘉庆六年刊本。

（元）邓雅《玉笥集》，四库全书本。

（元）李克家《戎事类占》，明万历二十五年庆原刻本。

（元）吴澄《礼记纂言》，四库全书本。

（元）熊梦祥《析津志辑佚》，北京古籍出版社 1983 年版。

（元）姚桐寿《乐郊私语》，四库全书本。

（元）虞集《道园学古录》，明景泰翻元小字本。

（元）岳熙载《天文精义赋》，清光绪刻方氏碧琳琅馆丛书本。

（元）张铉《至大金陵新志》，四库全书本。

（元）张铉纂修《（至正）金陵新志》，元至正四年刊本影印本。

《明实录》，台北“中央研究院”历史语言研究所据北平图书馆校印红格抄本微卷影印 1962 年版。

（明）贝琼《清江文集》，四库全书本。

（明）不著撰者《皇明本纪》，无卷页，明抄本。

（明）不著撰者《皇明小史》，清初抄本。

（明）不著撰者《天潢玉牒》，明嘉靖吴郡袁氏嘉趣堂刻金声玉振集本。

（明）不著纂人《九朝谈纂》，明蓝格抄本。

（明）曹金《开封府志》，明万历十三年刻本。

（明）曹学佺《周易可说》，明崇祯刻本。

（明）曹学佺《大明一统名胜志》，明崇祯三年刻本。

（明）曹昭撰，王佐增补《新增格古要论》，清惜阴轩丛书本。

（明）陈全之《蓬窗日录》，明嘉靖四十四年刻本。

（明）陈霖纂修《南康府志》，明正德十一年刻本。

（明）陈遴玮、王升纂修《（万历）宜兴县志》，明万历十八年刻本。

（明）陈仁锡《无梦园初集》，明崇祯六年张一鸣刻本。

（明）陈沂《金陵世纪》，明隆庆三年史际刻本。

（明）陈沂《维祯录》，旧抄本。

（明）陈子龙辑《皇明经世文编》，明崇祯平露堂刻本。

（明）程敏政《新安文献志》，明万历四十二年刻本。

（明）程三省修，李登等纂《（万历）上元县志》，明万历刻本。

（明）邓球编《皇明泳化类编》，载《北京图书馆古籍珍本丛刊·史部·政
书类》49、50，据明隆庆刻本影印，书目文献出版社 2010 年版。

（明）邓元锡《皇明书》，明万历三十四年刻本。

（明）丁宝《丁清惠公遗集》，明崇祯间刻本。

（明）董天锡等纂《赣州府志》，明嘉靖刻本。

（明）方孝孺《逊志斋集》，四库全书本。

（明）方岳贡修，陈继儒纂《松江府志》，明崇祯三年刻本。

（明）冯琦编《宋史纪事本末》，明万历刻本。

（明）冯汝弼修，邓韨纂《常熟县志》，明嘉靖刻本。

（明）甘泽纂辑，赵士让编次，王舜卿校正《蕲州志》，明嘉靖刻本。

（明）高岱《鸿猷录》，明嘉靖四十四年高思诚刻本。

（明）高栋等辑《南京刑部志》，明嘉靖年间刻本。

（明）高启《高太史凫藻集》，明正统甲子长洲刊本。

（明）葛寅亮《金陵梵刹志》，明万历刻天启印本。

（明）顾起元《客座赘语》，明万历四十六年刻本。

（明）管一德《皇明常熟文献志》，明万历三十三年刻本。

（明）归有光《震川先生集》，上海涵芬楼藏康熙刊本。

（明）郭正域批点《考工记》，明万历闵齐伋刻三经评注三色套印本。

（明）过庭训《本朝分省人物考》，明天启刻本。

（明）海达尔等口授，李翀、吴伯宗译《天文书》，明洪武十六年内府刻本。

（明）韩浚修，张应武纂《嘉定县志》，明万历刻本。

（明）郝敬《周礼完解》，明万历郝千秋郝千石刻九部经解本。

（明）何孟春《余冬序录》，明嘉靖七年郴州家塾刻本。

（明）胡广《胡文穆公文集》，清乾隆十五年刻本。

（明）胡汉纂修《郴州志》，明万历刻本。

（明）胡献忠辑《天文秘略》，清初抄本。

（明）黄道周辑《博物典汇》，明崇祯刻本。

（明）黄光昇《昭代典则》，明万历二十八年周日校万卷楼刻本。

（明）黄景昉《国史唯疑》，清康熙三十年徐抄本。

（明）黄瑜《双槐岁钞》，清道光同治间岭南遗书本。

（明）黄佐《南雍志》，明嘉靖二十三年增刻本。

（明）姜南《蓉塘诗话》，明嘉靖二十二年张国镇刻本。

（明）姜清《姜氏秘史》，清抄本。

（明）焦竑《国朝献征录》，明万历四十四年徐象枟曼山馆刻本。

（明）焦竑《玉堂丛语》，明万历四十六年徐象枟曼山馆刻本。

（明）焦竑《熙朝名臣实录》，明末刻本。

（明）金幼孜《金文靖集》，四库全书本。

（明）郎瑛《七修类稿》，清乾隆耕烟草堂刻本。

（明）雷礼辑《国朝列卿纪》，明万历徐鉴刻本。

（明）雷礼《南京太仆寺志》，明嘉靖刻本。

（明）李侃修，胡谧纂《山西通志》，民国二十二年景抄明成化十一年刻本。

（明）李流芳《檀园集》，四库全书本。

（明）李懋桧纂修《六安州志》，明万历十二年刻本。

（明）李默《孤树裒谈》，明刻本。

（明）李士元修，沈梅纂《铜陵县志》，明嘉靖刻本。

（明）李栻辑编《历代小史》，明善本丛书十种历代小史本。

（明）李思悦纂修，李世芳续修《寿昌县志》，明嘉靖四十年刻万历递修本。

（明）李贤、彭时等纂修《大明一统志》，明天顺五年内府刻本。

（明）李原名等奉敕撰《礼仪定式》，载《天一阁藏明代政书珍本丛刊》第 14 册，线装书局 2010 年版。

（明）李昭祥纂修《龙江船厂志》，民国三十六年国立中央图书馆影印玄览堂丛书续集本。

（明）林策楒修，周广纂《（嘉靖）江西通志》，明嘉靖刻本。

（明）林燫纂《福州府志》，明万历二十四年刻本。

（明）林尧俞等纂修，俞汝楫等编撰《礼部志稿》，载文渊阁本影印《四库全书》第 597 册，上海古籍出版社 1987 年版。

（明）凌迪知《万姓统谱》，明万历刻本。

（明）刘安纂《南京工部职掌条例》，清抄本。

（明）刘辰《国初事迹》，明秦氏绣石书堂抄本。

（明）刘广生修，唐鹤征纂《常州府志》，万历四十六年刻本。

（明）刘基《大明清类天文分野之书》，明刻本。

（明）刘基《诚意伯刘文成公文集》，乌程许氏藏明刊本。

（明）刘基《诚意伯文集》，四库全书本。

（明）刘若愚编述《明宫史》，载徐蜀编《〈明史〉订补文献汇编》，北京图书馆出版社 2004 年版。

（明）刘三吾《坦斋文集》，明万历六年贾缘刻本。

（明）刘菘《槎翁文集》，明嘉靖元年徐冠刻本。

（明）刘惟谦《大明律》，明嘉靖范永銮刻本。

（明）刘仔肩编《雅颂正音》，四库全书本。

（明）柳瑛纂《（成化）中都志》，明弘治刻本。

（明）卢熊纂修《苏州府志》，明洪武十二年刊本。

（明）陆粲《庚巳编》，明万历间纪录汇编本。

（明）陆容《菽园杂记》，四库全书本。

（明）吕本等辑《皇明宝训》，明万历三十年秣陵周氏大有堂刻本。

（明）吕毖辑《明朝小史》，旧抄本。

（明）吕柟《泾野子内篇》，四库全书本。

（明）罗贯中撰，冯梦龙补《平妖传》，明墨憨斋本。

（明）马生龙著，罗晓翔点校《凤凰台记事》，南京出版社 2021 年版。

（明）茅瑞征《禹贡汇疏》，明崇祯刻本。

（明）莫旦纂《吴江志》，明弘治元年刊本。

（明）庞尚鹏《守城事宜》，载《天一阁明代政书珍本丛刊》第 16 册，线
　装书局 2010 年版。

（明）钱宰《临安集》，四库全书本。

（明）邱濬撰，金良年整理，朱维铮审阅《大学衍义补》，上海书店出版社
　2012 年版。

（明）申时行等奉敕重修《大明会典》，明万历内府刻本。

（明）沈德符《万历野获编》，清道光七年姚氏刻、同治八年补修本。

（明）沈德符《万历野获编补遗》，清道光七年姚氏刻、同治八年补修本。

（明）沈节甫编《纪录汇编》，上海涵芬楼影印明万历间纪录汇编本。

（明）沈孟化修，张梦柏纂《江浦县志》，明万历刻本。

（明）沈应文修，张元芳撰《顺天府志》，明万历刻本。

（明）施沛《南京都察院志》，明天启刻本。

（明）施沛《南京五城察院职掌志》，载《金陵全书》乙编史料类 35，南京
　出版社 2016 年版。

（明）施显卿辑《新编古今奇闻类纪》，明万历四年刻本。

（明）史玄《旧京遗事》，清退山氏抄本。

（明）宋濂《洪武圣政记》，清借月山房汇抄本。

（明）宋濂《宋学士文集》，明正德刊本。

（明）宋濂《文宪集》，四库全书本。

（明）宋濂等《元史》，中华书局 1976 年版。

（明）宋禧《庸庵集》，四库全书本。

（明）宋应星《天工开物》，明崇祯十一年刻本。

（明）宋岳《昼永编》，明嘉靖四十三年阎永光刻本。

（明）孙文龙纂辑《承天府志》，日本尊经阁文库藏明万历三十年刻本。

（明）唐锦《龙江梦余录》，明弘治十七年郭经刻本。

（明）唐枢《国琛集》，明嘉靖万历间刻本。

（明）陶望龄《歇庵集》，明万历乔时敏等刻本。

（明）田艺蘅《留青日札》，明万历三十七年刻本。

（明）汪宗伊、程嗣功修，陈舜仁等编《（万历）应天府志》，明万历刻增修本。

（明）王鏊纂《姑苏志》，正德元年刻本。

（明）王琛修，吴宗器纂《莘县志》，明正德十年原刻嘉靖增刻本景印。

（明）王崇纂修《（嘉靖）池州府志》，明嘉靖刻本。

（明）王大可《国宪家猷》，明万历十年自刻本。

（明）王诰修，刘雨纂《（正德）江宁县志》，明正德刻本。

（明）王俊华纂修《洪武京城图志》，明弘治五年重刻本。

（明）王圻《续文献通考》，明万历三十一年曹时聘等刻本。

（明）王圻辑《稗史汇编》，明万历间刻本。

（明）王樵《方麓集》，四库全书本。

（明）王世贞《弇州史料》，明万历四十二年刻本。

（明）王世贞《弇州山人续稿》，明刻本。

（明）王祎《王忠文公集》，四库全书本。

（明）闻人诠修，陈沂纂《南畿志》，明嘉靖刻本。

（明）乌斯道《春草斋集》，四库全书本。

（明）吴宽《匏翁家藏集》，上海涵芬楼藏明正德刊本。

（明）吴朴《龙飞纪略》，明嘉靖二十三年吴天禄等刻本。

（明）吴应箕《留都见闻录》，清康熙十九年吴孟坚楼山堂刻本。

（明）午荣编《鲁班经》，清乾隆间刻本。

（明）谢纯《遭运通志》，明嘉靖七年杨宏刻本。

（明）谢肇淛《五杂组》，明万历四十四年潘膺祉如韦馆刻本。

（明）熊相纂《（正德）瑞州府志》，明正德十年刻本。

（明）徐善继、徐善述著，金志文译注《地理人子须知》，世界知识出版社 2011 年版。

（明）徐学谟《湖广总志》，明万历十九年刻本。

（明）徐一夔、梁寅等纂修，李时增修《明集礼》，明嘉靖九年内府刻本。

（明）薛纲纂修，吴廷举续修《湖广图经志书》，明嘉靖元年刻本。

（明）薛应旗《宪章录》，明万历二年陆光宅刻本。

（明）杨廉《杨文恪公文集》，明刻本。

（明）姚福《青溪暇笔》，明邢氏来禽馆抄本。

（明）姚崇仪辑《（万历）常熟县私志》，民国二十三年抄本。

（明）姚士观等编校《明太祖文集》，四库全书本。

（明）陶珽编《说郛续》，清顺治三年宛委山堂刻本。

（明）佚名《寰宇通衢》，明初刻本。

（明）佚名《皇明诏令》，明嘉靖十八年刻、二十七年浙江布政司增修本。

（明）佚名《金陵玄观志》，明刻本。

（明）佚名《秘阁元龟政要》，明抄本。

（明）尹守衡《皇明史窃》，明崇祯刻本。

（明）俞本撰，李新峰笺证《纪事录笺证》，中华书局 2015 年版。

（明）詹同、乐韶凤、宋濂《皇明宝训》，载《北京图书馆古籍珍本丛刊》第 8 册《皇明修文备史》，书目文献出版社 1988 年版。

（明）曾才汉修，叶良佩纂《太平县志》，明嘉靖刻本。

（明）张德夫修，皇甫汸纂《长洲县志》，明隆庆五年刻本。

（明）张国维《吴中水利全书》，明崇祯九年刻本。

（明）张瀚《松窗梦语》，清抄本。

（明）张卤辑《皇明制书》，明万历七年张卤刻本。

（明）张铨《国史纪闻》，明天启刻本。

（明）章潢、万尚烈《图书编》，四库全书本。

（明）郑晓《今言》，明嘉靖四十五年项笃寿刻本。

（明）郑晓《郑端简公徵吾录》，明嘉靖海盐夏儒刻本。

（明）钟崇文纂修《岳州府志》，明隆庆刻本。

（明）周晖《金陵琐事》，明万历三十八年刊本。

（明）周诗修，李登纂《（万历）江宁县志》，明万历二十六年刻本。

（明）周应宾《旧京词林志》，民国三十年辑玄览堂丛书影印明万历
　　刻本。

（明）朱国祯《涌幢小品》，明天启二年刻本。

（明）朱国祯辑《皇明史概》，明崇祯刻本。

（明）朱睦㮮辑《圣典》，明万历四十一年朱勤美刻本。

（明）朱升《朱枫林集》，明万历间歙邑朱氏刻本。

（明）朱元璋《大诰三编》，明洪武内府刻本。

（明）朱元璋《大诰续编》，明洪武内府刻本。

（明）朱元璋《皇明祖训》，明洪武礼部刻本。

（明）朱之蕃《金陵图咏》，明天启三年刊本。

（明）祝允明《野记》，明毛文烨刻本。

（清）毕沅《续资治通鉴》，嘉庆六年冯氏刊本。

（清）曹德赞撰，张星焕增修《（道光）繁昌县志》，清道光六年增修本、民
　　国二十六年铅字重印本。

（清）常廷璧修，吴元桂纂《无为州志》，清乾隆八年刻本。

（清）陈邦器修，李嗣泌、刘带蕙纂《郴州总志》，清康熙二十四年刻本。

（清）陈立《白虎通疏证》，清光绪元年淮南书局刻本。

（清）陈梦雷《古今图书集成》，清雍正铜活字本。

（清）陈莫缠修，倪师孟纂《吴江县志》，清乾隆修，民国年间石印本。

（清）陈作霖《上元江宁乡土合志》，清宣统二年江楚编译书局雕版印行。

（清）陈作霖编《金陵琐志》，清光绪三十三年刊本

（清）陈作霖《金陵通传》，清光绪三十三年刊本。

（清）陈作霖编《金陵通纪》，清光绪三十三年刊本。

（清）狄兰标修，罗时暄纂《华容县志》，清乾隆二十五年刻本。

（清）狄学耕修，刘庭辉、黄昌藩纂《都昌县志》，清同治十一年刻本。

（清）冯兰森修，陈卿云纂《(同治)重修上高县志》，清同治九年刻本。

（清）福隆安等奉敕撰《钦定八旗通志》，四库全书本。

（清）符执桓纂修《新喻县志》，清康熙十二年刻本。

（清）傅维鳞《明书》，清康熙三十四年本诚堂刻本。

（清）葛振元修，杨钜纂《沔阳州志》，清光绪二十年刻本。

（清）谷应泰撰，河北师范学院历史系点校《明史纪事本末》，中华书局
　　2015 年版。

（清）顾炎武《建康古今记》，清康熙间抄本。

（清）顾炎武著，于杰点校《历代宅京记》，中华书局 1984 年版。

（清）顾炎武《天下郡国利病书》，昆山图书馆藏稿本。

（清）顾炎武《亭林文集》，清康熙刻本。

（清）顾炎武《肇域志》，清抄本。

（清）韩佩金修，张文虎纂《重修奉贤县志》，清光绪四年刊本。

（清）贺长龄编《皇朝经世文编》，清道光刻本。

（清）黄恩浩修，萧玉铨纂《袁州府志》，清同治十三年刻本。

（清）黄瑞图修，姚鼐纂《(嘉庆)重刊江宁府志》，清嘉庆十六年修，光绪

六年刊本。

（清）黄廷鉴修《（道光）琴川三志补记续编》，清道光十五年刊本。

（清）黄以周《礼书通故》，清光绪十九年刻黄氏试馆本。

（清）黄之隽等编纂，赵弘恩等监修《（乾隆）江南通志》，四库全书本。

（清）黄宗义编《明文海》，四库全书本。

（清）嵇璜等《续文献通考》，四库全书本。

（清）嵇璜等《续通志》，四库全书本。

（清）李斯佺纂修《高淳县志》，清康熙二十二年刻本。

（清）李西月编《张三丰先生全集》，清道光刻本。

（清）李先荣、徐喈凤纂修《重修宜兴县志》，清康熙二十五年刻本。

（清）李寅清、夏琼鼎修，严升伟等纂《（增修）分宜县志》，清同治十年
　　刻本。

（清）李祐之修，易学实纂《雩都县志》，清康熙元年刻本。

（清）连斗山《周易辨画》，四库全书本。

（清）林枚《阳宅会心集》，清嘉庆十六年致和堂藏板。

（清）刘凤纶、王凤池续纂《兴国州志》，清光绪十五年刻本。

（清）龙文彬《明会要》，清光绪十三年永怀堂刻本。

（清）莫祥芝等《（道光）上江两县志》，同治十三年刊本。

（清）穆彰阿、潘锡恩等纂修《大清一统志》，四部丛刊续编本。

（清）倪文蔚、蒋铭勋修，顾嘉蘅、李廷鉽纂《（光绪）荆州府志》，清光绪
　　六年刻本。

（清）潘柽章《国史考异》，清初刻本。

（清）钱谦益《国初群雄事略》，民国间乌程张氏刻适园丛书本。

（清）钱谦益《牧斋初学集》，上海涵芬楼影印明崇祯瞿式耜刻本。

（清）屈大均《翁山文外》，清康熙刻本。

（清）阙名《嘉庆重修一统志》，清史馆进呈抄本。

（清）阮升基修，宁楷纂《重刊宜兴县旧志》，清嘉庆二年刊本。

（清）桑灵直《字触补》，清光绪十七年小嫏嬛书库刻本。

（清）盛铨修，黄炳奎纂《崇仁县志》，清同治十二年刻本。

（清）苏佳嗣纂修《长沙府志》，清康熙二十四年刻本。

（清）孙宝瑄《忘山庐日记》，抄本。

（清）孙文俊修，史策先纂《随州志》，清同治八年刻本。

（清）孙诒让《周礼正义》，清光绪乙巳本。

（清）谈迁《枣林杂俎》，清抄本。

（清）谈迁《国榷》，清抄本。

（清）唐开陶纂修《（康熙）上元县志》，清康熙六十年刻本。

（清）汤斌《拟明史稿》，清康熙二十七年刻后印本。

（清）陶煦纂《周庄镇志》，清光绪八年元和陶氏仪一堂刻本。

（清）田文镜、王士俊等监修《河南通志》，四库全书本。

（清）佟世燕修，戴务楠纂《（康熙）江宁县志》，清康熙二十二年刻本。

（清）汪云铭修，方承保、张宗轼纂《重修嘉鱼县志》，清乾隆五十五年
　　刻本。

（清）王彬修，徐用仪纂《（光绪）海盐县志》，清光绪二年刊本。

（清）王如惺等修，邹焌杰纂《浏阳县志》，清同治十二年刻本。

（清）王士祯《池北偶谈》，四库全书本。

（清）王养濂修，李开泰、张采纂《（康熙）宛平县志》，清康熙二十三年刻
　　本传抄本。

（清）王云翔修，李日珝纂《（乾隆）重修蒲圻县志》，清乾隆四年刻本。

（清）文秉《甲乙事案》，清抄本。

（清）文聚奎、祥安修，吴增逵纂《新喻县志》，清同治十二年刻本。

（清）吴敬梓《儒林外史》，清嘉庆八年卧闲草堂刻本。

（清）武念祖修，陈杖篡《（道光）上元县志》，清道光四年刻本。

（清）锡德修，石景芬等篡《（同治）饶州府志》，清同治十一年刻本。

（清）锡荣撰修《萍乡县志》，清同治十一年刊本。

（清）夏燮编《明通鉴》，清同治十二年宜黄官廨刻本。

（清）谢元福辑《灵谷禅林志》，清光绪刻本。

（清）徐淦修，江普光篡《醴陵县志》，清同治九年刊本。

（清）徐开任辑《明名臣言行录》，清康熙刻本。

（清）徐清选修，毛辉凤篡《（道光）丰城县志》，清道光五年刊本。

（清）许应鑅、王之藩修，曾作舟、杜防篡《（同治）南昌府志》，清同治
十二年刻本。

（清）许应鑅、朱澄澜修，谢煌等篡《（光绪）抚州府志》，清光绪二年
刻本。

（清）阳浩然篡修《（乾隆）铅山县志》，清乾隆四十九年刻本。

（清）姚之骃《元明事类钞》，四库全书本。

（清）永瑢等《四库全书总目》，中华书局 1965 年版。

（清）俞樾《春在堂随笔》，清光绪刻春在堂全书本。

（清）允禄、梅毂成、何国宗等奉敕编撰《御制协纪辨方书》，四库全
书本。

（清）查继佐《罪惟录》，吴兴刘氏嘉业堂藏手稿本。

（清）张岱《夜航船》，天一阁藏清抄本。

（清）张海修，姚之琅篡《英山县志》，清乾隆二十一年刻本。

（清）张绍棠修，萧穆篡《续篡句容县志》，清光绪刊本。

（清）张士范篡修《（乾隆）池州府志》，乾隆四十四年刻本。

（清）张廷玉等《明史》，中华书局 1974 年版。

（清）赵翼《廿二史札记》，清刊本。

（清）朱奎章修，胡芳杏纂《乐安县志》，清同治十年刻本。

（清）朱彝尊编《明诗综》，四库全书本。

（清）朱兴悌等编《宋文宪公年谱》，民国五年刻宋文宪公全集本。

（清）邹理纂修《巢县志》，清雍正八年刻本。

胡祥翰辑《金陵胜迹志》，民国十五年印本。

李长传编《江苏省地志》，民国二十五年铅印本。

王国维《观堂集林》，中华书局1959年版。

王陵基修，于宗潼纂《（民国）福山县志稿》，民国九年修、民国二十年铅印本。

谢祖安修，苏玉贤纂《（民国）宜春县志》，载《中国地方志集成·江西府县志辑》第34册，江苏古籍出版社1996年版。

（朝鲜）郑麟趾等《高丽史》，明景泰二年朝鲜活字本。

二、当代书籍

Eitel, Ernest John. *Feng-Shui: or, the Rudiments of Natural Science in China*（风水：古代中国神圣的景观科学）. London: Trübner, 1878.

Mote, F. W. "The Transformation of Nanking, 1350-1400". In *The City in Late Imperial China*. G. William Skinner; Hugh D. Baker eds. Stanford: Stanford University Press, 1977.

（德）薛凤著，吴秀杰、白岚玲译《工开万物：17世纪中国的知识与技术》，江苏人民出版社2015年版。

（美）施坚雅主编，叶光庭等译，陈桥驿校《中华帝国晚期的城市》，中华书局2000年版。

（美）戴思哲著，向静译《中华帝国方志的书写、出版与阅读》，上海人民出版社 2021 年版。

（美）牟复礼、（英）崔瑞德编，张书生等译，谢亮生校《剑桥中国明代史》，中国社会科学出版社 1992 年版。

（美）刘易斯·芒福德著，宋俊岭、倪文彦译《城市发展史——起源、演变和前景》，中国建筑工业出版社 2005 年版。

（日）金子修一著，肖圣中、吴思思、王曹杰译《古代中国与皇帝祭祀》，复旦大学出版社 2017 年版。

（瑞典）奥斯伍尔德·喜仁龙著，许永全译，宋惕冰校订《北京的城墙与城门》，北京燕山出版社 1985 年版。

（意）利玛窦、金尼阁著，何高济、王遵仲、李申译，何兆武校《利玛窦中国札记》，中华书局 1983 年版。

（英）李约瑟著，汪受琪等译《李约瑟中国科学技术史》第 4 卷第 3 分册，科学出版社、上海古籍出版社 2008 年版。

陈美东《中国科学技术史·天文卷》，科学出版社 2003 年版。

陈遵妫《中国天文学史》，上海人民出版社 1982 年版。

成一农《"非科学"的中国传统舆图：中国传统舆图绘制研究》，中国社会科学出版社 2016 年版。

繁昌县地方志编纂委员会《繁昌县志》，南京大学出版社 1993 年版。

凤阳县文物管理所编著《凤阳明中都字砖》，文物出版社 2016 年版。

高亨《周易古经通说》，中华书局 1963 年版。

葛剑雄主编《中国移民史》，福建人民出版社 1997 年版。

何孝荣《明代南京寺院研究》，中国社会科学出版社 2000 年版。

何晓昕、罗隽《中国风水史》，九州出版社 2008 年版。

胡阿祥、范毅军、陈刚主编《南京古旧地图集》，凤凰出版社 2017 年版。

黄冕堂、刘锋《朱元璋评传》,南京大学出版社 1998 年版。

黄云眉《明史考证》,中华书局 1979～1986 年版。

季士家、韩品铮主编《金陵胜迹大全》,南京出版社 1993 年版。

季士家《明清史事论集》,南京出版社 1993 年版。

江晓原、钮卫星《中国天学史》,上海人民出版社 2005 年版。

蒋赞初《南京史话(上)》,南京出版社 1995 年版。

居阅时、瞿明安主编《中国象征文化》,上海人民出版社 2001 年版。

李零《中国方术考》(修订本),东方出版社 2000 年版。

李零《中国方术续考》,中华书局 2006 年版。

廖宜方《王权的祭奠——传统中国的帝王崇拜》,台湾大学出版中心 2020 年版。

刘次沅《〈明实录〉天象纪录辑校》,三秦出版社 2019 年版。

刘迎春《北宋东京城研究》,科学出版社 2004 年版。

刘永海《宋代军事技术理论与实践——以攻城、筑城、守城为中心》,人民出版社 2020 年版。

吕立汉《刘基考论》,中州古籍出版社 2000 年版。

马伯伦主编《南京建置志》,海天出版社 1994 年版。

马正林《中国历史城市地理》,山东教育出版社 1998 年版。

孟森《明史讲义》,上海古籍出版社 2002 年版。

南京市地方志编纂委员会编《南京文物志》,方志出版社 1997 年版。

南京市公路管理处编著《南京古代道路史》,江苏科学技术出版社 1989 年版。

南京市明城垣史博物馆编撰《南京城墙砖文》,南京师范大学出版社 2008 年版。

南京城墙保护管理中心、南京大学文化遗产与自然遗产研究所主编

《南京明外郭遗址研究》，南京师范大学出版社 2021 年版。

乔均主编《中国古建筑大系》，中国建筑工业出版社 1993 年版。

秦国经《明代文书档案制度研究》，故宫出版社 2019 年版。

邱靖嘉《天地之间：天文分野的历史学研究》，中华书局 2020 年版。

单士元《故宫史话》，新世界出版社 2004 年版。

单士元《明代建筑大事年表》（《单士元集》第 2 卷），紫禁城出版社 2009 年版。

邵琦、闻晓菁、李良瑾、陆玮、朱俊、徐贯虹《中国古代设计思想史略（增订本）》，上海书店 2020 年版。

施元龙主编《中国筑城史》，军事谊文出版社 1999 年版。

史念海《中国古都和文化》，中华书局 1998 年版。

孙正容《朱元璋系年要录》，浙江人民出版社 1983 年版。

唐文基《明代赋役制度史》，中国社会科学出版社 1991 年版。

唐晓峰《从混沌到秩序：中国上古地理思想史述论》，中华书局 2010 年版。

万明《明史丛稿》，中国社会科学出版社 2020 年版。

王剑英《明中都》，中华书局 1992 年版。

王剑英《明中都研究》，中国青年出版社 2005 年版。

王军《尧风舜雨：元大都规划思想与古代中国》，生活·读书·新知三联书店 2022 年版。

王克昌、韦立平、杨献文编著《明南京城墙砖文图释》，南京出版社 1999 年版。

王馨一《元刘伯温先生基年谱》，载王云五主编《新编中国名人年谱集成》第 9 辑，台湾商务印书馆发行 1980 年版。

王子林《紫禁城建筑之道（典藏版）》，故宫出版社 2019 年版。

席泽宗《科学史十论》,复旦大学出版社 2003 年版。

谢敏聪《北京的城垣与宫阙之再研究》,台湾学生书局 1989 年版。

杨国庆《南京明代城墙》,南京出版社 2002 年版。

杨国庆、王志高《南京城墙志》,凤凰出版社 2008 年版。

杨国庆《南京城墙》,译林出版社 2013 年版。

杨国庆主编《中国古城墙》,江苏人民出版社 2017 年版。

杨宽《中国古代都城制度史研究》,上海古籍出版社 1993 年版。

杨讷《刘基事迹考述》,北京图书馆出版社 2004 年版。

杨新华主编《南京明故宫》,南京出版社 2009 年版。

一丁、雨露、洪涌《中国古代风水与建筑选址》,河北科学技术出版社 1996 年版。

张世春编著《荆州城文字砖》,武汉出版社 1999 年版。

张显清、林金树《明代政治史》,广西师范大学出版社 2003 年版。

张晓虹《匠人营国:中国历史上的古都》,江苏人民出版社 2020 年版。

张英聘《明代南直隶方志研究》,社会科学文献出版社 2005 年版。

张永堂编著《术数艺文论丛》,新文丰出版公司 2010 年版。

中国科学院自然科学史研究所主编《中国古代建筑技术史》,科学出版社 1985 年版。

中山陵园管理局、南京孝陵博物馆编《明孝陵志新编》,黑龙江人民出版社 2002 年版。

周峰《南宋京城杭州》,浙江人民出版社 1997 年版。

朱磊《中国古代的北斗信仰研究》,文物出版社 2018 年版。

朱偰《金陵古迹图考》,中华书局 2006 年版。

邹劲风《唐宋金陵考》,江苏人民出版社 2020 年版。

三、论文

（美）芮沃寿《中国城市的宇宙论》，载（美）施坚雅主编《中华帝国晚期的城市》。

（美）牟复礼《元末明初时期南京的变迁》，载（美）施坚雅主编《中华帝国晚期的城市》。

（日）滨岛敦俊《朱元璋政权城隍改制考》，《史学集刊》1995 年第 4 期。

（日）堀込宪二《风水思想和中国的城市》，载王其亨主编《风水理论研究》，天津大学出版社 1992 年版。

（日）新宫学《中国近世的罗城——以明代南京的京城、外郭城为例》，载胡阿祥、范毅军、陈刚主编《南京古旧地图集·文论》。

《美顾问对于南京建筑之谈话，主张保存城墙》，《兴华》第 26 卷第 13 期（1929 年）。

《南京城墙存废论》（汉声译），见德文新报，《协和报》第 4 卷第 21 期（1914 年）。

陈桥驿《评〈中华帝国晚期的城市〉》，《杭州大学学报（哲学社会科学版）》1985 年第 1 期。

陈凯《明代"永乐凡例"的比较研究与特点述评》，《广西地方志》2012 年第 5 期。

陈瑞、王裕明《南京明城墙砖铭文三题》，《东南文化》2004 年第 1 期。

陈鹰《〈天文书〉及回回占星术》，《自然科学史研究》第 8 卷第 1 期，1989 年。

崔伟《〈永乐大典〉本〈应天府志〉及其佚文考》，《中国地方志》2009 年第 3 期。

贺云翱《明孝陵》，载邹厚本主编《江苏考古五十年》，南京出版社 2000

年版。

洪煨莲《考利玛窦的世界地图》,《禹贡》半月刊第 5 卷第 3、4 合期
（1936 年）。

胡阿祥《"天下之中"及其正统意义》,《文史知识》2020 年第 11 期。

华永正《寿县——中国古代筑城文化的明珠》,台湾东海大学《中国文
化月刊》第 149 期（1992 年）。

劳榦《对于南京城市的几点认识》,《学原》第 2 卷第 9 期（1949 年）。

李新峰《明朝建国前的"应天府"与"建康"》,载《明史研究》第 11 辑,
黄山书社 2010 年版。

李新峰《明代南京"西华门"考》,《史林》2020 年第 3 期。

马俊、杨国庆《湖北、湖南两地明代南京城城墙砖窑址群调查报告》,载
陈建明主编《湖南省博物馆馆刊》第 8 辑,岳麓书社 2012 年版。

南京市博物馆、雨花台区文化局《江苏南京市戚家山明墓发掘简报》,
《考古》1999 年第 10 期。

南京市博物馆、雨花台区文化局《江苏南京市唐家凹明代张云墓》,《考
古》1999 年第 10 期。

南京市博物馆《江苏南京市明蕲国公康茂才墓》,《考古》1999 年第
10 期。

南京市博物馆《江苏南京市南郊两座大型明墓的清理》,《考古》1999
年第 10 期。

南京市明城垣史博物馆《安徽繁昌明城砖窑址调查报告》,《东南文化》
1999 年第 5 期。

潘猛补《刘基交游考》,载《明史研究》第 12 辑,黄山书社 2012 年版。

沈一民《从周颠事迹的传播看明代官方文献与民间传说的互动》,《西
南大学学报（社会科学版）》2019 年第 4 期。

束有春《南京明孝陵》,《寻根》2003 年第 5 期。

唐文基《朱元璋与江南地主》,载《中国古代史论丛》1981 年第 2 辑,福建人民出版社 1981 年版。

万良田、万德强《丰城发现明代营建南京城城砖》,《江西历史文物》1985 年第 2 期。

王磊、赵辰《"石匠村"的意义——窦村的石工传统与南京传统建筑地方性的关系》,《东南文化》2005 年第 3 期。

王巧玲《再论刘基与风水的纠葛》,《浙江工贸职业技术学院学报》2015 年第 4 期。

王少华《南京明代城墙的建造》,《东南文化》1997 年第 3 期。

王熹《真实与虚构:朱元璋家世身世与官方私人著述的神话及迷信》,《故宫博物院院刊》2017 年第 4 期。

王裕明《明代总甲设置之考述》,载《第十届明史国际学术讨论会论文集》,人民日报出版社 2005 年版。

王志高《从考古发现看明代南京城墙》,《南方文物》1998 年第 1 期。

吴恩荣《明前期国家礼制的定型及其对政治与社会秩序的构建》,《江苏社会科学》2019 年第 1 期。

吴光、张宏敏《刘基与道家道教关系考论》,《世界宗教研究》2010 年第 5 期。

夏维中《洪武初期江南农村基层组织的演进》,《江苏社会科学》2005 年第 6 期。

夏玉润《郭子兴家族覆灭之谜》,《紫禁城》2009 年第 4 期。

夏玉润《"高筑墙,广积粮,缓称王"之说疑点重重》,《紫禁城》2010 年第 8、9 期。

谢贵安《试述〈明太祖实录〉对朱元璋形象的塑造》,《学术研究》2010

年第 5 期。

徐泓《明初南京皇城宫城的规划、平面布局及其象征意义》,载台湾大学《建筑与城乡研究学报》第 7 期(1993 年)。

杨国庆执笔《江西宜春、新余两地明代城砖窑址考查报告》,载《南京城墙砖文》。

杨国庆《明初寺院参与南京城墙造砖工役考析》,载《南京城墙砖文》。

杨国庆《明南京城墙设计思想探微》,《东南文化》1999 年第 3 期。

杨国庆《明南京城墙筑城人员构成及用工量初探》,《东南文化》2002 年第 1 期。

杨国庆《南京明城墙砖文中的基层组织研究》,《东南文化》2011 年第 1 期。

杨启樵《明代诸帝之崇尚方术及其影响》,载《新亚书院学术年刊》第 4 期(1962 年)。

杨天宇《西周郊天礼考辨二题》,《文史哲》2004 年第 3 期。

杨永康《朱元璋罢建中都与〈明太祖实录〉的隐讳》,《南京师大学报(社会科学版)》2009 年第 5 期。

杨永康《朱元璋的元明易代观及其天命论》,《南开学报(哲学社会科学版)》2015 年第 5 期。

张鸿雁《中国古代城墙文化特质论——中国古代城市结构的文化研究视角》,《南方文物》1995 年第 4 期。

张泉《明初南京城的规划与建设》,载《中国古都研究》第 2 辑,浙江人民出版社 1986 年版。

张其昀《首都之地理环境》(中),《地理杂志》第 3 卷第 3 期(1930 年)。

张巍、陆康《权力与占卜·导言》,载《法国汉学》丛书编辑委员会编《权力与占卜》,中华书局 2016 年版。

张兆裕《明初国事与术数》,载《明史研究论丛》第 6 辑,黄山书社 2004
　年版。

振纲《南京之沿革与城垣》,《道路月刊》第 47 卷第 1 期(1935 年)。

中国科学院考古研究所、北京市文物管理处、元大都考古队《元大都的
　勘察和发掘》,《考古》1972 年第 1 期。

周松芳《刘基交游考论》,载《自负一代文宗——刘基研究》附录二,广
　东人民出版社 2006 年版。